U0528608

孙犁传

Biography of Sun Li

郭志刚 章无忌 著

人民文学出版社

图书在版编目（CIP）数据

孙犁传 / 郭志刚，章无忌著．—— 增订本．—— 北京：人民文学出版社，2025
ISBN 978-7-02-018449-1

Ⅰ．①孙… Ⅱ．①郭… ②章… Ⅲ．①孙犁（1913–2002）–传记 Ⅳ．① K825.6

中国国家版本馆 CIP 数据核字（2024）第 015965 号

责任编辑　刘　伟
装帧设计　李思安
责任印制　张　娜

出版发行　人民文学出版社
社　　址　北京市朝内大街166号
邮政编码　100705

印　　刷　三河市鑫金马印装有限公司
经　　销　全国新华书店等

字　　数　386千字
开　　本　680毫米×960毫米　1/16
印　　张　30.5　插页15
版　　次　2025年3月北京第1版
印　　次　2025年3月第1次印刷

书　　号　978-7-02-018449-1
定　　价　78.00元

如有印装质量问题，请与本社图书销售中心调换。电话：010-65233595

1979年，孙犁题字赠照给本书作者

1946年，孙犁在河北蠡县

1951年，孙犁在天津

1951年，孙犁参加访苏代表团

1964年，孙犁在河北抱阳山

1970 年代初,孙犁在河北白洋淀

20 世纪 70 年代末或 80 年代初,孙犁在天津多伦道寓所

20 世纪 70 年代末或 80 年代初，孙犁在天津多伦道寓所

1988年，孙犁在天津

20 世纪 80 年代，孙犁在天津多伦道寓所门口

20 世纪 90 年代,孙犁在家中

孙犁与妻子王小丽

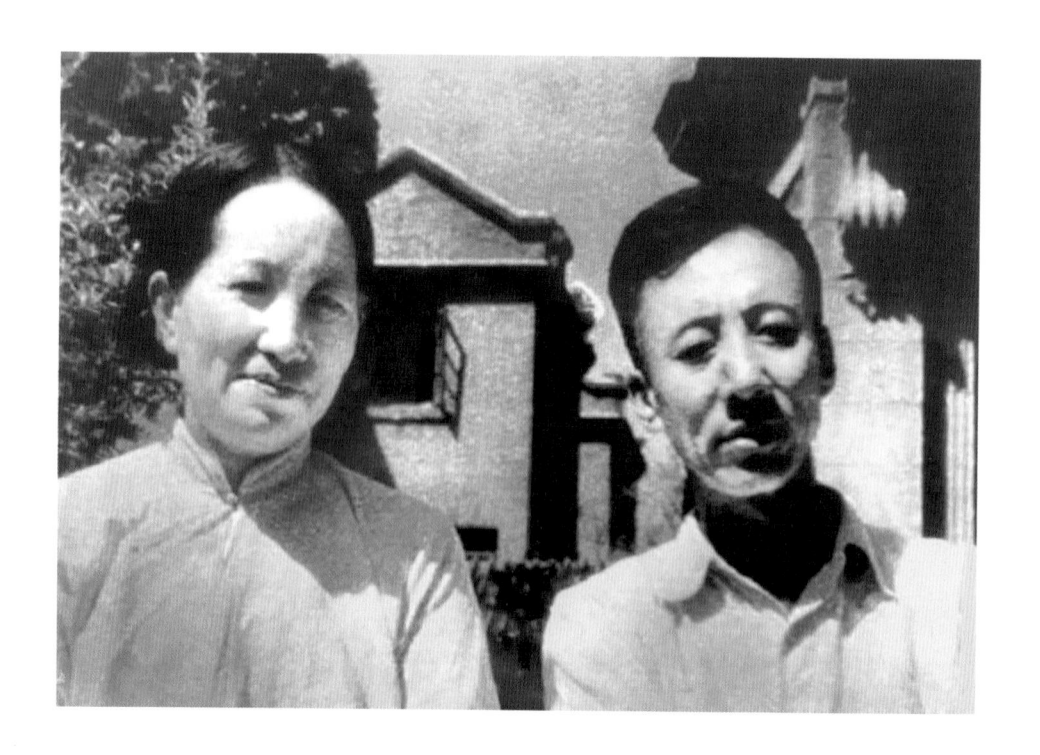

孙犁与吕正操

孙犁与徐光耀

1990年，孙犁与郭志刚（左一）

1992年10月，孙犁与郭志刚、章无忌

1992年，孙犁与郭志刚

孙犁晚年书房

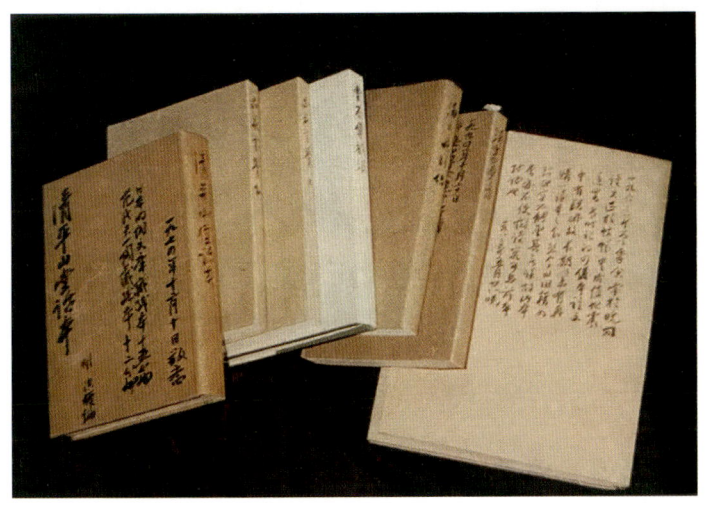

上图：书影《荷花淀》

下图：书衣文

左图：手稿《致康濯信》
右图：手稿《致邢海潮信》

王林同志：

你离津前曾写信，收到，游泳池已派小金取来，你走当日因转椅硬得了腿子神下小草，此番未滑中学尬，儿停百言。昨又收到你发此款（戴河的）来信，如无详细的翻书工作告，记得你有作可多写庇解方。但目前你走了，原因是风雪初记及还石

孙犁致王林信

大道低回

大味必淡

海澜吾兄一笑 庚午冬季孙犁书于耕堂

孙犁墨迹

文集自序

手稿《文集自序》

晚年，孙犁在书房

卷 首 语

  本书大量引用了作家发表的第一手文字资料，有时改动字句，乃为省去引号之烦，非敢班门弄斧。在某种意义上，是作家自己写了他的传记，我们不过是做了一点儿文书工作。读者明察，作者幸甚！

郭志刚　章无忌
1989年2月20日

目　录

题　记　　　　　　　　　　　　　　　　　001

第一章　土是故乡亲　　　　　　　　　　　005
　　一、北方的土地　　　　　　　　　　　005
　　二、病弱的童年　　　　　　　　　　　010
　　三、人生第一站　　　　　　　　　　　014
　　四、第二课堂　　　　　　　　　　　　018
　　五、游出一步——在安国　　　　　　　026
　　六、再见，故乡　　　　　　　　　　　031

第二章　苦雨愁城　　　　　　　　　　　　039
　　一、古城行　　　　　　　　　　　　　039
　　二、选择与思考　　　　　　　　　　　043
　　三、早　熟　　　　　　　　　　　　　050
　　四、无花果　　　　　　　　　　　　　056
　　五、天作之合　　　　　　　　　　　　061

第三章　从北平到白洋淀　065
一、没有课程表的大学　065
二、被挤之后　069
三、《大公报》引出的故事　074
四、再赴北平　079
五、风景这厢好　083

第四章　火热的晋察冀　091
一、大风起兮　091
二、高呼"典型"——在抗战学院　099
三、游击生活　105
四、阜平纪事　110
五、穷山恶水，伙伴情深　116
六、山路花烂漫　123
七、且说《冀中一日》　129
八、血与火的艺术记录　135
九、升华　148
十、山道弯弯，峰回路转　155

第五章　千里共婵娟　163
一、西去延安有故人　163
二、人生几次月儿圆　171
三、际遇　177
四、还乡　183

第六章　烈火中的凤凰　188
一、新的旅程　188

二、羁留河间 194
　　三、烈火在燃烧 199
　　四、滹沱河上的梦 210
　　五、古人日以远，青史字不泯 216
　　六、从生活走向创作 221
　　七、凤凰再生了 227

第七章　进城以后 238
　　一、园丁之歌 238
　　二、乔迁 248
　　三、苦恼 254
　　四、访苏 264
　　五、处下不卑，登高不晕 271
　　六、生病和旅行 280
　　七、在红十字医院 289
　　八、疗养生活纪略之一 292
　　九、"插播"的故事 298
　　十、疗养生活纪略之二 302
　　十一、病后 309

第八章　风雪十年 316
　　一、不寻常的接火 316
　　二、干校的故事 324
　　三、悼亡 332
　　四、悼亡后的幻觉 337
　　五、"解放"以后 343
　　六、重返白洋淀 350

七、难忘的一九七六　　　　　　　　　　355

第九章　晚华老不荒　　　　　　　　　　362
　　一、执着现实，继续战斗　　　　　　362
　　二、为了耕耘　　　　　　　　　　　367
　　三、大院　　　　　　　　　　　　　373
　　四、交游　　　　　　　　　　　　　378
　　五、理解和误会　　　　　　　　　　387
　　六、文坛小风云　　　　　　　　　　392
　　七、严肃与荒诞——修改文章的事情　399
　　八、诱掖　　　　　　　　　　　　　404
　　九、书　　　　　　　　　　　　　　415
　　十、晚华老不荒　　　　　　　　　　424

附　录
　　和郭志刚的一次谈话　　　　　　孙　犁　430
　　岁月之恋
　　　——我的怀念　　　　　　　　郭志刚　449
　　曲终奏雅，大道低回
　　　——孙犁的最后十四年　　　　杨联芬　456

题　记

　　人生是一出长剧。这出剧或者辉煌壮丽，或者平淡无奇……总之，都和时代声息相通，是时代长河里翻起的大大小小的浪花，当然也都反映着时代的眉目、生活的哲理。所以，人生本身就构成了一部历史，一部高深莫测的大书。在很多情况下，人们并不十分懂得这部书，这部书需要科学而形象的诠释。做这件工作的，是各式各样的作家，作为读者的我们，需要经常从作家们笔下来认识这部大书，因为他们是"破译"种种人生之谜的能手。没有他们，生活的长河纵然照样奔流，在读者的心灵上，可就不免要减弱它的亮度和光彩了。

　　感谢那些具有真知灼见和真才实学的作家，他们向我们提供了那么多古往今来的真实感人的人生图画，使我们从中领略到无穷无尽的人生真谛。真，是世界上最有价值的东西，做到它也最难，因为在它身上经常落满了各种灰尘。人生，各种各样的人生，经过这些作家的手笔，增加了透明度，变得不那么晦涩难懂了。我们这些"芸芸众生"，能够从这些作家的笔下认识人生，的确是一种幸运。

　　但是，现在却轮到我们来记叙和描述一位作家的人生了，这怎么能够让人放心呢？一个平常人的一生，也可以构成一出即使平淡，也会充满各种波澜的长剧，那么，一个作家呢？特别是像孙犁这样一位在现代文坛上被公认为独具风采的作家，我们将怎样去表现他那独特而意蕴丰厚的人生呢？这确实是一个难题。我们明白，在着手写作这部传记的整个过程里,这个难题将始终伴随着我们。我们自然希望能够写出一部忠实而有分量的作家传记,无负于读者,也无愧于作家本人;倘若力有不逮,我们则郑重声明:这不应该影响作家事实上的光辉,这只是因为我们力不从心而已。

闲言少叙。既然是"剧",总要开场。现在,就让我们借用孙犁同志1984年写的一首短诗,来揭开这出长剧的序幕吧:

> 婴儿的眼睛是清澈的
> 青年人的眼睛是热烈的
> 中年人的眼睛是惶惑的
> 老年人的眼睛是呆滞的
>
> 世界反映到婴儿的眼里
> 是完全客观的
> 完全真实的
> 因为婴儿对它没有判断
>
> 等到有了判断
> 世界在人的眼里
> 就不是完全客观
> 也就不是完全真实的了
> 因此就有了感情的反射
> 热烈、惶惑,或是呆滞
>
> 热情地追求过了
> 有了失败的痛苦
> 再追求

再痛苦
因此有了惶惑

及至老年
已是无可奈何
他没有勇气
也没有力量

于是他的眼睛
表现了呆滞
这是人生的过程
但不是世界的过程
世界的过程
仍像在婴儿眼里一样
在客观的运动

孔夫子说了一遍
老子和庄周又说了一遍
苏格拉底说了一遍
黑格尔又说了一遍
世界仍然按照它的意志运行
人的眼睛
仍然按照年龄和经历
变化着它的神情

对于这首像"谜"一样的诗，人们会有不同的认识。例如，孙犁在延安窑洞居住时的邻居公木，在读了这首诗以后，就以同样的标题，唱和了一首（诗人在篇末说明："1984年7月28日读孙犁兄《眼睛》，心血来潮，率然命笔……"），其中颇多"反其意而用之"的味道——或者说是进行了新的补充吧："世界反映到婴儿的眼睛里／大不过妈妈的奶头／日影恍恍　月色溶溶　风丝细细／吹不皱一池清水"，"清澈不是从无欲中来／热烈严峻睿智都基于实践／人的过程尽管只是一瞬间／但它必然和世界的过程同步"，"假如世界只在婴儿的眼睛中／做着纯客观自在的运动／可能人类还与古猿蜥蜴同居／攀援跳跃在原始森林里"……解诗最难。诗人看世界不同，多是由于各自的生活道路不同、艺术体验不同。因此，我们觉得，对于诗（其他形式的文学作品也一样），最好的阐释办法不是进行字面上的索解，而是将之还原为生活——一切诗都是从那里产生的。所以，现在就让我们回到孙犁的童年，并从那里开始，循着他的脚印探索、前进吧。对于他这首包含着许多人生信息和艺术体验的诗，读者将会得到各人认为满意的答案（因为诗很难有统一的标准答案），说不定还会有些别的收获呢。

第一章　土是故乡亲

一、北方的土地

　　乘津浦路上的火车由南向北行驶，一过黄河，人们就会发现，大地的形貌和色彩于不知不觉间已经发生了显著的变化：山陵起伏的土地变成了一漫平川，原来点缀着许多湖泊和溪流的地表，不仅拿去了这些银亮亮的饰件，也脱去了厚厚的繁花杂陈的绿色植被，换成了一件灰黄斑驳的、简直有些"褴褛"的衣裳。北方太朴素了，在它身上，除了北边的万里长城和西边的太行山脉，几乎全是单调、呆板的平原。它当然也有河流，但那些河流在枯水季节往往是干涸的，而且少得可怜。面对此情此景，列车中的南方游子很容易悄然念起白居易的名句："江南好，风景旧曾谙。日出江花红胜火，春来江水绿如蓝，能不忆江南？"这时，热心的怀着强烈乡土感情的北方人，往往要起来辩护几句，如果他熟读过艾青的《北方》①这首诗，他也许会借着这位南方诗人的嘴，情不自禁地朗诵起来：

　　　　不错
　　　　北方是悲哀的。

---

①　该诗作于1938年2月，时当抗战初期，诗中响彻着抗日救亡的召唤。

从塞外吹来的
沙漠风,
已卷去北方的生命的绿色
…………
而我
——这来自南方的旅客,
却爱这悲哀的北国啊。
…………
一片无垠的荒漠
也引起了我的崇敬
——我看见
我们的祖先
带领了羊群
吹着笳笛
沉浸在这大漠的黄昏里;
我们踏着的
古老的松软的黄土层里
埋有我们祖先的骸骨啊,
——这土地是他们所开垦
几千年了
他们曾在这里
和带给他们以打击的自然相搏斗,
…………
——这国土
养育了为我所爱的
世界上最艰苦
与最古老的种族。

不必等待这场争论结束，说话间就到了我们的主人公诞生的地方。列车驰过横贯东西的德石路，开始沿着冀中平原的东部边缘向北爬行，假如从东光——沧县之间下车，朝西部腹地深入进去，就可以来到孙犁的故乡安平县了。

这确实是北方的一个极平常的县份，关于它，辞书上仅有两三行文字的记载："在河北省中部偏南、滹沱河下游。汉置县。产小麦、玉米、高粱、谷子、棉花、花生等。"在这短短的介绍里，除了它的具体方位不能代替之外，其他方面，简直没有什么个性。

但是，对于这片土地来说，它却体现着艾青诗歌中歌颂的中华民族开垦者的个性，它那黄色的土地——虽然不像关中平原那样黄——确实养育了最能吃苦耐劳的人民。黄河流域源远流长的灿烂文化，没有忘记浸润这个小小的县份，在它那松软的地层下面，除埋有我们祖先的遗骸，也埋有盛极一时的汉代艺术：1971年，在安平县城东南发掘出了具有彩色壁画的汉墓。在这块人们耕耘、经营了几千年的土地上，自然不会只有几座汉墓。历史在这块土地上究竟沉淀了多少东西，事实上谁也无法估量。根据逻辑的推想，人们只能说，这是一块蕴藏丰富的"文化土壤"。

人们同样无法估量的是，一个人生息于这样的土壤之上，将会给他的一生带来多么深远的影响。因为土地本身虽然没有独立的生命，却可以把它的一切特性"传染"给有生命的人；我们不妨略事夸张地说，正是这块土地上的"遗传密码"，使生命"本土化"了，即使有朝一日生命长大成人，远走异乡，他身上的"乡味"也根除不掉。至于孙犁，他后来是用这样的语言来表达这一影响的："幼年的感受，故乡的印象，对于一个作家是非常重要的东西，正像母亲的语言对于婴儿的影响。这种影响和作家一同成熟着，可以影响他毕生的作品。它的营养，像母亲的乳汁一样，要长久地在作家的血液里周流，抹也抹不掉。这种影响是生活内容的，也是艺术形式的，我们都不自觉地有个地方色彩。"① 人们无法选择自己的出生地，他降生在哪里，完全是际遇；可是一当人在自己的土地上降生，很少人有不热爱自己的土地的，无论其为富庶，或为贫瘠。在这一点上，人对于土地的感情，就像孩子对于母亲的感情。

是际遇，也是缘分，孙犁于1913年农历四月初六降生在这个世界上。北方的土地以厚重而温暖的感情，欢迎了这个孩子的降临。同时，他的父母也没有忘记给他取一个响亮的名字：振海——农民的眼界并不总是狭窄的。

他的家乡是东辽城村，在安平县城的西边，距城十八华里。西南三华里的地方有个子文镇，是这一带闻名的集市。过去，在闭塞的北方农村，集市不仅是经济交流的中心，也是文化与信息的传播场所。特别是每年春秋两季，还在这里举行"药王庙会"。说到这个庙会，我们不免又要把话题扯远一些。在孙犁声言是"童年的回忆"②的中篇小说《铁木前传》里，有一段关于庙会的描写，那是通过正向下乡干部耍弄着鬼机灵的小满儿的嘴说出来的："……这个庙会太热闹了。那时候，小麦长得有半人高，各地来的老太太们坐在庙里念佛，她们带来的那些姑娘们，却叫村里的小伙子们勾引到村外边的麦地里去了。半夜的时候，你到地里去走一趟吧，那些小伙子和姑娘们就像鸟儿一样，一对儿一对儿的从麦垅里飞出来，好玩极了。"风骚女人的话固然不足为凭，在这并无恶意的言辞间，人们还是可以略施想象力，窥见古代北方桑间濮上的遗风。

东辽城和子文镇都在滹沱河的南岸。滹沱河长五百四十公里，在冀中，它不只是一条重要的河流，还是抗日战争的名胜之地。孙犁和其他

---

① 《鲁迅的小说》，《孙犁文集》第六卷，百花文艺出版社1982年版。
② 《关于〈铁木前传〉的通信》，《孙犁文集》第六卷，百花文艺出版社1982年版。

作家表现抗战的小说以及诗歌、戏剧等，曾经多次地写到过它。它的源头在山西省五台山东北的泰戏山，穿过太行山脉，挟带着黄土高原的泥沙，往东流入冀中平原，在献县和滏阳河汇合为子牙河，最后经天津汇同大清河流入海河，东下大海。孙犁在自己的作品里，这样形容着滹沱河：在它的发源地，"泉水从一条赤红色的石缝里溢出，鼓动着流沙，发出噗噗的声音"，"溪水围绕着三座山流泄，……溪流上面，盖着很厚的从山上落下的枯枝烂叶，这里的流水，安静得就像躺在爱人怀抱里睡眠的女人一样，流动时，只有一点细碎的声响"①。但是，当它离开高山峡谷的管束，流到冀中平原，它就变得粗野起来了："今年向南一滚，明年往北一冲，自由自在地奔流"②，把它的欢乐或狂暴，倾泻到冀中人民的头上。尽管如此，"祖祖辈辈，我没有听见人们议论过它的功过，是喜欢它，还是厌恶它，是有它好，还是没有它好。人们只是觉得，它是大自然的一部分。而大自然总是对人们既有利又有害，既有恩也有怨，无可奈何。"③ 不过，对于北方的这条河，他在《风云初记》里，是流露了无限的眷念之情的，那是通过一位为抗日战士担任向导的老佃户的嘴说出来的："谁要是想念家乡，就对着这流水讲话吧，它会把你们的心思，带到亲人的耳朵旁边。""我看着那里的河水，也像看着亲眷一样。经过水淀，大个蚊子追赶着我们，小拨子载着西瓜、香瓜、烧饼、咸鸭蛋，也追赶着我们。夜晚，月亮升起来了，人们也要睡觉了，在一个拐角地方，几个年轻的妇女，脱得光光的在河里洗澡哩，听到了船声，把身子一齐缩到水里去。还不害羞地对我们喊：不要往我们这里看！"④ 通过这些富有乡趣的描写，足见作者对于这条浇灌了冀中平原的河流，是很有感情的。可是，这些都是历史的陈迹了，因为滹沱河已经多年干涸，成了一条不可能再焕发生机的死的河流。后来的人们，只能在

---

① ④ 《风云初记》第七十九章。
② 《光荣》，《孙犁文集》第一卷，百花文艺出版社1981年版。
③ 《芸斋梦余》，《远道集》，百花文艺出版社1984年版。

文学作品和有关口碑、记载中去温习它昔日的丰采了。对此，作者是感到惋惜的。

这是不奇怪的。因为他家门口的这条河流，同他故乡的土地一道，曾是他童年的栖止和嬉戏之地，他不仅向之索取过衣食，还由它帮助塑造了童年的心灵、童年的性格。

二、病弱的童年

在一个不公平的社会里，贫困总是和灾难为伴。孙犁的母亲一共生了七个孩子，只有孙犁一人闯过了生死关，他的五个兄姐和一个弟弟都不幸夭折。孙犁的母亲很善良，只要力所能及，对于村中的孤苦饥寒和过往行人，总是尽量周济。远村有两个尼姑，很喜欢在每年的夏收和秋收之后到孙家化缘，母亲除给她们很多粮食，还常提供食宿。这些，当然是在孙家小康以后，不过由此也可看出，这位母亲是怎样一位善良的古道热肠的农村妇女了。

但是，灾难并不因此而宽宥她。有一年闹瘟疫，这位母亲在一个月里竟失去了三个孩子。爷爷对母亲说："心里想不开，人就会疯了。你出去和人们斗斗纸牌吧！"自此，这位干起活来"像疯了似的"劳动妇女，养成了春冬两闲和妇女们玩牌的习惯，还对家里人说："这是你爷爷吩咐下来的，你们不要管我。"

孙犁的父亲十六岁时就到安国县学徒，那家店铺的字号是"永吉昌"，经办的业务之一，是榨油和轧棉花。此外，还兼营钱业。父亲在这里一住四十年，每年只回一次家，过一个元宵节。他是从打算盘的学徒，熬到管账先生，又念了十几年账本，然后当上了"掌柜的"。他只念过两年私塾，但是粗通文墨，爱好字画，在农民式的质朴里，颇带几分儒雅的风度。他很注意礼貌，如果家里人用牛车接他回家，他总在出城以后才上车，路过每个村庄，必下车和人们打招呼。乡邻们都尊称他为"孙掌柜"。他对儿子非常慈爱,从来没有打骂过孙犁,但在对别人介绍的时候,爱说一句:"这是我的小孩,他是个傻子。"做父母的倒不一定真认为自己的孩子傻,不过,当他后来眼看儿子没有按他的希望"成材",他也只把失望放在心里,并不当面指责。

由于父亲在"永吉昌"吃上劳力股份,买了一些田,又买了牲口、车辆,让孙犁的叔父和二舅拉脚,孙家渐渐走向小康。

一位生性善良的母亲,再加上这样一位温厚勤谨的父亲,必定对孙犁的性格有着很大的影响——因为就是在今天,我们还仿佛可以从孙犁身上发现他父母的影子。

在孙犁小的时候,母亲还这样教育他(想来他的父亲也不会反对):饿死不做贼,屈死不告状。"我一直记着这两句话。自己一生,就是目前,也不能说没有冤苦,但从来没有想到过告状,打官司。"[①] 显然,在这个家教里,总结着农民的许多切身经验,并不只是隐忍,还颇有几分硬气。

孙犁听母亲说,在他出生前家境很不好,有一次母亲生了孩子,外祖母拆了一个破鸡笼为她煮饭。现在,我们索性多说几句,连孙犁的外祖母家一并向读者做个介绍。

外祖母家在滹沱河北岸的彪冢村,距东辽城约十五华里。她和外祖父生了六个孩子,孙犁的母亲居长,下面有三个妹妹和两个弟弟。全家八口人,只种着三亩当来的地,很大一部分生活来源,是靠了织卖土布。这很像是一个家庭作坊:外屋里停放着一张木机子,女人们凡能上机子的都上机子,昼夜轮值,人歇机不歇。因为母亲是老大,多值夜班,陪着一盏小油灯,常常织到鸡叫。东邻有个念书的,准备考秀才,每天夜里,诵书声闻于四邻。母亲听不懂他念的是什么书,只听隔几句就"也"一声,拉着很长的尾巴。他也一念就念到鸡叫。正像外祖父一家织了多年布只织出一个"穷"字一样,这人念了多年书还是名落孙山,空抛心

[①] 《芸斋琐谈·诗外功夫》,《陋巷集》,百花文艺出版社1987年版。

力。孙犁听母亲说这个故事，当时虽然不明白其中意义，但给他留下了毕生难忘的印象。他幼年见过外祖母家那张织布机，因为"烟熏火燎，通身变成黑色的了"①。这个印象，写进了他五十年代的一篇小说——《正月》②里：

> 机子从木匠手里出生到现在，整整一百年。在这一百年间，我们祖国的历史有过重大的变化，这机子却只是陪伴了三代的女人。陪伴她们痛苦，陪伴她们希望。它叫小锅台的烟熏火燎，全身变成黑色的了。它眼望着大娘在生产以前，用一角破席堵住窗台的风口；在生产以后，拆毁了半个破鸡筐才煮熟一碗半饭汤。它看见大娘的两个女儿在出嫁的头一天晚上，才在机子上织成一条陪送的花裤。一百年来，它没有听见过歌声。

外祖母家的织布机织出了庄户人的穷苦，也织出了幼年孙犁心中的图画，织出了一篇美丽、动人的小说……

外祖母家的故事还没有完，让我们先搁在一边，回到孙家来吧。

孙犁出生时，家境已稍觉宽裕，但"世袭"的贫困仍然侵害着他：母亲没有奶水，只好把馒头晾干、碾碎，煮成糊喂他。这样，他自幼便营养不良、体弱多病。"每逢病了，夜间，母亲总是放一碗清水在窗台上，祷告过往的神灵。母亲对人说：'我这个孩子是不会孝顺的，因为他是我烧香还愿，从庙里求来的。'"③这个故事，不能视为无稽之谈。它好像说明：在那样的时代，贫苦人家连生儿育女的权利都被打了折扣，七个孩子活下来一个，还是神灵的赐予！

在孙犁患的病中，有一种叫"惊风疾"（俗称"抽风"），这种病曾经

---

① 《乡里旧闻·外祖母家》，《尺泽集》，百花文艺出版社1982年版。
② 《孙犁文集》第一卷，百花文艺出版社1981年版。
③ 《母亲的记忆》，《远道集》，百花文艺出版社1984年版。

长时间地困扰着这个体弱的农家孩子,直到他十岁时,才由叔父将他带到滹沱河北岸的伍仁桥,请人针刺手腕,连续三年(都在清明节),始得治愈。这位叔父也很疼爱孙犁。看来,在小农经济统治着的农村,孙家还是一个和睦的家庭。

我们都有这样的体验:长年生病不只影响一个人的体质,也会给他的心理带来某些变化。孙犁童年多病,就更容易发生这种情况。孙犁自称"幼年尪怯"①,我们专门查了这个读音为 wāng(汪)的"尪"字。尪,指瘠病之人。《吕氏春秋·尽数》中有"苦水所多尪与伛人"一句,高诱的注说:"尪,突胸仰向疾也。"看来是指一种患鸡胸而头部上仰的病态——婴儿缺奶少钙,是容易患鸡胸病的。孙犁有着一副瘦长的身材,两肩稍端,虽然在很多地方保留着农民的习惯,但仍不失文静之态。自然,这是我们见到他的老年时候的样子。他在幼年时代,是不是具有这个"尪"字所表示的生理特征呢?我们不得而知,总之,他说自己幼年尪怯,将"尪怯"两个字连在一起,似乎确在说明,他的生理状况影响了心理状况,即不仅"尪",而且"怯"。我们自然不会把他看作一个怯懦的人,不,他在精神上决不是一个弱者。相反,据我们观察,特别是从他写的许多杂文、书信看起来,他是一个柔中有刚、颇见风骨的人。老来如此,少时决非毫无进取精神的怯陋小子! 但无可否认的是,他的自幼多病的身体,使他在神经和心理方面变得敏感起来,这样的孩子也往往比较内向,遇事较易"退缩",但是,倘若以为他没有自己的主见,那就错了。其次,他也可能比别人更易"多愁善感",较能体验别人的疾苦和富有同情心。这并非说,这些特点全是病弱的结果;这只是说,一个像孙犁的童年那样在特定的生活环境中成长,并具有某些良好素质的孩子,他的独特生理状况有可能加强这些特点而已。否则,换一种情况,那可能是一个暴戾不安的、不近人情的孩子。这后一种情况,人们也并

---

① 《自序》,《孙犁文集》第一卷,百花文艺出版社 1981 年版。

非少见。

三、人生第一站

尽管孙犁童年多病，他感到快乐和幸福的，还是童年——他本人多次表示过这样的看法。

东辽城只有百来户人家，在北方平原上不算一个大村子。但当农业个体生产方式居统治地位的时候，农村不拘大小，自身就常常是一个独立的小社会：士、农、工、商、官、卒、巫、医，乃至政、经、礼、乐……几乎应有尽有，虽然那存在形式，一般都很原始和简陋。因此，无论从空间和内涵上，我们都能说："农村是广阔的天地，人物众多，是文学创作取之不尽的最大最深的源泉，是民族历史文化的无尽宝藏，是国家经济政治最大的体现场所。""古今中外，凡是伟大的作家，没有不从农村大地吸取乳汁的。"[①]

东辽城，这个位于滹沱河南岸的小小社会，是孙犁瞭望世界、观察人生的第一站：

> 童年，我在这里，看到了雁群，看到了鹭鸶。看到了对艚大船上的夫妇，看到了纤夫，看到了白帆。他们远来远去，东来西往，给这一带的农民，带来了新鲜奇异的生活感受，彼此共同的辛酸苦辣的生活感受。[②]

贫困是一种无情的压迫，它并不选择年龄。孙犁不用单看纤夫如何淌汗，船家如何吃苦，他不用单从别人身上才知道世界上有受苦受累这

[①] 《关于〈聊斋志异〉》，《孙犁文集》第六卷，百花文艺出版社1982年版。
[②] 《芸斋梦余·关于河》，《远道集》，百花文艺出版社1984年版。

件事，他自己还在很小的时候，也亲自品尝了生活的辛酸苦辣。那时，河北省很多地方都流传着"糠菜半年粮"的俗谚，意思是，就是在好年盛景，每年冬末春初，直到夏收到来之前，一般农户粮食很缺，都要靠吃糠皮野菜（包括树叶），混过一段青黄不接的日子。那时的春天是"苦春"，幼弱的孙犁和他的同龄小伙伴们，是用"度春荒"代替了"春游"的。不过，童年毕竟是童年，孩子们也真的把"度春荒"变成某种程度的"春游"了，他们带着小刀，提上小篮，成群结队地涌向野外，去寻挖刚刚出土的野菜：

……田野里跑着无数的孩子们，是为饥饿驱使，也为新的生机驱使，他们漫天漫野地跑着，寻视着，欢笑并打闹，追赶和竞争。

春风吹来，大地苏醒，河水解冻，万物孳生，土地是松软的，把孩子们的脚埋进去，他们仍然欢乐地跑着，并不感到跋涉。

清晨，还有露水，还有霜雪，小手冻得通红，但不久，太阳出来，就感到很暖和，男孩子们都脱去了上衣。

为衣食奔波，而不大感到愁苦，只有童年。①

饥饿中的欢乐总带有苦涩的味道，而且也不会维持多久，除非人们在长期的煎熬中，已经习惯或"忘掉"了饥饿状态，"以苦为乐"。但这种欢乐的效果，乃是孩子式的天真或麻木所致，倒益发令人感到酸辛了。对于故乡人民吃糠咽菜、含辛茹苦的时代，孙犁借助孩子的天真表现，以轻松之笔出之，正类乎长歌当哭，痛定思痛，恰说明这种童年经历，给他留下了多么深刻的记忆。这记忆终于变成一把锹，帮助他掘开了故乡父老在历史上经历的更可怕的梦的坟墓：

---

① 《乡里旧闻·度春荒》，《孙犁文集》第四卷，百花文艺出版社1982年版。

我的童年，虽然也常有兵荒马乱，究竟还没有遇见大灾荒，像我后来从历史书上知道的那样。这一带地方，在历史上，特别是新旧五代史上记载，人民的遭遇是异常悲惨的。因为战争，因为异族的侵略，因为灾荒，一连很多年，在书本上写着：人相食；析骨而焚；易子而食。①

孙犁和他的小伙伴们，那时当然不会知道这些事情，所以还是欢笑着、追逐着挖他们的野菜。当野菜越挖越少、不能果腹的时候，他们就得寻找那些比野菜更难下咽的东西了。

孙犁的家位于村子里很深的一条小胡同底上，在他们家的北边，有一棵大杨树，他的童年时光，有很多是消磨在这棵树下和它的周围：秋风起的时候，他拣过树叶，用长长的柳枝穿起来，像一条条大蜈蚣。特别是大荒之年，地里野菜少的时候，他还吃过飘落的、像一串穗子似的杨花。这东西吃起来颇麻烦，要用水浸好几遍，再上锅蒸，味道很难闻，是最苦、最难下咽的"野菜"了。

孙犁童年时代遇到的最严重的灾荒，是1917年夏天滹沱河决口，使他的家乡一带成为泽国。庄稼全完了，高粱也被冲倒，泡在泥水里。直到秋天降霜，水还没退完，不说晚庄稼种不上，种冬麦也困难。这年秋天，颗粒不收，村边树上的残叶、榆树皮、泡在水里的高粱穗，都成了人们的充饥物。有很多孩子到退过水的地方去挖地梨和"胶泥沉儿"（一种比胶泥硬而略白的小泥块），放在嘴里吃。很快，乡民出现菜色，老、病者相继死去，以席代棺，草草埋葬。

孙犁那年四岁，也加入到孩子们的觅食队伍，到野地里去寻找小鱼、小虾、蚂蚱、蝉和其他可以吃的昆虫，去寻找野菜和所有绿色的、可以吃的植物。常在一起的，有个叫盼儿的小闺女，因为母亲有痨病，生得

---

① 《乡里旧闻·度春荒》，《孙犁文集》第四卷，百花文艺出版社1982年版。

很瘦小，可是在竞争中眼疾手快，干活利索，常使别的孩子落在后面。她的父亲是个推车卖菜的农民，因为从小托食于卖菜，被乡里谑称为"菜虎"（菜虎本来是一种专吃青菜的软体虫子）。这时就有不懂事的孩子问盼儿：

"你爹叫菜虎，你们家还没有菜吃？还挖野菜？"

盼儿并不以为谑，照样手脚不停地挖着土地，回答：

"你看这道儿，能走人吗？更不用说推车了，到哪里去趸菜呀？一家人都快饿死了！"

这回答顿时刺激了孩子们的饥饿感，都一屁股坐在泥地上，不说话了。

就在这时，洋教士乘"危"而入。他们有男有女，男的还穿着中国式的长袍马褂。"作为庚子年这一带义和团抗击洋人失败的报偿，外国人在往南八里地的义里村，建立了一座教堂，但这个村庄没有一家在教。现在这些洋人是来视察水灾的。他们走了以后，不久在义里村就设立了一座粥厂。村里就有不少人到那里去喝粥了。"①

不久，菜虎一家在了教，盼儿也被送进了教堂，虽然换上了洋布衣裳，也不再愁饿死，可是当孙犁听到这个消息，却很难过，他只向母亲吐出五个字，提了他最担心的一个问题：

"还能回来吗？"

"人家说，就要带到天津去呢，长大了也可以回家。"母亲大概察觉到孩子幼小的心灵受了伤害，发生了阵痛，便这样安慰着他。

盼儿并没有回来。那个牵肠挂肚的问号，也便一直陪伴着富有同情心的作家，使他在将近古稀之年，仍然追念不已："直到我离开家乡，也没见这个小姑娘回来过。我也不知道外国人一共收了多少小姑

---

① 《乡里旧闻·菜虎》，《孙犁文集》第四卷，百花文艺出版社1982年版。

娘……"①

外国人的教堂既已开设到中国北方的穷乡僻壤,"收了多少小姑娘"确实是一个不容易算清楚的问题;我们只知道,假如盼儿穿上洋布衣裳而沦落天涯,那和喜儿穿上黄家的衣裳而备受践踏、躲进深山,又有多大的不同呢?

这一切都在预示,孙犁的故乡在天灾人祸的打击下已处于风雨飘摇之中。盼儿的悲剧不只表示着一个家庭的解体,也表示着北方农村自然经济的解体——把自己的触须深深扎入到农村来的外国势力,参与了这个解体过程。读者很容易发现,中国近代史上的许多事件,都和这一解体过程有关。盼儿已经"飞"了出去,从这里还会"飞"出各式各样的人物……

严格地说,后来孙犁也是这样"飞"出去的。他和盼儿的命运自然不同,但在"飞"这一点上,他们是"同命鸟",因为都有着共同的深刻的经济、政治根源。只是因为具体的生活道路不同,所以归宿不同罢了。

四、第二课堂

1919年,孙犁六岁,进入本村初级小学,并有了一个新的学名:孙树勋。这时农村已改私塾为国民小学。东辽城小学没有正式校舍,借用一家闲院,两间泥房,稍事修整为教室,进行复式教学。设施虽然简陋,门口却挂起两面虎头牌:"学校重地"、"闲人免进"。在农村,农民其实是看重教育、尊敬老师的。

东辽城小学的老师,多数都是简易师范毕业,家也住在附近的村子,假日常回家干些农活。在平时,年龄大一点的学生也常帮助老师买菜做饭,并以此为荣。时代究竟在进步,农村风气也究竟淳朴,大家并不以

---

① 《乡里旧闻·菜虎》,《孙犁文集》第四卷,百花文艺出版社1982年版。

劳动为耻，新的风气在蔓延开来。

学校功课，以习字和作文为重，学生所读的，也不再是四书五经，而是新学制的白话文课本了。同年冬天，孙犁还上了夜学，父亲给他买了一盏小玻璃煤油灯，他后来忆述当时的情景是："放学路上，提灯甚乐。"[1] 我们当然还记得，他是一个病弱儿童，那时惊风疾还没有治好，这样一个孩子的快乐，该是宝贵的，令双亲感到欣慰的。

就儿童的天性来说，是喜欢顺应自然、率性由情、嬉戏玩耍的，所以，当时虽然是新学制，孩子们还是不愿受到管束，念那些先生指定的课本，而愿"回到自然"。孙犁直到现在，还记得一首名叫"四大高兴"的歌谣："新年到，搭戏台，先生走，媳妇来。"那么，"四大不高兴"呢？其词正好是颠倒的："新年过，戏台拆，媳妇走，先生来。"不能说这歌词只反映了孩子的愿望，因为它也反映了大人的愿望；但大人也从孩子过来，也总结着他们孩提时代的体验。

所以，最聪明的教育家都在努力创造一种办法：把学习变成一种兴趣、一种自觉的愿望，如果可能，那就变成人的一种自然属性。其实，就人的本质来说，本来就有进行学习和探索的自然属性，由于种种因素，这种属性被"异化"出去，和教育分离了。教育的最大使命，应是恢复这一属性，使学习重新成为人的内在冲动。

孙犁童年时代，寻找到过这种体现内在冲动的方式，那就是在平原的夜晚，听说评书。

他最早听的评书，是村里一位叫"德胜大伯"的人说的。德胜大伯和孙家住同一条街，是个挑担串乡的货郎，长年去山西做小买卖，春节也不回家，因为那时生意正好。他回到家来，多是夏秋农忙时节。这时在晚饭后，人们喜欢到街面上来乘凉，德胜大伯也就开讲。他不识字，但说起《七侠五义》来，就像一位专业艺人：

---

[1] 《〈善闇室纪年〉摘抄》，《陋巷集》，百花文艺出版社1987年版。

他对评书记得很清楚,讲得也很熟练,我想他也不是花钱到娱乐场所听来的。他在山西做生意,长年住在小旅店里,同住的人,干什么的人也有,夜晚没事,也许就请会说评书的人,免费说两段,为长年旅行在外的人们消愁解闷,日子长了,他就记住了全部。

他可能也说过一些山西人的风俗习惯,因为我年岁小,对这些没兴趣,都忘记了。①

麦秋过后,也常有职业性或半职业性的说书艺人,来到街头。他们常常是兼做小买卖,说书是"打场子"和招徕生意的手段。有一年秋收过后,来了"擀毡条"的三弟兄,他们推着一车羊毛,就在街头说起《呼家将》来,那是真正的西河大鼓,立刻就吸引了村子里的书迷,他们主动挨家挨户动员人们擀毡条。这三弟兄,为了在村子里多做些生意,一连住了三四个月,还没有演唱到最精彩的一幕——打擂:

眼看就要过年了,呼延庆的擂还没打成。每天晚上预告,明天就可以打擂了,第二天晚上,书中又出了岔子,还是打不成。人们盼呀,盼呀,大人孩子都在盼。村里娶儿媳妇要擀毡条的主,也差不多都擀了,几个老书迷,还在四处动员:

"擀一条吧,冬天铺在炕上多暖和呀!再说,你不擀毡条,呼延庆也打不了擂呀!"

直到腊月二十老几,弟兄三个看着这村里实在也没有生意可做了,才结束了《呼家将》。他们这部长篇,如果整理出版,我想一定也有两块大砖头那么厚吧。②

---

①② 《童年漫忆·听说书》,《孙犁文集》第四卷,百花文艺出版社1982年版。

孙犁肯定也是被吸引者之一。《七侠五义》也好，《呼家将》也好，这些也都是书，不过他不是去读，而是去听，是由一种内在冲动力驱使着去听。自然，这些传统的小说、评书或演义之类，不是科学讲义，不是正规的教科书。但是，我们也注意到一个事实：作家不能完全由科学讲义或教科书培养出来，而我国现代文坛上几乎所有的名作家，却都受到过传统小说、戏曲或各种形式的民间文学的影响。也就是说，某种形式的民间文学的陶冶和影响，是作家成长的必由之路。

　　对于孙犁，这些民间说书活动确是一种重要的启蒙。很快，他不仅由内在冲动力驱使着去听，而且也由这种力驱使着去读了。他读的是更高级的、经典性的文学名著《红楼梦》。

　　他第一次读《红楼梦》，是在十岁左右的时候。村东头有个他称呼为"四喜叔"的脾气很好的农民，知道他喜欢看书，就把一部《金玉缘》借给了他。自此，他便和这部名著结下不解之缘，在以后的岁月里，他曾在不同的时期多次讲到这部伟大的现实主义名著。其中，有一次他是这样说的："幼时读《红楼梦》，读到贾政笞挞贾宝玉，贾母和贾政的一段对话，不知为什么，总是很受感动，眼睛湿润润的。按说，贾政和贾母，都不是我喜爱的人物，为什么他们的对话，竟引起我的同情呢？后来才知道，这是传统伦理观念的影响，我虽在幼年，这种观念已经在头脑里生根了。"[①] 曾使幼年孙犁感动得几乎落泪的这个章节，读者也许有重温的兴趣，我们不妨略抄几句：

　　……只见贾母扶着丫头，喘吁吁地走来。贾政上前躬身赔笑道："大暑热天，母亲为何生气亲自走来？有话只该叫了儿子进去吩咐。"贾母听说，便止住步喘息一回，厉声说道："你原来是和我说

[①]《小说杂谈·小说与伦理》，《尺泽集》，百花文艺出版社1982年版。

话！我倒有话吩咐,只是可怜我一生没养个好儿子,却教我和谁说去！"贾政听这话不像,忙跪下含泪说道:"为儿的教训儿子,也为的是光宗耀祖。母亲这话,我做儿的如何禁得起?"贾母听说,便啐了一口,说道:"我说一句话,你就禁不起,你那样下死手的板子,难道宝玉就禁得起了? 你说教训儿子是光宗耀祖,当初你父亲怎么教训你来！"说着,不觉就滚下泪来……又叫王夫人道:"你也不必哭了。如今宝玉年纪小,你疼他,他将来长大成人,为官作宰的,也未必想着你是他母亲了……"贾政听说,忙叩头哭道:"母亲如此说,贾政无立足之地。"……①

这里说的,虽是二百余年前封建社会上层的伦理之情,但移至孙犁幼时的乡村百姓家,或者更具体地说,移至那时的东辽城,几乎句句皆通。普通的农民家庭里,也可能发生着诸如此类的对话,所以,孙犁被感动得泪水盈眶,那是毫不奇怪的。他的这一表现倒是说明:十岁左右的孙犁已经十分善感,他以农民的质朴感情,自发地接受着这部名著的熏陶,同时也"自发地"向我们显示:我们民族的某些重要的伦理规范、价值观念等等,已经在他幼小的心田上抽出茁壮的嫩芽。据此可知,无论在家和在外,他大概都是一个容易受到父老们称赞的好孩子。

他不可能想到以后会当作家,但实际上,一个未来的、具有鲜明民族特色的作家的灵魂,已经在他小小的躯壳里孕育、成长了。

《红楼梦》之外,他还读过《封神演义》《西游记》等。这些书大半都是借来的。因为要买一部小说,就得费去一两天的食用之需。那时孙家虽稍富裕,也还十分节俭,就连孙犁的小学课本,有些还是母亲求人抄写的,哪里舍得花钱去买这些"闲书"? 在他读的这类小说中,《西游记》

---

① 《红楼梦》第三十三回。

也是他顶喜欢的:"今天过一个山,明天过一个洞,全凭猴哥神通广大,变化无穷,战胜妖魔,得到西天。看这故事的时候,我们比唐僧还着急,一个山没过去,便想着下回书那个洞了……"①

  书之外,幼年的孙犁还喜欢画。他说:"人天生就是喜欢美的。"②这样说固然不错,因为在农村,多苦的人家,屋里都会有点儿美术,即使是从香烟盒上剪下的一只鸟儿、一张美人像也罢。但是,我们想在特殊的意义上再重复一遍这句话:孙犁的天性就是喜欢美的,对于美,他爱得比一般人更加执着,这是有目共睹的。对于美术,他从小就有一种追求,"就在我生活最不安定,最困难的时候,我的书箱里,我的案头,我的住室墙壁上,也总有一些画片。它们大多是我从杂志上裁下的。""对于我钦佩的人物,比如托尔斯泰、契诃夫、高尔基,比如鲁迅,比如丁玲同志,比如阮玲玉,我都保存了他们的很多照片或是画像。"③这里说的,已经近乎一些特殊的习惯,因为一般人不会从杂志上裁下那么多画片,放在书箱、案头和张贴在墙壁上,何况又是生活最不安定、最困难的时候呢。至于他保存阮玲玉的照片,那也可以看出他用心之细。阮玲玉是30年代的著名电影演员,因婚姻问题受到报纸毁谤,于1935年自杀,死时才二十五岁。遗书中有"人言可畏"一句,有的记者还不服气,说报纸没有那么大力量。当时鲁迅先生曾仗义执言,以"赵令仪"的署名,在《太白》上发表《论"人言可畏"》④一文,驳斥了某些报纸的不负责任:"新闻的威力其实是并未全盘坠地的,它对甲无损,对乙却会有伤;对强者它是弱者,但对更弱者它却是强者,所以有时虽然吞声忍气,有时仍可以耀武扬威。于是阮玲玉之流,就成了发扬余威的好材料了,因为她颇有名,却无力。"孙犁当时二十二岁,他收集阮玲玉的照片,很可能是在她自杀之后,这样做,不只是对一个美的形象、美

---

  ① 《文艺学习·第三章》,《孙犁文集》第六卷,百花文艺出版社1982年版。
  ②③ 《画的梦》,《孙犁文集》第四卷,百花文艺出版社1982年版。
  ④ 该文后辑入《且介亭杂文》。

的灵魂的钦仰和怀念，更是对于正义的支持。对于丁玲也是如此。在30年代一度盛传丁玲在南京遇害，他和许多进步青年一样，是那样焦急、悬念。这不是没有原因的。他在1980年11月2日给丁玲的信①里说："我们这一代人，现在虽然也渐渐老了，但在30年代，我们还是年轻人的时候，都受过您在文学方面的强烈的影响。我那时崇拜您到了狂热的程度，我曾通过报纸杂志，注视您的生活和遭遇，作品的出版，还保存了杂志上登载的您的照片、手迹。在照片中，印象最深的，是登在《现代》上的，您去纱厂工作前对镜梳妆，打扮成一个青年女工模样的那一张，明眸皓腕，庄严肃穆，至今清晰如在目前。"在这些热诚的话里，读者能够感到，他在老年还保存着青年时代的天真，在对丁玲进行形容时，简直又回到青年时代去了。

是的，爱美是人的天性，人都爱美，爱画，爱好看的色彩，等等；但是，恐怕远非人人爱得像孙犁那样有自己的选择，有深刻的内涵……

这个特点，在孙犁还是孩子时，就显示出来了。当然，那时他几乎没有机会欣赏到高级艺术，他能看到的，只是民间的、普及的，如年画之类。但是，正是这些进入千家万户的年画，给了他很多知识，使他知道了很多故事，特别是戏曲故事。每年春节，从旧历初一到十五，街上还出现一种用长绳串起来的作牙旗状的大型连环画，悬挂在大街之上，称"吊挂"，那是先在白布上涂一层粉，再绘以人物、山水、车马等，故事多来自《封神》、《三国》、《五代残唐》、《杨家将》等演义小说，一般妇女、儿童看不懂，已经读过这类书的孙犁是看得懂的。他也赶庙会和赶年集，那里卖画的多，是不用买门票的展览会，孙犁最喜欢去。在年集上，有年岁大的同学告诉他：如果去捅一下卖画人的屁股，他就会拿出一种叫作"手卷"的秘画，也叫"山西灶马"，好看极了。孙犁认为这些说法不经，没有去理。

---

① 该信已辑入《孙犁文集》第七卷，百花文艺出版社1982年版。

倘若说，东辽城小学那两间改作教室的泥房是第一课堂，那么，上面讲的这一切就是孙犁的第二课堂。看起来，这个第二课堂要生动、活泼得多。他在东辽城小学读了四年，至少在这四年中，他更喜欢这个第二课堂，他在这里找到了自己，也发现了世界，从某种意义上，也像孩子们走出"三味书屋"，来到了"百草园"吧。

当然，他终究还要回到"三味书屋"去，回到第一课堂，何况，这时已经是另一个时代，"三味书屋"早已变成国民小学了呢。

在北方，农村学龄儿童的家长们有请老师吃饭的习惯，尤其在每年春天刚开学时，他们留有过年的酒菜，饭桌上还比较丰盛。孙犁的家里每年请两次老师，席间，他的叔父向老师要求，不要打孙犁，因为他有病。据我们想来，孙犁自幼文弱，好静不好动，不是讨打的顽皮孩子，叔父所以这样说，固有防患未然之意，多半则是体现了家长对孩子的爱护之心。

在课堂上，他念的是新课本，没有读过什么古文，但在农村接触的文字，如公文告示、匾额对联、婚丧应酬文字等，还大都是文言或半文言。他读的第一篇古文，是本家"私乘"——即某种意义上的家史吧：父亲在安国县经商多年之后，一心为祖父立碑，请一位前清进士写了碑文，托小学老师教孙犁习读，以便在举行立碑仪式时当众朗诵。父亲把这事看得很重，除出于光宗耀祖之虔诚，还寄有望子成龙之意。这样，孙犁就在每天课后读起碑文来。他当时只有十岁，并不明白碑文的意思，完全是生吞活剥地读。立碑那天，他居然读得很成功，受到了人们的赞赏。他后来回忆这件事说："这篇碑文的内容，已经完全不记得，经过几十年战争动乱，那碑也不知道到哪里去了。但是，那些之乎者也，那些抑扬顿挫，那些起承转合，那些空洞的颂扬之词，好像给我留下了深刻的印象。"[1]

---

[1]《与友人论学习古文》，《孙犁文集》第六卷，百花文艺出版社1982年版。

孙犁后来喜欢读古书，也喜欢作些古文，这篇启蒙教材大概也起了些作用。

五、游出一步 —— 在安国

本来，按照孙家的实际情况，当孙犁念完四年初小，就该务农或是出外习商；因父亲听信安国县邮政局长的话，发愿让他升学，以便考入邮政。他们认为，在邮政部门办事，就是得到了铁饭碗。对于一般人家来说，没有比这个更务实、更有吸引力的了。所以，就在孙家举行立碑"大典"的第二年，即1924年，他随父亲来到安国县城，进入高级小学，那年他十一岁。

东辽城距安国县城六十华里，这一次他与父亲共骑一匹驴，父亲把他放在前面，在日影憧憧中蹒跚在乡间土路上，还真有一点儿古风呢。在路过河流、村庄的时候，父亲为加小心或是恭谦礼让，照例下来，牵着驴走，孙犁还是坐在上面。下午三四点钟的时候，他们才到了县城。

安国县明时曾并入祁州，所以旧名又称祁州。它位于安平县的西北方向，再往北偏东下去一百二十华里，就是保定了。我们以后就会知道，安平——安国——保定，这个由三点连成的不等边三角形曲线，在孙犁的生命途程中是多么重要。这是孙犁在漫长的人生道路上所迈出的最初几步，这几步，给他的学业打下了坚实的基础，也使他逐步游向了时代激流的深处，在那里，他能够触摸到时代的强大脉搏，探听到生活的最新消息。

安国县是有名的药材聚散之地，被人们称为"药都"。据传说，各路药材，不到祁州就不灵，必须在祁州转手，再运往全国各地。这种说法的真实性虽然值得怀疑，但对刺激药材生意的繁荣，客观上起了舆论的作用。"每年春冬庙会（药王庙），商贾云集，有川广云贵各帮。药商为了广招徕,演大戏,施舍重金,修饰药王庙,殿宇深邃,庙前有一对铁狮子,竖有两棵高大铁旗杆,数十里外就可以看到。"①北方平原上的一个县,能有如此气派,也堪称是一代之壮举,不朽之盛事了。

孙犁随父亲进城,一到南关,就进了繁华地段:"先过药王庙……再过大药市、小药市,到处是黄芪味道,那时还都是人工切制药材。大街两旁都是店铺,真有些熙熙攘攘的意思。然后进南城门洞,有两道城门,都用铁皮铁钉包裹。"②写到这里,我们忽发奇想,报载:人参之乡吉林省集安市百岁老人很多,每万人中就有两名。有关人士分析,生活在这里的人们喝的水、吃的饭,甚至还有呼吸的空气,都含人参成分,所以在不知不觉中得以延年益寿。那么,在"药都"呢?这里的黄芪味道,这里的千百种仙草龙骨,就没有使安国人民受到濡染?就没有影响他们的呼吸吐纳、生活起居?孙犁在这里生活了两年,对于这里的特殊生活环境和人们的生活习性,也会留下异样的印象吧?

"永吉昌"店铺在城里石牌坊南边路东,东家姓张。孙犁的父亲这时已经升为"掌柜",每天掌灯以后,坐在柜房的太师椅上,默默地抽着旱烟,看学徒们打算盘。夜晚,他睡在放钱的库房,孙犁很少进去——他是和学徒们睡在一起。

店铺也还有几分古雅:进了黑漆大门,有一座影壁,下面是鱼缸,种着玉簪花。进了院子,还有荷花和别的花草。

店铺的对门是县教育局,父亲认识那里的几位督学。在孙犁入学考试的作文中,有一句"父亲在安国为商",一位督学说,"为商"应写作"经商",父亲叫孙犁谨记在心。他被录取了。店铺每日两餐,和孙犁上学的时间不一致,父亲在一家面铺给他立了个折子,中午在那里吃,晚饭回店铺吃,早饭则由父亲起早单做。

---

① 《〈善闇室纪年〉摘抄·我的童年》,《孙犁文集》第七卷,百花文艺出版社1982年版。
② 《〈善闇室纪年〉摘抄·在安国县》,《孙犁文集》第七卷,百花文艺出版社1982年版。

这终归不很方便，半年以后，母亲和表姐便也来到安国，住在一家姓胡的闲院里。胡家是地主，雇有一名长工和一名女佣，父亲告诉孙犁，女主人是他的干娘，干爹是一家药店的东家，已经去世。干娘待孙犁很好，她的小儿子和孙犁同上高级小学，却对他有些歧视。

给他留下了好感的，是一位干姐。这位干姐在女子高级小学读书，长得洁白、秀丽，好说笑，对孙犁很是热情、爱护。她的刺绣和画的桃花，也令孙犁神往。我们知道，孙犁从幼年时就喜欢画，但他自视手笨，"在学校时，美术一课，总是勉强交卷"①。现在遇到这样一位干姐，印象之好，可想而知了。

干姐还爱看《红楼梦》，有时坐在院子里，讲给孙犁的表姐听。这位表姐幼年丧母，由孙犁的母亲抚养成人，虽不识字，记忆力很好，她能记住和复述《红楼梦》里的故事。有现实生活中的两位女孩子做陪衬，也对《红楼梦》发生了浓厚兴趣的孙犁，该是有助于他对这部古典名著产生更多的联想吧！

在封建传统势力很深的中国社会，才女是格外敏感的，但也常常因此"薄命"，因为强大的外在压力，很容易撞碎那由敏感的思维编织成的一个个好梦。不知是否和这一因素有关，那位干姐在结婚以后，不久就患肺病死去，连生命的结局，竟也和《红楼梦》中的人物相同。现实生活中的这个悲剧，也会令同样敏感的孙犁感到惆怅的吧！

一般地说，孙犁对他童年接触过的女孩子，都留下了较为亲切、清晰的印象。除了这位干姐的故事，我们还从他的笔下得到一个远房妹妹的故事。那是在东辽城，在他还上初级小学的时候，也一并补叙在这里吧。

他们住在同一条街上，又是一位"性格温柔，好说好笑，和我很合

---

① 《悼画家马达》，《孙犁文集》第四卷，百花文艺出版社 1982 年版。

得来"①的女孩子。他们在过年时玩的"撞钟"游戏（即用铜钱在砖墙上撞击，远落者投近落者，击中为胜），已使一面墙"弹痕"累累，刻下了小儿女的无限情趣；至于他们一同养蚕的事，那更是用两双辛苦的小手，去共同编织一个美好的梦了。

在北方的春天，当田间作为地界的桑棵刚长叶子的时候，儿童们的养蚕事业便开始了。因为北方桑树很少，他们只能在一个小纸盒子里养上几条蚕，希望它们吐出的丝，能够结成一片薄薄的"绵纸"，好去垫他们的墨盒。这事业不大，在孩子们却看得庄重，因为这关系到要把他们的愿望变成现实。何况，蚕儿又是那样娇嫩，常常是"喜剧还没演到一半，悲剧就开始了。蚕儿刚刚长大一些，正需要更多的桑叶，就绝粮了，只好喂它榆叶。榆叶有的是，无奈蚕不爱吃，眼看瘦下去，可怜巴巴的，有的饿死了，活下来的，到了时候，就有气无力地吐起丝来。"②

在这艰难的事业中，孙犁和这位远房妹妹的蚕，放在一处养。她答应，她的蚕结出丝来，也铺在孙犁的墨盒里。"她虽然不念书，也知道，写好了字，就是我的锦绣前程。"③像别的孩子一样，她也只收获到一片薄薄的绵。她就献出这片薄绵，去帮助织造童年伙伴的锦绣前程……

等到孙犁年老回乡，再次看到这位远房妹妹的时候，已经几乎认不出她来。她患过多年淋巴结核，脖颈和胸前留下了一片伤疤，同时性格也由"温柔"变得泼辣，人称"不好惹"。对此，孙犁发出了这样的感慨："不要责备童年的伴侣吧。人生之路，各式各样……美丽的梦只有开端，只有序曲，也是可爱的。我们的童年，是值得留恋的，值得回味的。""她对我，也会是失望的。我写的文章，谈不上经国纬业，只有些小说唱本。并没有体现出，她给我的那一片片小小的丝绵，所

---

①②③　孙犁：《蚕桑之事》，1987年8月23日《光明日报》。

代表的天真无邪的情意。"①

这位远房妹妹和上面讲到的干姐,还有一位盼儿,都给孙犁的童年留下了美好的记忆。人们会发现:这位曾因长于塑造妇女形象而称誉文坛的作家,原来从童年时起就对他的一些小女伴怀有深刻而友善的印象。到现在为止,我们还没有在他的笔下看到这类小男伴②。同样有个性和有斤两的小男伴,也许在今后会从他的笔下降临?不过,即令真是这样,那也是迟到的了。曹雪芹在《红楼梦》第二回里说,"女儿是水作的骨肉",看起来,这位作家在后来者中也不难找到同调。

再回过头来说安国吧。孙犁在这里度过了很有意义的两年,他所在的高级小学,位于城内东北角,那里原先是一座文庙。学校的设备也还完善,特别是阅览室里有许多"五四"前后出现的新的期刊,如《东方杂志》《教育杂志》《学生杂志》《妇女杂志》《儿童世界》等等,以及许多新文学作品(尤其是文学研究会作家的作品),如叶绍钧、许地山、刘大杰等人的小说,使他"眼界大开"③。在五四新文化运动的大潮掀起之后,它的汹涌澎湃的激流,终于越过城市的高墙和田间小路,涌向这个小小的县城来了,这使孙犁有机会在小学时代就受到了"五四"进步思潮的启蒙教育。

安国县高级小学的功课,却不令孙犁感到兴味,"学校的教学质量,我不好评议,只记得那些老师,都是循规蹈矩,借以糊口,并没有什么先进突出之处。"④这样,老师也就不大受到尊重。因为校长和几位老师都姓刘,学生就都给他们各起绰号,以示区别。教孙犁国文的老师叫

---

① 孙犁:《蚕桑之事》,1987年8月23日《光明日报》。
② 在《乡里旧闻·干巴》(《孙犁文集》第四卷,百花文艺出版社1982年版)一节中,他写了一个叫"小变儿"的孩子,但这孩子的性别问题,一直是村民们的一个谜,还没等人们弄清,这孩子就因为没人看见的水坑去洗澡,淹死了。
③④ 《〈善闇室纪年〉摘抄·在安国县》,《孙犁文集》第七卷,百花文艺出版社1982年版。

大鼻子刘，有一天上课，他叫学生们提问，孙犁问：什么叫"天真烂漫"？他笑而不答，使孙犁莫名其妙。直到后来孙犁也教小学，才悟出这是教员的滑头，就是他当时也想不出怎样解答。

父亲一直想着让孙犁考邮政。后来，一位青年邮务员分配到安国县邮局，父亲就叫孙犁和他交好。在他公休的时候，孙犁常和他到城墙上散步。他好像并不鼓励眼前的小伙伴谋得邮政的职业，相反，倒是常常感叹这一职业的寂寞，枯燥，远离家乡，举目无亲……

父亲还请了一位老秀才，做孙犁的课外老师，专门教他念古文。他教孙犁念的是一部《古文释义》，还在集市上代买过一部《诗韵合璧》，想让孙犁攻习。时代不同了，老秀才已成背时人物，失了先前的精气神。孙犁看他走在街上的那种潦倒状态，以为古文是和这种人物紧密相连的，实在鼓不起学习兴趣。这样，他教的《古文释义》没有给孙犁留下多少印象，那部《诗韵合璧》也被丢到一旁去了。

两年后，孙犁到了保定，母亲和表姐也搬回原籍。

六、再见，故乡

像一只翅膀渐渐变硬的小鸟，孙犁飞出了东辽城，现在，就要向更远的地方飞去了。他就要离开故乡的田野和乡亲们的熟悉的面孔，到一个比较陌生的城市去了。

一般说来，他降生的滹沱河畔的那个小村庄及其周围，大不过方圆几十里吧，在自给自足的、极少变动的农业社会里，对于绝大多数人来说，一生都可能不会走出这个家乡的圈子。我们说过，由于时代的变化，农业社会的"稳定性"正在受到冲击和破坏，农村也在逼迫或选择着自己各式各样的子弟进入城市。从经济条件和文化条件看，孙犁比一般同龄人占有优势，是农村中的"尖子"，他之被时代的浪潮率先裹挟而去，是必然的。那时的一个中学生，在农村里，就是凤毛麟角了。

但这对孙犁来说,并不是轻松的事。像他自己说的:他这人家乡观念重,安土重迁。在他已经度过的七十多年的岁月中,他真正待在家乡的时间很短,只有十几年的样子,其余的时间,全在外地度过。无论是在硝烟弥漫的晋察冀,也无论是在歌声不落的延安,抑或是在喧嚣纷扰的天津,他都不止一次地表达过思乡的感情。离开家乡这些年来,他常常是身在江海,心怀"魏阙",在外地生活的时间虽然长,感情的重心却总在故乡身上。在他和故乡之间,有一种默契,这默契可以用印度古代作家迦梨陀娑的剧本中的人物对话来表示:黄昏的树影拖得再长也离不开树根,你走得再远也不会走出我的心。①

人们对故乡的感情,是从童年时起就培养起来的。孙犁曾说,爱国主义是人的一种天性。我们还可以说,乡情也是一种天性,是人的与生俱来的一种感情。在孙犁的童年世界中,故乡处处显示着她的魅力——一种具有创造精神的魅力。譬如农村唱大戏,单看戏班的水平和演出条件,它们无法和城市相比,但在故乡的土地上演出,由于环境的参与作用,演出的场面就变得精彩多了:

> 我的村庄小,记忆中,只唱过一次大戏。虽然只唱了一次,却是高价请来的有名的戏班,得到远近称赞。并一直传说:我们村不唱是不唱,一唱就惊人……
>
> 唱戏一般是三天三夜。天气正在炎热,戏台下万头攒动,尘土飞扬,挤进去就是一身透汗。而有些年轻力壮的小伙子,在此时刻,好表现一下力气,去"扒台板"看戏。所谓扒台板,就是把小褂一脱,缠在腰里,从台下侧身而入,硬拱进去。然后扒住台板,用背往后一靠。身后万人,为之披靡,一片人浪,向后拥去。戏台照棚,为

---

① 这是《沙恭达罗》中的国王豆扇陀对女友沙恭达罗说的话,这里对译本的文字稍加改动,意思不变。

之动摇。管台人员只好大声喊叫，要求他稳定下来。他却得意洋洋，旁若无人地看起戏来。出来时，还是从台下钻出，并夸口说，他看见坤角的小脚了。①

这戏唱得确有生气，不然，在那炎热的天气（当时正是夏秋之间，农民连得透雨，眼看丰收有望，才酬神谢雨，花钱演戏的），哪来的台下万头攒动，尘土飞扬？又何须好事者来扒台板？京戏或河北梆子，本来都源于民间，是因为得到群众生活的营养，才蔚然成风、飞黄腾达、闯进宫廷和通都大邑的。现在，这类戏在民间演，就是回了娘家，它们吸吮着大地的乳汁，和群众声息相通，所以才能达到台上台下，心照不宣，一曲未终，万头攒动。这些，就是故乡的参与作用。故乡，是有创造能力、创造意识的。戏是这样，人也是这样，都需要来自故乡和大地的营养。特别是像孙犁这样具有文学禀赋和气质的强人，更是如此。上面是他幼时在家乡看戏的情景，中年以后，这情景变成了他的著名长篇小说《风云初记》里的一个场面：

　　……在从前，乡村演唱大戏，总得请上几个管台的人，管台的工作，是维持台下的秩序。乡下人看戏，要拼着全部力气和一身大汗。戏唱到热闹中间，比如《小放牛》唱到牧童和小姑娘对舞对唱，《喜荣归》唱到花头一手叉腰一手扬着花手绢来回踏碎步，《柜中缘》唱到哥哥要开柜、妹妹不让开的时候，台下就像突然遇到狂风的河水一样，乱挤乱动起来。那些年轻力壮的小伙子们，讲究看戏扒台板，就像城里的阔人，听戏要占前五排一样。他们通常是把小褂一扒，三五个人一牵手，就从人群里劈进去。挤到戏台前边，双手一扒台板，然后用千钧的力量一撅屁股，这一动作，往后说可以使整

---

① 《乡里旧闻·大戏》，《远道集》，百花文艺出版社1984年版。

个台下的人群向后一推,摧折两手粗的杉篙,压倒照棚外的小贩;往前说,可以使戏台摇摇欲坠,演员失色,锣鼓失声。当这个时候,管台的人,就站到台前边来了,他们一手提着烟袋荷包,一手一按一扬地喊:

"乡亲们!这是和谁过不去呀?还看不看戏呀?"

态度既从容又急迫。这样台下就会渐渐安静起来,管台的笑一笑,又退回打锣鼓的后面,抽着烟看戏去了。①

像这样的描写,可以使我们联想到鲁迅的小说《社戏》,它们都具有强烈的生活气息,都得自童年时期对故乡生活的记忆。作家的生命力,是和他的作品的生命力同时存在的,第一个赋予这种生命力以内容和形式的,便是故乡。也正因为是第一个,故乡对于作家的生命形式,具有创造意味。有人说,作家的本钱是他的童年,那意义,也和这里说的差不多吧!

故乡带给他许多喜悦。哪怕是一副简单的锣鼓,故乡的敲打声也最有诱惑力。每年春节前后,有多少个夜晚,孙犁被这敲打声从家里召唤出来,和孩子们一起,加入到成年人的"联欢"队伍。乡亲们也是刚放下饭碗,集在街头,围着一面放在木架上的大鼓,有的敲着锣,有的扬起镲,兴致勃勃地敲打起来。特别是那鼓手,抡起两支鼓槌,交替敲着鼓心和边缘,随意地变化着音响和节奏,以调剂人们的情绪。鼓是这些打击乐器中的主力,也起指挥作用,因而鼓手就成了这支乐队中最为引人注目的角色了。如果遇有求雨或出村赛会,那更是鼓手施展技艺的机会,他们高高站在拉着鼓行进的大车上,舞动鼓槌,击出各种花点,不断地把人们的情绪引向高潮。在北方,几乎每个村庄都有这样一副锣鼓,通过娱乐,起到了联络感情的作用。

---

① 《风云初记》第五十八章。

比起锣鼓，更简单的是冬季夜晚更夫敲打木梆子的声音。这也给幼年的孙犁留下了不可磨灭的印象。

东辽城虽然只有百来户人家，倒也有穷有富。每年冬季，由富户出些粮食，雇用一名更夫，每逢夜深，更夫沿街巡逻，徐缓的、钟摆似的梆点清晰可闻，人们习以为常，并不扰乱梦的安宁。相反，人们还可以从打更的遍数，推算着天明的时间。当梆点变得急促繁乱起来，人们就要警惕了，那是更夫发现了可疑的情况。这时，孙犁的母亲就会机警地坐起，披衣谛听。其实并没有什么情况，过了一会儿，梆点又变得钟摆似的单调、平缓，母亲就又吹灯睡下了。

在打更的人里边，有一个他叫作"根雨叔"的人，和他家是近枝。每逢根雨叔打更，对他家尤其有个关照，虽然孙家住在很深的一条小胡同底上，他还是一直打到门前。遇有什么紧急情况，还会用力敲打几下，叫母亲经心。在冬季的夜晚，农民用这简单的声音，传递着温暖的关切。

根雨叔自己的境遇却不大好。他的父亲嫌儿子不够孝顺，上吊死去；他到老来也因为同样的原因学了父亲的样子。这在村民中留下话柄：一辈儿跟一辈儿，辈辈不错制儿。其实，农村中的这些不幸，多半都为一个"穷"。所以，幼时听惯了打更声的作家，老年发出了这样的慨叹："延续了两代人的悲剧，现在可以结束了吧？"①

在故乡的冬夜，孙犁虽然听了那么多年平缓中时现杂乱的梆点，却没有发生过什么盗案（除去偷鸡摸狗的小事）。大的抢案，他在全县也只听说过发生一次。"这并不是说，那个时候，就是什么太平盛世。我只是觉得那时农村的民风淳朴，多数人有恒产恒心，男女老幼都知道人生的本分，知道犯法的可耻。""后来我读了一些小说，听了一些评书，看了一些戏，又知道盗贼之中也有所谓英雄，也重什么义气，有人并因此当了将帅，当了帝王。觉得其中也有很多可以同情的地方，有很多耸

---

① 《乡里旧闻·根雨叔》，《尺泽集》，百花文艺出版社1982年版。

人听闻的罗曼史。"①

　　但是，有一个人物的死，却使他不能忘记，那就是第一个借给他《红楼梦》的"四喜叔"。四喜叔中年潦倒，每逢集市，就挟把切肉刀，帮人家卖熟肉。无论是牛肉、马肉还是驴肉，在他那明亮锋利的刀口下，都像刨花一样飞扬出来，整齐地码在圆形的肉案上，给顾客夹起烧饼来，既好看又好吃。在他工作的时候，四周往往围满了人，他则顾盼神飞，谈笑自若。他的令人赞赏的刀法，使他获得了一个诨名——"飞刀刘四"。有一次散集后，主人请他吃了顿饱饭，又喝了一些酒，他就挟着菜刀回去了。走在路上，迎面过来一辆自行车，他忽然大喊一声：

　　"下来！"

　　"下来干什么？"那人认得他。

　　"把车子给我！"

　　"给你干什么？"

　　"不给，我砍了你！"他把刀一扬。

　　那人回头就报了案。他也回家睡觉，把这事忘得干干净净。第二天早晨，他被捉进县城。县长不问青红皂白，把他枪毙，作为"治绩"向上报告。像阿Q一样，他就这样糊里糊涂地落了个大团圆结局，那本孙犁读过的《红楼梦》也不知去向了。对于这个不幸的事件，孙犁的结论是："看起来，是生活决定着他的命运，而不是书。而在我的童年时代，是和小小的书本同时，痛苦地看到了严酷的生活本身。"②

　　孙犁很爱故乡的风俗。有时候，这些风俗也在揭示着生活的另外一些方面，它们使孙犁兴奋，也使他思索。下面便是一例：

　　　　小康之家，遇有丧事，则请小戏一台，也有亲友送的。所谓小

---

① 《夜晚的故事》，《远道集》，百花文艺出版社1984年版。
② 《童年漫忆·第一个借给我〈红楼梦〉的人》，《孙犁文集》第四卷，百花文艺出版社1982年版。

戏，就是街上摆一张方桌，四条板凳，有八个吹鼓手，坐在那里吹唱。并不化妆，一人可演几个角色，并且手中不离乐器。桌上放着酒菜，边演边吃喝。有人来吊孝，则停戏奏哀乐。男女围观，灵前有戚戚之容，戏前有欢乐之意。中国的风俗，最通人情，达世故，有辩证法。③

一般认为，比起城市，农村中的人物总是更保守、更封建一些。其实并不尽然，这里也有相当"开放"的人物。孙犁家的前邻，有一位和英法联军交战时伤了一只眼的农民，人们叫他"瞎老亭"。也许是英雄失意吧，他总是一个人呆呆地、直直地坐在屋门口，坏了的眼睛紧闭着，面容愁惨，老像回忆着什么不愉快的事。他这样子，孩子们见了有些怕，不敢接近他，村里人也不大到他那里去。但是，他的一个邻居寡妇却常到他那里去，并且半公开地在夜间和他做伴。这位老年寡妇毫不隐讳地对妇女们说："神仙还救苦救难哩，我就是这样，才和他好的。"④这事出在孙犁的故乡，也是一种很新鲜的见解。

下层人民有他们自己观察问题的方法，有他们自己的道德视角，也有他们自己的语言表达方式；他们不读书，固然较少开化，但也容易依直接经验定取舍、权利害，不受书本成法的限制。孙犁多年以后，写过一篇《香菊的母亲》，对于那位和丈夫的弟弟共同生儿育女的中年妇女，也进行了道德方面的辩护。

总之，孙犁的故乡也许方圆不过几十里，但就它的蕴纳看，就它所具有的经济、政治、文化、地理、风俗、人物等各个方面的一般面貌看，却也能代表当时中国的基本国情——至少在农村这个范围里是这样。

---

③ 《乡里旧闻·小戏》，《远道集》，百花文艺出版社1984年版。
④ 《乡里旧闻·凤池叔》，《孙犁文集》第四卷，百花文艺出版社1982年版。

所以，这方圆几十里，实在也并不小。

孙犁的故乡是如此厚实有力，作为他童年时期的摇篮，他从这里汲取了足够的营养，有力气向更远、更大的天地飞翔了。

再见吧，故乡！

第二章 苦雨愁城

一、古 城 行

1926年，孙犁十三岁，由父亲护送，从安国乘骡车来到保定，进行升学考试。因为家庭经济方面的缘故，初考不用交学费的第二师范，未能录取，不得已改考育德中学，录取了。从此，开始了六年黄卷青灯的学习生活。

育德中学是一所私立学校，不只在保定，在华北也是一所名牌中学。该校的学生，每人一年要交三十六元学费（书费在外），而当时三十斤一斗的小麦，也不过一元多钱。这就是说，一年下来，孙犁的家庭需要花费近千斤小麦，才仅够他交付学费之用。难怪孙犁说："那时候，只是一家单纯的富农，还不能供给一个中学生；一家普通地主，不能供给一个大学生。必须都兼有商业资本或其他收入。这样，在很长时间里，文化和剥削，发生着不可分割的关联。"[1]除去休学一年，孙犁在六年中共花去了多少银元，读者不难算出来。这对孙犁的家庭不是一个小数目，但当这个数目落在孙犁身上的时候，这个少年人感觉到的，可能不是一种沉重的负担，而是家庭的爱抚和期望……

---

[1] 《保定旧事》，《孙犁文集》第四卷，百花文艺出版社1982年版。

不管怎么说，他是登上骡车，向新的一站启程了——从骑驴到坐骡车，连交通工具都前进了一步。

从安平到保定，有一百八十华里，他若从安国动身，那就只有一百二十里。这样短的距离，如果坐火车，霎时可到，不会有很多故事；坐在骡车上，故事可就多了。

去保定上学的学生，总是两三个人约好，合雇一辆单套骡车。车夫一般很守信用，决不会误了行程，前一天订好车，刚过半夜，他们就来打门、抱行李了。在路上，只要你高兴，他就讲故事，他们的故事总是讲不完的；如果你想睡觉，他便停止，也就地抱着鞭子睡起来。这种旅行，深夜也不担心迷路，因为学生们开学，路上的车已经连成长龙，牲口又是熟路，前边停，它也停，前边走，它也走。这样一直走到距离保定约有四十来里的唐河渡口，天就大亮了。唐河是大清河的支流，源出山西省境内的恒山，东流注入白洋淀，长六百六十四华里。在骡车经过的渡口上，有一座草桥，春冬枯水时节，车可以从这里过去，管桥的人一边和车夫开着玩笑，一边从学生身上刮过路钱。中午，在温仁或是南大冉打尖，这里距保定已经很近了，这一百多里的旅途生活，也进入高潮，从作家的回忆文字里，我们可以看到像《东京梦华录》记叙的那类风俗描写。虽然后者所叙，为宋代汴京风貌，毕竟那是八九百年以前北宋年间的城市样子，而出现在孙犁记忆中的，则是本世纪20年代的村镇风光了：

……一进街口，便有望不到头的各式各样的笊篱，挂在大街两旁的店门口。店伙们站在门口，喊叫着，招呼着，甚至拦截着，请车辆到他的店中去。但是，这不会酿成很大的混乱，也不会因为争夺生意，互相吵闹起来。因为店伙们和车夫们都心中有数，谁是哪家的主顾，这是一生一世，也不会轻易忘情和发生变异的。

一进要停车打尖的村口，车夫们便都神气起来。那种神气是没法形容的,只有用他们的行话,才能说明万一。这就是那句社会上公认的成语:"车喝儿进店,给个知县也不干!"

确实如此,车夫把车喝住,把鞭子往车卒上一插,便什么也不管,径到柜房洗脸,喝茶,吃饭去了。一切由店伙代劳。酒饭钱,牲口草料钱,自然是从乘客的饭钱中代付了。

牲口、人吃饱了,喝足了,连知县都不想干的车夫们,一个个喝得醉醺醺的,蜂拥着从柜房出来,催客人上路。其实,客人们早就等急了,天也不早了。这时,人欢马腾,一辆辆车赶得要飞起来,车夫坐在车上,笑嘻嘻地回头对客人说:

"先生,着什么急?这是去上学,又不是回家,有媳妇等着你!"

"你该着急呀,"一些年岁大的客人说,"保定府,你有相好的吧!"

"那误不了,上灯以前赶到就行!"车夫笑着说。①

保定到了。自清代咸丰、同治以后,保定就是一方重镇,总督所在;同时,文人也多。清代文学家吴汝纶曾多年在这里主持莲池书院,门人很多。因这时正值清末,海禁大开,也聘请了一些英文、日文教师在莲池执教,使维新、启蒙之风,盛极一时。此外,保定地方在历史上还是进入北京的要地。15世纪中叶,即明英宗时,蒙古部族首领也先进攻北京,就是取道紫荆关,经此北上。明朝末年,李自成农民军的一部,也由刘宗敏等率领,自固关取道保定,进逼北京。建立民国后,保定又曾成为河北省的省会。

在孙犁进入这个城市求学以后,发现它的市容并不景气。满城的街道坑坑洼洼,尘土飞扬,显得非常荒凉、破旧和萧条。似乎没有人想到

---

① 《保定旧事》,《孙犁文集》第四卷,百花文艺出版社1982年版。

去建设它，也没有人注意它的市政机关设在哪里，甚至于也看不到一个清扫工。

育德中学地处西郊，有一条坎坷的土马路歪歪斜斜地通向西门。秋冬风沙大，接近城门时，又冷又烈的风从门洞里直扫过来，人们只好侧身或倒行而过。在转身的一刹那，还会遭到第二个"冷"的打击：映入他们眼帘的，常常是挂在城门墙上的一个小木笼，里边装着在那个年代视为平常的，尘封的，血肉模糊的示众人头。

尽管城市荒凉，缺少很多东西，但有一件东西是不缺的，那就是军队。特别是在西关火车站，不断有杂牌军队驻防。学生们星期天进城，在西门外护城河石桥旁边的一家澡堂里，常常看到挤满了军人。马路上三五成群的士兵随处可见，他们一般不带枪支，而是把宽厚的皮带握在手里。"黄昏的时候，常常有全副武装的一小队人，匆匆忙忙在街上冲过，最前边的一个人，抱着灵牌一样的纸糊大令。城门上悬挂的物件，就全是他们的作品。"①

从各方面看，保定虽则破败萧索，却是一个军人的世界。也许这正是这座古城两个不可分割的时代特点。有时候，如果演出什么重要的场面，那也多半和兵联系着。例如，像当时的张学良这样的重要人物来了，那就得临时戒严：街上行人，一律面向墙壁，背后排列着也是面壁肃立的持枪士兵。

当时保定最主要的街道是西大街，除去星期天，这里也很少行人，两旁的店铺，或关或掩，不见有什么生意。有名的市场"马号"里，游人也寥寥无几。这个市场，高低不平，又很阴暗，各个小铺子里的店伙，呆立在柜台旁边，有的就靠着柜台睡着了。面对着这样一幅残败景象，南门外大街上几家小铁器铺里传出的叮当声，以及从西关水磨那里传来的哗哗流水声，反而给这座古城平添了一种无可奈何的寂寞之感。对于

---

① 《保定旧事》，《孙犁文集》第四卷，百花文艺出版社1982年版。

这样一座城市，孙犁称它"是一座灰色的，没有声音的，城南那座曹锟花园，也没有几个游人的，窒息了的城市。"①

但是，正是这座城市，是那时"中国北方除北平以外著名的文化古城。"② 它主要靠几所学校维持着。孙犁所在的育德中学，非常重视教育质量，它不惜重金，礼聘名师执教。我国创办最早的工科大学——北洋大学，那时每年录取的新生，有很大一部分来自育德。同时，它不惜工本，培养运动员，一度像舞台上的梅兰芳那样显赫的篮球场上的明星王玉增，就来自育德。北平师范大学体育系，每期差不多由它包办。此外，在它培养的学生中，还出了一些去法国勤工俭学、后来成为一代名人的人。不过，在孙犁进校的时候，勤工俭学一事已经名存实亡，学校里虽然附设着一个铁工厂，又和化学教员合办了一个制革厂，但都没有什么生意，学生也不到厂里劳动了。

二、选择与思考

孙犁的学历，和时代的节拍非常吻合：五四运动那一年，他进入小学；在他升入中学的时候，则正赶上举行北伐革命。这场大革命的风暴，在南方兴起，以席卷之势，扫荡着半个中国，使他正在求学的这个北方城市也受着深深的震动。

第一次国内革命战争虽然失败了，它播下的种子却在继续发芽、成长。孙犁1926年入校，开始了四年的初中学习生活；1931年升入高中普通科第一部（类似文科），于两年后毕业。在前后六年的学习生活中，我们清楚地看到，反映着革命迂回进退的那些时代的激流和潜流，是如何改变着他的学习环境，影响着他的选择和思考。

当革命暂时受挫时，有大批的革命出版物，涌现在这个表面上沉默

---

①② 《保定旧事》，《孙犁文集》第四卷，百花文艺出版社1982年版。

的城市。孙犁刚入学时，年龄还小，因为想家，第二年从寒假起，还休学一年，于1928年寒假后复学；但是，随着年龄的增长，他像那时的许多青年一样，开始了"朦胧的觉醒"①。时至晚年，在谈到那一次休学时，还表示惋惜："这一年，革命军北伐，影响保定，学校有学潮，我均未见，是大损失。"不但如此，他还记下了这次革命对农村的影响："父亲寄家《三民主义》一册，咸与维新之意。"②可见，那次失败了的革命，无论对孙犁还是对孙犁的家庭，都有着明显的影响。

1928年孙犁回到学校，一个鲜明的印象是：礼堂内挂上了"总理遗嘱"等标语。孙犁终于比这些表面文章走得更远，渐渐地，他去阅读马列主义的哲学、经济学著作和新兴的文学作品了。那时，这类书很多，在大大小小的书店里无所顾忌地陈列着，有的还摆在街头出卖，价格也便宜。在一个时期里，孙犁读了《政治经济学批判》、《费尔巴哈论》、《唯物论与经验批判论》等经典著作，并用蝇头小楷，在一本本练习簿上，写满了读书笔记。此外，还读了那时翻译过来的苏联和日本学者所著的经济学教程，如布哈林和河上肇等人的著作。由于这些著作的引导，他进一步读了马列主义的文学理论。他觉得，"这些理论，使我接触到比那些经典的哲学著作更为实际的革命的内容。我读起来也觉得好懂些，更有兴味。"③这方面的论著，主要有《文学概论》和当时文坛论战的文章，如鲁迅和创造社、太阳社一些人的论战，后来的《文艺自由论辩》等。我们知道，鲁迅和创造社、太阳社一些人的论战，主要发生于1928年，那时孙犁刚刚复学，才十五岁。在时代浪潮的催动下，他（还有他的同代人）显得早熟了。至于"文艺自由论辩"，则发生于1932至1933年间，是鲁迅、瞿秋白、周扬、冯雪峰等左翼作家和胡秋原（自称"自由人"）、苏汶（自称"第三种人"）的论战，那时，孙犁已经升入

---

①③《在苏联文学艺术的园林里》，《孙犁文集》第六卷，百花文艺出版社1982年版。
②《〈善闇室纪年〉摘抄》，《陋巷集》，百花文艺出版社1987年版。

高中。前后两场论战相距四五年之久，孙犁从少年成长为青年，而他对这些论战的关注（当时还有其他一些文艺论战，想必他也注意到了）是一贯的。他曾经说过，在当时读了那些论战文章之后，他是站在左翼一边的。

除去这些论战文章，他还读了中国和外国人写的一些唯物史观艺术论著。他读得较早的有鲁迅翻译的普列汉诺夫和卢那察尔斯基的《艺术论》、《文艺政策》等，直到晚年，他在写给别人的信里提到这些书时，还认为"很有价值"①。此外，给他留下了较深印象的，是厨川白村、藏原惟人、秋田雨雀的著作，以及柯根的《伟大的十年间文学》。在这些作者中，前三人是日本文艺评论家和作家，后者是一位苏联文学史家，他的这本《伟大的十年间文学》，论述了十月革命前后至1927年间苏联文学发展的概况，初由沈端先（夏衍）译出，1930年9月上海南强书局出版。孙犁认为他的论述很明快，因此读起来很有兴趣。在那个时候，他能够在北方一个显得那样衰颓的小城里读到它，说明这类革命书籍的传播的确是很快的。

孙犁家里虽然不算富裕，他还是尽量购买和阅读这类书籍。那时，在保定"有一家偷印别人家出版物的印刷厂。印刷厂的主持人，后来听说被人家控告下狱。他翻版的书，数量很大，传播到了北方的各个城镇，甚至乡村，而且大都是革命的书籍。这个印刷厂在传播革命的种子上，是有些功绩的。"②

当然，在那一时期，也有一些挂羊头、卖狗肉的假马克思主义的书，使青年人常常上当。有些杂志，不只名字诱人，封面也用红色，显得非常革命，里面也常引用马列主义的字句，而实际是反马列主义的。但这毕竟是螳臂当车，无济于事，青年人还是从比较中增长了鉴别力。至于

---

① 《致阎纲信》，《孙犁文集》第七卷，百花文艺出版社1982年版。
② 《在苏联文学艺术的园林里》，《孙犁文集》第六卷，百花文艺出版社1982年版。

孙犁，他在这方面是得到鲁迅文章的许多帮助的，因为鲁迅先生经常揭露这些貌似革命或伪装马列的骗子手。

孙犁也读了许多文学作品和五四新文化运动前驱者们的著作，如《独秀文存》、《胡适文存》，鲁迅、周作人等作家的译作，冰心、朱自清、老舍、废名（冯文炳）的小说、散文，还有一些英、法小说和印度作家泰戈尔的作品。英文方面，他读过《林肯传》、《泰西五十轶事》、《伊索寓言》、《英文短篇小说选》、《莎氏乐府本事》。不过，这些主要是作为正课来学习的。在高中时，他开始攻读英语，曾获得"佳评"。

遵循着他在当时思想发展的逻辑线索，后来他就专读左翼作家和苏联作家的小说了。

他是在一些左翼理论著作的提示下去阅读苏联新兴的文学作品的。他最初读的是曹靖华翻译的拉甫列涅夫的《第四十一》和爱伦堡的《烟袋》。"拉甫列涅夫的简洁的叙事诗的风格和草原的热风一样的感人的力量，使我非常爱好。爱伦堡的短篇《烟袋》所包含的强烈的、真实的革命的激情，震动了我，我一直保存这本书，直到我参加了抗日战争，后来把它遗失在战场上了。"① 这是可以理解的，因为他在自己的作品中也追求这些东西。后来他还告诉一些青年作家：要多读一些合乎自己的艺术气质的那些作家的作品。原来这也是他的起点，他从中学时代就积累起这方面的经验了。

他也很喜爱聂维洛夫的作品。聂维洛夫是苏联十月革命初期的作家，多写农村故事，孙犁对他的短篇《一个女布尔什维克》有很深的印象，在《文艺学习》这本书里，用很长的篇幅向读者做过介绍：十月革命前，善良的玛利亚一直受丈夫摆布，连丈夫捏她拧她，她也只是用微笑回答。布尔什维克来了，她开始觉醒，后来被选进了村苏维埃，丈夫要求离婚，她一摆手就答应了。哥萨克兵进入村子，玛利亚转移到外村工作，传说

---

① 《在苏联文学艺术的园林里》，《孙犁文集》第六卷，百花文艺出版社1982年版。

有人在别的村子里看到过她，又说也许不是她，因为革命后这样的女人已经很多了。"情节、对话、叙述、描写、结尾，全是讲故事的样子，一切单纯、一切统一。""故事在十月革命发生，作者根据那个时期乡间生活的内容和形式，动态和节奏，制成他的文章。"① 在这里，读者又一次看到，成为他后来的创作风格的那些因素，在他中学时代的阅读兴趣里就已经体现和孕育着了。

鲁迅翻译的法捷耶夫的名著《毁灭》，自从1930年1月起，在左联刊物《萌芽》月刊上连载的时候，他就读了。后来他买到一本翻印本，还想得到一本1931年鲁迅以"三闲书屋"名义印行的原版印本，但未能如愿。这在手头不算宽裕而历来又持身俭朴的他，只有用求知若渴来解释了。

文化史和文字语言学方面的书，他也读了不少，如：《中国文化史》（杨东莼）、《中国哲学史》（冯友兰）、《白话文学史》（胡适）、《欧洲文学史》（周作人）、《修辞学发凡》（陈望道）、《词诠》（杨树达）、《名学纲要》（穆勒），以及日本汉学家盐谷温、青木正儿等人关于中国文学的著作，等等。这些书，都出于一代名家之手，差不多代表着当时学术研究的最高水平，以此而论，作为中学生的孙犁，确实做到"取法乎上"了。

他那时读书的视野也相当宽广，连吴稚晖、梁漱溟谈人生观、宇宙观方面的书，也没有忽略。不仅如此，就是自然科学方面的书，如《科学概论》、《生物学精义》等，他也读过。他还读过一本演述人类发展史的科学童话，书名叫《两条腿》，丹麦作家爱华尔特（C. E wald）著，李小峰译，鲁迅校阅，北新书局作为"新潮社文艺丛书"之一，于1925年出版。一般地说，这些书对于当时的思想界、知识界，也是起了某种程度的启蒙作用的。

至于古代散文和古代文学、哲学方面的书，他这时自然也是读的，

---

① 《文艺学习·第四章》，《孙犁文集》第六卷，百花文艺出版社1982年版。

何况，这在那时的中学国文课中，也占有比较大的比重，像《四书集注》，庄子、孟子、墨子选本，楚辞、宋词选本等等，都是那时国文课的常用教材。不过，当时他对那些先秦诸子的文选或节录，倒没有发生多少兴趣。他感兴趣的是词，如《南唐二主词》、李清照《漱玉词》、《苏辛词》等等。这些书，都是商务印书馆作为"学生国学丛书"印的选注本。

他之所以喜欢词、和读小说时接触的诗词歌赋有关，如《红楼梦》里的葬花词、芙蓉诔，《水浒》里鲁智深唱的寄生草等等，都使他一度为之倾倒，以为是人间天上的绝妙好文章，乃至背诵抄录，爱不释手。接着，他又读了《西厢记》和近人著的浅近文言小说，如苏曼殊的《断鸿零雁记》、沈复的《浮生六记》。当时，他被这类凄冷缠绵的文字吸引住了。对于这一现象，他做了一个合情合理的、浪漫主义的解释：

> 现在想来，青少年时代，确是一个神秘莫测的时代。那时的感情，确像一江春水，一树桃花，一朵早霞，一声云雀。它的感情是无私的，放射的，是无所不想拥抱，无所不想窥探的。它的胸怀，向一切事物都敞开着，但谁也不知道，是哪一件事物或哪一个人，首先闯进来，与它接触。①

应该说明，他喜欢读这些"绝妙好词"和"红袖罗衫"的文字，主要是在初中时期；初中毕业以后，他就被上述那些社会科学著作和新的文学作品完全吸引过去了。

在这个过程中，报纸和杂志也成了他广泛涉猎的对象。所读报纸，主要是天津的《大公报》和上海的《申报》，也读天津的《益世报》和北

---

① 《与友人论学习古文》，《孙犁文集》第六卷，百花文艺出版社1982年版。

平的《世界日报》。他主要是读副刊。当时《申报》副刊《自由谈》由黎烈文主编，多登杂文，鲁迅、茅盾、郁达夫、老舍、巴金等都在上面发表过许多文章。尤其是鲁迅用各种署名发表的杂文，很引读者注目。孙犁因为读得多了，竟能认得出哪些是鲁迅的化名文章。《大公报》的副刊是《文艺》，沈从文等主编，多登创作，经常写稿的有朱自清、俞平伯、周作人、冰心、老舍、沈从文等。这个副刊，也是他很喜欢读的。

他读的杂志有《小说月报》、《现代》、《北斗》、《文学月报》等文艺性刊物，也有《东方杂志》、《新中华》、《读书杂志》、《中学生》等综合性杂志。当时《读书杂志》正讨论中国社会史问题，引起了他的关注和兴趣。此外，他也读《申报月刊》和《大公报》出版的《国闻周报》。

以上便是孙犁在中学时期的读书状况。人们可以看到，在"五四"以后，我国出版界确实发生了很大的变化，各种新的书刊潮水般涌向全国大小城市（甚至还有乡镇），选择着那些头脑敏感的青年。就孙犁来说，这里介绍的主要是他的课外读书活动，唯其如此，也就更可以看出他的选择性——在时代的作用下，书和读者从来都是一个"双向选择"过程。因此，孙犁这样总结着他在育德中学时的读书生活：

> 无论是桃花也好，早霞也好，它都要迎接四面八方袭来的风雨。个人的爱好，都要受时代的影响与推动。我初中毕业的那一年，"九一八"事变发生；第二年，"一·二八"事变发生。在这几年中，我们的民族危机，严重到了一触即发的程度。保定地处北方，首先经受时代风云的冲击。报刊杂志、书店陈列的书籍，都反映着这种风云。……①

这样，很快就把他先前爱好的那些南唐词、《西厢记》"冲扫得干干

---

① 《与友人论学习古文》，《孙犁文集》第六卷，百花文艺出版社1982年版。

净净"。虽是"生吞活剥",他也觉得还是那些社会科学著作,能够给他解决一些当前现实中令他苦恼的问题。这就是为什么他在"啃"那些马克思主义的大著作——如《费尔巴哈论》等时,要用蝇头小楷,记下一本又一本的笔记了,而这时,他还只是一个未满二十岁的高中学生。

三、早 熟

育德中学有一个铅印刊物,名称就叫《育德月刊》,它的文艺栏经常刊登学生的习作。孙犁的作品变成铅字,是从这个刊物开始的,那时,他还是一个初中学生。关于这层文字因缘,还得提起他当时的国文老师谢采江先生。

谢先生是海音社的诗人,他出版的诗集有袖珍月历那样大,这证明他是"五四"以后的新派人物:

……但他教课,却喜欢讲一些中国古代的东西。另一个特别的地方,是他从预备室走出来,除去眼睛总是望着天空,就是挟着一大堆参考书。到了课室,把参考书放在教桌上,也很少看他检阅,下课时又照样搬走,直到现在,我也没想通他这是所为何来。

每次发作文卷子的时候,如果谁的作文簿中间,夹着几张那种特大的稿纸,就是说明谁的作业要被他推荐给月刊发表了,同学们都特别重视这一点。

那种稿纸足足有现在的《参考消息》那样大,我想是因为当时的排字技术低,稿纸的规格必须符合刊物实际的格式。

在初中几年间,我有幸在这种大稿纸上抄写过自己的作文,然后使它变为铅字印成的东西。高中时反而不能,大概是因为换了老师的缘故吧。①

他在那上面究竟登了些什么呢？据他在1980年秋天答《文艺报》记者问时说："我写的第一篇小说，发表在保定育德中学的校刊《育德月刊》上，时间大概是1929年。那确实是一篇小说，因为这个月刊的文艺编辑是我的国文老师谢采江先生，他对文体要求很严，记得一次他奖许我另一篇作文，我问他是否可以发表，他说月刊上只登短篇小说，这一篇是散文，不好用。但是那篇小说的题目我忘记了，内容记得是写一家盲人的不幸。我的作品，从同情和怜悯开始，这是值得自己纪念的。第二篇发表的是写一个女戏子的小说，也是写她的不幸的。"②

这些作品多已散佚，读者不容易看到了。令人高兴的是，前几年居然由北京师范大学一分校中文系青年教师傅桂禄，从茫茫书海中找到了两篇。③为使读者一饱眼福，略做介绍如下：

其中一篇的题目是《孝吗？》，发表于1930年出版的《育德月刊》第二卷第五期。它写了这样一个故事：朝鲜青年秋影，要领导一次群众示威，但是恰逢慈母病卧不起，危在旦夕。面对家、国矛盾，秋影未免临事踯躅，举棋不定。正在这时，这位深晓大义的母亲，却忍受病痛，勉励爱子以全国同胞的生死为重，去领导这次示威，否则，那就真正陷于"不孝"了。秋影闻此，自然痛苦非常。不料老人一语才罢，竟自含笑而逝，秋影也满怀激愤，"拿起手枪，走到战场"。

另一篇的题目是《弃儿》，载同卷《育德月刊》第九、十两期。它写一个寒风凛冽的早晨，某村外的一个苇坑内聚集着一大群男女，正在看一个被抛弃的冻僵了的私生子，同时发着各式议论。有位举人老爷，态度尤其激昂，他正同几个老先生大骂"人心不古"，慨叹"做此事者，既

---

① 《文字生涯》，《孙犁文集》第四卷，百花文艺出版社1982年版。
② 《答吴泰昌问》，《孙犁文集》第六卷，百花文艺出版社1982年版。
③ 编者按：目前发现孙犁在该刊一共发表五篇小说、剧本。

有伤礼教，且败本乡之乡风！"忽然，他家的女仆跑来报告：大少奶奶死了！正在骂得起劲的举人，闻讯色变，立刻气急败坏地回家去了。原来这个弃儿，正是这位寡居多年，而且挂了贞节匾的大少奶奶生下的。十七岁的少年作者，在故事的末尾以这个"可爱的小脸上，露出悲苦的气色"的弃儿的名义，向旧社会、旧道德发出了控诉："他知道了人类是残酷的，是被旧道德之魔，吃去了仁慈的本性的。他望着天，好像说：'上帝！你播下了我这小小的种子，被残酷的人类踏死了。'"

这两篇小说，是孙犁的"少作"。他写这些"少作"时的年龄，比鲁迅写《斯巴达之魂》等"少作"时的年龄更小。鲁迅把自己的包括他"五四"前夕写的那些新诗在内的作品，都称为"少作"，说它们是"出屁股，衔手指的照相，当然是惹人发笑的，但自有婴年的天真，决非少年以至老年所能有"①。孙犁这两篇"少作"，恰恰也表现了他"婴年的天真"：前者借助朝鲜故事表现青年人的革命思想，显得很是单纯可爱；后者在揭示礼教"吃人"这一新文学的战斗性主题时，发出了一个少年赤子的人道主义的呐喊。这两点，都有助于读者了解孙犁现实主义创作思想的最初萌芽及其特色。

在读高中一年级的时候，他遇到了另外一位国文老师。这位老师看来和谢采江先生正好相反，是个旧派人物。他叫孙念希，是清朝的举人，在衙门里当过多年幕客，据说写的公文很有点名堂。他给学生的讲义，不少是油印的呈文、电稿，也有少数他作的诗词。他还让学生各买一部扫叶山房石印的王先谦的《韩非子集解》，四册一布套，粉连纸，读起来倒也醒目、方便。但他上国文课时，很少讲解，主要是领读，一边念，一边说："点！"念过几句，又说"圈！"学生拿着毛笔，跟着他的嘴忙个不停，等到圈、点完了，这一篇就算完事。他还要学生背书，期终考试，总是默写。这做法很令学生厌恶，孙犁曾有两次拒考，因为期考和

---

① 鲁迅：《集外集·序言》，《鲁迅全集》第七卷。

每次作文分数平均,他是满可以及格的。不过这样一来,给这位老先生留下了不良印象,后来孙犁在北平流浪,曾请他谋职,他还悻悻于往事,好像这位学生失业,是没有默写古文的缘故。

其实,中学时代的孙犁,数理成绩虽不见佳,在文科,尤其是国文方面,却具有浓厚的兴趣和优异的才能。但这位老师的教学方法,在这个聪明的学生身上只产生了如下效果:背诵了好久,对于一部《韩非子》,除去一些篇名,就只记得两句话,其一是:"儒以文乱法,而侠以武犯禁。"其二是:"色衰爱弛。"至于为什么只记得这样两句,他自己也觉得是个谜,"说也奇怪,这两句记得非常牢,假如我明天死去,那就整整记了五十年":

> 老师的公文作品,一点印象也没有了,不知他从《韩非子》得到了什么启示。当时《大公报》的社论,例如《明耻教战》、《十年生聚,十年教训》等篇,那种文笔,都很带有韩非子的风格。老师也常常选印这种社论,给我们做教材,那时正值"九一八"事变之后。
>
> 老师叫我们圈点完了一篇文章,如果还有些时间,他就从讲坛上走下来,在我们课桌的行间,来回踱步。忽然,他两手用力把绸子长衫往后面一搂,突出大肚子,喊道,"山围故国——周遭在啊,潮打空城——寂寞回啊",声色俱厉,屋瓦为之动摇。如果是现在,一定会引起学生的哄笑,那时师道尊严,我们只是默默地听着。有时也感到悲凉,因为国家正处在危险的境地。①

是的,当时整个国家民族正处在危难时刻,特别是"九一八"、"一·二八"事变的连续发生,像两颗炸弹,在年轻人的心灵上掀起轩然

---

① 《耕堂读书记(一)·〈韩非子〉》,《孙犁文集》第七卷,百花文艺出版社1982年版。

大波，许多重大迫切的问题，涌到学生们面前，要求他们作出解答。在这种情况下，学生们不得不调整自己的读书日程表，甚至以实际行动参与社会实际问题的解决。育德中学的南边是河北大学，河北大学的东边，隔一条马路，就是保定第二师范，"在那灰色的大围墙里面，它的学生们，正在进行实验苏维埃的红色革命"①。这里说的，就是当时震动了华北的保定二师学潮。对于这次学潮，梁斌的《红旗谱》作了很真实的艺术描写。下面是孙犁的回忆：

> 那年，第二师范的同学们起来革命，发动护校斗争，反动军警包围了这所学校，同学们威武不屈。这是当时为广大学生界关心的现实斗争。那时上海左联办的《文学月报》第五、六期合刊上，刊登了一篇题为《福地》的小说，描写二师的同学坚持护校，把校园的草都掘着吃了，河北大学的同学们，买好大饼，用掷铁饼的劲头，隔着围墙、马路，抛到第二师范的院里。时隔几十年，我对这篇作品的印象还非常清楚……②

自然是现实的刺激使他对这篇小说产生了难以磨灭的印象。在那样的环境里，尽管他在课堂上诵读着《韩非子》（说实在的，他对这部书还是喜欢的），按照老师的要求用古文写文章，在课下，他可是去读《子夜》，并用晓畅的白话文去写论战的文章了。

他先在图书馆借了一本《子夜》。按照他的说法，"20年代和30年代的交接期，是革命思想大传播的时代，茅盾同志创作《子夜》，也是在这种潮流下，想用社会分析的方法，反映中国社会的经济结构、阶级关系和阶级斗争，并力图以这部小说来推动这个伟大的潮流。"③作为中学

---

① 《保定旧事》，《孙犁文集》第四卷，百花文艺出版社1982年版。
② 《业余创作三题·一、现实题材》，《孙犁文集》第六卷，百花文艺出版社1982年版。
③ 《装书小记》，《孙犁文集》第四卷，百花文艺出版社1982年版。

生的他，也是从这个想法出发，去写论战文章的。

他写的是一篇读书心得，投给了开明书店办的《中学生》杂志。稿子被采用了，登在1934年1月第41号上，这时他已临近毕业了。文章的题目表示着他的思考力已经走向成熟——《〈子夜〉中所表现中国现阶段的经济的性质》。如果不是预先说明，谁会猜得出下面的论断竟是出自五十多年前的一个中学生之手呢？——

> 关于中国经济性质，争论已有四五年之久，而在1931年以读书杂志为中心战场，开展了肉搏的斗争。这并不是说，因为读书杂志的论战才有这样热烈的论争，反是因为此问题的日见严重迫切，才产生了这些论战场所。
>
> ············
>
> "中国社会到底是一个怎样的社会呢？"这是人人要求解答的问题。虽然论争了这么长的时间，虽然各派有各派固执的答案，然而截至现在，还没有得出一个"大同"的结论来。
>
> 《子夜》的作者是文艺家，他企图解答这个意见分歧谜样的问题，颇值得我们注意；同时，作者以客观写实的手笔，来描述现社会的情况，不作闭户凭空的理论制造，更是值得我们来研究。不过稍为感到一点缺陷，就是《子夜》偏重都市生活的描写，而忽略了农村经济的解剖。……

不用再抄下去了，我们不妨说句过分的话：这很像是孩子操着成年人的语言向社会讲演——时代的暴风雨倾注在祖国的土地上，它的确迫使那一代"幼苗"过早地长大、成熟了。这样也好，庶几可以应付环境的挑战。就孙犁的文学道路而言，这篇论战文章，正如前面讲到的那两篇小说一样，最早地显示了孙犁的另一个"源流"——文艺批评的源流。因为我们知道，长期以来，孙犁是集创作家与评论家于一身的，如他自己在提到这篇短文和另一篇短文时所说,"尺泽源流之短浅,由来已久,不足为怪矣!"①

值得他自己纪念的是,开明书店寄了二元钱的书券,作为稿酬。他就用这钱向该店买了一本《子夜》,书是花布面黄色道林纸精装本,他一直珍藏到抗战,才为环境所迫,毁于堂灶。

顺便交代一笔:孙犁和茅盾并不熟识,但一直读他的书。还在念初中的时候,他读的商务印书馆印行的"学生国学丛书"《庄子》,就是茅盾选注(署名"沈德鸿")。不久,又读了他的《蚀》三部曲——《幻灭》、《动摇》、《追求》,从中看到了第一次国内革命战争时期知识分子的群像。后来,当《春蚕》、《林家铺子》等在《文学》上发表时,孙犁就读过了。除了创作,茅盾自然也是名重一时的批评大家,他的理论文章,孙犁也很爱读。在文坛上,他们是两代人,虽然几乎不曾见面(孙犁只在解放后听过他的一次报告),但孙犁对于他所景仰的这位前辈作家,却是"神交"已久了。

四、无 花 果

在育德中学操场的西南角,临街盖了一排教室,办了一所平民学校。在孙犁读高二的时候,他的要好的同班同学张砚方,被学校任命为平民学校校长。这位同学看见孙犁常在校刊上发表小说,就聘他去教女高小二年级的国文,并做级任。这件事,成了孙犁正式迈向社会、"战取"人生的一次小小的演习:

> 被教育了这么些年,一旦要去教育别人,确是很新鲜的事。听到上课的铃声,抱着书本和教具,从教员预备室里出来,严肃认真

---

① 《尺泽集·后记》,百花文艺出版社 1982 年版。

地走进教室。教室很小，学生也不多，只有五六个人。她们肃静地站立起来，认真地行着礼。①

平民学校的学生年龄都较大，时代的风雨同样侵袭着这些求知欲很强的女孩子。平民学校地处育德一隅，正对着保定第二师范，无论是墙外正在进行的苏维埃红色革命的实验，还是社会上救亡图存的呼声，都不能使这些女孩子冷静下来。面对着和他的年龄相差无几的学生们，孙犁的讲课总是力图感应着时代的神经。他写了韩国志士谋求独立的剧本（他的有些剧本也发表在《育德月刊》上），给她们讲了法国和波兰的爱国小说，后来又讲了反映十月革命的短篇作品。

每当孙犁走进教室，前排中间座位上的一个学生就喊起行礼的口令来。这是班长王淑，声音沉稳而略带沙哑，但很温柔动听。她身材矮小，面孔很白，左腮有个小小的疤陷，不知为什么，这反而增加了那张面孔的清秀和娇媚。尤其是那双又黑又大的眼睛，在她的有些下尖的小小脸盘上，显得特别富有魅力。油黑的短头发从两边分下来，紧贴在双鬓上，使得那张本来就不大的脸，更加白皙、紧凑。嘴也很小，丰厚的下唇，不仅没有给这张脸带来任何不谐调感，倒平添了它的温厚。是的，王淑的性格确实很是温厚，她说话的时候，总带着微微的笑。孙犁很喜欢这个学生："她非常聪明，各门功课都是出类拔萃的，大楷和绘画，我是望尘莫及的。她的作文，紧紧吻合着时代，以及我教课的思想和感情。有说不完的意思，她就写很长的信，寄到我的学校，和我讨论，要我解答。"②

事实上，丘比特的金箭已经悄悄地射中了这对青年人的心灵，因此，这种讨论或解答是不会终结的。但是，还没有等到他们之间的爱情开花结果，严霜就无情地打在他们身上了。

---

①② 《保定旧事》，《孙犁文集》第四卷，百花文艺出版社 1982 年版。

育德中学的校长，早年追随过孙中山先生，后来据说成了国家主义派，专门办教育了。这位校长道貌岸然，长年身着袍褂，很少和人谈笑。他住在学校第二层院的正房里，常常在小小的庭院里散步，而且仅限于自己门前那块地方。1927年以后，在周会上能听到他的清楚简短的讲话。此外，他就没有给人留下更多的印象。在这样一位校长的统辖下，学校难免不有较重的道学气。

与校长相映成趣的，是西装革履、一脸杀气的训育主任。据说他当过连长，走起路来，眼睛平直前望，迈出的步子，慢而造作，活像仙鹤。这样的人，却摆出师道尊严的模样，左规右矩，仿佛连走路都要给学生树立楷模。他的办公室，设在学生出入必须经过的走廊里，他坐在办公桌旁，就可以对出入校门的人一览无余。他觉得这还不够，那必经之地的走廊，便成了他经常来回踱步——自然是做仙鹤状——的地方。

这样的校长和训育主任，正好相互填补起对方的"造化"之缺，由他们共同张起的网，足够对付那些涉世不深的少男少女了。训育主任办公室的对面，就是学生的信架，"每天下午课后，学生们到这里来，看有没有自己的信件。有一天，训育主任把我叫到他的办公室，用简短客气的话语，免去了我在平校的教职。显然是王淑的信出了毛病。"① 从此，孙犁不能再到平校上课了，但是，他和他的学生，另有一道训育主任无法掐断的热线。平校和孙犁读书的大楼，隔着一个操场，每当课间，王淑总是拉上一个同学，站在她们教室的台阶上，凝目北视，而这时孙犁也总是凭栏南向：

我的讲室，在面对操场的那座二层楼上。每次课间休息，我们都到走廊上，看操场上的学生们玩球。平校的小小院落，看得很清

---

① 《保定旧事》，《孙犁文集》第四卷，百花文艺出版社1982年版。

楚。随着下课铃响,我看见王淑站在她的课堂门前的台阶上,用忧郁的、大胆的、厚意深情的目光,投向我们的大楼之上。如果是下午,阳光直射在她的身上。她不顾同学们从她的身边跑进跑出,直到上课的铃声响完,她才最后一个转身进入教室。①

　　王淑住在保定城内白衣庵巷的一个大杂院里,家里只有一个寡居的母亲,日子过得很艰难。孙犁后来才知道,这样的家境应该划入城市贫民。不知她的祖上是否阔气过,像她家那样的城市贫民,总要照顾一下生活的体面。因此,王淑在家也许吃不饱,但出门时,还是有一件能够展示她的少女丰姿的像样的衣服。如果是冬天,还有一条宽大漂亮的毛线围巾,披在她的小巧、浑圆的肩上。不只是王淑,这在那时是任何一个像她这样家境的女孩子,都会采取的一种生活方式。

　　因为眼病,王淑后来住进了外国人开办的思罗医院,这时孙犁才又知道,她家原来是教民。童年时和他一起挖野菜的盼儿及其一家人教的事,给他留下的印象尚深,他当然明白,王淑家里入教,也是为了得到生活上的救济。他到医院去看望了她:

　　　　……她用纱布包裹着双眼,像捉迷藏一样。她母亲看见我,就到外边买东西去了。在那间小房子里,王淑对我说了情意深长的话。医院的人来叫她去换药,我也告辞,她走到医院大楼的门口,回过身来,背靠着墙,向我的方位站了一会。②

　　这是我们知道的他们最后一次的"会面"。王淑蒙着双眼,并看不见他;但当告别时,她那背靠着墙向来客的方位伫立的姿态,一定给孙犁留下了"望眼欲穿"的印象吧?

———————
①② 《保定旧事》,《孙犁文集》第四卷,百花文艺出版社1982年版。

故事还没有完,还有剪不断的情思,这些就都变成了信:

> 我每星期总要给她写一封信,用的都是时兴的粉色布纹纸信封。我的信写得都很长,不知道从哪里来的那么多热情的话。她家生活很困难,我有时还在信里给她附一些寄回信的邮票。但她常常接不到我寄给她的信,却常常听到邮递员对她说的一些不三不四的话。我并不了解她的家庭,我曾几次在那个大杂院的门口徘徊,终于没有进去。我也曾到邮政局的无法投递的信柜里去寻找,也见不到失落的信件。我估计一定是邮递员搞的鬼。我忘记我给她写了多少封信,信里尽倾诉了什么感情。她也不会保存这些信。至于她的命运,她的生存,已经过去五十年,就更难推测了。①

"九一八"事变后,大敌当前,国运危殆,忧国忧民的青年男女们,自己也前程未卜,命途多舛。所以,这场恋爱便只酿成了一个无花果。

孙犁自己也说,这是"30年代,读书时期,国难当头,思想苦闷,于苦雨愁城中,一段无结果的初恋故事"②。不过,关于这段故事,还有些余波,也一并记在这里:一是王淑的母亲曾到育德中学找过孙犁一次。想来这位寡居的老母,也曾希望为女儿的终身大事起些促成作用吧。再就是1936年,当孙犁在同口教书的时候,他的同事侯士珍(河北省定县人,育德中学师范专修班毕业),给他看一张保定出的小报,上面登载:王淑随一军官离家潜逃,后来在舟中被人追回。看了这个消息,孙犁惘然无对……

但对王淑,就是到了晚年,他在担心的同时,也仍然做着好梦,为她祝福,也为使自己感到欣慰:

---

① 《书信》,《老荒集》,上海文艺出版社1986年版。
② 《〈善闇室纪年〉摘抄》,《陋巷集》,百花文艺出版社1987年版。

我不知道，生活把王淑推到了什么地方，我想她现在一定生活得很幸福。

那种苦雨愁城，枯柳败路的印象，很自然地一扫而光。①

但愿如此吧。

五、天作之合

上面谈的那个"无花果"的故事，全部是孙犁自己向读者的"交心"材料。其实，他在1929年还读初中的时候，就已经结婚了。

他是先此两年即1927年订婚的，女方是本县黄城人，姓王。那不是一个浪漫故事，说起来也有些"奇"，至少是"天缘凑巧"了。

算起来，订婚那年，"她"——旧时农村妇女没有名字，我们就这样称呼了——是十七或十八周岁，长孙犁三四岁，正合乎"女大三，抱金砖"的老习惯。是一个夏季的下雨天，黄城村东方向走来两个以说媒为业的妇女，雨已经淋湿了她们的衣裳。她的父亲认识其中的一位，这时正在临街的门洞里闲坐，便也让她们到门下避雨，顺便问道：

"给谁家说亲去来？"

"东头崔家。"

"给哪村说的？"

"东辽城。崔家的姑娘不大般配，恐怕成不了。"

"男方是怎么个人家？"

媒人介绍了一下，笑着问：

---

① 《保定旧事》，《孙犁文集》第四卷，百花文艺出版社1982年版。

"你家二姑娘怎样？不愿意寻吧？"

"怎么不愿意。你们就去给说说吧，我也打听打听。"

媒人得到这爽快的回答，来回跑了几趟，亲事便说成了。

按照旧式婚姻的风俗，新郎新娘的首次会面，应该在拜过天地，新郎为新娘揭去头盖之后。但是孙犁却在结婚以前见过了他的未来的新娘。这个礼俗上的小小"改革"，给这场旧式婚姻增加了一丝"新"的色彩，至少在形式上是得到了双方心理上的满足和默许。

下面就是孙犁记述的他们第一次见面的情景：

……定婚后，他们村里唱大戏，我正好放假在家里。她们村有我的一个远房姑姑，特意来叫我去看戏，说是可以相相媳妇。开戏的那天，我去了，姑姑在戏台下等我。她拉着我的手，走到一条长板凳跟前。板凳上，并排站着三个大姑娘，都穿得花枝招展，留着大辫子。姑姑叫着我的名字，说：

"你就在这里看吧，散了戏，我来叫你家去吃饭。"

姑姑的话还没有说完，我看见站在板凳中间的那个姑娘，用力盯了我一眼，从板凳上跳下来，走到照棚外面，钻进了一辆轿车。那时姑娘们出来看戏，虽在本村，也是套车送到台下，然后再搬着带来的板凳，到照棚下面看戏的。①

就这样，这位好心眼的姑姑做了第二个"月下老人"。结婚以后，"月下老人"常拿这件事和侄媳妇开玩笑，侄媳妇却笑着说姑姑会出坏主意。

当地的习惯，结婚后的农历年节，要去住丈人家，这在那时被看作人生一大快事，与金榜题名相等。因为是"娇客"，不只吃得好，而且有妻子的姐妹兄弟陪着玩。在正月，也许是一起摸纸牌，也许是围在一

---

① 《亡人逸事》，《尺泽集》，百花文艺出版社1982年版。

起说说笑笑,打打闹闹。在这样的场合里,"娇客"纵然风流不似怡红公子,论起尊贵,却也"譬如北辰,居其所而众星拱焉"。

但是孙犁对这些事全无兴趣。岳家外院有一间闲屋,里面有几部旧书,也不知是哪一辈传下来的,满是灰尘。孙犁不管这些,他把书抱回屋里,只管埋头去看,别人叫,妻子催,他也不动。这样一来,村子里对这位"娇客"有了两种看法:老年人夸,说他到底是个念书人;姑娘们骂,说他是个不合群的书呆子。

书呆子自有书呆子的见识和主张。结婚后,他教妻子认字。有一天,他指着洞房里贴着的"天作之合"四个字教她认。她果然很有慧心,点头笑着说:

"真不假,什么事都是天定的。假如不是下雨,我就到不了你家里来!"

妻子对孙犁的帮助也很大。他曾郑重地说:他的语言最早得自母亲,母亲的语言对他的创作影响最大。母亲去世后,就是他这位少年结发的妻子了,"她的语言,是我的第二个语言源泉"。[①]

孙犁的妻子不是名门望族,但是,她生长在那样的年月里,自然有着很深的礼教观念。结婚多年后,有一次孙犁路过她家,想叫她一同回东辽城。她矜持地说:

"你明天叫车来接我吧,我不能这样跟着你走。"

孙犁只好一个人走了。

她在娘家是小闺女,难免娇惯一些,从小只会做些针线活,没有下过场、下过地。到了婆家,缺乏男劳力,婆婆一向是下地干活的主力,这时有了一个帮手,自然也得把她捎上。婆婆爱打早班,尤其麦秋两季,听见鸡叫就叫起她来做饭。当时农村很少人家有钟表,有时饭做熟了,天还不亮,自幼没有干过重活又太年轻的她,颇以为苦,回到娘家,不

[①]《自序》,《孙犁文集》第一卷,百花文艺出版社1981年版。

免喷有烦言，甚或哭诉。她父亲问：

"婆婆叫你早起，她也起来吗？"

"她比我起得更早。还说心疼我，让我多睡了会儿哩！"

"那你还哭什么呢？"

……

婆婆其实也真疼爱她。知道她力气不足，就对她说："人的力气是使出来的，要抻懒筋。"

她不只言传，而且身教。有一天，带她到场院去摘北瓜，摘了满满一大筐：

"试试，看你背得动吗？"婆婆说。

北方的筐有一个高高的筐系，是用肩和背部的力量搬运物品。现在是沉甸甸的北瓜，虽然不可能装满到筐系那里，重量却也不轻。

她并没有忽视。她半蹲下身来，将筐系套在肩上，然后猛地用力一站——要领完全对，可她还是弄了个后仰，北瓜滚了满地，她也沾了满身土，站起来哭了。

婆婆倒笑了，自己把北瓜重新一个个装好，背好筐，带上她回家去了。

农村婆媳关系一向很难谐调，但这老少两代，不像婆媳，倒像母女……

孙犁没有承受旧式婚姻的痛苦，这要感谢命运之神的安排。关于这对"天作之合"的夫妻的故事，这里仅仅是开头。良宵美景也罢，凄风苦雨也罢，反正来日方长，余下的部分只好放在以下的章节里了。

第三章　从北平到白洋淀

一、没有课程表的大学

　　孙犁于1933年在育德中学高中毕业，因为经济原因，没有继续升学，于翌年春间，赴北平谋事，与张砚方同住石驸马大街附近的天仙庵（实际上是一个尼庵）公寓。这时张砚方已在中国大学读书。

　　原来，他在中学的时候，因为读了许多文学书籍，萌生了当作家的愿望，这样，也好卖文为生。他就是抱着这个想法到北平去的，住在天仙庵公寓里，形式上倒像一个"天仙"：没有工作，过着流浪"作家"的生活，到大学听讲，到图书馆看书，再就是给报纸投稿。那时，他常看北平的《世界日报》和《晨报》，此外，还有天津的《大公报》、《益世报》等。他开始是写诗和小说，过了很长时间，竟连一篇也没有被采用，他这才感到，这种生活过不得，必须找一个职业。

　　本来，当他正在北平流浪的时候，他的父亲听到了北平邮政总局招考的消息。于是，把他的中学毕业文凭，用个小铁桶装上，挂号寄给他，并写信督促他去考。一进考场，就是英语会话。他在中学时，学英文很用功，能用英文写好几页作文，而且受到老师好评。但会话不行，加之那时邮局里，也是先用他们的子弟，外人很难考上。所以，他落榜了。

　　父亲虽然有些失望，但是没有责备他。接着又托人在市政府工务局为孙犁谋了个书记的位置。被托的人,是志成中学的体育老师,他是当时北方的体育明星,内助是宦门小姐,外兄当着工务局的局长。所以,孙犁官职虽小,来头还算可以。

他那个书记,是当时公务人员中最低等的,专事抄写,是随时可以解雇的雇员。在这里,他第一次见到了旧官场、旧衙门的景象。天仙庵公寓的一位老工友,见孙犁出门上班,就恭维说是"上衙门"。

孙犁正当年轻,富于幻想,很不习惯这种职业。他的"衙门"的后门,正好对着北平图书馆,他常到那里去看书。此外,也到北新桥、西单商场、西四牌楼、宣武门外去逛旧书摊。特别是宣武门大街的西便道上,有很多旧书摊,他每天下班回来,便逐摊涉猎,总要买一两本书回寓夜读。他每月仅有二十元薪金,为读书,还要节衣缩食。

他也常在晚间去逛东安市场的书摊,那时郑振铎主编的《世界文库》,正在连载洁本《金瓶梅》,删得相当干净①。稍后,中央书局出版了这个洁本。但世上的事总是奇正并出,有好事者,也有拆烂污者,不久,他看见在小书摊上,出现了一本薄薄的小书:

> 封面上画了一只金瓶,瓶中插一枝红梅,标题为《补遗》二字。谁也可以想到,这是投机商人,把洁本删掉的文字,辑录成册,借以牟利。
>
> 但在当时,确实没有见到多少青年人购买或翻阅这本小书。至于我,不是假撇清,连想也没想去买它。
>
> 在小册子旁边,放着鲁迅的书,和他编的《译文》,也放着马克思和高尔基的照片。我倒是常花两角钱买一本《译文》,带回公寓去

---

① 据作者回忆,比人民文学出版社 1985 年的印本干净,"人文此本,删得不干净,个别字句不删,事前事后感情酝酿及余波也不删。这样就保存了较多的文字。"——《〈金瓶梅〉杂说》,《陋巷集》,百花文艺出版社 1987 年版。《世界文库》由上海生活书店出版,创办于 1935 年,这正是孙犁到北平的第二年。

看。我也想过:《补遗》的定价,一定很昂贵。①

这是五十多年前的一幕。我们仿佛看到了在那昏黄苍暗、喧嚣杂沓的古都的市场上,一位瘦长的青年时而踽踽独行,时而徘徊旁顾,在比市场本身更为隐蔽、更为混乱的书摊前默默"巡礼"。像在育德中学一样,他的明亮的目光主要停留在那些革命和进步的书籍上。这不是"假撇清",是时代的价值取向在一个洁身自重而又毅然向上的青年人身上的自然体现。今天也有许多书摊、书贩……在他身上,我们能够看到许多前后一贯之点。

何况,在衣食时有不继的情况下,就更须注意书的质量。他在北平的时间并不算长,他所买的书,自己记得很清楚:"所购完全是革命的书。我记得买过六期《文学月报》,五期《北斗》杂志,还有其他一些革命文艺期刊,如《奔流》、《萌芽》、《拓荒者》、《世界文化》等。有时就带上这些刊物去'上衙门'……好在科里都是一些混饭吃、不读书的人,也没人过问。"②这些刊物,除了《奔流》是鲁迅、郁达夫于1928至1929年编的文艺月刊外,其他几种,全是"左联"办的刊物,而且早在孙犁到北平谋职前的二三年(有的还更早一些),就都被国民党的书报检查机关禁止了。其中,周起应(周扬)等编辑的《文学月报》,一共就出了六期,他说他记得买过六期,那就是说,这个刊物他都买全了。孙犁买了这么多左翼刊物,一则说明他当时的思想确属"激进";再则说明在当时的思想气候下,这些刊物实际上是禁而不绝。他的思想状况如此,难怪在"左联"和胡秋原、苏汶的那场论战中,他站在左翼立场,"也写了自己觉得很尖锐、实际上只有一个左的面貌的文章。"③当然,那时这场论战已经过去,他的文章没有被采用。

---

① 《芸斋琐谈·谈"补遗"》,《陋巷集》,百花文艺出版社1987年版。
② 《书的梦》,《孙犁文集》第四卷,百花文艺出版社1982年版。
③ 《写作漫谈》,《孙犁文集》第六卷,百花文艺出版社1982年版。

他这个时期继续读了许多苏联文学作品，如肖洛霍夫的短篇《死敌》（写苏联革命时期农村的斗争），长篇《被开垦的处女地》等。肖洛霍夫的作品给他留下了相当深的印象，他当时买下了立波译的这部长篇。此外，他还读过描写苏联国内战争的中篇小说《一周间》（里别进斯基作）。这部作品，在30年代和《士敏土》（革拉特科夫）、《毁灭》（法捷耶夫）、《铁流》（绥拉菲莫维奇）等名作一起介绍到中国，鲁迅先生在《祝中俄文字之交》等文章里，曾多次提到过它。具有纪念意味的是，在孙犁现在的藏书中，居然还保留着这部在北平流浪时买下的书，其中还粘贴着他当年从《大公报》上剪下的作者谈写作经验的文章。

孙犁说他中学毕业以后"无力升学"①，这些，也就是"他的大学"了。这是在社会上谋事、直接体验人生的过程中，继续进行的大学课程，虽然没有课程表，他自己却得到了许多第一手资料——文字的和生活的。

还应该补充一笔：他并不敢轻视《金瓶梅》这部著名的世情小说。实际上，他从青年时代起，对这部书也浏览过几次了，只是"每次都没有正经读下去。老实说，我青年时，对这部小说，有一种矛盾心理：又想看又不愿意看。常常是匆匆忙忙翻一阵，就放下了。"但后来，他终于从反映人生的角度，也可以说是从现实主义的角度，来考察这部作品了："……想在历尽沧桑之后，红尘意远之时，能够比较冷静地、客观地看一看：这部书究竟是怎样写的，写的是怎样的时代，如何的人生？到底表现了多少，表现得如何？作出一个供自己参考的、实事求是的判断。"他还把《金瓶梅》和《红楼梦》来进行比较，认为自己从文学爱好上说，首选也是《红楼梦》，至于风格，后者更远在前者之上。但两者又都是热爱人生的结果：

> 我从来不把小说看作是出世的书，或冷漠的书。我认为抱有出

---

① 《我的自传》，《孙犁文集》第七卷，百花文艺出版社1982年版。

世思想的人，是不会写小说的，也不会写出好的小说。对人生抱绝对冷漠态度的人，也不能写小说，更不能写好小说。"红"如此，"金"亦如此。作家标榜出世思想，最后引导主人公出家，得到僧道点化，都是小说家的罩眼法。实际上，他是热爱人生的，追求恩爱的。在这两点上，他可能有不满足；有缺陷，抱遗憾，有怨恨，但绝不是对人生的割弃和绝望。①

这是健全的人生态度，也是健全的欣赏态度。这样的态度虽是后来逐渐形成，但千里之行，始于足下，在他心高气傲、形只影单地漫游于北平街头上那些杂乱书摊的时候，恐怕就既动心又动容地考虑过这些问题了。这时，他也确实在读《世界文库》上的《金瓶梅》洁本连载——虽然并没有读完。

二、被挤之后

白天的时间，他自然还得去工务局上班。工务局在府右街，他们在一个小偏院的西屋办公。屋子里最大的官儿，是一名办事员，姓贺，办公桌靠窗，而且有玻璃板。他的对面也是一位办事员，姓李，桌上就没有玻璃板。但他和市长似有瓜葛，人比较文雅。他结婚时，孙犁去随过礼。

靠西墙的角落里，放一张非办公用的破旧板桌，上面没有任何文具，只堆放着一些杂物，这就是孙犁"办公"的地方了。桌子两旁，摆着两条破板凳，坐在他对面的，是个姓方的破落户子弟。这年轻人写一手好字，可惜染上了不良嗜好，整天坐在那里打盹儿，醒了就和孙犁开句玩笑。

---

① 以上引文均摘自《〈金瓶梅〉杂说》，《陋巷集》，百花文艺出版社1987年版。

贺办事员像是南方人，一上班话就不停，对谁都不冷淡。他见孙犁好看小说，就说认识张恨水的内弟。这时正是张恨水前期创作的全盛时代（实际上也是他整个创作的全盛时代），他的几部影响最大的小说，如《春明外史》、《啼笑因缘》、《金粉世家》等，均已先后在上海出版（有的在出版前先在报上连载，如《春明外史》，连载时间竟长达四年又九个月。《啼笑因缘》连载时间虽没这么长，轰动性则更大），风行于京、津、沪等各大城市。拿他来做话题，那是最时髦、最风雅的了。

孙犁所在的科，负责市政建设。市民修房建房，须请科里的技术员去丈量地皮，绘制蓝图，确认不侵占房基线后，才在窗口领照。

有好长时间，孙犁无事可干，也没有人给他分配工作。同屋有位姓石的山东人，为人诚实，提醒孙犁这样并不好，等科长来考勤，那就很不利。他比较老于官场，明白这是朝中无人所致。孙犁不知此中利害，还是把书摆在那里看。

果然，事情就发生了。

科里有位身穿蓝绸长衫的胖股长，和下属谈话时，老是把一只手托在长衫的前襟下面，做撩袍端带的姿态。他有个干儿，也喜欢学他的姿态，不过他的长衫不是绸的，而是蓝布，并且旧了。这人是典型的京华恶少，政界小人，虽不在孙犁他们的屋里上班，却常常来厮混。有一次，孙犁寄给股长一张假条，他虽然看过《酬世大观》，上中学时也读过陈子展的《应用文》，还是把"等因奉此"的程式用错了。山东人告诉他：股长曾拿着假条，到屋里来朗诵取笑。不料这干儿又学了干老子的样子，有一天，也拿这件事来孙犁屋里取笑。孙犁虽然一向文静寡语，与人无争，到底是血气方刚的青年，终于被激怒，当场把他痛骂一顿。他讨了个没趣，只好赔笑而去。

不久，那位体育明星的外兄由局长的位置上下来，孙犁也就"另候任用"了。

他被免职以后，按照惯例，同事们约他到东来顺吃了一次火锅，然后到娱乐场所玩玩。

这个性格内向、外表沉静的青年人,其实也喜欢娱乐的。他在北平这段时间,除了书,还爱看电影,听京戏,甚至迷恋着一些电影明星和科班名角。他尤其爱听富连成小班的戏。富连成原由东北一个商人出资筹办,1904年在北京正式成立,初名喜连升、喜连成,是京剧史上历时最长、规模最大的科班,1948年停办。在这段时间内,由萧长华、苏雨卿等任教授艺的这个科班,培养了喜、连、富、盛、世、元、韵七科学生近七百人,侯喜瑞、马连良、谭富英、叶盛章、叶盛兰、裘盛戎、袁世海、谭元寿等都出自这个科班,梅兰芳、周信芳等也曾在这里搭班学戏。它只收六至十一岁的男童学戏,量材授艺,督教极严,一般七年出师。在它之前的科班,大都是成人与孩子搭班合演,称"大小班",富连成班则一律由学生演出。它演的戏,以严谨整齐著称,连台三国戏尤其拿手。孙犁在北平时,仍是富连成的兴盛时代,自幼看惯了乡间大戏的他,现在看到这些"小班"角色的极具朝气和魅力的演出,真是如坐春风,如沐春雨,他实在不能不击节而唱了。他也真的学唱起几句京剧来。

他现在是被免职了,不得不准备回到故乡去。这在他倒没有什么,他故乡有亲人,有结婚未久的妻子,回到故乡去,倒未尝不是一件惬意的好事。和他一同免职的,还有一名外勤人员,家就在北平附近,孙犁只记得他脸上有些麻子,举止和装束,都像一个小商贩。失业对于他,无疑是一个沉重的打击。在从娱乐场所回来的路上,他悄悄地对孙犁说:

"孙兄,你是公子哥儿吧,怎么你一点也不在乎呀!"

孙犁想告诉他:自己的精神支柱是书本。但怕他不能领会,就没有回答。"其实,精神支柱也不可靠,我所以不在意,是因为这个职位,实在不值得留恋。另外,我只身一人,这里没有家口,实在不行,我还可以回老家喝粥去。"①

---

① 《书的梦》,《孙犁文集》第四卷,百花文艺出版社1982年版。

他就这样走出了工务局,安闲自在地去逛西单商场的书摊。在这里,他看见了渴望已久的鲁迅先生翻译的《死魂灵》。这部自德译本转译的长篇小说,这时刚刚出版①,不是朝夕专注于书摊的读者,是很难这样得风气之先的。他很高兴,立刻用同事们带来的最后一次薪金,买下这部名著,回到公寓去"夜读"了。

第二天清晨,他又挟着这本书,到了离城有五六十里地的黑龙潭,去看望一位在山村教小学的朋友。这位朋友姓刁,河北省深县人,育德中学师范班毕业,论起关系,和孙犁是大同乡,又是同学。有一年暑假,为了找职业,他们在育德中学那座碉堡式的招待楼里,共同住过一段时间。他为人热情,对于比他年龄小的同乡同学,情谊很深。孙犁到他那里的时候,正是黄叶飘零的时节,面对着清冷的潭水,孙犁不断想起曹雪芹在西山著书的情景。住了两天,他又回到城内。

接着,他又到朝阳大学和中国大学的同学那里各住了几天。终于——

> ……感到肚子有些饿,就写了一首诗,投寄《大公报》的《小公园》副刊。内容是:我要离开这个大城市,回到农村去了,因为我看到:在这里,是一部分人正在输血给另一部分人!
>
> 诗被采用,给了五角钱。②

作为他这一次来到北平的文学上的收获,他还有一篇《北平的地台戏》。这是一篇一千五百字左右的短文,分三次登在1934年《大公报》的"本市附刊"上(11月29日、30日、12月1日)。这是读者近年来查到的孙犁早年发表的极少数作品之一,他自己就此发表看法说:"30年代之

---

① 按:鲁迅译《死魂灵》1935年11月由上海文化生活出版社出版。在这之前,曾分期刊登于郑振铎主编的《世界文库》,估计那时孙犁就已经看到了。

② 《书的梦》,《孙犁文集》第四卷,百花文艺出版社1982年版。

初,我读了不少社会科学的书籍,因之热爱上接近这一科学的文艺批评。并且直到现在,还不改旧习,时常写些这方面的,不登大雅之堂的文章,为权威者笑。"①

权威者笑不笑,先不用管,我们觉得,这篇议论性的记事短文,是一篇很重要的文字资料,它记录了旧日北平街头的风俗民情,也记录了那时孙犁的生活行踪和思想见解,显然,爱看京戏的他,也常常到这些贫苦阶层的人喜欢去的地方:

> 在北平的天桥、西单商场、东安市场的游艺场里,和那些说相声的、唱大鼓书的、变戏法的在一起,我们常见到唱地台戏的人们。
> 和说相声的、唱大鼓书的一样,他们也是靠着嘴吃饭的。
> ············
> 在平地上,摆好两圈板凳,观众就坐在上面,中间的空地,就成了台面。
> 还有一张方桌,这可以说是后台,在桌的两旁坐下了拉胡琴和弹月琴的乐师。一切的演员也站在那里。
> 他们的乐器很简单,除去必用的胡琴外,还有一把月琴,两块硬木板代替了鼓板,至于,京剧应有的其他乐具,便全拿嘴来代替了。
> 他们的角色,也就三四个全是很年幼的孩子——八九岁至十一二岁。
> 他们也有领班的,这个人是有舞台的经验和灵活的手脚的。
> 一出戏要开始了,他便用嘴打着开场锣。他用一条布蒙住了演员的脸,等胡琴拉完了过门,他把那条布一揭,演员便算上了台,一声声地唱起来。

---

① 《尺泽集·后记》,百花文艺出版社1982年版。

....
　　在一出戏的终了，小孩们便捧着小盘向观众索钱……①

　　这就是他所记录的北平地台戏的全过程，是他在30年代中期的"都市采风"。他认为，地台戏以"原始的"形式接近群众，对话剧运动的普及有很大的帮助；在艺术大众化的口号下，应该有人来从事这件工作。

　　在这则简短的"记事"里，孙犁并没有忘掉它的中心：自1930年上半年以来，左翼作家发起的关于"文艺大众化"问题的讨论，这时已经达到了高潮。

三、《大公报》引出的故事

　　1936年春，孙犁失业，在家闲住。但每天仍手不释卷，或读或写。没有书柜书桌，妻子的衣柜就变成了他的书柜书桌，没有安静的读书环境（这时他们已经有了一个男孩），场院里树荫下就是他自得其乐的读书环境。

　　在外面读报养成了习惯，他很想订份报纸看。这在那时，几乎是一场幻想。东辽城地方偏僻，教育落后，虽然有小学，但从来没想到要订报，村公所就更不用说了。

　　现在，孙犁要订报，这在那时一般人看起来，是够气派的了。而且，他想要订的还不是一份小报，是堂而皇之的《大公报》。"这种报纸，我们的县城，是否有人订阅，我不敢断言，但我敢说，我们这个区，即子文镇上是没人订阅过的。"②《大公报》是一份有着广泛影响的大报，它的副刊办得相当活泼，特别是自1933年9月设立《文艺副刊》后，吸引了

---

　　① 《尺泽集》，百花文艺出版社1982年版。
　　② 《报纸的故事》，《尺泽集》，百花文艺出版社1982年版。

许多爱好文艺的青年,孙犁就是其中之一。《大公报》副刊还很注意培养青年作者,何其芳的散文集《画梦录》中的文章,最初就是在该刊发表的,后来,它获得《大公报》设立的唯一的一个散文奖(另有戏剧奖和小说奖,分别由曹禺的《日出》和芦焚的《谷》获得),这件事,孙犁还在纪念何其芳的文章里提过。如上所说,他自己也曾多次向《大公报》的副刊投稿。总之,这份报纸给他留下了相当深刻的印象,甚至还在中学时,老师就常选它的社论,做课文讲授。上面登的长江的通讯,赵望云的风俗画,他也很喜欢,更不用说由沈从文、萧乾等主编的《文艺副刊》了。

正因为这样,在保定和北平时,他一直都看《大公报》。那时北方也有别的报纸,如《益世报》、《庸报》这些由教会和失意政客办的报纸,他是不屑一顾的。

孙犁想订《大公报》,还有一个重要原因,那就是想在失业之时,继续给《大公报》投稿,而投了稿去,又看不到报,岂不苦恼?终于,他把这个想法和妻子说了:

"我想订份报纸。"

"订那个干什么?"

"我在家里闲着很闷,想看看报。"

"你去订吧。"

"我没有钱。"

"要多少钱?"

"订一月,要三块钱。"

显然,这"三块钱"超过了妻子的心理承受力,她一时无话可说,不由得"啊"了一声,用这个虚词表示了自己特大的惊讶。可孙犁还是平静地问:

"你能不能借给我三块钱?"

本来还想跃跃欲试的妻子,这回转移目标了:

"你花钱应该向咱爹去要,我哪里来的钱?"

谈话就这样中断了,孙犁心里很不是滋味。他心里明白:妻子还是怜惜他的。也正因为这样,他的自尊心受了一点损伤:

> 是啊,我失业在家里呆着,这证明书就是已经白念了。白念了,就安心在家里种地过日子吧,还要订报。特别是最后这一句:"我哪里来的钱?"这对于作为男子汉大丈夫的我,确实是千钧之重的责难之词!
>
> 其实,我知道她还是有些钱的,作个最保守的估计,她可能有十五元钱。当然她这十五元钱,也是来之不易的。是在我们结婚的大喜之日,她的"拜钱"。每个长辈,赏给她一元钱,或者几毛钱,她都要拜三拜,叩三叩。你计算一下,十五元钱,她一共要起来跪下,跪下起来多少次啊。
>
> 她把这些钱,包在一个红布小包里,放在立柜顶上的陪嫁大箱里,箱子落了锁。每年春节闲暇的时候,她就取出来,在手里数一数,然后再包好放进去。①

想到这里,他觉得在妻子面前碰的这个软钉子是值得的。他不能再"敲"妻子的钱了,就硬着头皮去向父亲要。父亲也觉得这三块钱超过了家庭经济的承受能力,沉吟了一下,问他能否订份《小实报》。孙犁对各种书籍、报刊的欣赏起点很高,向来取法乎上;《小实报》是北平出版的低级小报,属于他不屑一顾之列。看见父亲犹豫,他没有再说话,就退出来了。

看着儿子郁郁寡欢的形容,父亲有些心疼。到了晚上,终于对他说:"愿意订就订一个月看看吧,集时多粜二斗麦子也就是了。长了可

---

① 《报纸的故事》,《尺泽集》,百花文艺出版社1982年版。

订不起。"

就这样,孙犁把三块钱汇到天津去,同时寄去两篇稿子。过了不久,邮差就骑着车子,从县城来到这个小村,然后又进了孙家的堆满柴草农具的小泥院。当他把报纸交到孙犁手里时,他不由得上下打量了一下这个青年。

从此,孙犁常常坐在柴草上读着报纸。从社论、通讯、地方版、国际版、副刊,直至商情、广告、寻人启事……他都一字不漏地读过。最后,他珍重地把报纸叠好,放回屋里。

妻子因为没有拿钱给孙犁订报,好像有些过意不去。对于报上的事,她虽然不闻不问,但终于看出丈夫一点儿心事。年轻夫妻,免不了要逗着玩,有一次,她略带戏谑地问:

"有了吗?"

"有了什么?"

"你写的那个。"

"还没有。"

孙犁其实知道,她从心里断定不会有。她还不识几个字,对于文章方面的事也不了解什么,她不是凭学问做出判断,而是凭感觉做出判断的。

她的判断相当准确,直到一个月的报纸看完,孙犁的稿子也没有登出来。也许这时他才明白,这一个月他不是靠运气翻阅报纸,而是靠希望翻阅报纸的。

不过,他仍然很有收获:除了增长见识,他们的"爱的巢"得到了改善。那年夏天雨水大,他们结婚时裱糊过的屋子,顶棚和墙上的壁纸都已脱落。有些人家,到集市去买旧报纸,来重新装饰他们遭到同样命运的屋子。那时集市上的旧报很多,由于日本侵略的关系,像《朝日新闻》、《读卖新闻》等日文旧报,都倾销到这穷乡僻壤来了。妻子在这件事上很精明:她和丈夫商议,是不是就用他那些报,也把屋子糊一下。她说:

"你已经看过好多遍了,老看还有什么意思? 这样我们就可以省下数块来钱,你订报的钱,也算没有白花。"

孙犁同意了,于是:

> 妻刷浆糊我糊墙。我把报纸按日期排列起来,把有社论和副刊的一面,糊在外面,把广告部分糊在顶棚上。
>
> 这样,在天气晴朗,或是下雨刮风不能出门的日子里,我就可以脱去鞋子,上到炕上,或仰或卧,或立或坐,重新阅读我所喜爱的文章了。①

孙犁这段生活经历,后来写进了他的长篇小说《风云初记》。小说中自学成才并有几分农村流浪艺人气质的变吉,也有这样新奇的举动,我们抄在这里,供读者比较、参证:

> 结婚那年,他称了几斤旧报纸,自己裱糊的新房,乡间的画匠都兼有纸匠的技能。在风雨天不能外出的时候,他在炕上,仰着立着,挨篇挨段,读完了所有报纸上的文字。这间用废报裱糊的小屋,成了他的藏书库和文化宫,等到报纸被烟熏火燎,不能辨认的时候,他还能指出屋顶上有一篇什么故事,炕头上有一则什么新闻。包了杂货的旧书篇页,他也是仔细的读过,然后保存起来。②

我们觉得,上文中最后多出来的这个动作,如果放在孙犁身上,那也是很合适的。他曾告诉笔者,他这个人"有点吝啬……什么东西也不愿意糟踏,这回搬家③,孩子们说,破破烂烂的,就不要搬到新房间里了。

---

① 《报纸的故事》,《尺泽集》,百花文艺出版社1982年版。
② 《风云初记》第六十六章。
③ 指1988年10月由多伦道寓所搬至鞍山道寓所。

结果，整个又过来了，破衣服、破鞋、破袜子，全部带过来了，到这边也没有扔，又收起来了"。"我老是裁废纸条子，写东西、写信都是用那个。看见白纸就弄下来，放在写字台上边了。"

如果有一天他再写小说，这些习惯或动作又出现在他的人物身上，那也没有什么奇怪的。

四、再赴北平

经过一段时间的失业，父亲又托人为他在北平找到了一个工作：去象鼻子中坑小学当事务员，每月十八元薪金。这样，他就再度到了北平。

这座小学在东单牌楼所在的地段，是当时北平不多的几所实验小学之一。校长姓刘，刚好是孙犁念高小时的安国小学校长的弟弟。但此人深目鹰鼻，看上去不如哥哥善良。当时北平的小学，多由北平师范的学生把持，这位校长自然也是北平师范毕业。他在北伐时参加了国民党，在接收这所小学时，据说也演了一出全武行：几个同乡同学，从围墙外攻入，登上六年级教室的屋顶，作为制高点，一顿砖瓦，把据守学校的非北师毕业的校长轰了出去，这所学校就宣告"解放"了。帮他攻克的同乡同学，理所当然地成为本校教员。

校长除每月拿六十元薪金外，修缮费、文具费等项下可以虚报冒领，给学生做制服、代书店卖课本等等，还可从中渔利。因此，他能带家属，早晨起来，用开水冲两个鸡蛋，冬天还能穿一件厚呢大氅。这一切，拿当时北平市民的眼光看，他的确过得既舒服又体面的。

学校有两名事务员：一个会计，一个庶务。原来的会计也是安国人，大概觉得这职业还不如回家种地，就辞了职。孙犁补的，就是这个空缺。

但是，他的办事能力实在不行，会计一行，尤其不能及格。他的工作是，每月向社会局（那时没有教育局）填几份表报。因为上面贴的，大都是文具店等开来的假单据,他得花上几天时间,把它弄个支付相当。好在除去这些,也没有多少事干。校长看他是个学生,又刚来乍到,连保险柜的钥匙也不肯交给他。他呢,自然也没有兴趣去要。

他觉得别扭的,倒是自己的办公地点:

> 校长室在学校的前院,外边一大间,安有书桌电话,还算高敞;里边一间,非常低小阴暗,好像是后来加盖的一个"尾巴",但不是"老虎尾巴",而是像一个肥绵羊的尾巴。尾巴间向西开了一个低矮的小窗户,下面放着我的办公桌。靠南墙是另一位办事员的床铺,靠北墙是我的床铺。①

工作的琐碎、无聊,环境的逼仄,都使他心绪烦乱。幸好他在这里还有一个比较要好的人,他就是庶务员赵松。赵松比他大几岁,他的字叫干久,他确实也在这里干得很久了,因此,他知道学校许多掌故和某些教员的秘闻,并向孙犁介绍、评论。

赵松最厌恶四年级的级任。这个人,单看走路,就能看出他的自高自大。他有一个毛病,一到办公室,就奔痰盂,大声清理他的鼻喉,毫不顾及西服革履的体面。赵松因此送了他个绰号:"管乐"。平时趾高气扬的"管乐",后来忽然垂头丧气起来。经赵松告诉,才知道他和一个女学生发生关系,正在找人给女学生打胎。校长因为和他同乡,知而不问。

六年级级任也是校长的同乡,和西服革履的"管乐"不同,他是长袍马褂。两个人装束不一样,都是一样的下流坏子。这一个年岁较大,恐怕也是一个用坏了的"管乐":每到下课,就一边抹着鼻涕,一边疾步走向赵松和孙犁的小屋,"两手把长袍架起,眯着眼睛,弓着腰,嘴里

---

① 《〈善闇室纪年〉摘抄·在北平》,《孙犁文集》第四卷,百花文艺出版社1982年版。

喃喃着'小妹妹,小妹妹',直奔赵松的床铺,其神态酷似贾琏。"① 这位级任,每星期天都去逛暗娼,对女生也无师德。

那些教员每月拿四十元薪金,自视高人一等。但没有一人读书、备课,因为都已教书多年,课本又不改变。每到晚饭后,就争先恐后地到外边去玩。教员如此,教学质量可想而知。

教室都在里院,和孙犁他们办公的地方隔着一道墙。他本不爱走动,自然很少进去观望。但教员讲课和小学生念笔顺的声音,还是清晰可闻。那时,这所小学正在实验"引起动机"教学法:教员在讲授课文之前,先说些别的,渐渐引起学生学习课文的动机和兴趣。不料,还没等这些教员引起学生的动机,学生倒先掌握了教员的动机,于是和教员斗起法来。有一次是讲公鸡,教员问:

"早晨你们常听见什么叫唤呀?"

"鸟叫。"

"什么鸟叫啊?"

"乌鸦。"

"没有听到别的叫声吗?"

"听到了,麻雀。"

最后也没有说出公鸡来,结果自然还是逼得教员自己说出那个公鸡。

三年级级任的家里,在东单牌楼开了一座澡堂,有时请同事们到那里洗澡,孙犁和赵松当然与此无缘。一年级级任是个女的,住在校内,有时走来向孙犁借书看,有时也谈谈,但她总是站在桌子旁边,不苟言笑。

不消说,孙犁也瞧不起这些自视甚高的教员。他每月十八元的薪金,交六元伙食费,还常买些书,生活是很清苦的。他的床铺上,连个枕头也没有,冬天枕衣包,夏天枕棉裤,赵松送他的诗里边,就有"可怜年

---

① 《〈善闇室纪年〉摘抄·在北平》,《孙犁文集》第四卷,百花文艺出版社 1982 年版。

年枕棉裤"一句。有时太寂寞了，他就和赵松在周末的晚上，到前门外的娱乐场所玩玩，每人花上一元多钱。回来后，赵松总是倒在床上唉声叹气，表示后悔。后来，他有一位同乡在市政府当了科长，约他去当办事员，月薪可与教员媲美。他把遗缺留给了妹夫，这人姓杨，也是中学生，和孙犁保持着同样好的关系。

孙犁正在青年，虽然生活清苦，从来不输志气。周围的环境太令他窒息了，一向重视精神生活的他，除了省出钱来买书看，也仍然要到他喜欢的艺术世界里去徜徉一番：

> ……我住在东单牌楼，晚上，一个人走着到西单牌楼去看电影，到鲜鱼口去听京戏。那时长安大街多么荒凉、多么安静啊！一路上，很少遇到行人。
>
> 各种艺术都要去接触。饥饿了，就掏出剩下的几个铜板，坐在露天的小饭摊上，吃碗适口的杂菜烩饼吧。
>
> 有一阵子，我还好歌曲，因为民族的苦难太深重了，我们要呼喊。①

渐渐地，他产生了离开北平的想法。他的房后有一个操场，每逢晚饭之后，他就踱到那里去，一个人坐在双杠上，看着四周灰色的围墙和一尘不染的天空，感到绝望。走吧，但是到什么地方去呢？他想起在中学时，教国文的那位孙念希老师讲过济南的泉柳之美。在大明湖，"四面荷花三面柳，一城山色半城湖"不用说了，杜甫《陪李北海宴历下亭》留下的名句也着实诱人呢："海右此亭古，济南名士多。"去济南，他当然不想做名士，但那里确实以其泉柳之美，成为文人荟萃的一方胜地，有着许多珍贵的文化遗迹。再说，那里还有一种好吃的东西，叫小豆腐，

---

① 《青春余梦》，《远道集》，百花文艺出版社1984年版。

也不知道味道怎样……

他陷入了幻想。不久，他就把幻想付诸行动：向校长提出辞职。

校长没有挽留他。他家有恒产，没有后顾之忧，不必依附他人。济南虽然没有去成（姑无论缺少路费，即使到了济南，又投奔何方？），还是直起腰板，回家来了——带着他省吃俭用买下的那一柳条箱书。

五、风景这厢好

在家闲住了一些时间后，有一天收到一封挂号信，是中学同学黄振宗、侯士珍写的。信里说：给他找到一个教书的位子，希望即刻赴保定。

两天后孙犁到了保定，见到了黄、侯二位同学。又过了两天，他就同侯、侯妻和新聘请的两位女教师，来到了同口镇。他和侯在这个镇上的一所完全小学工作：侯是教务主任；他担任六年级级任，教五年级国文、一年级自然。侯妻和另两位女教师，在同口女子小学教书。

这时，是1936年的下半年。

同口镇属安新县，位于白洋淀西南方岸边，是一个大的村镇。人到了同口，所见都是水乡本色：家家有船，淀水清澈得发蓝、发黑；村里村外、房上地下，可以看到山堆海积般的大小苇垛；一进街里，到处鸭子、芦花乱飞……怪道人们有诗赞曰："湖水渺茫芦花飞，物草丰美鲤鱼肥。"论风景，还是这厢好！

的确，在北方，像这样的自然条件，是非常少见的：

人们在这里，
靠着水生活，
千百年来，
谁不说这一带是水乡南国！

在这河北省的平原,
有这样一个大水淀,
环绕着水淀有一条宽堤,
春夏两季有个西湖的颜面。

荷花淀的荷花,
看不到边,
驾一只小船驶到中间,
便像入了桃源。

淀的四周,
长起芦苇,
菱角的红叶,
映着朝阳的光辉。

人们用各种方法捕鱼——
用竹条编成小闷笼,
用苇杆插成陷阵,
或是放着鱼鹰。

............①

和在北平不一样,孙犁在这里工作得满有兴致。他的宿舍在临街的楼上,不仅可以放眼远远近近的明丽景色,早、晚还可以嗅到从野外吹来的水腥气味。这个时候,他常常想到一些作家——例如肖洛霍夫——

---

① 《白洋淀之曲》,《孙犁文集》第五卷,百花文艺出版社 1982 年版。

对农村生活的抒情描写，引发起对乡居生活的仰慕。他每天有五六个小时的课，还要预备教材，批改作业，不要说接近群众的机会不多，连出门散步的时间也很少。但是，他从自己住的楼上就可以看见那些早起晚归的农民，从自己教的学生那里就可以获得对于他们生活的印象。所以，虽然他在这里待的时间并不长，他对这里人民的生活情况，还是非常熟悉的。

据他当年的学生回忆，孙犁那时上课，除去教科书之外，还常选一些进步作品，作为补充教材。"五四"开纪念会的时候，他登台讲演，并编写剧本，让学生演出。对于这件事，他的特殊形式的纪事——《善闇室纪年》里有着这样的记载："深夜突击剧本，吃凉馒头，熬小鱼，甚香。"① 有的学生，一直过了很久，还记得他上课的情景。在天津，这几年也发现了两个当年的学生；一个是六年级的刘学海，任水利局长，一个是五年级的陈继乐，在军队任通讯处长。"刘学海还说，我那时教国文，不根据课本，是讲一些革命的文艺作品。对于这些，我听起来很新鲜，但都忘记了。"②

孙犁是从这里走上抗日征途的。当他十年之后风尘仆仆地再次回来的时候，当年没有很多机会接触的那些群众，对他却不陌生：

> 我在这里教书时，那些穷苦的孩子们，那些衣衫破烂羞于见老师的孩子们，很多还在火线上。他们的父母，很久才认出是我，热情真挚地和我诉说了这十年的同口镇的经历，并说明他们的孩子，都是二十几岁的人了，当着营长或教导员。他们忠厚地感激我是他们的先生，曾经教育了他们……③

---

① 《〈善闇室纪年〉摘抄》，《陋巷集》，百花文艺出版社1987年版。
② 《同口旧事》，《孙犁文集》第四卷，百花文艺出版社1982年版。
③ 《一别十年同口镇》，《孙犁文集》第四卷，百花文艺出版社1982年版。

孙犁在白洋淀（荷花淀是它的一部分）边上的这个村镇住了一年，乡亲们看见他曾教过那么多学生；他们是否也曾感到，由他们的汗水浇灌的这个"水乡南国"，也栽培出一个文学上的"荷花淀"？

孙犁在这里教书的月薪是二十元，每月还按老习惯办事：省钱买书。同口镇上有邮政代办所，每到星期日，他就到那里汇钱到上海买书，特别是当时上海生活书店，办理读者邮购，非常负责任，这给他留下了良好的印象。除了鲁迅、瞿秋白等作家的书和一些进步刊物，这段时间，他继续阅读了许多苏联文学作品和俄罗斯古典文学作品，如高尔基和普希金的小说等等。白天没有时间，他就晚上读，那时学生散了，同事们也大都回家，他住的楼有一个大院子，那时四周空旷，万籁俱寂，只余室内孤灯一盏，正好是读书的气氛。桌子是破的，板床是冷的，板床下面，还是他从北平带书回来的那只柳条箱——不过，他没有在北平时的那种寂寞感了："摊书苦读，每至深夜，精神奋发，若有可为。"①

他的读书方式，是我们所熟悉的，我们可以称之为"孙犁读书方式"：

> 我把文章中间的精辟片断，抄写下来，贴在室内墙壁上，教课之余，就站立在这些纸条下面，念熟后再换上新的。②

关于他从上海邮购书刊的情况，应该特别提一下瞿秋白的译文集《海上述林》。这书是鲁迅为纪念秋白遇害而编辑、出版的，署"诸夏怀霜社校印"，"诸夏"是中国，"怀霜"即怀念秋白之意。本书上卷收马、恩、列和普列汉诺夫、拉法格等人的文学论文，以及高尔基论文选集与拾补等。据孙犁《书衣文录》有关条下记述，他当时买了这部书的上卷，

---

① 《耕堂书衣文录·海上述林（上卷）》，《孙犁文集》第七卷，百花文艺出版社1982年版。
② 《关于散文》，《孙犁文集》第六卷，百花文艺出版社1982年版。

"金字绒面",装帧精美,他非常珍爱:"此书出版,国内进步知识分子,莫不向往。以当时而论,其内容固不待言,译者大名,已具极大引力;而编者之用心,尤为青年所感激;至于印刷,空前绝后,国内尚无第二本。"①

孙犁没有说错。鲁迅先生在1936年为该书写的一篇介绍短文中这样说:"本卷所收,都是文艺论文,作者既系大家,译者又是名手,信而且达,并世无两……足以益人,足以传世。全书六百七十余页,玻璃版插画九幅。仅印五百部,佳纸精装,内一百部皮脊麻布面,金顶,每本实价三元五角;四百部全绒面,蓝顶,每本实价二元五角……好书易尽,欲购从速。下卷亦已付印,准于本年内出书。上海北四川路底内山书店代售。"此文初载1936年11月20日《中流》(黎烈文主编)第一卷第六期,题《〈海上述林〉上卷出版》,未具名,亦不见于本期目录,很像是一则广告(后收入《集外集拾遗》时改题《绍介〈海上述林〉上卷》)。不知孙犁是否看了这则广告才汇钱去上海买书的。总之,偌大一个中国只印了五百的这部书,和千里之外正在农村教书的孙犁有缘了。从孙犁所说"金字绒面"来看,他买的属四百部内;他似乎并没有买下卷(下卷收高尔基的讽刺诗《市侩颂》及创作选集、别德讷依的讽刺诗《没工夫唾骂》、卢纳察尔斯基的剧本《解放了的董·吉诃德》等)。这些,恐怕是出于经济考虑、权衡需要而做的选择吧。

同口镇上有地主、豪绅,也有军阀。"我虽然是本村高级小学的教员,但也没有身份去到陈调元大军阀的公馆观光,只在黄昏野外散步的时候,看着那青砖红墙,使我想起了北平的景山前街。那是一座皇宫,至少是一座王爷府。他竟从远远的地方,引来电流,使全宅院通宵火亮,对于那在低暗的小屋子里生活的人民是一种威胁,一种镇压。""在那个时候虽然是这样的势派气焰,农民却很少提起陈调元,农民知道把自己同这

---

① 《耕堂书衣文录海上述林(上卷)》,《孙犁文集》第七卷,百花文艺出版社1982年版。

些人划分开。"①

在孙犁的教书生活中,有一次却发生了一件和这些人不能分开的事:

> 我二十岁(笔者按:应是二十三岁)的时候,在一个镇上,当小学教师,兼教一年级的自然课。那种生涯,回想起来,老年人是没法承担的。一进教室,孩子们乱哄哄,姑且不谈。正上着课,有的孩子要撒尿,一时解不开裤带,或撒完尿回来,自己结不上裤带,我都要下讲台去亲自动手。有一次,坐在前排的一个孩子,非常顽皮,怎么说也不行,我烦躁起来,要证实师道尊严,就用教鞭在他的头上敲了两下。这孩子哭叫着走出校门,全体同学知道后都为之变色。原来,我打的这个孩子,是学校的董事,本村一个大军阀的爱子,而且是爱妾所生。
>
> 我这才知道闯了祸。但在旧社会,这也不过卷铺盖走人而已,构不成别的什么罪过。
>
> 并没有发生什么事变。第二天,孩子还是来校上课了。因为,就是在旧社会,即使军阀的爱妾,家长的观念仍然是:请来老师和请来保姆,其目的是不一样的。②

孙犁回忆这段往事,在于挖苦那些昔日舞弄棍棒的评论家,一下子从教师爷架势变成拿花手绢的保姆模样,专事吹捧、护短;我们却从这里看到了孙犁教书生活的一个片断,地方军阀的气焰,毕竟在人们的生活和精神上造成了实际的威胁。

整个看来,在白洋淀边这个村镇小学教书的日子里,他在生活上和当地群众息息相通,在精神上和左翼与进步文学保持一致,心情是愉快

---

① 《一别十年同口镇》,《孙犁文集》第四卷,百花文艺出版社 1982 年版。
② 《新年杂忆》,《尺泽集》,百花文艺出版社 1982 年版。

的、开朗的,甚至可以说,他的思想进一步成熟起来了。

这要感谢介绍他来工作的两位同学。

黄振宗是他初中时期的同班同学,保定旧家子弟,聪明、漂亮,学校演剧,常饰女角。文章也写得不错,有时在《育德月刊》上发表。且善演说,一次张继到校讲演,刚讲完,他就上台驳斥,声色俱厉。"他那时,好像已经参加共产党。有一天晚上,他约我到操场散步,谈了很久,意思是要我也参加。我那时觉悟不高,一心要读书,又记着父亲嘱咐的话:不要参加任何党派,所以没有答应,他也没有表示什么不满。又对我说,读书要读名著,不要只读杂志报刊,书本上的知识是完整的、系统的,而报刊杂志上的文章,是零碎的、纷杂的。他的这一劝告,我一直记在心中,受到益处。"① 孙犁在象鼻子中坑小学当事务员时,黄振宗正在北平中国大学学习,他们常常见面。

侯士珍是定县人,育德中学师范专修班毕业。在同口教书时,有一件事给孙犁留下了深刻的印象:"有一天中午,我从课堂上下来,在我的宿舍里,他正和一位常到学校卖书的小贩谈话。小贩态度庄严,侯肃然站立在他的面前聆听着。抗日以后,这位书贩,当了区党委的组织部长。使我想起,当时在我的屋子里,他大概是在向侯传达党的任务吧。"② 卢沟桥事变后,侯士珍和孟庆山组织抗日游击队,当了政治部主任。

显然,黄、侯两位同学都是共产党员。或者是有心,或者是无意,总之,通过他们的介绍,孙犁来到白洋淀,这在客观上对他是一个推动。让我们引用自己文章中的话来做一个形容吧:

看来,在小树的嫩皮下已经贮满了生命的浆液,在僵冷的河床里已经涨满了翻腾的潮水,只等春天的一声召唤,小树就会伸直挺

---

①② 《同口旧事》,《孙犁文集》第四卷,百花文艺出版社1982年版。

秀的丫杈,绽开云霞般的花朵,河水就会挟带解冻的泥土,注入呼啸着的大海。

随着抗战的爆发,春天来临了!

第四章 火热的晋察冀

一、大风起兮

1937年"七七"事变后,孙犁没有再去同口教书。这年秋天,滹沱河发了洪水;9月下旬,保定陷落。在孙犁的家乡东辽城,每天都可以看到从北面涉水过来的逃难的人群,他们扶老携幼,和站在堤上的人们匆匆交谈几句,便连忙往南走去。"就要亡国了吗?"堤上的农民望着茫茫河水,慨然地发着兴亡之叹。

随着这一幕逃难的景象,空前的民族灾难降临到冀中平原上,对此,孙犁在长篇小说《风云初记》中做了十分真实的描写:

> 第二天,雨住天晴,大河里的水下来了,北面也开了口子,大水围了子午镇,人们整天整夜,敲锣打鼓,守着堤埝。开始听见了隆隆的声音,后来才知道是日本人占了保定。大水也阻拦不住那些失去家乡逃难的人们,像蝗虫一样,一扑面子过来了。子午镇的人们,每天吃过饭就站在堤埝上看这个。
>
> ……
>
> "看,飞艇,三架,五架!"
>
> 他们像看见稀罕物件一样,屋里的跑到院里来,院里的上到房

顶上去。小孩子们成群结队的在堤埝上跑着……

逃难的女人回过头来说：

"乡亲们，不要看了，快躲躲吧，那是日本人的飞机，要扔炸弹哩！"

没有人听她，有些妇女，还大声喊叫她们的姐妹们，快放下针线出来看：

"快些，快些，要不就过去了！"

飞机没有过去，在她们的头顶仄着翅膀，转着圈子……
……

轰！轰！飞机扫射着，丢了几个炸弹，人们才乱跑乱钻起来，两个人炸死在堤埝上，一头骡子炸飞了。

飞机沿着河口扫射，那里正有一船难民过河。河水很大，流的又急，船上一乱，摆渡整个翻到水里去。大人孩子在涌来涌去的大浪头中间，浮起来又淹没下去，一片喊救人的声音。

日本人的飞机扫射着，轰炸着，河里的水带着血色飞溅起来。……①

侵略者就这样把战争推进到孙犁的家乡，推进到滹沱河沿岸。这时，人民看到的是："国民党的军队放下河南岸的防御工事，往南逃，县政府也雇了许多辆大车往南逃。有一天，郎仁渡口，有一个国民党官员过河，在船上打着一柄洋伞，敌机当成军事目标，滥加轰炸扫射。敌机走后，人们拾到很多像蔓菁粗的子弹头和更粗一些的空弹壳。"②

这年冬天，冀中平原动荡起来了，几乎每个夜晚，都可以听到乱枪的声音，有绑票的，也有自卫的，有时竟如年关的鞭炮。有一天夜里，

---

① 《风云初记》第六章。
② 《平原的觉醒》，《孙犁文集》第四卷，百花文艺出版社1982年版。

东辽城村的村长被人用撅枪打死在东街土地庙附近。孙犁不记得这村长是民选还是委派，只记得他家是富农，正房里悬挂着县长的奖状，小个子，黑脸，略麻，冬天有一件那时乡下人很少有的羊皮袄，在街上走路时总喜欢提起皮袄右面开襟的地方，步子也迈得细碎些，他觉得这样才势派。他是深夜从一个相好的寡妇家里出来遭打的，被打死的还有送他回家的寡妇的儿子，不料这一次村长竟没死，第二天一早他又活过来。他死在第二次：1938年日军占领县城，地方又大乱，他在夜里被绑架到村外，割去阳具，大卸八块。

有一些绿林式的人物也乘机而起，他们扯起"抗日"旗号，有时却扰民。性情粗野、桀骜不驯、能双手打枪的高顺成就是这样一个人物。他是任丘县人，"七七"事变前已有百余人的武装，活动在文安、新镇和白洋淀一带，事变后他拉起的部队曾奉命到安平县整训、驻防，终因抗拒党的改造和图谋不轨被击毙①。《风云初记》中描写的反复无常、性情蛮悍的"大贼"高疤，就有这个人的影子。

在国民党军政机关一味南逃的颓败情势下，有一支英姿勃勃的小部队却回师北上，这就是由团长吕正操（他出生于1905年，当时刚三十岁出头）率领的原东北军的六九一团。这个团队随国民党的五十三军退至大清河一带，就伺机摆脱了主力部队的辖制，单独北上。他们在石家庄东南的梅花镇打了一次胜仗后，迅速向东北方向挺进，至晋县的小樵镇，经过讨论，甩掉了五十三军的番号，改称人民自卫军，"采用长方形臂章，白底，蓝边，上面为人民自卫军五个蓝字，中间是一颗红星。并约法三章，严明纪律，不准扰民，官兵平等。"随后，人民自卫军继续北上，渡过滹沱河，进驻深泽县城。"在日军大举进攻，到处奸淫烧杀，国民党官兵溃逃，沿路抢劫骚扰，冀中人民陷于水深火热之中的时候，突然出现一支戴有红星的抗日队伍，立刻鼓舞了渴望共产党领导抗日的广大

---

① 参看《吕正操回忆录》，解放军出版社1987年版。

人民群众。"①

吕正操曾任张学良的副官、秘书，西安事变后加入中国共产党，这次北上抗日，就是贯彻了北方局"留在敌后找地方党，开展抗日游击战争"的指示。事变的发展完全证实了北方局的预想：冀中抗日根据地很快建立起来了。

关于这段历史，《风云初记》作了极其真实的描述：

> 这些日子，冀中平原的形势，紧张起来。日本人顺利的爬过黄河以后，感觉到有一种力量，在它的脚踝上，狠狠插上一刀，并且割向它的心腹。起先，它没把吕正操这个名字放在眼里。这个年轻的团长，在整个国民党军队溃退南逃的时候，在大清河岸，抗命反击了日本帝国主义。这场挺身反抗的战争，扫除了在军民之间广泛流行的恐日情绪。部队损失了一半，青年将领并没有失望，他和地方上共产党组织的武装结合起来，在平原上坚定的站住，建立了一个光荣的根据地。当日本人明了吕正操竟是一个共产党的时候，才深深恐慌起来，它布置向冀中平原进攻，沿平汉线增加了部署，在北线，进占了河间，威胁着高阳。
>
> …………②

在"九一八"事变之后，华北人民就感受到了日本侵略者的威胁。现在，威胁已经变成现实，变成了惨无人道的烧杀抢掠。在强敌压境之际，人民一度苦于没有党的领导；现在有了党的领导，他们蓄之已久的抗日热情，便火山一样地爆发了。

这是他们进行的一场最自觉的战争："当时，一个老太太喂着一只心

---

① 参看《吕正操回忆录》，解放军出版社1987年版。
② 《风云初记》第二十章。

爱的母鸡，她就会想到：如果儿子不去打仗，不只她自己活不成，她手里的这只母鸡也活不成。一个小男孩放牧着一只小山羊，他也会想到：如果父亲不去打仗，不只他自己不能活，他牵着的这只小山羊也不能活。"①认真说，在冀中平原，就是鸡，也学会了和侵略者作斗争。孙犁描写过这样一只鸡：由于敌人的不断骚扰，它已经习惯在树上睡觉、栖息。有一天，一个日本兵发现了它，便举枪瞄准。鸡见状哇的一声飞起来，跳墙过院，直飞村外。日本兵紧追不舍，见鸡钻进一个大苇垛……这一次，他们在苇垛里遇到一个藏在那里的女孩子，挨了手榴弹。最后，侵略者用机枪扫射苇垛，引起漫天大火。结果，不但女孩子（还有她的两个女伴）穿过苇垛向淀里安全转移，那鸡也从垛里钻出来，逃向茫茫的苇海了。②

总之，平原的动荡导致了一次火山爆发、一次真正的人民战争：

>1937年冬季，冀中平原是大风起兮，人民是揭竿而起。农民的爱国家、爱民族的观念，是非常强烈的。在敌人铁蹄压境的时候，他们迫切要求执干戈以卫社稷。……③

孙犁也在这个大时代的推动下，走向了抗日战场。

本来，当国民党政权南逃之际，孙犁也每天站在村北的大堤上，望着茫茫的河水和逃难的人流，以及"国军"的散兵游勇，感慨不已。"郁孤台下清江水，中间多少行人泪？东北是④长安，可怜无数山！青山遮不住，毕竟东流去！……"他的眼前是滹沱河水，其中也流着逃难人群的血和泪；但是，难道这半壁河山，就这样丢去了吗？

---

① 《关于〈荷花淀〉的写作》，《孙犁文集》第六卷，百花文艺出版社1982年版。
② 《白洋淀边一次小斗争》，《孙犁文集》第四卷，百花文艺出版社1982年版。
③ 《平原的觉醒》，《孙犁文集》第四卷，百花文艺出版社1982年版。
④ 一本作"西北望"，今从是本。

他剪去长发，农民打扮，也想南下；但苦无路费和去处。这时，从同口捎回来的服装，寄放在安国父亲所在的店铺里，被乱兵抢去，更增加了他的烦恼——不是为那几件衣服，是为破碎的国土和混乱的世界。

报国的时候终于来了。1937年冬季，他接到侯士珍一封信，是由安平县抗日政府转来的。这时，侯士珍公开了他的共产党员的身份，他在同口、冯村一带，和孟庆山组织抗日游击队，后称河北游击军。孟庆山是蠡县人，1931年参加过宁都暴动，经过长征到达延安，"七七"事变时，他正在抗大学习，受党中央派遣，回冀中开展敌后抗日工作①，是冀中抗战历史上赫赫有名的人物，《风云初记》里对他做了细致、生动的描绘。

河北游击军成立以后，孟庆山任司令员，侯士珍是政治部主任。侯士珍的信，邀请孙犁到滹沱河北岸的肃宁看看，那里驻有抗日军队。孙犁于次日即整装——那不过是穿上一件灰色棉袍——赴安平县城，家里不放心，令堂弟陪去。在县城，见到县政指导员李子寿，转达司令部电话：让随杨队长队伍前去。这是新收编的一支队伍，杨队长土匪出身，队伍也不整饬，长袍、袖手、无枪者很多，一路上散漫无章，安平距肃宁只有七十华里，孙犁骑马，至晚才到。司令部有令：杨的队伍暂住城外。孙犁只身进城，至城门被岗兵用刺刀格拒，这种战时情景，给了他一种异样的感觉。经联系，先见到政治部宣传科的刘科长，很晚才见到他的老同学侯士珍。

肃宁城内大街，灯火明亮，人行如织；抗日队伍歌声四起，威武雄壮；饭铺酒馆也都家家客满，锅勺相击、借酒行令之声，不绝于耳。显然，在这个有抗日战士驻防的县城内，人们获得了一种安全感；他们尽情而大方地享受着这种安全感，虽然人人都明白，一场更残酷的战争已经迫

---

① 参看《吕正操回忆录》，解放军出版社1987年版。

在眉睫了。

侯士珍同爱人带着孩子茜茜，住在一家地主的很深的宅院里，身边放着上好了子弹的盒子枪。第二天，他对孙犁说："这里太乱，你不习惯。"他便托吕正操的阎参谋长，带孙犁乘卡车去安国县。那天风大，他又取来一件旧羊皮军大衣，送给孙犁路上御寒。到了安国，又见到阎素、陈乔、李之琏等过去的同学、同事，他们都在吕正操的政治部工作，有的还住在孙犁父亲所在的店铺里。朋友们见面，自然很高兴。不安的倒是孙犁的父亲，他看见儿子披了一件军大衣，还以为他投了八路军呢。

随后，孙犁同父亲回到东辽城，在人心惶惶中度过了一个春节。1938年初春，人民自卫军司令部移驻安平县黄城一带，那里正是孙犁的岳家。就在这时，"李之琏，陈乔到家来访，并作动员"①。这样，孙犁就在这年春季正式参加了抗日工作。他仍然穿着那件灰色棉袍，频繁地往返于东辽城和安平县城之间，从事抗日宣传方面的工作。

他首先在家里编写了《民族革命战争与戏剧》这本小书，由政治部作为文件油印发行。令人感兴趣的是，在多年的历史动乱中，居然保留了一个复制本，使人们得以亲睹它的"战时风采"：

前奏。
上篇：一、民族解放战争与艺术武器；
　　　二、戏剧的特殊性；
　　　三、中国劳动民众接近的戏剧；
　　　四、我们的口号。
下篇：一、怎样组织剧团；
　　　二、怎样产生剧本；

---

① 《〈善闇室纪年〉摘抄》，《陋巷集》，百花文艺出版社1987年版。

三、怎样演出。

接着,他又选编了一本题名《海燕之歌》的诗集,收中外进步诗人的作品,在安平铅印出版。因为当时人力、物力都很匮乏,主事者还受到刚上任的冀中区党委书记黄敬的批评,以为这并非当务之急。不过,这本有着紫红色封面的厚厚的诗集,连同因为印刷技术问题留在封面上的一个螺丝钉头的花纹,毕竟给抗战的文化工作壮了行色,留下了纪念。

后来,政治部宣传科介绍他去找路一。路一住在邻近的侯町村,正在组织一个编辑室,很需要他这样的人去工作。孙犁这样记下了他和路一见面的情况:"初见面,给我的印象太严肃了:他坐在一张太师椅上,冬天的军装外面,套了一件那时乡下人很少见到的风雨衣,腰系皮带,斜佩一把大盒子枪,加上他那黑而峻厉的面孔,颇使我望而生畏。"① 在后来他和路一相处的日子里,他们很熟很要好,他知道路是很热情爽快的人。

在编印《海燕之歌》的同时,孙犁写了《现实主义文学论》,发表在《红星》杂志(路一主编)第一期上。"这谈不上是我的著作,可以说是我那些年,学习社会科学和革命文学理论的读书笔记"②。在这之前,他在子文镇街头上认识了王林。王林是那时冀中地区资历较深的作家,他生于1909年,衡水县人,30年代在青岛大学外文系读书时任该校地下党支部书记,还是黄敬的入党介绍人。后逃亡上海,加入了中国左翼戏剧家联盟。孙犁在《大公报》副刊上,曾经读过他的作品。现在,王林读到了孙犁的《现实主义文学论》,因其中引文太多了,他对孙犁说:

---

① 《远的怀念》,《孙犁文集》第四卷,百花文艺出版社 1982 年版。
② 《平原的觉醒》,《孙犁文集》第四卷,百花文艺出版社 1982 年版。

"你怎么把我读过的一些重要文章,都摘进去了?"

在孙犁听来,这是"客气地讽刺",但当时适值抗战军兴,共举大业,同志关系,融洽无间,并不以为这有什么不好的意思。作为主编的好大喜功、不拘小节的路一,还对经他手发表的这篇洋洋万言的宏文,非常满意,他把孙犁誉为"冀中的吉尔波丁"(按:吉尔波丁是苏联文学批评家,参加过国内战争,曾任联共(布)中央文学处处长),一再对人说:"我们冀中真有人才呀!"

不久,孙犁又在《冀中导报》上发表了《鲁迅论》,占了这张区党委机关报的一个版面。

对于这些文章,孙犁自己的看法是:"虽然没有什么个人的独特见解,但行文叙事之间,有一股现在想来是难得再有的热情和泼辣之力。""青年时写文章,好立大题目,摆大架子,气宇轩昂,自有他好的一方面,但也有名不副实的一方面。后来逐渐知道扎实、委婉,但热力也有所消失。"①

历史的发展非常合乎逻辑:冀中平原的"大风起兮"刮出了一支抗日的武装队伍,也刮出了一支抗日的文学队伍 —— 孙犁是这支队伍中的一员。

二、高呼"典型"—— 在抗战学院

1938年春天,除了用笔参加抗战,孙犁还做过短时间的实际工作。那时冀中区成立了一个统一战线的组织 —— 人民武装自卫会,史立德任主任,他任宣传部长。会后,他和几个人到蠡县、高阳、河间去组织分会,和这些县的新任县政指导员打了一段交道。后来这个组织为抗联代替,他就到新建立的抗战学院去教书了。

---

① 《平原的觉醒》,《孙犁文集》第四卷,百花文艺出版社1982年版。

抗战学院设在深县，是为吸收和培养抗日的知识分子队伍，经北方局批准而开办的，由杨秀峰任院长。杨秀峰是北平师范大学教授、教育界名流，又是有着国民党身份的秘密共产党员，由他任院长，有利于开展工作和团结、影响更多的抗日知识青年。学院分民运院、军政院两部分，前者设在深县第十中学，后者设在深县城里一家地主的宅院里。两院均于7月招生，8月初开学，报考者除冀中知识青年外，还有平津流亡学生。学员入学年龄不加限制，有十二三岁的，也有三四十岁的；有大学生、中学生，也有小学生；还有少数农民和个别士绅。总之，只要识字和要求抗日，就可以应考。学院过的是军事化生活，常常夜间紧急集合、参加演习。刚入学时，有的男学员穿长衫、女学员穿旗袍或短裙，后来一律灰军装、打裹腿。伙食方面，每人每天五分钱菜金，一斤半小米。学员们用北伐战歌"打倒列强"的调子，唱着自己编的顺口溜："小米干饭，小米干饭，辣椒萝卜白菜，辣椒萝卜白菜，吃个饱，吃个饱。"学院共办了两期，每期三个月，为抗战输送了一支干部队伍。①

孙犁是在抗战学院创办之初就到这里教书的。第一期，在民运院教抗战文艺；第二期，在军政院教中国近代革命史。下面是他的回忆：

> 民运院差不多网罗了冀中平原上大大小小的知识分子，从高小生到大学教授……教员都称为"教官"。在操场，搭了一个大席棚，可容五百人。横排一条条杉木，就是学生的座位。中间树立一面小黑板，我就站在那里讲课。这样大的场面，我要大声喊叫，而一堂课是三个小时。
>
> 我没有讲义，每次上课前，写一个简单的提纲。每周讲两次。三个月的时间，我主要讲了：抗战文艺的理论与实际、文学概论和文艺思潮、革命文艺作品介绍，着重讲了现实主义的创作方法。

---

① 参看《吕正操回忆录》，解放军出版社1987年版。

不管我怎样想把文艺和抗战联系起来，这些文艺理论上的东西，无论如何，还是和操场上的实弹射击，冲锋刺杀，投手榴弹，很不相称。①

他和教哲学的王晓楼住在一间屋子里。王晓楼是深泽人，除了他本人参加抗战工作，他把他的弟弟、侄子、侄女也都送来参加了宣传队（即火线剧社），是吕正操在他的回忆录中表彰的全家参加革命的"大家庭"之一：

……王珂最小，只有十一岁，他的姐姐王瑜，也只十四五岁。这些少年男女，非常天真活泼。你要问他们；"你们为什么要参加人民自卫军？"他们会回答："打日本鬼子呗！"又问："为什么要打日本鬼子？"他们就抢着说："鬼子想灭亡我们中国，我们不愿当亡国奴。"再问："你们会干什么？""会唱歌，会贴标语，会宣传抗日……""会跳舞演戏吗？""这个不会，有人教，能学会。"……

果然，他们什么都学会了。由王瑜主演的《放下你的鞭子》，演得观众声泪俱下，"打回东北去！""收复一切失地！"……口号声响彻全场。王瑜每次唱"我的家在东北松花江上……"她自己就且泣且唱，感动得观众也和着泪水应唱。"这就是艺术，这就是政治，艺术和政治高度结合在一起了。"②

现在，他们教哲学的伯伯，也感到了孙犁碰到的那个问题：如何使教课内容和抗战联系起来？看来，还是这些孩子取得了成功！

自然，这都是一些亲切的回忆。在抗战中，他们各自从事着自己

---

① 《平原的觉醒》，《孙犁文集》第四卷，百花文艺出版社1982年版。
② 参看《吕正操回忆录》，解放军出版社1987年版。

神圣的事业，谁也没有失败。孙犁和他的同屋教了三个月的书以后，和学员们相处得十分融洽，学员送了王晓楼一个代号："矛盾"，送给孙犁的是"典型"。因为他们上课，常讲这两个名词。深县驻军首长，送给王晓楼一匹又矮又小的青马，有一天，他约孙犁去秋天的郊外试马。他先跑了一趟，然后叫孙犁骑上去。"马固然跑的不是样子，我这个骑士，也实在不行，总是坐不稳，惹得围观的男女学生拍手大笑，高呼'典型'。"①

根据当年老战友的回忆，他在抗战学院的讲课，还是很受学员欢迎的。笔者不止一次听到过他的相当洪亮的谈话声音，他很随便地做过这样的介绍："当年在抗战学院讲课，面对几百人，没有扩音器，一讲就是好几个小时，全是喊，练出来了。"没有热情或激情的支持，没有听众的自觉配合，是很难一连喊上几个小时的。所以，老战友的回忆是可信的。

在抗战学院教书时，他还为火线剧社编写过一个话剧——《鹰燕记》，描写了青年知识分子对抗战的认识转变过程②，可惜剧本已经佚失。但杨秀峰院长委托他写的抗战学院的校歌歌词，却靠人们的回忆保存下来了。"这首校歌，每天朝会时师生们要唱，剧团每次演出时也都要演唱，它像一团火焰，燃烧着学生们的热血，像一把火炬，照亮学生们前进的方向。"③

歌词真挚朴素地表达了一个时代的声音：

> 同学们，
> 莫忘记那火热的战场就在前方。
> 我们的弟兄们，正和敌人拚，奋勇不顾身。

---

① 《平原的觉醒》，《孙犁文集》第四卷，百花文艺出版社1982年版。
②③ 参看陈乔的《火线剧社漫忆》，《河北文学》1980年第10期。

记起那，大好的河山，被敌人强占，

烧毁的房屋，荒芜的田园；

记起那，曾被鞭打的双肩，曾被奸污的衣衫。

前方在战斗，家乡在期望，

我们要加紧学习，努力锻炼，

把刀枪擦亮，叫智慧放光。

我们要在烈火里成长，

要掀起复仇的巨浪！

我们要在烈火里成长，

要掀起复仇的巨浪！

  歌词保留下来，孙犁一点儿也没有想到。他在1978年写的文章中，还这样说："杨院长叫我给学院写一个校歌歌词，我应命了，由一位音乐教官谱曲。现在是连歌词也忘记了，经过时间的考验，词和曲都没有生命力。"①

  这首题名《冀中抗战学院校歌》的歌词，收入《孙犁文集》第五卷时，篇末署的日期是1938年8月，如此，它是和学院同时诞生的。

  抗战学院是当时冀中规模最大、人数最多的革命学府，《风云初记》中的男女主人公芒种和春儿（他们都是冀中土生土长的青年农民），都曾在这里学习、训练，而其中的张教官，则或多或少地反映着作者的面影。

  在抗战学院开学一个多月以后，即1938年9月下旬，国民党河北省政府"主席"鹿钟麟和河北民军"总指挥"张荫梧来到学院"视察"。实际上，这一文一武的"主席"和"总指挥"，早在一年多以前炮声一响，就逃到黄河以南去了。不过，为了团结抗日，学院还是组织了欢迎大

---

① 《平原的觉醒》，《孙犁文集》第四卷，百花文艺出版社1982年版。

会。会上，张荫梧厚着脸皮丑表功，还批评学员高呼抗日口号是搞形式主义，学员们摆出事实，把他驳斥得面红耳赤、狼狈不堪。当他要求把"抗战到底"四个字擦掉时，杨秀峰义正词严地指出：不能擦掉这四个字，这是顶要紧的字，假如你们不是来抗战，或者是抗战不到底，大家就不要淋着雨来欢迎你们了①。关于鹿钟麟、张荫梧"视察"的情节，《风云初记》第三十九章有很详细的描写，但把欢迎大会搬到县政府门前，变成了群众大会；学员和张荫梧的辩论，变成了群众和他的直接交锋；杨秀峰驳斥张荫梧的话，由小说中的一个重要人物——高翔来代替了。现在，让我们欣赏一下小说中描写的这个场面：

鹿钟麟讲完，是张荫梧讲。这个总指挥，用一路太极拳的姿势，走到台边上。他一张嘴，就用唱二花脸的口音，教训起老百姓来，手指着县政府的影壁墙说：

"谁出的主意？带那么个尾巴干什么？添那么些个扯鸡巴带蛋的零碎儿有什么用？"

"什么尾巴？"台下的群众问。

"那个标语！"张荫梧大声喊叫，"欢迎鹿主席——这就够了，这就是一句完整的话。干什么还加上'抗战到底'四个字！"

"你们不抗战到底呀？"群众在台下说……

"混账！"张荫梧喊，"在我面前，没你们讲话的权利！"

"你八个混账！"群众也喊叫起来，"我们认识你！"

"把'抗战到底'四个字儿给我擦掉！"张荫梧扭着粗红的脖子退到后边去。

高翔到台边上来，他说：

"我们不能擦掉这四个字。这是四个顶要紧的字，假如你们不

---

① 参看《吕正操回忆录》，解放军出版社1987年版。

是来抗战，或者是抗战不到底，我们这些老百姓，就不要淋着雨赶来欢迎你们了！"

"对呀！"台下的群众一齐鼓掌叫好。

张荫梧显然看见了冀中人民组织起来进行抗日的空前壮举，但是，惯会吹牛的他，却在日记里吹嘘起自己来："此次北上，以省府之名为号召，以河北民军之武力为后盾，振臂一呼万山皆应，犹水之就下，沛然弗能御之也。"①

1938年10月武汉失守以后，日军将进攻重点转向各抗日根据地。这年腊月，敌人从四面蚕食冀中，形势日趋严峻。不久，敌人占领县城，第二期学员提前结业，分散活动，孙犁也准备过游击生活了。

三、游击生活

孙犁刚到抗战学院教书的时候，因为参加工作不久，家庭观念还很深，加以民运院所在的深县旧州离家不远，附近很多县城也驻有抗日武装，路上安全，所以有时骑车回家看看。

1939年2月初，抗战学院全体师生在饶阳、安平边界集合，准备化整为零，分散工作。为了准备打游击，孙犁回到家来，打点衣物。这时他才知道，村子里驻有队伍。

次日上午，一群学院的男女学员到孙犁家里看望，他又获悉，这些学员是来慰问一二〇师的。这很使他喜出望外，因为这是他向往已久的英雄队伍。而且，更令他惊喜不已的是，师部就驻在村里，贺龙将军住在村子的西头。

"我能跟你们去看看吗？"当他听到这一切之后，高兴得跳了起来。

---

① 转引自《吕正操回忆录》，解放军出版社1987年版。

"可以。"带队的男同学回答自己的教官,"回头参谋长给我们报告目前形势,你一同去听听吧。"

参谋长是周士第,住在孙犁三祖父家里。他住的是两间土坯盖的南房,破旧、阴暗,是过年时供奉家谱的地方。现在,悬挂家谱的那面墙上,挂的是一张很大的军用地图;参谋长穿一身灰色棉军装,站在地图旁边讲解着敌人的企图和我军的对策,显得十分英俊从容。孙犁的学生向他介绍了自己的教官,他高兴地说:

"啊,你是搞文艺的呀,好极了,我们这里有两位作家同志呢,我请他们来你们见见。"

这两位作家原来就是何其芳和沙汀。他们随军出征,也都身着灰布军装,风尘仆仆。孙犁固然读过他们的作品,因为素不相识,彼此谈话很少。两位作家似乎也都拘谨,而且显得劳累,需要休息,好继续行军,参谋长就请他们回去了。这给孙犁留下了一个深刻的印象:"这些将军们,对文艺工作很重视,对从事这种工作的人,是非常喜欢和爱护的。……他请两位作家来和我们相见,不仅因为我们是同行,在参谋长的心中,对于他的部队中有这样两个文艺战士,一定感到非常满意。他把两位请出来,就像出示什么珍藏的艺术品一样,随后就又赶快收进去了。"①

游击生活开始以后,孙犁带了一个流动剧团,到乡下演出。他们现编现演,剧情就是身边的生活事变,常常才挂上幕布,因有敌情又拆下来到别村去演。演员着戏装化妆转移,是常有的事。这个剧团活动时间不长,但它的基本演员,很多人在新中国成立后成了名演员。

在敌人占领深县县城以后,孙犁和他带的剧团编入冀中区直属队。他当了一两天车子队长后,终因夜间骑车不便,又把车子坚壁起来,开始了真正的步行游击生活。每天,白天进村隐蔽,黄昏集合出发,从十

---

① 《回忆何其芳同志》,《孙犁文集》第四卷,百花文艺出版社1982年版。

里、五十里、百里，直至最多可走一百四十里。有时是坦途，有时是结有薄冰的河滩。走在队伍中间的人，说不清队伍有多长，在黑夜里，他们只认准前边同伴绑在背包后面的白色标记和十字路口的白色路标。行军中不许抽烟和咳嗽；为了掩护子弟兵的行动，冀中群众几天里自动把狗全部打死。这样，这支神龙见首不见尾的长长的队伍，在进行如此巨大的夜间转移的时候，除了在大地上留下的"踏，踏"的脚步声，什么声音也没有。

孙犁用这样的文字，记录了这段生活：

> 我们与敌人周旋在这初冬的、四野肃杀的、广漠无边的平原之上，而带领我们前进、指挥我们战斗的，是举世闻名、传奇式的英雄贺龙同志。他曾为国家立下汗马功劳，我们对他向往已久。我刚进入革命行列，就能得到他的领导，感到这是我终生的光荣。所以，我在《风云初记》一书中，那样热诚地向他歌颂。①

现在，我们就把《风云初记》里的这段文字，也抄在这里：

> ……她们在村东头一家贫农的北屋里见到了贺龙将军。突然见到他，她只顾得浑身打量，好像在这位将军身上，每一个地方都带着红军时代的灿烂的传说，都是那些出奇制胜的英雄故事。
> 　　将军很是和蔼可亲。向她们致谢以后，他首先关心的是她们身体的健康。问到学校里的伙食，问到她们除去军事科目，平时还有什么运动？
> 　　…………
> 　　乡亲们偷偷地问春儿：她会见的到底是一个什么样的大司令？

---

① 《回忆何其芳同志》，《孙犁文集》第四卷，百花文艺出版社 1982 年版。

春儿保守军事秘密,只是笑着说:这是一位很有名的人物,一位很能打胜仗的将军。乡亲们虽然闹不清将军到底是谁,可是他们知道:这一准是真正老牌的八路过来了。

一开始就是紧张的行军。春儿还没经历过这样的行军,行军是从每天黄昏开始……

……………

深夜里,春儿看见过那骑在马上的将军。他们有时停在村庄的边缘,从马上跳下来,掩遮着一个微小的光亮,察看地图和指示向导……有时他们闪在一旁,让队伍通过,轻声安慰和鼓励着每一个人。到了宿营地点,战士们都睡下的时候,他们又研究敌情,决定行程。①

这里写的行军生活,正是孙犁经历的那次行军生活。"这次行军,对于冀中区全体军民,都是一次大练兵,教给我们在敌人后方和敌人作战的方法。特别是对冀中年轻的子弟兵,是 一种难得的宝贵的言传身教。"②孙犁说过,抗战期间他练出了两个本领:一是面对几百人,不用扩音器,大声讲课的本领;一是徒步行军的本领。"在八年抗日战争和以后的解放战争期间,因为职务和级别,我始终也没有机会得到一匹马。我也不羡慕骑马的人,在不能称为千山万水,也有千水百山的征途上,我练出了两条腿走路的功夫,多么黑的天,多么崎岖的路,我也很少跌跤。"③这是真的,就是在他的晚年,只要看看那双有力的长腿支撑着的瘦而结实的腰板,仍然给人一种硬朗的感觉。记得是70年代末,他对笔者说,他每天早晨还要在多伦道216号大院里跑跑步。那当然是慢跑,"所谓跑,就是使身体颤起来。"他说。但是,只要能使身体"颤"起来,

---

① 《风云初记》第七十章。
② 《回忆何其芳同志》,《孙犁文集》第四卷,百花文艺出版社1982年版。
③ 《平原的觉醒》,《孙犁文集》第四卷,百花文艺出版社1982年版。

那也就是跑的动作了。而那时,他已年近七旬。

且说他在抗战初期的游击生活吧。前面提过,他不是当了一两天的车子队长吗? 这个队长,是冀中抗联主任史立德指定的。"他的委任,并非因为我德才资都高人一等,而是因为我站在这一队人的前头,他临时看见了我。"① 是否如此,且不管吧,因为我们还记得,在1938年春冀中区人民武装自卫会成立时(吕正操亲自主持了成立大会),是史立德任主任,他任宣传部长。从宣传部长到车子队长,虽不算升迁,也是理所当然。

总之,他是"受命于危难之际"了。他的夜晚骑车技术,实在不很高明,常常摔跤,以致引起后面部属的"抗议";而他对自己部属的评价,也确实不高,但终归还是谅解了:

说实在的,这个抗联属下的自行车中队,是一群乌合之众。他们都是些新参加的青年学生,他们顺应潮流,从娇生惯养的家里出来,原想以后有个比较好的出路。出来不多两天,就遇到了敌人的大进攻,大扫荡,他们思家心切,方寸已乱。这是我当时对我所率领的这支部队的基本估计,并非因为他们不服从或不尊重我的领导。②

随后,孙犁和另一位姓陈的同志奉命去深县南部一带工作。一天清早,他们离开了大队。战争的气氛笼罩着初冬的田野,四周寂无一人,恐怖而荒凉。他们一面骑车前进,一面注意着有没有敌情。他们都是安平县人,路过县境时谁也没有想到回家看看。天快黑时进入深县境内,他们商量了一下,决定到大陈村老陈的二弟陈国栋家里吃饭住宿。孙犁见过这个在村里教武术的愣小伙子,常跟人打架斗殴,但在大节方面是

---

①② 《"古城会"》,《尺泽集》,百花文艺出版社1982年版。

不会有问题的。

他们进入大陈村时，天已经完全黑下来。村子很大，却遇不到一个人。在一个大梢门前面，他们刚敲了两下门，就听见几个人上了房：

"什么人？"房上的人问，同时听到拉枪栓的声音。

"我们找陈国栋。我是他的大哥。"

房上的人嘀咕了几句，回答：

"没有！"

紧接着就是一枪 —— 幸好是朝天打的。

孙犁和老陈跟跄登上车子，弯腰逃去，听到房上说：

"送送他们！"

随着一阵排枪，子弹从他们头顶上方"咝咝"飞过。他们一口气骑到村南野外大道上，两旁都是荆子地，孙犁倒在里面了。

抗战胜利后，孙犁见到陈国栋，问他：

"那次在大陈村，你在房上吗？"

"在！"斩钉截铁般地回答。

"在，你为什么不让我们进去？"

"黑灯瞎火，我知道你们是什么人？"

"你哥哥的声音，你也听不出来吗？"

"兵荒马乱，听不出来。"

"唉！"孙犁苦笑了一下，"你和我们演了一出古城会！"

抗战爆发后，这是他遇到的第一次惊心动魄的"战斗"。

四、阜平纪事

"古城会"以后，他们连夜往深南赶，天亮时在一个村庄前面遇到了八路军哨兵，找到了他们所要去的一分区，会见了一分区司令员和政委以及深县县长。县长交给他们一台收音机，叫他们每天收听和油印一些新闻。从此，他们就驮着这台收音机打游击，夜晚在老乡的土炕上工作。有时抄完新闻，老陈睡下，孙犁喜欢调低声音，收听一段京戏。这时老陈总要劝诫他"节用电池"。其实，那时我方还没有电台，收听到的国民党电台播出的消息，参考价值不大。孙犁明白，上级交给的这台收音机，不过是叫他们负责保管，不一定为了收、编新闻。

在深南隐蔽了一段时间，冀中区的形势越来越紧张。《〈善闇室纪年〉摘抄》里记过这样一段话："曾冒险回家，敌人扫荡我村刚刚走，我先在店子头表姐家稍停留，夜晚到家睡下，又闻枪声，乃同妻子到一堂伯家躲避。这一夜，本村孙山源被绑出枪毙，孙为前县教育局长，随张荫梧南逃，近又北来活动。"① 总之，冀中区的形势变得严酷起来了，1939年春天，他和老陈奉命越过平汉路，到路西的山地去工作。

此举是王林来深县传达的黄敬的命令。去路西之前，除开了组织介绍信，王林又以某地委书记的名义，给黄敬写了一封私函，详细说明孙犁在冀中区工作的情况，言辞间颇带赞扬、推重之意。孙犁那时还没入党，迂执地认为，"既是抗日工作，人人有份，何必做私人介绍？又没有盖章，是否合适？"② 在路上，他把信扔了。

夜晚过路时，遇上了大雨，雨中爬了一夜的山。妻子亲手缝制的平原人家的布鞋底，穿了两个大洞。过路后，见到育德中学的同学刘炳彦，他比孙犁低一个年级，原来也是文学爱好者，战争改变了他的道路，他拿起枪来，成了一名骁勇善战的团长。现在，他送了孙犁一支银白色的手枪。

到了晋察冀边区机关所在地的阜平，负责组织工作的刘仁，骑马来到他们的驻地。经过分别谈话，老陈很快有了工作，而他却住在招待所，

---

① 《陋巷集》，百花文艺出版社1987年版。
② 《第一次当记者》，《尺泽集》，百花文艺出版社1982年版。

迟迟不得分配。他每天爬上山头,东迎朝霞,西送落日,很有些惆怅之感。后来黄敬从冀中区来到路西,刘仁问明情况,才分他到晋察冀通讯社工作。从此,他明白了介绍信的重要性,"参加革命工作,并非像小说上说的,一进来,就大碗酒、大块肉,论套穿衣服,论秤分金银,还有组织审查这一道手续。"①

孙犁看到,党的领导部门非常重视新闻报道工作。抗战开始不久,各根据地就办起报纸,成立了通讯社。晋察冀通讯社是1938年冬季成立的,各分区成立了分社,各县、区宣传部门,设有通讯干事。

晋察冀通讯社驻阜平城南庄,主任刘平,身材不高,好抽烟斗,温文尔雅,能写当时胡风体的文艺论文,据说刚从北平出狱不久。孙犁分在通讯指导科,科长姓罗,宁波人,学生出身,后从抗大毕业,孙犁对他的印象,却极其不佳:

> 此人带有很大的洋场恶少成分,为人专横跋扈,记得一些革命和文艺的时髦名词,好给人戴大帽子。记得在边区记者协会成立时,我忘记说了一句什么话,他就说是周作人的理论。这种形左实右的人,在那时还真遇到不少,因为都是青年人,我置之不理。……他平时对我还算客气,这一是因为我年事较长,不与人争;二是因为我到社不久,就写了一本小册子,得到铅印,自己作品,封面上却写上集体创作,他以为我还算虚心,有可取之处。那时,因为伙食油水少,这位科长尤其嘴馋,我们在业余之暇,常到村外小河芦苇深处,掏些小沙鱼,回来用茶缸煮煮吃……每次掏鱼,他都是站在干岸上,很少下水,而且不断指手划脚,嘴里不三不四,使人生厌,兴趣索然。②

---

①② 《第一次当记者》,《尺泽集》,百花文艺出版社1982年版。

孙犁和他同睡老乡家一条乌黑发亮的土炕，不但没有枕、褥，连一张炕席也没有。孙犁常失眠，有时半夜趁着月光，看见他也睁大两眼，想着心事。原来他正在和社里一位胖胖的女同志偷谈恋爱。后来他们终于结婚，一同调去平北游击区工作。在一个星期六，他骑马去接妻子，路上与敌遭遇，中弹牺牲。听到他的死讯，孙犁深为惋惜。

孙犁在通讯指导科的工作，是每天给各地通讯员写信、联系，写信多时可达七八十封。他并且很快编写出一本小册子，题为《论通讯员及通讯写作诸问题》，即上面讲到的那本署名"集体创作"的书。可惜后来此书失存。

孙犁清楚地记得，在那些年代，"我们培养出大量的优秀的通讯员和记者，也牺牲了很多年华正茂、奋发有为的同志。在通讯员中间，并出现了不少诗人、作家，出现了不少新闻工作的骨干。"他说：

> 在这一时期，四方多难，大业始创，我们的党，在制定每一项政策时，都是非常谨慎的。政策是很鲜明实际的，与群众的意愿是完全一致的。每一名记者，都时时刻刻生活在群众之间，为群众工作；群众也时时刻刻关心他，帮助他，保护他，向他倾诉心曲。因此，在这一时期，新闻也好，通讯也好，特写也好，都不存在什么虚构的问题，其中更没有谎言。
>
> 战争年代的通讯，可以说是马上打天下的通讯。是战斗的，真实的，朴素的，可以取信当世，并可传之子孙的。①

孙犁也当过记者，但是，却不很成功。

在分到晋察冀通讯社的这年冬季，他到雁北进行了一次采访。这时机关已转移到平阳附近的三将台——一个处于高山坡上、面临一条河

---

① 《〈田流散文特写集〉序》，《尺泽集》，百花文艺出版社1982年版。

滩的十几户人家的村子。他从这里动身,同行者还有董、夏两位。夏似乎是党员,社长虽未说明由他负责,孙犁揣情度势,认为他在三人之中更被信任。

雁门关以北统称雁北地区,那里冰天雪地,春风不度,大雁也不往那儿飞。出发时,他们每人发了一套短小而不合体的中式土布棉装,特别是孙犁,因为个子高,穿上这套棉袄裤,手腕和脚腕,都有很大部位暴露着。另有一顶毡帽,形似未充气的皮球,剪开一半,翻过来却可以护耳。此外,腰间缠上一根布带——这样一来,上装更有捉襟见肘之虞,但可以更有效地抵御雁北的风寒。何况,和当地农民比较,这已经是很优越的装束了。

去雁北的路很难走,他们又多走僻路,跋山涉水不用说,有时还要从只有走兽才能攀援、穿过的山罅中,相互提拉而过。这样走了几天,终于到了雁北行署所在地。行署所辖范围,主要是应县、繁峙一带。行署主任王斐然,正是孙犁在育德中学时的图书管理员,他是大革命失败后到育德任职的,那时他整天穿一件不很干净的蓝布长衫,行路、举止显得蹒跚而潦倒。现在可是意气风发、一改旧观了。

这时王震的部队正在雁北活动,他和老董做了一些日子的随军记者。孙犁跟随一个团活动,团政治部主任,每餐都把饭盒里的菜分一些给孙犁。那些年,他经常遇到这样年轻好客的指挥员。一次部队集合,山下朔风呼啸,老董把自己穿的日本黄呢军大衣脱下,让孙犁穿上,这件事也使他感到了战斗伙伴的关怀和温暖。

敌人很重视雁北,屡次"扫荡"。当敌人故伎重演时,孙犁回到行署,他有些依赖思想,就跟着行署主任转移。一天来到某村,正要吃炖羊肉,还没烧熟,已从窗口里看见山头上下来日本兵。他们放下碗筷,往后山疾跑,下山后就是一条结了薄冰的河,王斐然穿着羊皮袍子,他穿着棉裤,硬蹚过去。

过了河,半截身子都是水,随即结冰,盔甲似的哗哗响着,行走十分不便。

他发起高烧,王斐然找来担架。夜晚,爬上一处高山,将他放在一家无人住的农舍外屋。高烧中,他断续听到地委书记和行署主任的谈话声音。书记要求高度疏散,问主任还带着什么人。回答说有一名记者。

"记者为什么不到前方去?"

"他病了。"

以后,王斐然虽然也有烦言,孙犁还是很感念他,因为在紧急关头,得到了他的照顾。"不然,战争年代,在那样人地两生的荒凉之地,加上饥寒疾病,我一个人活动,很可能遇到危险的,甚至可能叫野狼吃掉。"①

年关将近,他和董、夏回到了通讯社。孙犁当然不满意自己的采访工作,因为他觉得自己写得太少,只交了一篇文艺通讯稿——《一天的工作》。这篇作品,现在是《孙犁文集》的"开卷第一篇也",文末署:1939年11月15日于灵丘下石矶。

对于他们的这次采访,刘平在会上委婉而严厉地表示了不满。

他知道,夏一个人向领导作了汇报。而且他还知道,这个人本身散漫,却好对别人造作谎言,取悦领导——

> 我有这样的经验,有的人在战争打响时,先叫别人到前方去;打了胜仗慰问时,他再到前方去。对于这样的记者或作家,虽是领导,我是不信服,也不想听从的。
>
> 我虽在幼年就梦想当一名记者,此次出师失败,证明我不适宜

---

① 《第一次当记者》,《尺泽集》,百花文艺出版社1982年版。

当记者,一是口讷,二是孤僻。所以后来就退而当编辑了。①

这期间,他认识了当代的一些英才彦俊,这些抗日风暴中的热情歌手,更值得他去怀念。晋察冀通讯社成立时有十几个人,他们多半是刚从抗大毕业的学生。但是,不到几年,就牺牲了包括陈辉、仓夷、叶烨在内的好几位初绽才华的青年诗人。他们击风搏雨的歌声和英勇挺进的步伐,给他留下了不可磨灭的记忆。他也希望,这些烈士的英名永远刻印在时代的丰碑上。

五、穷山恶水,伙伴情深

从雁北采访回来,就过春节了。长到这么大,还是第一次离家过年,东望冀中,他仿佛看到了吞没在硝烟中的故乡平原,心情十分沉重。

年三十晚上,房东来到他的屋里,恭敬地把一个黑粗瓷饭碗和一双荆条做的筷子放在炕沿上:

"尝尝吧。"

碗里是一方白豆腐,上面是一撮烂酸菜,再上面是一个窝窝头,还在冒热气。孙犁非常感动地接受了他的馈赠。

他是一个五十来岁的单身汉:干黑的脸,迟滞的眼神,粗筋裸露的大手,话不多,甚至连笑容也带着愁苦……这些特征,也是孙犁在冀中农民身上看惯了的。

这里的生活,却比冀中更苦。阜平一带,号称穷山恶水,可耕地极少。人们常常看到,住在向阳山坡上的农户,把房前房后高高低低、大大小小的凡有泥土的地方,哪怕只有炕席或方桌那么大,也都因地制宜地种上庄稼。这样,在秋收后,他们的房顶上、屋檐下、门框和窗棂

---

① 《第一次当记者》,《尺泽集》,百花文艺出版社1982年版。

上……便挂满了红、黄、赭、绿等各种粮穗和果蔬。但是，以这种方式换来的收获终究太少了，他们不得不成年累月地吃糠咽菜。这里的农户，每家院子里都放着几口高与人齐的大缸，里面泡满了各种可以摘到手的树叶。在冀中，荒年时才吃树叶，而且多半是榆、柳的嫩叶。这里是连杏树、杨树，甚至是巴掌大的蓖麻叶，都往缸里泡，上面压上大石头，一任风吹日晒雨淋，夏天，蛆虫顺着缸沿乱爬。吃的时候，拿到河里洗净，切碎后加一点盐。

房东这天拿来的酸菜是白萝卜的缨子，这是因为过年的缘故。

孙犁多次谈到他在晋察冀山地里的生活情形。抗战初年，在冀中吃得还好，因为有家庭的接济，可以经常下小馆。1939年到阜平后，便过起每日三钱油、三钱盐的生活，而且常常吃不饱。哪里能吃得饱呢？"菜汤里的萝卜条，一根赶着一根跑，像游鱼似的。有时是杨叶汤，一片追着一片，像飞蝶似的。"① 吃不饱，就喜欢到野外转悠，例如像前面说的，掏点儿小沙鱼，用茶缸子煮煮吃。如果在霜降以后，就到山沟里去拣残落的红枣、黑枣、核桃和梨子等。拣完了树下的，还要仰望树上的：那里有主人的竿子够不着的地方，残挂在树尖上，却是最大、最红、最美丽的果子。这当然也是最大的诱惑。他常常拣起石子，向它瞄准。结果是直到脖颈发僵，那红的果可能还在空中向他讪笑。"夜里，我又梦见了它。第二天黎明，集合行军了，每人发了半个冷窝窝头。要爬上前面一座高山，我把窝窝头吃光了。还没爬到山顶，我饿得晕倒在山路上。忽然我的手被刺伤了，我醒来一看，是一棵酸枣树。我饥不择食，一把掳去，把果子、叶子、树枝和刺针，都塞到嘴里。"②

他写过一首诗，叫《蝗虫篇》③，在这首诗的"附记"里，他记下了这样一件事：

---

① 《吃饭的故事》，《老荒集》，上海文艺出版社1986年版。
② 《芸斋梦余·关于果》，《远道集》，百花文艺出版社1984年版。
③ 《孙犁文集》第五卷，百花文艺出版社1982年版。

>   1939年，我被调到阜平一带工作。阜平山穷水恶，地瘠民贫，公粮匮乏，食不得饱。每至下午三、四点钟，即觉饥肠辘辘，不得不到村外山沟，拣些黑枣、红枣充饥。一日，同陈君外出，漫步至山上，山顶有一荒寺，庭生茂草，蝗虫飞跃其间，我与陈君各捉母蝗虫一大把，另拣枯树枝一堆，在台阶上架火烧之，得饱餐焉。幼读《水浒》，言浪子燕青，于不得食时，常到野外，觅些虫蚁充饥，当时颇不知虫蚁为何物，又何以能入口。今始明白，所谓虫蚁，殆指此等物品耳……

当时是战争环境，连晋察冀领导机关也同样过着艰苦的生活，吕正操在他的回忆录里就说过："在晋察冀山地，我们是吃过黑豆的。"

阜平山地缺粮，也缺布匹，因为这里也不能种植棉花。孙犁春季到阜平，由夏入秋，天气渐凉，被、服仍无着落，连枕头都是用砖代替。他从冀中带来一件夹袍，一位巧手同志借了老乡一把剪刀，把它改造成了两条夹褥，每人一条，铺在光光的土炕上，使他第一次感到布匹的难得和可贵。

1941年冬天，他回过一次冀中。一位同志送给他一件狗皮大衣筒子（这显然是那次冀中区打狗运动的副产品），他的妻用自织自染的黑粗布，给他缝了一件短皮袄。因为狗皮太厚，缝起来很吃力，她几次扎伤了手。当他再次越过平汉路，回到山地来的时候，便格外珍重地带上了这件皮袄。

他曾经这样形容他在晋察冀时的一位伙伴——康濯：

>   作者头戴一顶毡帽头，身披一件蓝粗布袄，在这一段山路上，工作了该是十年吧……①

---

① 《亲家》，《孙犁文集》第六卷，百花文艺出版社1982年版。

这个戴毡帽头、穿蓝粗布袄的形象,又何尝不是他自己呢?

但是,关于阜平,他却说出了这样的话:"我们想起来,那在全中国,也算是最穷最苦的地方。好年月,农民也要吃几个月的树叶……但是阜平,在我们这一代,该是不能忘记的了,把它作为摇篮,我们在那里成长。那里的农民,砂石,流水,红枣,哺育了我们。"①

他也唱过这样的歌:

> 满山腰,
> 红的花,
> 织成一条锦带。
> 围绕着这山村,
> 添加不少光彩。
>
> 从村边,
> 流过胭脂河。
> 雨后,
> 泉水从山涧流下,
> 冲滚着半红的沙果。
>
> …………
>
> 聂司令员,
> 在春天作了一个号召,
> 建立太行山铁的子弟兵!

---

① 《亲家》,《孙犁文集》第六卷,百花文艺出版社1982年版。

> 这号召，
> 像秋后的山风，
> 向整个太行山吹动。
>
> …………①

显然，对他来说，穷山恶水的阜平，永远是一个温暖的记忆，一支热情洋溢的歌。

> ……关于晋察冀，我们在那里生活了快要十年。那些在我们吃不下饭的时候，送来一碗烂酸菜；在我们病重行走不动的时候，替我们背上了行囊；在战斗的深冬的夜晚，给我们打开门，把热炕让给我们的大伯大娘们，我们都是忘记不了的。②

现在，我们再回到三将台来。

在这个小山村里，孙犁参加编辑油印刊物《文艺通讯》。梁同志管刻写；印刷、折叠、装订、发行，是他和老梁一起动手。听口音，老梁是曲阳人。那时大家来自五湖四海，很少互问郡望。而且老梁话也不多，没事就坐在炕上抽烟斗。他的铺盖很整齐，因为离家近，除去棉被，还有枕、褥。后来，他另有调用，临行把铺在身下的一块油布送给孙犁，作为共事的纪念。他知道孙犁一直睡在没有席子的炕上，这块油布是需要的。可惜孙犁享用不久，某次行军途中，他躺在路边大石头上午休，一觉醒来，爬起来就赶路，竟把铺在身下的油布丢了。

---

① 《梨花湾的故事》，《孙犁文集》第五卷，百花文艺出版社 1982 年版。
② 《吴召儿》，《孙犁文集》第一卷，百花文艺出版社 1981 年版。

在三将台，孙犁还帮助一位女同志办了识字班。一方面是这位热情、美丽、善良的女青年的努力，另一方面也因为这里是报社机关驻地，在很短的时间里，这个十几户的小山村，就成了边区文化的一个中心。孙犁在1940年1月写的《识字班》①这篇散文里描写了这个小山村，并由于环境原因，把三将台的村名改成了鲜姜台：

> 鲜姜台是个小村子，三姓，十几家人家，差不多都是佃户，原本是个"庄子"。
>
> 房子在北山坡下盖起来，高低不平的。村前是条小河，水长年地流着。河那边是一带东西高山，正午前后，太阳总是像在那山头上，自东向西地滚动着。
>
> 冬天到来了。
>
> 一个机关住在这村里，住得很好，分不出你我来啦。过阳历年，机关杀了个猪，请村里的男人坐席，吃了一顿，又叫小鬼们端着菜，托着饼，挨门挨户送给女人和小孩子去吃。
>
> 而村里呢，买了一只山羊，送到机关的厨房。到旧历腊八日，村里又送了一大筐红枣，给他们熬腊八粥。
>
> 鲜姜台的小孩子们，从过了新年，就都学会了唱《卖梨膏糖》，是跟着机关里那个红红的圆圆脸的女同志学会的。
>
> 他们放着羊，在雪地里，或是在山坡上，喊叫着：
>
> 鲜姜台老乡吃了我的梨膏糖呵，
> 五谷丰登打满场，
> 黑枣长的肥又大呵，
> 红枣打的晒满房呵。

---

① 《孙犁文集》第四卷，百花文艺出版社1982年版。

自卫队员吃了我的梨膏糖呵，
　　帮助军队去打仗，
　　自己打仗保家乡呵，
　　日本人不敢再来烧房呵。

　　对于根据地这个小山村的文化建设，孙犁自然也贡献了力量，上面那个《卖梨膏糖》的歌词（下面还有两段），不用说，是他编写的。

　　环境和生活条件，肯定是十分艰苦的。同样肯定的是，他感到心情舒畅，天地很广，这个小山村给他展示的生活视野，绝不比他生活过的北平小。是的，"山下的河滩不广，周围的芦苇不高。泉水不深，但很清澈，冬夏不竭，鱼儿们欢畅地游着，追逐着。山顶上，秃光光的，树枯草白，但也有秋虫繁响，很多石鸡、鹧鸪飞动着，孕育着，自得其乐地唱和着，山兔麂獐，忽然出现又忽然消失。""我们在这里工作，天地虽小，但团结一致，情绪高涨……"①所以，他不止一次地申明：他怀念那个时代，那些村庄，那些作为伙伴的战士和人民，甚至还有那走过的路，踏过的石块，越过的小溪……不仅如此，就连风雪、泥泞、饥寒、惊扰，也和胜利的喜悦、亲如家人的感情融合在一起，变成一种深深的、甜蜜的怀恋了。

　　那些年生活艰苦，他们在精神上是愉快的：冬天在炕上铺一层厚厚的干草，大家挤在一起，把腿伸在袄袖里，除了睡得暖和，还是一种团结的象征呢。

　　在那种环境里，吸烟也可以成为团结的象征：从老乡那里要点兰花烟，再掺上芝麻叶，大家分头把烟卷好，然后推选一位划火柴的好手，大家围成圈，不让风吹灭这宝贵的火种。当最先一位同伴小心翼翼地把

---

① 《在阜平——〈白洋淀纪事〉重印散记》，《孙犁文集》第四卷，百花文艺出版社1982年版。

烟点着，大家就欢呼雀跃起来。

谁也不必怀疑，是一种高尚的目标培养了这种精神："抗日战争时期，我在晋察冀边区工作，唱过从西北战地服务团学来的一首歌，其中有一句：'为了建立人民共和国'，这一句的曲调，委婉而昂扬，我们唱时都用颤音，非常激动。"①

当大家都用"颤音"表达一种共同的愿望时，那种伙伴的感情也就产生并扩大开来了。

六、山路花烂漫

在晋察冀的山路上，孙犁走上了征战的路，也走上了文学的路和收获的路：他的第一批创作的果实，是在这里结出的。"我写了一些短小的文章，发表在那时在艰难条件下出版的报纸期刊上。它们都是时代的仓促的记录，有些近于原始材料。有所闻见，有所感触，立刻就表现出来，是璞不是玉。生活就像那时走在崎岖的山路上，随手可以拾到的碎小石块，随便向哪里一碰，都可以迸射出火花来。"②

这是谦虚的自白，却无意间说出了一种良好的创作状态：在最自由、最不经意的时候，已经收获到他该收获的东西。

他这个时期或稍后一些时间的创作，实际上就记录着他那时的生活见闻和生活历程。像《识字班》这样的散文自不必说，就是他的小说，也多是生活的实录。如《老胡的事》③，这篇末尾缀着"1942年11月20日夜记于山谷左边的小屋"字样的小说，就真实地记着当地老乡采集树叶做酸菜的情形："现在秋风起来，树叶子要落了，她每天到山沟里去，摘杏叶、槐叶、楸树叶。回来切碎了，渍在缸里做酸菜……"也记着他

---

① 《谈文学与理想》，《老荒集》，上海文艺出版社1986年版。
② 《在阜平——〈白洋淀纪事〉重印散记》，《孙犁文集》第四卷，百花文艺出版社1982年版。
③ 《孙犁文集》第一卷，百花文艺出版社1981年版。

们拣风落枣子的情形:"秋末,山风很大,风从北方刮过来,一折下那个大山,就直窜这条山谷,刮了一整夜还没停下。""一夜风,枣树的叶子全落了,并且踪影不见。小梅跳来跳去地捡拾地下的红枣……老胡也跟在后面拾。打枣时遗漏在树尖上的枣,经过了霜浸风干,就甜得出奇。"不过,拣枣人是很辛苦的:"小梅走到山顶上了,那里风很劲,只好斜着身子走,头发竖了起来,又倒下去;等到老胡追上了,她才回头问"——

"胡同志,你又去找花吗?"
老胡说要帮她去拾枣子,小梅笑了笑说:
"你不怕冷?"
风噎住她的嗓子,就赶紧回过头去又走了。老胡看见她的脸和嘴唇全冻得发白,声音也有些颤。

像这些地方,实际上也描述着作者的生活踪影。如前所说,在战争年代,他是挨过饿的,山沟里的枣子,也不总是能随便食用的。他用第一人称写的《看护》①这篇小说,记录了一次行军生活:"我们在山顶上走着,飞机走了,宽大清澈的河流在山下转来转去,有时还能照见我们的影子。山上两旁都是枣树,正是枣熟枣掉的时候,满路上都是渍出蜜汁来的熟透的红枣。我们都饿了,可是遵守着行军的纪律,不拾也不踩,咽着唾沫走过去。""天明我们进入繁峙县②的北部。这是更加荒凉的地方,山高水急,道狭村稀。在阴暗潮湿的山沟里转半天,看不见一个村庄,遇不见一个行人,听不见一声鸡叫。""爬了半天,我饿的再不能支持,迷糊过去……在我们头上,有一棵茂密的酸

---

① 《孙犁文集》第一卷,百花文艺出版社 1981 年版。
② 属晋北地区,在恒山和五台山之间。

枣树，累累的红艳的酸枣在晚风里摇摆。我一时闻到了枣儿的香味和甜味。刘兰也正眼巴巴望着酸枣，眉头蹙的很高。看见我醒来，她很高兴，"——

"同志，到了这个地步，摘一把酸枣儿吃，该不算犯纪律吧！"
我笑着摇摇头，她伸过手去就捋了一把，送到我嘴里，她也接连吞下几把，才发觉一同吞下了枣核和叶子，枣刺划破了她的手掌。

这里写的，简直是前面说的他那幕吞食酸枣情景的重演。他晚年不愿意吃酸味水果，但对酸枣树始终怀着"敬意"，每次见了它，都有知己之感呢。因为"酸枣救活了我，我感念酸枣"①。

在《吴召儿》②里，他更详尽地叙述了晋察冀山地的生活："那几年，我们在山地里，常常接到母亲求人写来的信。她听见我们吃树叶、黑豆，穿不上棉衣，很是担心焦急。""要说是写文章，能找到一张白报纸，能找到一个墨水瓶，那就很满意了，可以坐在草堆上写，也可以坐在河边石头上写。那年月，有的同志曾经为一个不漏水的墨水瓶红过脸吗？有过。这不算什么，要是像今天……就不再会为一个空瓶子争吵了。"然后，他终于又说到行军——

关于行军：就不用说从阜平到王快镇那一段讨厌的砂石路，叫人进一步退半步；不用说雁北那蹚不完的冷水小河，登不住的冰滑踏石，转不尽的阴山背后；就是两界峰的柿子，插箭岭的风雪，洪子店的豆腐，雁门关外的辣椒杂面，也使人留恋想念。还有会餐：

---

① 《芸斋梦余·关于果》，《远道集》，百花文艺出版社 1984 年版。
② 《孙犁文集》第一卷，百花文艺出版社 1981 年版。

半月以前就做精神准备，事到临头，还得拚着一场疟子，情愿吃的上吐下泻，也得弄它个碗净锅干；哪怕吃过饭再去爬山呢！是谁偷过老乡的辣椒下饭，是谁用手榴弹爆炸河潭的小鱼？哪个小组集资买了一头蒜，哪个小组煮了狗肉大设宴席？

……

下面他写到山，人们很难不相信，那是他亲身经历过的境遇的写照。这是大黑山，也叫神仙山，"是阜平最高最险的山峰"。天黑的时候，他们到了这座山的脚下：

一望这座山，我们的腿都软了，我们不知道它有多么高；它黑的怕人，高的怕人，危险的怕人，像一间房子那样大的石头，横一个竖一个，乱七八糟地躺着。一个顶一个，一个压一个，我们耽心，一步登错，一个石头滚下来，整个山就会天崩地裂房倒屋塌……

等他们在这座山的山顶上过夜的时候，遇到了另一番景象：

山顶上有一丈见方的一块平石，长年承受天上的雨水，给冲洗的光亮又滑润。我们坐在那平石上，月亮和星星都落到下面去，我们觉得飘忽不定，像活在天空里。从山顶可以看见山西的大川，河北的平原……这一夜下起大雨来，雨下的那样暴，在这样高的山上，我们觉得不是在下雨，倒像是沉落在波浪滔天的海洋里，风狂吹着，那块大平石也像要被风吹走。

……我爬到大石的下面，不知道是人还是野兽在那里铺好了一层软软的白草。我们紧挤着躺在下面，听到四下里山洪暴发的声音，雨水像瀑布一样，从平石上流下，我们像钻进了水帘洞……

在《蒿儿梁》①里，他也写到了自己身历过的大山，那是有名的五台山。"五台山有五个台顶，北边的就叫北台"；当时，他住在北台脚下的成果庵里。这里是繁峙、五台交界的地方，他眼前这座有名的高山，长年积雪不化，6月天走过山顶，倘遇风雹，那也会冻死。

现在，他们正向台顶进发，半山腰上的杉树林里，已经积着很厚的雪，"向阳的一面，挂满长长的冰柱。不管雪和冰柱，都掩不住那正在青春的、翠绿的杉树林。这无边的杉树，同年同月从这山坡长出，受着同等的滋润和营养，它们都是一般茂盛，一般粗细，一般在这刺骨的寒风里，茁壮生长。树林里没有道路，人走过了，留下的脚印，不久就又被雪掩盖。"后来，他们终于踏着半人深的积雪，登上了北台顶，这里，日本人是再也无法上来了（因为他们没有向导和群众的掩护）：

　　站在这山顶上，会忘记了是站在山上，它是这样平敞和看不见边际，只是觉得天和地离的很近，人感受到压迫。风从很远的地方吹过来，没有声音，卷起一团团的雪柱。

　　走在那平平的山顶上，有一片片薄薄的雪。太阳照在山顶上，像是月亮的光，没有一点暖意。山顶上，常常看见有一种叫雪风吹干了的黄白色的菊花形的小花，香气很是浓烈……

　　薄薄的雪上，也有粗大的野兽走过的脚印。深夜在这山顶上行走，黄昏和黎明，向着山下号叫，这只配是老虎、豹。

　　在这里，可以看见无数的、像蒿儿梁那样小小的村庄，像一片片的落叶，粘在各个山的向阳处……

---

① 《孙犁文集》第一卷，百花文艺出版社1981年版。

....
远处，那接近冀中平原的地方，腾起一层红色的尘雾。那里有杨纯的家。他好像看见了那临河的小村庄……

这个小村庄，该不是滹沱河南岸的东辽城？但在《山地回忆》①里，那蓝粗布衣服又把他召回到阜平去了：

……他身上穿的还是那样一种浅蓝的土靛染的粗布裤褂。这种蓝的颜色，不知道该叫什么蓝，可是它使我想起很多事情……使我记起很多人。这种颜色，我就叫它"阜平蓝"或是"山地蓝"吧。

以上，我们略略对孙犁的有关作品做了一个巡礼。这只是他的有关作品中的极少的一部分，即使这样，我们仍然能够从中窥见他在晋察冀那段生活的剪影，看到他的生活经历和创作经历是结合得那样紧密。不能怀疑这些作品在叙述方面的真实性，例如关于《蒿儿梁》这篇小说，前几年山西省繁峙县县志编委会还给孙犁来信，说小说所据的模特儿，至今还对和他相处的那段日子保持着亲切的回忆。显然，这个县志编委会在认真考虑，把这篇小说的某些内容，纳入到历史的范畴了。孙犁自己也说过他这些作品的产生过程："它们是：有所见于山头，遂构思于涧底；笔录于行军休息之时，成稿于路旁大石之上；文思伴泉水而淙淙，主题拟高岩而挺立。"②据他说，他写这些文章或作品，是受了鲁迅精神的鼓舞的。他一直是鲁迅作品的忠实读者。战争年代，经常行军，身上有两样东西是少不了的：一是手里的一根六道木棍子，一是用破裤子缝

---

① 《孙犁文集》第一卷，百花文艺出版社 1981 年版。
② 《关于散文》，《孙犁文集》第六卷，百花文艺出版社 1982 年版。

成的"书包"。书包里常放着鲁迅的书,如《呐喊》、《彷徨》等(此外,还带过《毁灭》、《楚辞》、《孟子》)。"于是,在禾场上,河滩上,草堆上,岩石上,我都展开了鲁迅的书。一听到继续前进的口令,才敏捷地收起来。"① 他说,他因此而受到"引动",抱着向鲁迅学习的想法,写下了那些散文和短篇小说。

在阜平,他还读了托尔斯泰的《战争与和平》、屠格涅夫所有的长篇小说(他特别爱好屠格涅夫作品的抒情风格)和爱伦堡的通讯。

这样,在晋察冀的山路上,随着他行进的足迹,也栽出了他自己的花;这些花一路绽开来,点缀得这条不寻常的山路更富丽、更鲜亮了。

七、且说《冀中一日》

我们应该补述一下孙犁在这个时期的编辑生活。

1940年,晋察冀边区文联成立,沙可夫担任主任。孙犁调到文协工作,同人中除文协副主任田间外,还有康濯、邓康、曼晴等。孙犁负责编辑文联出版的油印刊物《山》,编辑部设在牛栏村一间堆满农具的小房子里,在一个只有一尺见方的小窗下,他一个人包揽了编辑和校对工作。正是这个油印刊物,刊登了不少确有价值的好作品和理论文章,如梁斌的《三个布尔什维克的爸爸》和《父亲》等短、中篇小说(它们是《红旗谱》的前身),就曾在《山》上连续发表。此外,他还编辑了晋察冀日报副刊《鼓》。"这些刊物,无赫赫之名,有的已成历史陈迹……但对我来说,究竟也是一种工作,也积累了一定经验。"更重要的是——

我编辑的刊物虽小,但工作起来,还是很认真负责的。如果说得具体一点,我没有给人家丢失过一篇稿件,即便是很短的

---

① 《关于散文》,《孙犁文集》第六卷,百花文艺出版社1982年版。

稿件……

很长时间，我编刊物，是孤家一人。所谓编辑部，不过是一条土炕，一张炕桌。如果转移，我把稿子装入书包，背起就走，人在稿存，丢的机会也可能少一些。①

当然不仅仅是一个不丢稿子的问题。"我青年时，初登文域，编辑与写作，即同时进行。深知创作之苦，也深知编辑职责之难负。"② 看起来，是一种非常深刻的理解精神，始终贯串在他的编辑生涯中。在以后的叙述里，我们会进一步被他这种精神所感动。

和这种编辑工作分不开的是，他写了不少评介文章，为边区的作者们呐喊助兴。"当时，田间的短促锋利的诗，魏巍的感叹调子的诗，邵子南的富有意象而无韵脚的诗，以及曼晴、方冰朴实有含蕴的诗，王林、康濯的小说，我都热情鼓吹过。"③ 在孙犁，"鼓吹"可能是他长期做编辑工作的一种职业习惯。

1941年秋，他请假回到冀中，同行者有路一、傅铎。到郝村（冀中总部在郝村一带）的当天下午，王林、路一陪他回家。在战火中久别的家乡，对他有一番异样的吸引力，第一个看到的又是妻子——她正在大门过道吃饭——他是多么兴奋啊。妻子看到风尘仆仆归来的征人，自然更是惊喜不已。但这位"荆钗布裙"的青年妇女，看见有外人在场，便迅速起立回屋——她用这种传统的方式掩盖了自己的感情，同时也就算对丈夫和客人行了欢迎礼。

在郝村，孙犁和其他同志一道，完成了一项在抗战文艺史上占有一席地位的工作——编辑《冀中一日》，并根据看稿心得，写了后来传播很广的《文艺学习》这本书，他称之为《冀中一日》的"副产"。在他个

---

① 《关于编辑工作的通信》，《远道集》，百花文艺出版社1984年版。
② 《改稿举例》，《编辑笔记》，山西人民出版社1985年版。
③ 《〈善闇室纪年〉摘抄》，《陋巷集》，百花文艺出版社1987年版。

人，具有纪念意义的是，他的妻子怀了孕，后来生了一个男孩，取名小达——王林戏称为《冀中一日》的"另一副产品"。

说起来，他参加《冀中一日》的编辑工作，也有些事出偶然。1941年9、10月间，他住在冀中二分区，等候过平汉路，回到阜平山地。因一时没有过路机会，又患了疟疾，就没有过成。后来，《冀中一日》编辑工作的主要负责人王林约他一同工作，他就留下了。

关于《冀中一日》的编辑情况，吕正操在他的回忆录里作了这样的介绍：

> 1941年初，冀中区党政军主要负责同志，考虑到要更好地反映冀中人民抗日斗争的伟大史实，从高尔基主编《世界一日》、茅盾主编《中国的一日》受到启示，向冀中文化界明确提出组织写作《冀中一日》的要求。……这年4月，冀中抗联所属群众团体和区党委、军区政治部、报社的代表，聚会在安平县彭家营村，成立了"冀中一日"筹委会。会议讨论"冀中一日"选择哪一天好，一致同意选在5月。鉴于5月即将到来，需要时间动员布置，就确定了5月27日。因为这是一个普通的日子，更能代表冀中军民的生活和斗争。
>
> "冀中一日"写作运动的宣传动员搞得相当深入，各机关、团体通过自己的组织系统，一直把任务布置到各个村庄和连队。当时，各村的"街头识字牌"，都写着"冀中一日"四个字。站岗放哨的儿童、妇女，见行人来往，查完"通行证"，都要叫你念"冀中一日"四个字，问"冀中一日"指的是哪一天，提醒你要写一篇"一日"的文章……到了5月27日这一天，能动笔的人都动笔写作，据统计，亲自动笔写稿者有十万人。不能动笔的请人代笔，许多不识字的老大爷、老大娘，也都热心参加了这一写作运动。各地送往"冀中一日"编委会的稿件，要用麻袋装，大车拉。打起仗来，还得用大车拉着打游击。

《冀中一日》的编选工作,在当时是一个很了不起的举动。仅冀中区一级就集中了四十多个宣传、文教干部,用了八九个月的时间,才初选定稿。前三辑由王林、孙犁、陈乔等编辑审定,第四辑由李英儒负责。孙犁还根据看稿的经验,编写了《区村和连队的文学写作课本》一书,首先在三纵队的《连队文艺》上连载,后来我把这本油印的小册子,带到山区,铅印出版,书名改为《怎样写作》。全国解放后出版的本子,叫《文艺学习》。①

孙犁在这年秋季回到冀中的时候,《冀中一日》的编选工作正处在定稿阶段。母亲告诉他:她也参加了区干部召集的群众大会,会上动员大家写稿,还念了孙犁的一篇文章,因此,她印象很深。李英儒在他的回忆文章里则这样说:"审稿工作大体结束之时,王林同志返回冀中了,接着孙犁同志也从路西来到冀中了。这两位大手笔的到来,编辑组和刻字印刷组的同志们都非常高兴。"② 当时,他们在滹沱河边的杨各庄和南北郝村安上锅灶,就工作起来。这一带村庄,距离周围敌人的据点都不过十五六华里,他们守着麻袋工作,选好一篇就刻写一篇。到了年底,大体编成。共选出二百多篇作品,约三十五万字,分四辑:第一辑"鬼蜮魍魉"(揭露日军暴行);第二辑"铁的子弟兵"(反映子弟兵的战斗和日常生活);第三辑"民主、自由、幸福"(写根据地民主建设);第四辑"战斗的人民"(写各行各业的群众生活和动人事迹)。书编成后,大家在最后一页上签名留念。那是一个很有意义的签名:他们不排名次,用铁笔在蜡纸上把名字签成球形。

后来,《冀中一日》的油印本在战火中失落。解放后,文化部门进行了广泛的征集工作,于1951和1958年先后寻到了第一、二辑,由百花

---

① 《吕正操回忆录》,解放军出版社1987年版。
② 《追忆〈冀中一日〉》,《中国人民解放军文艺史料选编·抗日战争时期》第二册,解放军出版社1988年版。

文艺出版社并为一书出版。"1959年秋天，河间县委从一位老教师处找到保存了十八年之久的第四辑。1960年5月，当年为精印《冀中一日》，朝夕伏案刻写的铁笔战士周岐同志，见到重新印刷的《冀中一日》，立刻将自己冒着生命危险保存下来的四辑全书邮寄出版社。这样，诞生在战火中的《冀中一日》，又在社会主义的今天得以重印，和更广大的读者见了面。"①

孙犁认为，对冀中人民来说，"七七"事变后风起云涌、激情动荡的农村变革，"是一次广泛深入的启蒙运动，运动与人民的实际斗争生活结合，因此十分坚强。"②他说，"冀中一日"写作运动，就是在这个基础上发起的。

他称之为运动"副产"的、数易其名的《文艺学习》，却比《冀中一日》传播更广。这本书在《冀中一日》编成后第二年春天印出，虽是蜡纸刻印，竟印了一千本（《冀中一日》初次油印二百本，后经补选和校正，还没来得及付印，即因敌人发动五一"扫荡"而毁于坚壁之中，人们后来看到的，是黄色麦秆纸的初印本）。"在那种条件下，这本小书的印刷，简直是一个奇迹，那种工秀整齐的钢板字，我认为是书法艺术的珍品，每一字的每一笔画都是勾勒三次才成功的。一张蜡纸印一千份，保证清楚没点染，也是经过印刷同志们苦心研究的。"③这本书，除了像上面《吕正操回忆录》中说的在三纵队的《连队文艺》上连载，还在晋察冀的《边区文化》上连载过。

在这本书里，不只体现着作者某些十分重要的美学思想，还体现着他对投稿者既能严格要求、又善于诱导的精神，而这些，可能也正是他作为一名出色编辑的成功秘诀之一。例如，他这样告诉投稿者：

---

① 《吕正操回忆录》，解放军出版社1987年版。
②③ 《文艺学习·前记》，《孙犁文集》第六卷，百花文艺出版社1982年版。

你心里有了许多话，你要描写一件事，这件事老在你的心里打转，它一切都准备好了，单等你拿语言把它送出来。那你就把它送出来吧，不要怕你的文字不"美"，言语不文。用花轿送出姑娘固然好看，初学写作好比穷人，把你的姑娘用牛车拉出去吧。只要文章的内容好，语言笨一些没关系——但记住这是说初写，你千万不要认为这就好了：我可以永远用牛车往外送姑娘了。这样下去，会弄成车上已经不是姑娘而是粪草了。因为你对语言的工作不严肃，对文学事业你也一定失败无疑……①

"冀中一日"写作运动刺激了抗战时期冀中地区文艺事业的发展，在这之后，文艺读物很受欢迎，特别是《表》（班台莱耶夫）、《不走正路的安得伦》（聂维洛夫）等一批苏联作品，印数高达三五千份，这从一个地区来说，印数是很可观的。其中，《不走正路的安得伦》，还是根据孙犁的藏书翻印的。其次，冀中几个文艺刊物的投稿者，也大大增加了。在孙犁的家乡安平县，还编印了《安平一日》。

对孙犁个人来说，他在参加了《冀中一日》的编选工作后，产生了一个积极的结果："你也可以写些创作，那样一来，批评工作就可以做得更好些了。"一个从事创作的伙伴，在一次黄昏的田间散步时，这样对他说。

他觉得这位伙伴的话说得恳切而委婉，虽然并不以为含有暗示，却在这之后大大加强了创作的势头——他说过，在这之前，他从事的文字工作主要是批评性的。

而在这之后，当他再写那些批评性的文字时，"不知为什么，我对那些尖刻的言词，跋扈的态度越来越知道避免了。这就是因为我从实践中得知了创作的艰难，它并不像指责家所要求的那样容易，它所需要的

---

① 《文艺学习·第三章》，《孙犁文集》第六卷，百花文艺出版社1982年版。

条件，也不像一般人所设想的那么简单。"①

在当时，人们尤其不能设想的是，《冀中一日》的编选工作刚刚结束，人们就面临着一次空前严重的"扫荡"，这就是日军对冀中人民发动的、曾经震惊中外的五一大"扫荡"。在这次"扫荡"和以后的连绵战火中，不仅坚壁在堡垒户夹壁墙里的《冀中一日》的稿本遭到劫运，《文艺学习》的油印本也在很长时间里下落不明，如果不是由于一次偶然的机缘，康濯把自己精心保存的一本拿出来，读者可能永远不会读到完整地体现着当时风貌的《文艺学习》了。

八、血与火的艺术记录

冀中抗日根据地位于平、津、保三角地带，有"平津门户"、"华北粮仓"之称，是中国共产党领导人民首创的平原根据地，在战略上具有重要意义。日本侵略者把冀中抗日根据地看作心腹大患，在当时华北驻屯军司令冈村宁次的直接指挥下，从1942年5月1日起，用了两个月的时间，对冀中进行所谓"十面出击"、"铁壁合围"式的"扫荡"，以图摧毁这块抗日政权。

有人这样描绘了当时敌我双方斗争的态势：

在这块平得像地毯似的大约六万平方公里的平原上，四边围着平汉、津浦、石德、京山四条铁路构成的封锁圈。圈里分布着八千多座村庄。敌军在主要村镇上建立了军事据点一千七百五十三个，路沟总长二万五千余里，冀中抗日根据地由之被分割成二千六百七十多小块。就在这棋盘似的战场上，日军集中了十万人（笔者按：此数包括伪军等在内，敌主力实为五万余人），来与吕正

---

① 《文艺学习·校正后记》，《孙犁文集》第六卷，百花文艺出版社1982年版。

操、程子华将军领导的冀中部队两万余人决战。战争从5月1日开始，直打到6月底。两月中，大战二百七十二次，小仗则日达数十次。①

富有戏剧性的是，敌人选择五一国际劳动节这一天发动"扫荡"，沿滹沱河北岸设立临时据点，封锁滹沱河；而冀中区党委却在滹沱河以南饶阳县张保村的枣树林里，在同一天召开了劳动节纪念大会，并当真演了一场《日出》。在纪念大会上，黄敬和吕正操都讲了话，分析了形势，作了动员。大会进行中，有敌机盘旋侦察，吕正操还风趣地说："也许是冈村宁次坐飞机来看望我们了。"

孙犁于1942年春末，回到平汉路西晋察冀文联的岗位上，看来他并没有亲身经历五一大"扫荡"。但是，他经历过敌人发动的其他无数次大大小小的"扫荡"。据梁斌回忆，在五一反"扫荡"前夕，孙犁来冀中深入生活，曾经和他领导的"新世纪剧社"打过游击。这说法和孙犁自己的回忆也颇为符合："就在这个秋天（按：指1941年秋天），冀中军区有一次反'扫荡'。我跟随剧团到南边几个县打游击，后又回到本县。滹沱河发了水，决定暂时疏散，我留本村。"②1983年，河北省博物馆一位同志从1941年10月冀中区的一个油印刊物《通讯与学习》上，抄下一篇孙犁的佚文——《报告文学的感情和意志》，文后附录了几篇通讯，都是"死者的血流未干，生者的嘶啼还相闻"的时候记下来的。这时，正是孙犁所说的那个打游击的秋天。孙犁的文章，从写作的角度对这几篇通讯提出了意见，在真实性上却肯定它们："报告者曾向人民的血流前面走过，差不多用即刻的工夫，把仇恨转写到他们的报纸上。"③其中，《角邱血》一篇所记录的，就发生在孙犁的家乡安平县：八月十五日——记

---

① 常征：《千古文章未尽才》，《河北文学》1980年第9期。
② 《远的怀念》，《孙犁文集》第四卷，百花文艺出版社1982年版。
③ 《报告文学的感情和意志》，《老荒集》，百花文艺出版社1986年版。

录者很可能在习惯上用了农历，如果是这样，这一天正是中秋节。敌人纠集上千兵力，不发一枪，在黑夜悄悄包围了角邱村。这一次，幸亏人民警惕性高，耳目灵，他们早已躲进青纱帐，敌人扑了空，只悻悻然烧了房子，杀了两个老妇，捉了几个老人。八月二十日，敌人卷土重来，利用汉奸，布置阴谋，终于使角邱村七十多人惨遭杀害。题名《谁能忍受》的一篇，则这样记录了角邱村的悲剧："在安平六区角邱村近百个死尸中，有这么一幅惨图：一个全身衣服都被撕破的少妇，尸身横躺着，乳房边被刺刀扎了几个紫色的大裂口，下身也是模糊的血泊……她之血体外边，躺着一个幼儿，死去了的白色的小眼睛，依然在凝视着他的母亲，而死者的丈夫，则握住了孩子在痛哭。"《坑水红了》写的仍是安平县六区某村发生的事件：日本兵绑了十三个村民，让他们在水坑旁跪下。十三个人挺得直直的，不仅不跪，反而大骂敌人。最后他们被砍头，头颅被踢进水坑，"坑水连续泛起十三个红圈以后，完全变红了。"……

这些血的场面，孙犁在编《冀中一日》时，就看到不知多少次了。不仅如此，那时和他一道工作、参与研究讨论的不少人，就在1942年5月，"把血洒在冀中平原上了"[1]。

不只是血的场面，还有战斗、新生、力量和欢乐的场面。这些场面就发生在作者的周围或身边，激励着他的感情，浸润着他的笔，使他不失时机地捕捉了那些历史性的镜头，用新鲜而热烈的画面，充实着历史的篇章：

> 以后不多几天，这一家就经历了那个1942年5月的大"扫荡"。这残酷的战争，从一个阴暗的黎明开始。
>
> 能用什么来形容那一月间两月间所经历的苦难，所眼见的事变？心碎了，而且重新铸成了；眼泪烧干，脸皮焦裂，心脏要爆

---

[1]《文艺学习·前记》，《孙犁文集》第六卷，百花文艺出版社1982年版。

炸了。

　　清晨，高粱叶黑豆叶滴落着夜里凝结的露水，田野看来是安静的。可是就在那高粱地里豆棵下面，掩藏着无数的妇女，睡着无数的孩子。她们的嘴干渴极了，吸着豆叶上的露水。如果是大风天，妇女们就把孩子藏到怀里，伏下身去叫自己的背遮着。风一停，大家相看，都成了土鬼。如果是在雨里，人们就把被子披起来，立在那里，身上流着水，打着冷颤，牙齿得得响，像一阵风声。

　　这是《"藏"》①这篇小说对五一大"扫荡"开始后群众生活的一个掠影。人们可能还记得小说叙述的那个挖洞的故事。著名的冀中平原的地道战是从挖洞开始的，是真正的人民的创造。开始是单一的洞，后来发展为多户相通的初级地道，但目的仍是为了隐蔽，再后才发展成为能攻能守的网络式作战体系。挖洞的事最早出现在蠡县（孙犁的小说《第一个洞》②，几乎以完全纪实的手法写了这件事），这和小说描写的背景完全一致。据《吕正操回忆录》③说，开始有的领导同志对蠡县一带发展地道很不满，认为是逃跑主义，后来程子华政委带工作组亲往调查，才肯定了这是人民的伟大创造。蠡县靠近保定，环境艰险，最先出现地道是不奇怪的。如果在五一反"扫荡"前就开展地道战，那就更好了，冀中人民会减少很多损失。

　　拆城、破路、挖地道，被认为是抗战时期冀中平原上的三大工程，是开展平原游击战的伟大创举。这三大工程，在孙犁的作品里全有反映。前两项工程是在抗战初期进行的，《风云初记》里有很生动的描写，我们不妨掇拾一二。

---

①② 《孙犁文集》第一卷，百花文艺出版社1981年版。
③　解放军出版社1987年版。

先说拆城。女县长李佩钟向拆城的民工作了动员，大家分散开，刚要动手，来了三个穿长袍马褂的绅士，为首的正是李佩钟的父亲李菊人。他说：

"古来战争，非攻即守，我们的武器既然不如日本，自然是防守第一。从县志上看，我县城修在宋朝，高厚雄固，实在是一方的屏障。县长不率领军民固守，反倒下令拆除，日本人一旦攻来，请问把全县城生灵，如何安置？"

李菊人领了半辈子戏班儿，不但他的见识、学问，全从戏台戏本上得来，就是他的言谈举动，也常常给人一个逢场作戏的感觉。全县好看戏的人差不多全认识他，民工们扛着铁铲大镐围了上来。

"我们不是召集过几次群众大会，把道理都讲通了吗？"李佩钟说，"那天开会你们没参加？"

"那天我偶感风寒，未能出席。"李菊人抱歉的说。

李佩钟说：

"我们进行的是主动的游击战，不是被动的防御战……"

"那可以进行野战，"李菊人截住说，"昔日我轩辕黄帝，大败蚩尤于涿鹿之野，一战成功，这是有历史记载的，可从没听说拆城！"

李佩钟向他们解释，抗日战争是历史上从没有过的战争，很多事情是旧书本上查不出来的。三个绅士还要麻烦，群众等不及了，乱嚷嚷起来：

"这点儿道理，我们这庄稼汉们全捉摸透了，怎么这些长袍马褂的先生们还不懂？别耽误抗日的宝贵时间了，快闪开吧！"

他们一哄散开，镐铲乱动，尘土飞扬，笼罩了全城。三个老头儿赶紧躲开，除去李菊人，那两个还转回身来，向县长鞠躬告别，从原道走回去了。一路走着，拿草珠子的老头儿感叹地说：

"我们每天起来，连个遛画眉绕弯儿的地方也没有了！"

拿腰子的说：

"李老菊吊嗓子的高台儿也拆了哩！"

李菊人却把马褂的长袖子一甩，唱起戏来。①

关于破路，《吕正操回忆录》作了这样的介绍："由于敌人是使用汽车、装甲车、骑兵的快速部队，平原地形，有利于敌，不利于我。""冀中平原毫无山丘之阻，交通异常便利……这对敌之'扫荡'、机械化部队之使用甚为有利。于是全冀中军民在'破路就是抗日'的口号下，对所有道路进行了全面破坏。这一工作，从1938年1月开始，到秋季基本完成。"

在冀中抗战史上，破路实际上是改造平原地形的一大壮举。

《风云初记》里描写的破路的情况和细节，同上述真实背景完全相符，连时间上也不差什么。小说叙述说：破路的图样发下来的时候，已近旧历年节，那是一个充满惊恐和痛苦的年节：

> 平原上这一个年节，记下了人民生活心情的重大变化。一过腊月初十，就到处听见娶儿媳妇的花炮，为了使爹娘松心，许多女孩子提前出嫁了。媒婆们忙了一阵，很多平日难以成就的婚姻，三言两句就说妥了，女家的挑拣很少。有的丈夫不在家，娘家一定要娶，就由小姑子顶替着拜了天地。
>
> 敌人的烧杀奸淫的事实，威胁着平原的人民。在铁路两旁，那些十六七岁的女孩子们，新年前几天，换身干净衣裳，就由父亲领着送到了婆家去。在根据地，爹娘们还想叫女儿抢着坐花轿，唢呐

---

① 《风云初记》第三十一章。

和锣鼓,从夜晚一直吹到天明。可是,因为敌人的马蹄、汽车和坦克,在平原的边缘,在冰冻的麦苗地里践踏倾轧,就使得在大道上奔跑的迎亲车辆,进村的喜炮,街头的吹唱,都带上了十分痛苦的性质。

在这种情形下面,破路的动员,简直是一呼百应。谁家有临大道的地,都按上级说的尺寸,去打冻刨坑。早晨,太阳照耀着小麦上的霜雪,道路上就挤满了抡镐扶铲的农民。

小说叙述了农村各阶层的人们对破路的不同态度。参加过高蠡暴动的高四海老人,他的麦地是一块靠近路边的又窄又长的条道地,他"一并排连挖十二个大沟,差不多全部牺牲了自己的小麦。他的沟挖得深,铲得平,边缘上培起高高的土墙,像一带城墙的垛口。……他全身冒汗,汗气从沟里升起,围绕在他的头顶,就像云雾笼罩着山峰。"而地主田大瞎子,却把长工按尺寸在他的地里挖的沟重新填上,用吃街占道的办法,把沟往外挪,挖在了大道上。高四海说:

"日本人侵占我们的地面,我们费这么大力气破路挖沟,还怕挡不住他!像你这样,把挖好的沟又填了,这不是逢山开路,遇水搭桥,诚心欢迎日本,惟恐它过来的不顺当吗?"

田大瞎子狡赖说:

"你看,把沟挖在大道上,不更顶事儿?"

这时从北面过来了两抬花轿,后面紧跑着几辆大车。赶车的鞭打着牲口,在田大瞎子的地头上碰上沟,差一点儿没把送女客翻下来。吹鼓手告诉高四海说:北边的风声不好,有人看见了日本的马匹。

高四海对田大瞎子说:

"看!你这不是挡日本,你这是阻挡自己人的进路。你的地里,留下了空子，日本人要是从这里进来，祸害了咱这一带，你要负责任！"

"我怎么能负这个责任哩？"田大瞎子一背铁铲回家去了。

"什么也不肯牺牲的人，这年月就只有当汉奸的路。一当汉奸，他就什么也出卖了，连那点儿良心！"高四海又挖起沟来，他面对着挖掘得深深的土地讲话。①

高四海老人没有说错，日本人过来以后，田大瞎子连同他的儿子、在北平的大学里念过书的田耀武，都成了日本人的合作者。

孙犁赶上了在冀中平原上进行的这些轰轰烈烈的工程；因此，在字里行间，人们很容易读出他的感情乃至经历来。

冀中平原上的第三项工程开展得稍晚一些，那时孙犁正在山地工作，没有赶上。他写的关于冀中挖洞的故事，是听人说的。但是，他却有过钻洞的经验，那是1944年3月，他到位于太行山东麓的曲阳（在河北省西部）游击区走了一趟，在洞里住过一夜。重要的是，他有过和冀中人民同甘苦、共患难的经历，所以，写起洞来，仍然使人感到非常亲切、自然。

《第一个洞》和《"藏"》等作品，写了冀中平原上的第三项工程，准确地说，是写了它的开头 —— 挖洞。尽管洞还不是地道，但千里之行，始于足下，有了开头，就会产生结尾，从有了这"第一个洞"后，"地洞、地道就流传开了。而且在不断地改进着。什么'七巧连环洞'，'观音莲台洞'……花样翻新，无奇不有。而这'第一个洞'的创造的故事，也就随着洞的传播而传播着。"

《第一个洞》开头就标明"蠡县××庄"字样，所写环境，如说从1941年起，"××庄的形势就变了，在它周围，敌人的据点远的有八里，

---

① 《风云初记》第二十五章。

近的只有二里","那一带环境十分残酷"等等,和历史的真实情况,是非常一致的。

《"藏"》是《第一个洞》的扩展。它的女主人公浅花要生孩子了,地上没有安全的处所,隐蔽在她家菜园子的洞里的一个八路军干部,向丈夫建议她到洞里生产,她笑着说:"那不成了耗子吗?"后来,敌人"扫荡"村庄,她果然在三丈深的地下——那里没有灯光,也没有风——生了一个女孩,取名就叫"藏"。除了母亲,没有人能听到那第一次的"非常悲哀和闷塞的"哭声。

是敌人的五一"扫荡",使和平的人民失去了在地上生活的权利,甚至包括那些刚刚降生的婴儿。

孙犁多次提到五一"扫荡",他说,冀中人民称之为"五一事变",他们将要把它当作一个历史传说,留给后代子孙。在《老胡的事》①里,他同样以纪实的手法,写到自己的家乡在五一"扫荡"中的情形。老胡在平汉路以西的山地工作,妹妹从冀中家乡来看他,他们很自然地拉起了家常——小说写的是老胡,我们在老胡身上,至少能看到作者部分的影子:

> 妹妹说,反"扫荡"开始的时候,麦子刚割了,高粱还只有一尺高。她们三个女同志在一块,其中小胡和大章,哥哥全认识。敌人合击深武饶的那天,她们同老百姓正藏在安平西南一带沙滩上的柳树林里,遍地是人,人和牲口足足有一万。就在那次小胡被俘了去,在附近一个村庄牺牲了。她同大章向任河大地区突击,夜里,在一个炮楼附近,大章又被一个起先充好人给她们带路的汉奸捉住了……

---

① 《孙犁文集》第一卷,百花文艺出版社1981年版。

下面是《琴和箫》①里的一段文字,作者的身影变得明确起来了:

去年,我回到冀中区腹地的第三天,就托了一个可靠的人到河间青龙桥去打听那两个孩子的消息……

……

今年5月,敌人调集了有四五万兵力,说要用"拉网战术"消灭我们。我用了三个夜晚的时间,跳过敌人在滹沱河岸的封锁,沙河的封锁,走过一条条的白色蛇皮一样的汽车路,在炮楼前面踱过去……

如果说上面是小说(尽管孙犁的小说含有相当大的纪事成分,他甚至把他那时写的这些作品看作个人经历的叙述),我们不免有所保留地看待它所叙述的事件,那么,下面讲的这件事情就完全是真的了。

这件事也许就发生在五一反"扫荡"期间。且说抗战时期,日本人对农村里的学生模样的人,特别留意。凡是留学生头,穿西式裤的,见了就杀。这样,连学生或像学生的照片,也成了危险品。孙犁参加抗日工作后,留在家里的照片,都让妻子放进灶膛里烧了。但黄城岳家还有他一张照片,岳父已去世,家中妇孺,不知外面的事,没有从墙上摘下这张照片。日本兵见了,逼着要相片上的人。家里没有,在街上看到一个面貌相仿的青年,差一点儿没打死,经村里人努力,才勉强救下命——

这是抗战胜利以后,我刚刚到家,妻对我讲的一段使人惊心动魄的故事。她说:"你在外头,我们想你。自从出了这件事,我就不

---

① 《孙犁文集》第一卷,百花文艺出版社1981年版。

敢想了，反正在家里不能呆，不管到哪里去飞吧！"①

因为写作家传记的需要，笔者曾向孙犁同志要求提供照片。他拿出自己保存的所有照片来，其中确实没有一张抗日战争时期的照片。包括他的文集在内，最早的一张，是1946年春在蠡县下乡时的半身照。这张照片，穿中式棉袄，未结领扣，除了头上一顶干部帽，完全像一个农民，只是那张脸显得清秀了些。文集所收1941年照的那张，是晋察冀边区文学工作者的合影，不知取自何处，他的家里没有。像上面说的，由于敌人残酷"扫荡"，没有容许他的家人保留下一张宝贵的纪念照。

保留的是屈辱。这里是一张农村妇女的照片，是从"良民证"上撕下来的。照片角上有一点白光，那是敌人的刺刀，是敌人用刺刀逼着照相时留下来的。除了刺刀的白光，整个照片的光线很暗，旁边有半个"验讫"的戳记。这位农村妇女是孙犁的远房嫂子，她有意地保留了这张照片（这时敌人已经败退，"老百姓焚毁了代表一个艰难时代的良民证"），想寄给在前方作战的丈夫，激励他杀敌的志气。孙犁看了看照片，又端详了一下这位远房的嫂子，一时不明白那么一个活泼好笑的人，为什么照出相来这么呆板阴沉，他说：

"这相片照得不像！"

"比我年轻？"她笑着说，"那是我二十一岁上照的！"

"不是年轻，是比你现在还老！"

"你是说哭丧着脸？那是敌人在的时候照的，心里害怕得不行，哪里还顾得笑！那时候，几千几万的人都照了相，在那些相片里拣不出一个有笑模样的来！"

---

① 《新年悬旧照》，《尺泽集》，百花文艺出版社1982年版。

是孙犁一篇题名《相片》①的散文，讲了上面这个故事。

在《小胜儿》②这篇小说里，人民在战场上用血与火洗刷着自己的屈辱：

> 冀中有了个骑兵团。这是华北八路军的第一支骑兵……马是那样肥壮，个子毛色又整齐，人又是那样年轻，连那个热情的杨主任，也不过二十一岁。
>
> ……………
>
> ……过了两天，这个队伍就打起仗来，打的是那有名的英勇壮烈的一仗。敌人"五一大'扫荡'"突然开始，骑兵团分散作战，两个连突到路西去，一个连作后卫陷入了敌人的包围，整整打了一天。在5月麦黄的日子，冀中平原上，打的天昏地暗，打的树木脱枝落叶，道沟里鲜血滴滴。杨主任在这一仗里牺牲了，炮弹炸翻的泥土，埋葬了他的马匹。……

杨主任的警卫员小金子也受了伤。他用手刨着土掩盖了主任的尸体，带着一支打完子弹的短枪，趁夜色突出重围，回到冀中平原上自己的村庄养伤。他很想念牺牲了的那些战友，和一位正在相爱着的姑娘有过这样一番对话：

"我问问你，杨主任牺牲了？"

"牺牲了。我老是想他。跟了他两三年，年纪又差不多，老是觉着他还活着，一时想该给他打饭，一时想又该给他备马了。可是哪里去找他呀，想想罢了！"

"他的面目我记的很清楚，那天，他跟着你到咱们家来，我觉着比

---

① 《孙犁文集》第四卷，百花文艺出版社1982年版。

② 《孙犁文集》第一卷，百花文艺出版社1981年版。

什么都光荣。说话他就牺牲了,他是个南方人吧?"

"离我们有九千多里地,贵州地面哩。你看他学咱这里的话学得多像!"

"不知道家里知道他的死讯不?……"姑娘显然伤心起来。

小金子想到的还是战场上的情景:

"先是他同我顶着打,叫同志们转移,后来我受了伤,敌人冲到我面前,他跳出了掩体和敌人拚了死命。打仗的时候,他自己勇敢的没对儿,总叫别人小心。平时体贴别人,自己很艰苦。那天行军,他渴了,我说给他摘个瓜吃,他也不允许。"

…………

这是一篇根据真人真事写成的故事。杨主任的本名是杨经国,关于他,《吕正操回忆录》里说:"经国同志是贵州人,1937年初由北方局派到六九一团做党的地下工作,牺牲时才二十多岁。孙犁有一篇小说叫《小胜儿》,主要就是写的骑兵团,写了杨经国,是写得很真实的,写了杨经国热情待人,细致的政治思想工作,以身作则的模范行为,写到他的牺牲……我也总想写一篇关于经国同志的文字,以寄托我的哀思,并纪念我们共同战斗的岁月。"

关于五一反"扫荡",我们还得提提他的一位战友——远千里。他是河北省任丘县人,曾在保定第二师范念书,当时和梁斌等进步同学很要好。1938年4月参加抗日工作后,在冀中任记者、编辑、剧社导演和编剧等。他青年时代喜欢诗(特别是马雅可夫斯基和勃洛克的诗),后来自己也写诗,出过《三唱集》、《古巴速写》等诗集。

五一大"扫荡"后,他在洞里坚持编报纸,刻蜡版,写街头诗……光景很像《藏》里写的:每天清晨,从洞里出来透风,"洞的出口在野外,他站在园田的井台上,贪馋地呼吸着寒冷新鲜的空气。看着阳光照耀的、尖顶上挂着露珠的麦苗, 多么留恋大地之上啊!"[①]五一反"扫

[①]《远的怀念》,《孙犁文集》第四卷,百花文艺出版社1982年版。

荡"后,他的爱人,在一次秋夜涉水转移时,掉进井里牺牲了。她的死,使孙犁受了启发,在《风云初记》的最后,做了李佩钟这个人物的归结:

……第二年春天,铁路附近一个小村庄,在远离村庄的一眼土井里淘水的时候,打捞出一个女人的尸体。尸体已经模糊,但在水皮上面一尺多高的地方,有用手扒掘的一个小洞,小洞保存了一包文件,并从文件证实了死者是李佩钟。……

我们这一节也该结束了。有一首歌的题目,叫《血染的风采》,孙犁和他的战友们,那些年来所走过来的道路,没有一处不被血染的风采所照耀。他们在战争中送走了火红的年华、火红的岁月,他们的创作,整个是一部时代的,也是他们个人经历的血与火的艺术记录。

九、升 华

在抗战的冀中平原上,孙犁到处看到了一种无形的力量:"我遥望着那漫天的芦苇,我知道那是一个大帐幕,力量将从其中升起。"①这里说的,是他熟悉的白洋淀。我们到过那里,那是一个深秋季节,虽然是和平环境,面对浩淼的淀水和一望无际的苇田,我们也被一种宏大的气魄和无比壮观的景象所感动(我们承认,在人民流过血和汗的这个湖面上,一种历史感加强了我们的感觉和印象)。负责水上导游的安新县委宣传部的一位同志介绍说:"白洋淀共由一百四十余个淀组成,占地面积四十多万亩,水道纵横交错,足有两、三千条……"他口气一转,略带风趣地说,"来到这个地方,莫说日本鬼子会迷路,我们自己也会迷路。"看着汽艇周围数不清的块状苇田和左盘右旋的迷

---

① 《琴和箫》,《孙犁文集》第一卷,百花文艺出版社 1981 年版。

宫似的水道，我们相信了他的话。

作家的经历又把我们召回到那个炮火连天的时代，这时的白洋淀，具有一种悲壮的英雄色彩："这里地势低下，云雾很低，风声很急，淀水清澈得发黑色。芦苇万顷，俯仰吐穗。"①"夜晚，敌人从炮楼的小窗子里，呆望着这阴森黑暗的大苇塘，天空的星星也像浸在水里，而且要滴落下来的样子。到这样深夜，苇塘里才有水鸟飞动和唱歌的声音，白天它们是紧紧藏到窠里躲避炮火去了。苇子还是那么狠狠地往上钻，目标好像就是天上。"②

在这敌人监视着的苇塘里，我们记得作家讲过的这个故事：

一个干瘦的、眼睛特别明亮的老者撑着一只小船，无数次地穿过了敌人的夜间封锁，为游击队运输粮草、护送干部。他不带一支枪，甚至也不穿一件像样的衣服（除了那件蓝色的破旧短裤），只靠那支灵巧的篙和水鸭子似的游水本领，在万亩苇塘里穿梭般驰骋，从未发生一次意外。靠了他，稻米和肥鱼的香味，才和歌声一起从苇塘里飘出来；靠了他，才维系了淀里淀外的交通联络。但有一次，却发生了意外，他护送两个女孩子在夜间穿越封锁线时，撞上了敌人的小火轮，有一个女孩子负了伤。这个打击差一点使他失去了继续前进的力量，他感到自己蒙受了耻辱，无脸再见苇塘里的战士；但他到底将船驶到苇塘边，用篙拨开外面一层芦苇，找到了窄窄的入口。他发誓为女孩子复仇："他们打伤了你，流了这么多血，等明天我叫他们十个人流血！"老人没有说错，第二天，他单身智斗敌人，使十几个鬼子落入圈套。他一个一个地收拾他们，用篙砸他们的脑袋……在苇塘那边，鲜嫩的芦花展开一片紫色的<u>丝绒</u>，正在迎风飘洒。在芦花下面，露出一个女孩子的俊俏的脸，她按照老人的约定，惊奇地欣赏着这场英雄行为。

---

① 《采蒲台》，《孙犁文集》第一卷，百花文艺出版社 1981 年版。
② 《芦花荡》，《孙犁文集》第一卷，百花文艺出版社 1981 年版。

这个故事很带有传奇性。古语说，燕赵多慷慨悲歌之士，在这个故事里，我们看到那种慷慨悲歌的义士精神，有了新的发扬。

下面这个故事就更加壮烈了：

故事仍然发生在白洋淀，不过这一次是在淀边的新安镇。新安镇四面临水，大汉奸熊万东住在有日本宪兵队把守的深宅大院里，整天不出大门一步，以为他的万世基业是稳如泰山的。这天是中秋节，他正在客厅赏月，忽然帘子一动，闪进一个人来。他一把抓起放在手边的盒子枪，厉声问：

"谁？"

"是我，大伯。"来人非常沉静，原来是参加了锄奸团的他的一个侄儿。侄儿向他诉说，日本人到处抓他，他实在走投无路，才来求大伯赏他五十块钱，他好离开新安，到天津去做个小买卖，代价是，他愿意把带来的一支顶好的盒子枪送给大伯，一厢说着，一厢倒拿着枪，递了过去。熊万东拿起枪，走到钱柜那里去，他一猫腰，脑袋已经掉下来；随着一把钢刀的闪光，来人带好两支枪，已经上了房……

作者说："这就是有名的熊氏三杰的英雄故事中间的一个。"[①] 熊氏三杰的故事，抗战时期在冀中一带流行很广，在有关作品和文章中，曾经多次被人辑录或转述；就叙述的生动和精彩来说，孙犁应属于最佳者之列。他继续说——

……这位英雄不久牺牲在新安城下。他吃醉了酒，受了奸人的骗："要拿新安了！"他跳下炕来就奔着县城跑去，他爬上城墙，敌人打中了他，翻身跌了下来。伙伴说："你挂了彩，我背你回去！"

他一摆手，说："不用！我是没用的人了。这样也就够本了！"

---

① 《新安游记》，《孙犁文集》第一卷，百花文艺出版社1981年版。

他举枪打死了自己。

其实，敌人只打折了他的左腿。

关于他的两条腿，有很多传说，新安一带，都说他是飞毛腿。有人说，飞毛不飞毛不知道，反正他走路特别溜撒，孩童的时候，常见他沿着城墙垛口飞跑。

也许有人要问：为什么只坏了一条腿就打死自己？这问题就很难答复。为什么不残废的活着？我好像听说，有一只鹰，非常勇猛，损坏了一根羽翎，它就自己碰死在岩石上。为什么它要碰死？

冰连地接的新安，有一种强烈的悲壮的风云，使人向往不止。

我们觉得，在冀中人民身上，孙犁看到了属于北方民族的那些最有光彩的品质。这种品质，实际上是在一定文化背景下形成的某种历史个性，它是属于传统的，又是属于未来的。孙犁在撑船老人和新安英雄身上看到的，是这种历史个性的新的升华。

这种情况，也影响到孙犁的观点和感情。他在五一大"扫荡"那年的冬天，写过一篇题名《慷慨悲歌》的札记①，里边有这样的话："……在荆轲的时代，像荆轲这样的人还是很少的。英雄带有群众的性质，只有我们这个时代。像是一种志向，和必要完成这种志向，死不反顾，从容不迫，却是壮烈的千古一致的内容。"他的笔明显地受到了这种精神的感召，似乎也染上了易水的悲壮的风云。在抗战胜利的前一年，安平县三名干部被敌包围，最后壮烈牺牲，孙犁为他们写了一段碑文，其中说："……当其在室内，以只身抗敌伪，坚贞不屈。向敌伪汉奸叫骂时，声闻数里，风惨云变。附近人民，奔走呼号，求引救助，有如父兄之遇危难。当我部队收葬三烈士尸体时，所有干部战士，无不如狂如病，歃血指发，有如手足之诀别。每一言及三烈士殉难事，则远近村庄，啼泣相

---

① 《孙犁文集》第七卷，百花文艺出版社1982年版。

闻，指骂奸伪，誓为复仇。……古来碑塔纪念之迹多矣，而燕赵萧萧英烈故事，载于典册者亦繁矣，然如此八年间，共产党、八路军领导我冀中人民解放国土，拒抗敌顽，其环境之复杂、残酷，其斗争之热烈、悲壮，风云兴会，我冀中英雄儿女之丰功伟绩，则必光掩前史而辉耀未来者矣……"①这段碑文，慨乎其言，若扬若抑，颇多燕赵古风；如果击筑而歌，就是一支易水新曲了。不用说，这支易水新曲，也记叙了孙犁自己的感情历程。

　　孙犁还看到，战争改变了人民的观念，使一代少男少女忘记了祖宗的成法。在碉堡林立的土地上，这些少年人走向生活的第一步就是战争。他们站岗放哨，送鸡毛信，也打游击，也在露天过夜……"他们在炎热的河滩上找不到一棵歇凉的树，用浑浊的河水解渴，烧熟山药豆角会餐。正午，男孩子们跳到河里去洗澡，女孩子们替他们洗好衣裳，晒在沙堆上，然后把他们赶到远处去，自己也坐在河里洗洗身上的泥汗。""有时在无边的高粱地里，用高粱秸和衣服支架成一个小窝棚，用豆棵做被褥，睡在里面。有时共同钻到那阴暗潮湿的地洞里，紧紧靠在一起，大气也不敢出，互相听着心头怦怦的跳动。"②在这种情况下，新的观念和新的爱情在悄悄成熟着。

　　但是，在战争中，人们同样看到，传统的伦理意识，有时也具有了新的、反抗强暴的意义。《荷花淀》③里有一处给人们留下了深刻印象的细节描写：水生就要到队伍上去了，他嘱咐了"女人"许多话，最后，女人问他：

　　　　"嗯，还有什么？"

　　　　"不要叫敌人汉奸捉活的。捉住了要和他拼命。"这才是那最重

---

① 《三烈士事略》，《孙犁文集》第四卷，百花文艺出版社1982年版。
② 《婚姻》，《秀露集》，百花文艺出版社1981年版。
③ 《孙犁文集》第一卷，百花文艺出版社1981年版。

要的一句，女人流着眼泪答应了他。

在《采蒲台》①中，这个意思被十七岁的姑娘小红和两个青年妇女（她俩的丈夫都参军了）用自编的歌词唱了出来：

> ……
> 我的年纪虽然小，
> 你临走的话儿
> 记得牢，记得牢：
> 不能叫敌人捉到，
> 不能叫敌人捉到！
> 我留下清白的身子，
> 你争取英雄的称号！

在《琴和箫》②里，作者更以第一人称的写法，向两个未成年的女孩子进行寓言式的教育了：

> ……那时，村庄后面就是一条河。我常带她们到河边去，讲一些事情给她们听。我说人宁可像一棵水里的鸡头米，先刺那无礼的人一手血，不要像荷花那样顺从，并且拿美丽的花朵来诱人采撷……

孙犁通过自己的作品所讴歌和提倡的这些思想、情操，远远超出了传统的伦理范围，已经是一个支持抗战、保卫祖国尊严的问题了。顺便说一句，1942年五一大"扫荡"时，针对侵略者的兽行，冀中广大妇女

---

①② 《孙犁文集》第一卷，百花文艺出版社1981年版。

曾开展反奸淫运动、一把剪刀运动，产生了许多感人的事迹①。

总之，"抗日战争，是中国共产党领导的一种神圣的战争。人民作出了重大的牺牲。他们的思想、行动升到无比崇高的境界。生活中极其细致的部分，也充满了可歌可泣的高尚情操。"②如上所说，孙犁看到了这一切，看到了人民在进行这场有关国家民族生死存亡的战争中，他们的思想情操和行动表现得到了锻造和升华。

在这场战争中，他（还有他的同时代的伙伴们）一丝一毫也没有脱离人民，而是和人民融成了一体。这样，结果必然是：在人民"升华"的那些地方，他也得到了升华。

升华促成了一种新的境界，毫无疑问，这是他一生中最美好、最难忘的境界。关于这一境界，他自己用下述语言表达了出来：

> 善良的东西、美好的东西，能达到一种极致。在一定的时代，在一定的环境，可以达到顶点。我经历了美好的极致，那就是抗日战争。我看到农民，他们的爱国热情，参战的英勇，深深地感动了我。我的文学创作，就是从这个时候开始的。我的作品，表现了这种善良的东西和美好的东西。③

在美好的极致的境界中进行创作是一种绝大的愉快。"没有朱砂，红土为贵。穷乡僻壤，没有知名的作家，我们就不自量力地在烽火遍野的平原上驰骋起来。""现在回想起来，那时的写作，真正是一种尽情纵意，得心应手，既没有干涉，也没有限制，更没有私心杂念的，非常愉快的工作。这是初生之犊，又遇到了好的时候：大敌当前，事业方兴，

---

① 《吕正操回忆录》，解放军出版社1987年版。
② 《戏的梦》，《孙犁文集》第四卷，百花文艺出版社1982年版。
③ 《文学和生活的路》，《孙犁文集》第六卷，百花文艺出版社1982年版。

人尽其才，物尽其用。"①

孙犁在《黄鹂》②这篇散文里，借助虎啸深山、鱼游潭底、驼走大漠、雁排长空等形象的比喻，解释"极致"的含义。这些比喻，全可用来说明他在抗战中的际遇、状况。他在抗战中的文学活动并非他一生事业的顶点，但是，却使他的事业达到了高潮。

十、山道弯弯，峰回路转

1942年暮春时节，孙犁从冀中返回平汉路西晋察冀山地，这年冬天，日军又对晋察冀边区"扫荡"。于是，他们照老办法，化整为零，与敌周旋。他和诗人曼晴分在一个小组，每人发了两颗手榴弹，和墨水瓶一起挂在腰带上，向敌人的外围转移。一路上，老乡也都撤离。当天夜里，他们只能在一处山坳栏羊的圈里过夜，寒风刺骨，根本睡不着觉。后来，曼晴还用《羊圈》这个题目，写了一首诗。在孙犁看来，曼晴，还有红杨树（魏巍），都是晋察冀新诗运动的播种人。他们的诗可能创作于行军途中，写在路侧的峭壁岩石上或是村庄断垣上，那可能只是一种口号，一种呼唤，但这些诗做到了和人民的真正的结合，"是一个时代的回忆"，因此，"同着这一伟大的时代，不能磨灭了"③。露宿羊圈的这天晚上，孙犁知道，他身边的这位战友，并没有停止诗的构思。

次日晚上，他们转到了一个处于高山坡上的小村子。村里人都已走光，门都七零八落地开着。虽然没有地方吃饭，却摸到一家炕上，美美地睡了一觉。清早，他们刚想捉捉衣服里的群虱，敌机就来了。他们跑进一条山沟，隐蔽在大石下面。飞机沿着山沟来回轰炸，气浪摇动着山上的树叶。孙犁还有时间观察它：侵略者欺侮我们没有高射武

---

① 《文字生涯》，《孙犁文集》第四卷，百花文艺出版社1982年版。
② 《孙犁文集》第四卷，百花文艺出版社1982年版。
③ 《红杨树和曼晴的诗》，《孙犁文集》第六卷，百花文艺出版社1982年版。

器，飞得很低，几乎就要擦着了小村庄的屋顶和树木。事后老百姓传言：敌人从飞机的窗口，抓走一个坐在炕上的小女孩。孙犁把这一情节写进了一篇通讯，不料编辑刻舟求剑，把稿子改得令人啼笑皆非。

敌机走后，阳光已经洒满山沟，他们坐在河滩上，继续捉拿虱子。直到肚子辘辘地叫了起来，才勉强爬上山坡，去寻些能吃的东西。

虽然是在战争环境，山地的老乡，还是把凡能耕种的土地，都种上庄稼。不论是沟沟坎坎，方形、菱形……只要有泥土，就不会闲置起来。这种情况，整个抗战时期都没有改变。太原出版的日文报纸《东亚新报》，1943年11月18日这样报道：

> 飞机上的俯视——当飞入山岳地区时，触目所见除峨然耸立的山岳外别无人迹……村落及街巷的庭院中不但没有人，连一匹牲畜都没有，在飞机上就可以觉察到敌方（指抗日军）空舍清野的彻底性的一斑，同时不论在山谷或高原上，除岩石外全耕种得井然有序，由此可见中共对增加生产的努力。④

这种情况，也为两个腰间挂着墨水瓶的战士救了急。他们发现了一小片胡萝卜地，因为敌人"扫荡"，还没有收获。两人用木棍掘开冻土，取了几个，用手擦擦泥土，便大嚼起来，其香甜美脆，至今想来，孙犁还觉得悬乎唇齿之间——只可惜当笔者写这段文字的时候，他的老朋友曼晴已经离开人世了。

像这类游击生活，在那样的年代里是家常便饭。孙犁还记得在一次战斗中，夜晚在荒村宿营的故事：不知那是什么村名，总之，村民已经跑光，黑黝黝一片，没有声息。他和同伴们摸进一间破房，不敢打火点灯，别人都挤在炕上，他顺着墙边一摸，有一块平板，好像搭好的门板

---

① 转引自《吕正操回忆录》，解放军出版社1987年版。

似的。他暗自高兴,庆幸自己有了好睡处,便舒舒服服地躺下去。天亮醒来,才发现自己原来睡在一具棺木上,不由为之一惊。"直到现在,我也不知道其中是男是女,是老是少,我同一个死人,睡了一夜上下铺,感谢他没有任何抗议和不满。"①

1942年冬,毛泽东《在延安文艺座谈会上的讲话》传达到了晋察冀边区,影响很大,文艺界有很大的变动和整顿。原来的晋察冀文联机关和各个协会,实际上不再存在,只有一个名义,文艺干部几乎全部下乡了。孙犁在文协工作的同人,田间到盂平县下乡,兼任宣传部长,康濯到农会,邓康到合作社搞经济工作,他则被分配到《晋察冀日报》社。当时,他不大愿意去当编辑,愿意下乡。有一次在街上遇见原文联负责人沙可夫,向他说出了自己的想法。一向待部下宽和的沙可夫,这一次却很严肃,他只说了三个字:

"工作么!"

孙犁没有再说话,背上背包就去了报社。这时候,他已经是一个共产党员。

他在《晋察冀日报》编副刊,有时也兼做记者。1943年农历正月间,晋察冀边区在冀西平山县召开参议会,孙犁以记者身份,对会议进行了十几天的采访,会后,写成《二月通信》,发表于同年《晋察冀日报》的文艺副刊《鼓》上②。这篇通信,给我们提供了有关作家和当时开会情况的不少生动资料。孙犁当时坐在靠近会场前方一角的记者席上,他常常注视着主席团成员之一的聂荣臻司令员。那时,会上正在讨论统一累进税税则,他看见聂司令员十分注意听取来自农村的参议员们的发言,有时回过身去,和一个留有白胡子的老人商量着,研究着;他看见他有时陷入沉思,有时又爽朗地笑起来。"我从他的举动上、精神上,想起许

---

① 《住房的故事》,《远道集》,百花文艺出版社1984年版。
② 这篇通信现收入《孙犁文集》第七卷,百花文艺出版社1982年版。

多事。在我的印象里，聂司令员和中国一些可歌颂的名将的风度，凝结成一个形象。这个形象，我是无比重视的。"

会议期间，有一天晚上演《日出》，他正好坐在聂司令员和肖克副司令员的后边，这使他对他们作了一次近距离的报道："肖好像对上海的生活不很熟悉，聂时而向他解释几句。他感动地说：'看完这个戏，可以得到多少知识啊。'肖常到展览室去浏览我们文学部的展览品，你的《平原上》①也在那里陈列，还有别人的几个长篇。肖很为这些作品不能印出惋惜，他每天要花一些时间去读，你知道他也在写一部长篇小说……"

在会议的最后几天，情况变得紧急起来。日军出动数千兵力，对边区进行"蚕食"。敌机从会场附近的山顶上轧轧飞过，"聂每天还是静静地坐在主席台上，听着每一个参议员的发言，考虑着每一条决议。"在一个深夜，从五台山的雪峰上赶来一团子弟兵，分驻在会场周围，执行保卫大会的任务。

十几天的采访生活，给他留下了宝贵的纪念。一半是为了慰勉远方的战友，一半是为了记下自己的真实感受，他说，他好像走入了一个新天地，他的内心不断激发着热情和向往。

他告诉那位正在游击区工作的不便公开姓名的战友——

> 同志，我们几年来，为双十纲领在边区的彻底实现尽了不少努力。在这一次会议上，我再看见双十纲领在过去几年间的成就的光彩，和今后将放射的更大的光彩。战后新中国的形象，如同我最爱的作品的人物的形象一样，在我心里站出来，为我的一切思想感情所拥抱。

他在《晋察冀日报》社工作的时间并不长，1943年秋天，就调到华

---

① 王林作。这篇通信就是写给王林的，王林是当选的参议员之一，因为当时在游击区工作，未能到会。

北联合大学教育学院的高中班去教国文了。当时教育学院的院长是李常青,他曾在晋察冀北方分局宣传部负责,孙犁自从1939年到山地以后,一直在他领导下工作,他对孙犁也很关心。孙犁觉得,这次调动可能是他的提议。

对这次调动,孙犁也比较满意。抗战期间,他所教的学生多半是短训性质,只有这一次,和学生相处时间较长,感情也比较深,并在反"扫荡"中共过患难,在以后的日子里也得到过这些男女学生的关怀和帮助。

高中班驻地在阜平县的一个村庄,教员们有一个宿舍大院。因孙犁性格较为内向和孤僻,他自己在村北找了一户人家住下,睡的是临时搭起的门板,每天清早,到村边小河洗漱,时值晚秋,金风习习,河水已经很凉了。

正在这时,有一位在别处工作的同志来信说,给他带来了家庭的消息。他往返用了六天时间去询问的这个消息,竟是一个非常不幸的消息:长子夭折。这孩子叫孙普,年仅十二岁,因战乱缺医少药,死于盲肠炎。从此,我们常看到作者在文章中使用的一个笔名:纪普。

孙犁经受住了这次打击,但是,他远在冀中的年轻的妻子,是否也能经受住这样的打击呢?痛悼之余,他想起了一件往事,不免又替妻子担心。

那是他们婚后不久的一个夏天,家中的老屋,年久失修,本已朽败;再加下了几场大雨,就出了事:有一天中午,他在炕上睡觉,妻子也哄着新生的普儿进入梦乡。忽然,房梁咯吱咯吱响起来,妻子惊醒,抱起孩子就往外跑,跑到院里才呼唤丈夫——险些把他砸在屋里。

事后,孙犁问她:

"为什么不先叫我?"

"我那时心里只有孩子。"妻子笑了,抱歉而怜惜地说。

孙犁自然不怀疑妻子对他的恩爱,但从此悟出一个道理:对于女人来说，母爱超出了夫妻之爱。

现在，长子已经永远离去，她能够经受住这一打击吗？他翘首东望战云密布的冀中平原，在滹沱河畔那间已经翻修过的老屋里，他仿佛听到了妻子悲恸欲绝的尖利的哭声。这时，他虽然已是三十岁的男子汉，也凄然心碎了。

天更凉了，村边的小河结了一层薄冰，随着冬天的到来，日军对边区开始了新的周期性的"扫荡"。

华北联大的师生们领到那被称作"阜平蓝"的粗布棉衣后，随即爬山越岭，向繁峙县境转移。没有等到丧子的伤痛稍加平复，孙犁就参加了新的反"扫荡"行动。

山道弯弯，峰回路转，也不知走了多少日子，才在深山里的一个小村庄中停了下来。孙犁的头发蓄得很长了，一个同伴借来老乡一把剪刀，替他剪了剪，不料他发起烧来，脖颈以下，延及脊背上部，生了许多水痘，火烧似的，又疼又痒。是剪刀不净还是其他原因引起的？在当时的情况下，无法确诊。他认为很可能是天花，他教的高中班有个学生，叫王鑫郎，是全班长得最漂亮的，他在转移中就得了天花，等到反"扫荡"结束，相互见面问候时，别人简直不敢认他了。孙犁以为，他幼年种过牛痘，可能发病轻微，这是后话。

领队的傅大琳，是高中班的物理教员，见他病了，就派了一位康医生，一位刘护士，还有一位姓赵的学生，陪他到一个隐蔽而安全的地方去养病。康医生只有二十多岁，医术虽差，人很精明，和他在一起，不曾有挨饿的时候，因为他在经办粮草方面，很有办法。在孙犁的记忆里，生病受到如此隆重照顾，这还是头一次，虽然这样做，也是战争中分散人员、化整为零、以利行军的权宜之计。

那个隐蔽而安全的地方终于找到了，就是繁峙县境内的蒿儿梁。这个村子兀立在高山顶上，看起来还没有驻过队伍。初来这里，战争风声正紧，加以他们几个人服装整齐、男女混杂、没有武器，又没带地方领导机关的介绍信，在向村干部筹粮的时候，遇到了些麻烦。孙犁听说后，亲自到干部那里去了一次。他身上带了一支左轮小手枪，包着一个软皮套。这手枪就是前面讲过的，他初到路西时一个团长送他的那支银白色的小手枪。他一枪也没有放过，只是系在腰上充样子，这回却帮了点儿忙——他们弄到了一些莜麦面。不过，很快他们就和村干部们熟悉起来，亲密得像一家人了。

孙犁在这里住了三个月，过了两个年——阳历年和阴历年。他至今记得他住过的那间西房：每天清早，阳光射在身旁的窗纸上，使病中的他感到欣慰和温暖，也感到重新升起的光明和希望。只是医疗条件不好：只有剪刀、镊子和红药水；医生和护士，也仅仅受过几个月的训练，谈不上什么医术。每天，护士在饭锅里煮煮剪刀、镊子，把化脓的水痘清理清理，在伤处擦上些红药水。这种疗法的后果是，一个个铜钱大的伤疤，一直留到现在。

但是，除了这些伤疤，也留下了亲切、美好的回忆。在四十年后的一个秋天，他在一封答复繁峙县县志编委会的信[①]里说：

> 在那样一个寒冷的地方，我安全而舒适地度过了一个难忘的冬季。我们可以想想，我的家是河北省安平县，如果不是抗日战争的推使，我能有机会到了贵县的蒿儿梁？我是怎样走到那里去的呢，身染重病，发着高烧，穿着一身不称体的薄薄的棉衣，手里拄着一根六道木拐棍，背着一个空荡荡的用旧衣服缝成的所谓书包，书包上挂着一个破白铁饭碗。这种形象，放在今天，简直是叫化子之不如，随便走到哪里，能为人所收容吗？但在那时，蒿儿梁收容了我，郭四一家人用暖房热炕收容了我。……
>
> 这是在艰难的日子里，才能发生的事，才能铸成的感情。

---

① 孙犁的这封复信连同来信，以《关于小说〈蒿儿梁〉的通信》的题名辑入《远道集》，百花文艺出版社1984年版。

他的小说《蒿儿梁》①,真实地反映了他的这段生活经历,小说描写的村子里的主要人物——妇救会主任和她的忠实、憨厚的丈夫,就是以郭四和他的妻子为模特儿写成的。孙犁的另一篇小说《看护》②,也是写的这段生活经历,小说的主角,换成了护士刘兰。

反"扫荡"结束后,他们走了一天的山路,于黄昏时间来到山脚下。眼前是小桥人家,河面上铺盖着雪,孙犁以为是久违了的平地,兴奋地往前一跳,一下子滑出一丈多远,脑受震荡,晕了过去。康医生和刘护士连忙把他抬进成果庵的热炕上,才苏醒过来。

幸亏伤得不重,晚饭吃了一些僧人做的莜麦粥,当晚便与僧人同床而寐,第二天还参观了五台山上的许多寺庙。这些寺庙,错落有致地掩映在郁郁苍苍的重峦叠嶂之间,十分古雅、壮观。

1944年初春,他们返回学院驻地,当即得到通知:第二天就去延安。

①② 《孙犁文集》第一卷,百花文艺出版社1981年版。

第五章　千里共婵娟

一、西去延安有故人

　　出发了，没有来得及向家里的亲人们道一声别，甚至于也没有来得及写一封信——烽火连天，写了也无法送到，况且还有危险。

　　春天来了，需要去领单衣，换下棉装，以便长途行军。孙犁去晚了，所有男衣已经发完，只剩下带大襟的女衣，他只好领下来。单衣是用土靛染的，色彩虽不能持久，却非常鲜艳，山地老乡称之为"月白"。色彩还可入乡随俗，那女衣的样式，颇使他这个高身材的男人感到难堪，在宿舍换衣服时，他犹豫了：这穿出去像话吗？

　　正在无可奈何，两个华北联大高中班的女学生进来了：

> 她们带着剪刀针线，立即把这件女衣的大襟撕下，缝成一个翻领，然后把对襟部位缝好，变成了一件非常时髦的大翻领钻头衬衫。她们看着我穿在身上，然后拍手笑笑走了，也不知道是赞美她们的手艺，还是嘲笑我的形象。[①]

[①] 《服装的故事》，《孙犁文集》第四卷，百花文艺出版社1982年版。

这次去延安,结队而行的,是华北联大高中班的六七位同事和几十名同学,由总支书记吕梁带队。吕梁沉默寡言,但善于做政治工作,非常负责,细心周到。孙犁和他在延安分手后,再没有见过他,但一直怀念着他。

当日在枣树林集合出发,队伍里忽然多出一个新媳妇。原来这是数学教员常智的媳妇,出发的前一天晚上,刚从冀中平原赶来。她年轻貌美,又是从敌占区过来,穿着也很鲜艳,她的到来,不免给这些即将远行的人,添上了各种各样的心事。但大家共同的心情是,都觉得惋惜:住在山区农家的柴草棚子里,炕上连张席子也没有,怎样留宿这花朵般的女客? 恐怕她还没吃晚饭,又没有开水,热情的师生们,只是从老乡那里买了些红枣来招待她。

才过了一夜,她就卸去粉妆,也换上新发的土靛染成的粗布衣裳,站在女学生们的队伍里了,只是脸上还带着平原富裕人家的女儿所常有的那种白嫩、丰腴的肤色。她同常智青春作伴,比翼双飞,该是幸事;但在当时,大家的担心却多于羡慕。

这支穿着鲜艳服装的"土八路",走在通向革命圣地的漫长而崎岖的道路上,虽然劳苦,却不寂寞,常常可以听到队伍里的歌声。山地群众看惯了穿这种衣服的工作人员,也不觉得奇怪。出发时,每人身上背了三匹小土布,供路上卖钱,换取食用之资。如无敌情,每天可走六七十华里,悠悠荡荡,计算着一段又一段的行程。最初几天,越走离家越远,孙犁产生了《风云初记》中在抗战学院教书的张教官那样的心情:"他好像每逢前进一步,就感到一次身后的拉力,克服这一点,是需要坚强的意志的。"① 家乡终于远远地落在地平线的那一边了,拉力变成了一种无形的思念。说也奇怪,这种情况,反而促使他加快了前进的脚步——是要本能地摆脱那种拉力或是思乡的痛苦吗?

① 《风云初记》第七十五章。

经过盂县时，正在下乡的田间，在一个要道口上迎接他，为他送行。清晨，山地的草木上还有霜雪；田间显然在那里等了很久，浓黑的鬓发上，也染有一点儿白霜。他傍着队伍行进了一段路，说了很简短的话，便和孙犁握手告别。

田间也离得远了，渐渐地变成了一个小黑点。但在孙犁携带的行李中，还有一件日本军用皮大衣，是田间过去随军工作时，得来的战利品。大衣很考究：皮领，雨布面料，上身是丝绵，下身是羊皮，袖子是长毛绒。羊皮上还有敌人的血迹——看着这血迹，他也可能想过这位战友的著名诗篇——《义勇军》：

> 在长白山一带的地方，
> 中国的高粱
> 正在血里生长。
> 大风沙里
> 一个义勇军
> 骑马走过他的家乡，
> 他回来：
> 　　敌人的头，
> 　　挂在铁枪上！

这件具有纪念意义的战利品，原来坚壁在房东家里，孙犁想到延安天气冷，去找妻子为他缝制的那件狗皮袄，没找到，就把田间的带走了。这也可以说是"战时共产主义"的风尚，同志们的衣物，常常是不分你我的。

在这样的长途跋涉中，他们走几天就休息一天，并由打前站的卖去一些土布，买肉改善伙食。有一天，大约是在山西省境内的忻县一带，遭了一次无妄之灾。

这里离敌人据点很近,这天中午,他们到了一个村庄。村里看不到什么老百姓,他们进入一家宅院,放下背包,便生火做饭。饭很简单:一锅小米干饭,一锅煮菜汤。人们吃完饭,便围住煮菜汤的锅洗自己的饭碗,然后都到院子里去休息。孙犁有个习惯,逢事不争先,宁肯靠后。等别人洗完了,他才上去洗,这时锅里的水已经很浅也很脏了。他埋下头去,正在洗碗,忽然"嗡"的一声,锅直飞起来,烟尘立时弥漫全屋。

　　院子里的人都惊呆了。

　　孙犁还不知道是怎么回事,拿着小搪瓷碗木然地走到院里,师生都围了上来。事后大家告诉他,当时他的样子可怕极了:一脸血污,额上翻着两寸来长的一片肉。在清洗时才知道,原来那不是肉,也不是血,不过是一片菜叶和污水,是人们的紧张制造了那可怕的形象。

　　在洗脸的时候,和一个在下游洗菜的妇女争吵起来。他刚受了惊,正没好气,并认定村里有坏人,预先埋了手榴弹,如果不是山西的锅铸得坚固,灶口垒得严实,后果还堪设想吗?

　　这妇女很刁泼,并不可爱。几年以后,孙犁却在自己的小说《山地回忆》①中构思出了这样的场面:在一个反"扫荡"的冬天(敌人"扫荡"总是在冬天),他到村边河里洗脸,同在下游洗菜的一个十六七岁的女孩子吵了起来,原因是女孩子嫌弄脏了她的菜。"离着这么远,会弄脏你的菜?"狂风吹着他的愤怒,飞向处在下风头的女孩子。女孩子也恼了,利嘴不饶人:"菜是下口的东西呀!你在上流洗脸洗屁股,为什么不脏?""你怎么骂人?"矛盾显然激化了,这位"八路军"站起来,转过身去。当他看清女孩子穿得很单薄,洗的是一篮子水沤的杨树叶,"这该是早饭的食粮",他立时心平气和下来,赔礼说:"我错了,我不洗了,你在这块石头上来洗吧!"女孩子却冷冷地看着他。过了一会儿才说:

---

① 《孙犁文集》第一卷,百花文艺出版社1981年版。

"你刚在那石头上洗了脸,又叫我站上去洗菜!""八路军"倒笑了:"你看你这人,我在上水洗,你说下水脏,这么一条大河,哪里就能把我脸上的泥土冲到你的菜上去? 现在叫你到上水来,我到下水去,你还说不行,那怎么办哩?""怎么办,我还得往上走!"说着,她真的扭着身子往上去了。直到她登上一块尖石头,把菜篮浸在河水里,同时把两手插进袄襟下面取暖的时候,才望着他笑了。

"你真讲卫生呀!"八路军说。

"我们是真卫生,你们是装卫生! 你们尽笑话我们,说我们山沟里的人不讲卫生,住在我们家里,吃了我们的饭,还刷嘴刷牙,我们的菜饭再不干净,难道还会弄脏了你们的嘴? 为什么不连肠子肚子都刷刷干净!"说着就笑弯了腰。

他们谁也没有料到,这场吵架最终变成了一次恳谈。女孩子指着他的饭缸子说:这东西"也盛饭,也盛菜,也洗脸,也洗脚……"这就不卫生。他说:"这是物质条件不好,不是我们愿意不卫生。等我们打败了日本,占了北平,我们就可以吃饭有吃饭的家伙,喝水有喝水的家伙了……"

"什么时候才能打败鬼子?"女孩子认真地问,因为她家的房屋,被日本兵烧过两三回了。

"也许三年,也许五年,也许十年八年。可是不管三年五年,十年八年,我们总是要打下去,我们不会悲观的。"他说出了这些话后,自己心里也很高兴了。

"光着脚打下去吗?"女孩子看看他的脚,就又低下头去洗菜了。

原来他没有穿袜子。等他明白过来,叹口气说:"这是没有法子么……从9月里就反'扫荡',可是我们八路军,是非到10月底不发袜子的。这时候,正在打仗,哪里去找袜子穿呀?"

"不会买一双?"女孩子的声音已经变得很低了。

"哪里去买呀,尽住小村,不过镇店。"

"不会求人做一双？"

"哪里有布呀？就是有布，求谁去做呀？"

"我给你做。"女孩子站起来，"我家就住在那个坡子上，"她用手一指，"你要没有布，我家里有点，还够做一双袜子。"说着，端起菜篮走了。

河边上只剩下了"我"所幻化成的八路军："我看了看我那只穿着一双'踢倒山'的鞋子，冻的发黑的脚，一时觉得我对于面前这山，这水，这沙滩，永远不能分离了。"

上面这段故事，就是那颗手榴弹"炸"出来的。他在河边上遇到的那个妇女实在不可爱，他也不想去写她。"我想写的，只是那些我认为可爱的人，而这种人，在现实生活中间，占大多数。她们在我的记忆里是数不清的。洗脸洗菜的纠纷，不过是引起这段美好的回忆的楔子而已。""在那可贵的艰苦岁月里，我和人民建立起来的感情，确是如此。我的职责，就是如实而又高昂浓重地把这种感情渲染出来。"① 关于这篇小说的下文，还有许多生动的过场和叙述，我们就都按下不表了。

炸也炸完了，吵也吵罢了，孙犁悻悻然回到队上，重新集合出发了。

他又经过了村南那条河。河很美丽：足有二十米宽，水平如镜，晴空的阳光照上去，不见有什么涟漪。队长催促大家急速渡河，齐胸深的水从孙犁身上流过，他感到平静、滑腻，还有些暖意（他们从阜平出发，已经走出很远，当时已是仲夏天气了），他有生以来，这还是第一次体会到水的温柔和魅力，他家乡的滹沱河，性子太暴烈了。

远处传来了枪声。过河以后，他们来不及理好鞋袜，就要爬上一座陡峭的、据说有四十里的高山。一个姓梅的女学生，还在河边洗涮鞋里的沙子，孙犁过去招呼了她，还把自己的玉米面窝窝头分给她一些，好

---

① 《关于〈山地回忆〉的回忆》，《孙犁文集》第六卷，百花文艺出版社 1982 年版。

增添她爬山的体力。天黑时他们爬上了山顶,风大,寒冷,不能停留,又遇暴雨,次日天明,才下得山来,进入村庄休息。

睡醒以后,同伴们有了精力,拿他昨天的惊险遭遇开起玩笑,并庆幸他大难不死,且亦不伤,料定他必有"后福"。

他好像并无如此雅兴:

> 我现在想:如果,在那种情况下,把我炸死,当然说不上是冲锋陷阵的壮烈牺牲,只能说是在战争环境中的不幸死亡。在那些年月,这种死亡,甚至可以说是一种接近寿终正寝的正常死亡。同事们会把我埋葬在路旁、山脚、河边,也无须插上什么标志。确实,有不少走在我身边的同志,是那样倒下去了。有时是因为战争,有时仅仅是因为疾病,饥寒,药物和衣食的缺乏。每个战士都负有神圣的职责,生者和死者,都不会把这种死亡作为不幸,留下遗憾。①

人们常常念起鲁迅先生那两句话:从喷泉里喷出的是水,从血管里喷出的才是血。正因为在上述队伍里默默流动着那旷达而恢弘的情感的洪流,才浇灌了那一代正义之苗,才开出了那芬芳的艺术之花。

行程继续着,进入陕西地界后,风光也好起来。在绥德,他们休整了五天,孙犁到山沟里洗了个澡。山沟向阳,小河的流水冲激着沙石,波光粼粼,奏出了清越的歌。他躺在河中间一块平滑的大石板上,温柔且又温暖的水,从头至脚,爬梳而过,使他几乎坠入梦乡。多日行军的疲劳全洗掉了,他不断吐着冲到口中的细小的沙石,觉得连这个动作都充满了愉快的意味。最后,他把女同学翻改的衬衣也洗了洗,拧好晾在石头上,干了又穿起来。这一切完毕之后,他才恋恋不舍地、悠闲而蹒跚地回到队上。

---

① 《关于〈山地回忆〉的回忆》,《孙犁文集》第六卷,百花文艺出版社1982年版。

这时吕正操已调晋绥军区工作，司令部就在绥德附近。队长到晋绥军区联络事情，带来口信，说吕正操副司令员让孙犁去一趟。他就穿着那身怪模怪样的衣服，到了吕正操的庄严的司令部，做了半日客，并在那里见到了贺龙同志。他自己甚觉不雅，将军们却全不计较。临别，他把自己带的一本线装《孟子》送给了吕正操，事后很觉得自己的举动奇怪。

清涧县城也给他留下了很深的印象。这里已是陕北，这一带的山，全由一种青色、湿润、平滑的板石构成，连这里的房顶、墙壁、街道，甚至门窗、灶台、炕台、地板……也都是用这种青石板构筑而成。县城坐落在峭立的高山顶上，清晨和黄昏，大西北的血红的太阳吐出一抹斜晖，平射着这青色的山城，显得十分绮丽壮观。雨后新晴，全城如洗，那种青色就像国画家用的石青一般沉着，加以空气又很新鲜宜人，人们宛如生活在一个没有尘土的世界里。面向着这古老的城堡，此时虽非阳春，他们也不是西度甘肃，远行新疆，却也不免借古人酒杯，尽兴一唱："渭城朝雨浥轻尘，客舍青青柳色新。劝君更尽一杯酒，西出阳关无故人。"

酒也许喝过了，但不是西出阳关，而是西去延安。那里是一个大家庭，"故人"很多，正等着他们去呢。

米脂到了。米脂地处无定河（黄河交流）中游，是陕北的富庶之区。县城建在黄土高原上，建筑风格古朴、漂亮。城里有四座红漆牌坊，像北京的四牌楼一样。这种情景，使从敌后远来的孙犁产生了一些感慨："敌后的县城，城墙，我们拆除了，房屋街道，都遭战争破坏；而此地的环境，还这样完整安静。我躺在米脂的牌坊下，睡了一觉，不知梦到何方。"[①]

梦到何方呢？既然连梦中人自己都不知道，我们也无法替他回答。

[①] 《〈善闇室纪年〉摘抄》，《秀露集》，百花文艺出版社1981年版。

我们知道的是：故乡离得很远了；他生活了有五年之久的那个第二故乡，也离得很远了；他就要去的这个新地方（当时，全中国人民都在向往着这个地方），有些什么在等待着他呢？在梦中，他也许回到了先前的故乡去，也许迫不及待地提前进入了还没有到来的新天地，总之，这个已进入而立之年的感情丰富的人，是不会使自己的梦做得索然寡味的。

二、人生几次月儿圆

初到延安的时候，他在鲁迅艺术学院文学系做研究生。鲁艺创立于1938年，初设戏剧、音乐、美术三系，后来增设文学系，改称鲁迅艺术文学院。1943年春并于延安大学，成为延大文艺学院。但是，由于鲁艺的巨大影响，便一直保持着它的独立的名称。

孙犁来到鲁艺文学系学习的时候，何其芳也在那里。他原是系主任，由于正在休养，舒群代理他的工作。何其芳已经不记得抗战初在冀中的那次会见，孙犁也没有提过。不过，孙犁住在东山顶上一排小窑洞里，何其芳住在下面一层原天主教堂修筑的长而大的砖石窑洞里，相距很近，倒是常见面的。怀着过去读《画梦录》的印象，孙犁总以为他沉默寡言；后来虽然知道他参加革命后文风变得明快，也并没有根本改变这种印象。到了延安，才知道他非常健谈，非常热情，是个典型的四川人。而且还像一位多年从事粉笔生涯的教师，对问题论辩有方，对学生诲而不倦，对工作勇于任事。由此，孙犁得到一个经验：不经接触，仅从一时的文章来判定某人，常常是不准确的。

邵子南是另一个给他留下了突出印象的四川人。他们还在晋察冀时就认识了，初次见面就高声喧嚷：“久仰——真正的久仰！”但孙犁想，"我到边区不久，也并没有什么可仰之处，但在此以前，我已经读过他写的不少诗文。所以当时的感觉，只是：他这样说，是有些居高临下的情绪的。"①但从此也就熟悉起来,相互也很关心。

他和邵子南大体同时来到延安,最初都住在东山顶上两间相邻的小窑洞里。每逢夜晚,孙犁站在门外眺望远处的景色,偶一转身,就可以看见邵子南那被油灯照得通明的小小窗户。孙犁知道,那准是他一个人在写作,如果有客人,他那一口四川话就会声闻户外。孙犁喜欢独处,尤其不耐聒噪,所以,当代系主任舒群因为合并宿舍,建议他和邵子南合住到山下一间很大的砖石窑洞的时候,他表示不愿意搬。他也知道,如果先去问邵子南,邵子南一定愿意搬,因为他相信对方没有择人而处的毛病:"并且,他也绝不会因为这些小事,而有丝毫的芥蒂,他也是深知道我的脾气的。"②

在延安,他还认识了美术系的一位画家马达。马达最初在上海从事木刻艺术,在当时,木刻艺术是一项新兴的进步的事业,曾受到鲁迅先生的积极支持。孙犁因为爱好革命文学,也连带爱好了木刻,青年时代买了不少木刻作品。他一直认为,在《鲁迅全集》里,那张鲁迅先生与"一八艺社"(由杭州艺术专科学校部分学生组成的木刻艺术团体)的合影中,有一位胸前垂着领带的、面型朴实厚重的青年,那就是马达。

马达也沉默寡言。两个沉默寡言的人住在一个大院子里,又同在一个小食堂吃饭,并没有多少话,也互相没有串过门。但是,他们的眼睛和心灵,似乎并不沉默,都对对方相当了解。差不多十年之后,有关方面在天津马场道找了一处住房,以为他们两人性格相近,职业相当,要他们搬在一起住。因为孙犁犹豫不决,两人都没有搬成。不久,又在昆明路给他们找了一处,叫孙犁住楼上,马达住楼下。这一次,马达先搬了进去,孙犁的妻子也打扫了厨房、厕所,后来因为听到一些不利的话,孙家又不想搬了。为此,马达曾找孙犁动员了两次,也没有成功,他只

---

①② 《清明随笔——忆邵子南同志》,《孙犁文集》第四卷,百花文艺出版社1982年版。

好和别人住在一起了。从这一次，孙犁看到，马达是诚心诚意地想和他做邻居的，"古人说，百金买房，千金买邻，足见择邻睦邻的重要性。但是，马达对我恐怕还是不太了解，住在一起，他或者也会大感失望的。我在一切方面，主张调剂搭配。比如，一个好动的，最好配上一个好静的，住房如此，交朋友也是如此。如果两个人都好静，都孤独，那不是太寂寞了吗？"① 这说法诚然也有道理，不过，话说回来，在延安时，邵子南愿意和他住在一起，他又嫌对方太活泼、太爱"聒噪"了。

独处爱静也罢，沉默寡言也罢，看起来这只是他的性格的一个方面，而且恐怕主要还是偏重于形式方面。其实，他的内心生活、感情生活是满丰富的。我们都还记得，他在幼年时候，就对京剧发生了兴趣，十二岁那年，父亲给他买过一本《京剧大观》，使他对京剧有了一些知识。可以说，他从童年起，就和京剧结下了不解之缘，"在我流浪时，从军时，一个人苦闷或悲愤，徘徊或跋涉时，我都喊过几句京戏。"② 在延安窑洞里，他不喜欢听邻居的聒噪，但把京剧引进了自己的生活。他请了一位经过名师传授的女同志教他唱，并对她产生了爱慕之情。一天傍晚，他们相约在延河边上见面。孙犁去了，见她已坐在石头上等，身上穿了一件白色的衣服，显得很庄穆。看来，爱情的花果唾手可得，但最后，不知道是哪一根神经起了作用，孙犁终于在它面前望而却步了，于是，便形成了又一个痛苦的无花果。

曾经担任过鲁迅艺术文学院院长的沙可夫，这时也从晋察冀回到延安，并到鲁艺来看孙犁。沙可夫作风朴素，平易近人，在晋察冀边区文联做领导工作时，虽然有一匹马，但他自己很少骑，多半是驮东西。饭菜也和大家一样，有一个时期，因有胃病，管理员缝了一个小白布口袋，装上些稻米，放在大家的小米锅里，煮熟了倒出来给他吃，这就是他的

---

① 《悼画家马达》，《孙犁文集》第四卷，百花文艺出版社1982年版。
② 《戏的续梦》，《老荒集》，上海文艺出版社1986年版。

"小灶"了。他对部下,从不疾言厉色,而且很了解每个人的长处,真正做到了知人善任。孙犁编的文联的刊物,把稿子送给他看,他很少有不同意见。他自己也写,不但为刊物写发刊词,写新诗,还翻译了重要的理论文章。部下被误解,或者优点不被人们了解的时候,他就尽心尽力地为他们解释。这样的领导干部,当然也是最能够得到部下的理解、尊重与信任的。多年之后,一位美术理论家透露说,那时沙可夫特别关心孙犁,就像关心一个"贵宾"一样。孙犁不以为然,"我想这是不合事实的,因为我从来也没有当'贵宾'的感觉。但我相信,沙可夫同志是关心我的,因为在和他认识以后,给人的这种印象是很深刻的。"①

在延安这一次,就又证明了沙可夫的关心:他来到鲁艺负责人之一的宋侃夫的窑洞里,把孙犁也叫了去,向宋侃夫介绍了孙犁在敌后工作的情况。他看到别人都有家眷,而孙犁孑然独处,因此,当把孙犁送出来的时候,关心地问:是不是也把家眷接到延安来?

孙犁自然思念妻子。但是一来关山阻隔,路面很不平静,二来上有年迈双亲,下有小儿女拖累,妻子哪里能离得开?所以,他只能婉言谢辞了。

眼前没有妻子,这是个缺憾。人生几次月儿圆?他们已有三四年不见了,青春时期的如花美眷,还得在战火中拖延下去。这对于一个刚刚三十来岁的男子,也是一种艰难的岁月。

是的,这里生活不错,大生产运动带来了丰衣足食,可以经常吃到牛、羊肉(主食为糜子)。按照当地习惯,头蹄杂碎是抛掉不吃的,有一次,邵子南从山沟里捡回一个特大牛头,在窑洞门口,安上一口大锅,架起大块劈柴,把牛头原封不动地煮在锅里,用他那四川人特有的犟劲说:"煮上三天,就可以吃了!"孙犁不记得是否和他分享过这次盛餐,

---

① 《回忆沙可夫同志》,《孙犁文集》第四卷,百花文艺出版社 1982 年版。

但在那些黄昏,在寒风凛冽的山头,在熊熊的火焰旁边,却和他分享了难忘的快乐。

他的窑洞也不错。在地上立起四根木桩,搭起一块木板,这就是床。窑洞的特点是冬暖夏凉,何况,冬季发的木炭很充足,室外再冷,室内照旧温暖如春。他的家具有青釉瓷罐一个,可打开水,一只大砂锅,可以热饭,也可兼做脸盆。但孙犁不用它洗脸,可以不受"妞儿"的奚落了。水房、食堂就在山下,方便得很。

在某种程度上,这里的生活可以自己设计、自己创造。例如马达,他的窑洞就设计得很别致,他利用土方,削成了沙发、茶几、盆架、炉灶……不只实用,简直还是可供欣赏的艺术品。

孙犁也想自己设计生活,结果却不成功。他在自己住的那间小土窑顶上种南瓜,破坏了走水沟,大雨下来后,前沿塌落,南瓜没种成,险些把他封闭在洞里。

这可以说是一次水灾;他还遇到过另一次水灾。鲁艺最初创立时,校址在延安旧城北门外云梯山麓南侧,1939年秋天迁来延安东郊桥儿沟。孙犁刚到延安时,先安置在桥儿沟街上一家骡马店内,一天傍晚,天降大雨(大西北的雨,总是来得那么急),他们几个教员,坐在临街一间房子的地铺上,闲话天地南北,孙犁刚说:"这里是高原,下雨不会发水……"就听到汹汹的流水声,探身窗外,洪水已齐窗台。大家急忙拎起包裹逃出,刚刚出户,房已倒坍。仓皇间,听到对面山上人喊:"到这边来!"大家于是向山坡疾奔。经过骡马店大院时,洪水从大门涌入,正是主流,水位陡然升高。孙犁被洪水冲倒,碰着一根耸立着的拴马木桩,他到底是一个男子汉,说时迟,那时快,立即抛掉衣物,猴子般攀登了上去。这时洪水冲击木桩,并挟有梁木、车辕冲过,他怕冲倒木桩,及时用脚、腿把这些什物拨开,致使多处受伤。好在几十分钟水即过去,不然,此处距延河不到百米,难保不顺流而下、直达黄河了(延河是黄河中游的一个支流)。

事后，孙犁听人说，延河边上有一座石筑戏楼，有一年夏天中午，二十多个人在戏楼上纳凉歇晌，不料洪水陡然袭来，整座戏楼连人一同卷入延河。孙犁由此深知，乡谚所云"远怕水，近怕鬼"之说，是很有道理的，到一个生地方，不先调查水文地理，是很危险的。

水灾后，孙犁已经身无长物，真的剩了一个"自我"。他深怪事先没人告诉他们：他们住的这条街，正是山洪的泄水道。幸好第二天他到店院寻觅，在一个车脚下发现了包裹，内有单衣两套，拿到延河边，洗去污泥，尚可穿用，那件田间的皮大衣，则不知去向了。

他是受灾户，当年冬天，领导上给他发了新装，包括一套羊毛棉衣。原料是不坏，美中不足的是，穿几天羊毛就往下坠，上半身成了夹衣，下半身又非常臃肿。而且，延安自产的那种深蓝色的土布，布质粗疏，本身就有下垂倾向。两个因素加在一起，很容易弄得肩背皆空，肚大腰圆，差不多成了个不倒翁。这时，和他一同到延安的一位同事，要随王震将军南下，他们发的是真正的棉衣裤，告诉他路过桥儿沟的时间，叫他披着那件羊毛棉衣，在街口等部队通过，他们好"走马换衣"——因为这位同事既是南下，会越走越热，棉衣面，就不讲究了。计划兑现后，孙犁有了一件真正的棉衣。

剩下一条羊毛棉裤，又由他同来的女弟子们进行了革命：她们把他一条棉褥里的棉花取出来，把他棉裤里的羊毛换进去，一举两得，他又有了一条道地的棉裤。此外，她们又给他织了一双羊毛线袜和一条很窄小的围巾，他居然全副武装、舒服体面地过了一个冬天。

事逢凑巧，这时一位同志，又从晋察冀来到延安，他身上穿的，竟是他那件狗皮袄，而且也是另一位同志穿过后送给他的。这是革命大家庭里的一种交流，是物质的交流，也是情感的交流。系里养了几只鸡，后来舒群决定分给个人养，孙犁不习惯这些婆婆妈妈的事，鸡分到手，就抱到美术系，送给了正要结婚的阎素，"以加强他蜜月期的营养"①。

这些人来自五湖四海，侵略者发动的战争，破坏了他们的家庭团圆，他们就到这个革命大家庭里来团圆了。

战争迟早总要过去，那时人们就可以回到家里团圆了；但是，革命大家庭里的温暖和团圆还能保持下去吗？我们的"传"还要写下去，孙犁后来有所回答。人生几次月儿圆？看来人们永远可以提出这个问题。

还是苏东坡的《水调歌头》说得好："人有悲欢离合，月有阴晴圆缺，此事古难全。但愿人长久，千里共婵娟。"

三、际　遇

在延安的学习生活是愉快的。在他的小窑洞里，除了继续读鲁迅等中国作家的作品，他还读了契诃夫的剧作，因为他爱好这位俄罗斯作家的抒情手法。"我在文学方面所受的教育，有很重要的一部分，是从俄罗斯和苏联那里来的。这也是鲁迅先生的教导，他介绍什么，我就学习什么。"②可惜的是，他的一本《楚辞》，在上次水灾中，被冲到延河里去了。那是一个姓梁的女学生送给他的，是商务印的选本。这女学生从北平来到晋察冀，就学于华北联大高中班，知道老师喜欢读些古书，就送了他这本《楚辞》，孙犁千里迢迢，把它背到延安，还没再读一遍，就付诸东流了。

并不总是读书、上课，也生产。他参加了开荒、糊火柴盒等生产活动，特别是修飞机场时，劳动很重，他一顿饭可以吃十四个馒头，馒头不大，加起来也该有一斤半吧。

刚来延安的时候，"正值大整风以后，学院表面似很沉寂。原有人

---

① 《读作品记（五）》，《孙犁文集》第六卷，百花文艺出版社1982年版。
② 《在苏联文学艺术的园林里》，《孙犁文集》第六卷，百花文艺出版社1982年版。

员,多照料小孩,或在窑洞前晒太阳。黄昏,常在广场跳舞,鲁艺乐队甚佳。""敌后来了很多人,艺术活动多了。排练《白毛女》,似根据邵子南的故事。"①"白毛女"的故事,是1940年由晋察冀边区河北某地传出来的,1944年流传到延安,翌年1至4月,鲁艺师生把它编成剧本并进行排演。在这个过程中,邵子南写出了最初的草稿,后来又经过了集体的加工和改写。孙犁看到的,大概是《白毛女》的最初排练情形。

孙犁继续进行创作,先在墙报上发表小说《五柳庄纪事》,后来在《解放日报》副刊陆续发表《杀楼》、《荷花淀》、《村落战》、《麦收》、《芦花荡》②等。《五柳庄纪事》是孙犁计划写的一部中篇小说,可能没有如期完成,《杀楼》和《村落战》在《解放日报》发表时,标有副题"《五柳庄纪事》的第一节"、"五柳庄纪事"等字样,看来就是他这部中篇小说的某些片断。

意义最大、影响最深远的当然是《荷花淀》,这篇小说发表于1945年5月15日《解放日报》副刊,当时任该报副刊编辑的方纪,后来回忆说:

> 读到《荷花淀》的原稿时,我差不多跳起来了,还记得当时在编辑部里的议论——大家把它看成一个将要产生好作品的信号。
>
> 那正是文艺座谈会以后,又经过整风,不少人下去了,开始写新人——这是一个转折点;但多半还用的是旧方法……这就使《荷花淀》无论从题材的新鲜,语言的新鲜,和表现方法的新鲜上,在当时的创作中显得别开生面。③

在河北平原和晋察冀山地扎下的根,在延安开花结果了;后来,人

---

① 《〈善闇室纪年〉摘抄》,《秀露集》,百花文艺出版社1981年版。
② 以上五篇小说,均已收入《孙犁文集》第一卷,百花文艺出版社1981年版。
③ 《一个有风格的作家——读孙犁同志的〈白洋淀纪事〉》,《新港》1959年第4期。

们就不断地谈论我国文坛上的那个"山色有无中"的若隐若现的"荷花淀派"。

这个时候,孙犁由研究生提升为教员,改吃小灶。

他讲《红楼梦》。在讲课时,代系主任舒群去听课,课后,发表了些不同意见,引起一场争论:孙犁认为《红楼梦》表现了贾宝玉的人生观,舒群则认为是批判了贾宝玉的人生观,并引书中的《西江月》为证。

这是两首《西江月》词,见于《红楼梦》第三回黛玉进贾府,宝玉出场后:

> 无故寻愁觅恨,有时似傻如狂。纵然生得好皮囊,腹内原来草莽。　潦倒不通世务,愚顽怕读文章。行为偏僻性乖张,那管世人诽谤!
>
> 富贵不知乐业,贫穷难耐凄凉。可怜辜负好韶光,于国于家无望。　天下无能第一,古今不肖无双。寄言纨袴与膏粱:莫效此儿形状!①

两人当日所申之词,到底谁是谁非,也是多年来难断的问题。舒群援引《西江月》固然不无道理,而且曹雪芹在小说的叙述语言中,还说这两首词"批贾宝玉极恰";但问题是,怎样理解这两首词? 例如,我们所根据的《红楼梦》版本,它的校注者就说:"这两首词用似贬实褒、寓褒于贬的手法揭示了贾宝玉的性格。"孙犁则认为这两首词具有"自嘲"性质②。

不必介入这种争论了,对我们来说,这种争论本身并不重要,重要的是,它表现了当年真诚、坦率的同志关系,孙犁很怀念这种关系:

---

① 据中国艺术研究院《红楼梦》研究所校注本,人民文学出版社1982年版。
② 《〈红楼梦〉的现实主义成就》,《孙犁文集》第六卷,百花文艺出版社1982年版。

……我当时青年气盛，很不以为然。我想，你是系主任，我刚讲完，你就发表相反的意见，这岂不把我讲的东西否了吗？我给他提了意见。作为系主任，他包容了，并没有和我争论。我常常记起这一件事，并不是说舒群同志做得不对，而是我做得不对。学术问题，怎么能一个人说了算数，多几种意见，互相商讨，岂不更好？青年时意气之争，常常使我在后来懊悔不已。在延安窑洞里，我还和别的同志，发生过更严重的争吵。但是，这一切，丝毫也没有影响同志间的感情。离别以后，反因此增加很多怀念之情，想起当时人与人之间的关系，觉得很值得珍惜。那时，大家都在年少，为了抗日这个大目标，告别家人离乡背井，在根据地，共同过着艰难的战斗生活。任何争吵，都是一时激动，冲口而出，并没有任何私心杂念或不可告人的成分在内。非同十年动乱之期，有人为了一点点私人利益，大卖人头，甚至平白无故地伤害别人的身家性命。①

　　邵子南也是一个喜欢争论的人，孙犁回忆在延安和他相处的那段日子，邵子南很爱说的两句话是："你走你的阳关道，我走我的独木桥。"有时是在谈话中间，有时是什么也没谈，他就忽然讲出这么两句话。他很少坐着谈话，即使是闲谈，他也总是走来走去。这两句话又总是说得那么斩钉截铁，"说时的神气也总是那么趾高气扬。说完以后，两片薄薄的缺乏血色的嘴唇紧紧一闭，简直是自信到极点了。"②邵子南为人单纯，孙犁很喜欢他的这个特点。孙犁认为，他有时表现出来的夸夸其谈，自以为是，正说明他胸无城府，可以亲近。他常挂在嘴边的那两句话，

---

① 《读作品记（五）》，《孙犁文集》第六卷，百花文艺出版社1982年版。
② 《清明随笔——忆邵子南同志》，《孙犁文集》第四卷，百花文艺出版社1982年版。

作为文学警句看，孙犁也很喜欢。但孙犁又认为，如果处处标新立异，事事与众不同，那也会成为一种虚无。在这些问题上，孙犁也会和他发生些争论吧！

孙犁讲《红楼梦》，这是他的拿手戏，他其实是讲得很好的（舒群只是提出自己的看法，和他讨论，并没有说他讲得不好）。据当年听过课的朱寨回忆，他至今还记得孙犁讲《红楼梦》里描写的那些笑的情况，不同人有不同人的笑，很具体。现在，我们可以用孙犁自己在一个讨论会上的发言，把朱寨的记忆补充得更具体一些，发言虽非讲课，但总可以帮助我们略窥他当年讲课的风采：

> 例如我们写小说，常常写到"看一眼"，"笑着说"。在实际生活里，在不同的场合下，"看一眼"和"笑着说"也有很多形态。我们不能记取这些形态，所以写到时，就只能笼统地"看一眼"，笼统地"笑着说"。曹雪芹就高明多了，随便翻翻书，我们就可以找到只在"看"和"笑"这两个日常动作上，他有多少功夫。"宝玉暗暗的瞅了黛玉一眼"，小红"下死眼把贾芸盯了两眼"，"彩云打开一看，嗤的一笑"，"宝玉和袭人都扑嗤的一笑"，"听得吱吱的笑声，薛蟠连忙把灯吹灭了"，"只见秋纹碧痕唏唏哈哈的笑着进来"。嗤的一笑和扑嗤的一笑，虽只差一个"扑"，情形就不同，人物的性格和当时的心情都表达出来了。①

关于《红楼梦》，自从他童年接触了这部书以后，对于他的思想和创作，一直发生着潜在的影响。他写的关于《红楼梦》的文章，对于搞这一行的人来说，是"客串"，但他发表的有些意见，却很为红学界一些人士所注目。他认为《红楼梦》决非出世的书，而是入世的书，是为

---

① 《怎样把我们的作品提高一步——在〈天津日报〉副刊写作小组讨论会上的发言》，《孙犁文集》第六卷，百花文艺出版社 1982 年版。

人生的书,"它的主题思想,是热望解放人生,解放个性"①。在另一个地方,他又说,《红楼梦》的主题,"就是批判人性,解放人性,发扬人性之美。"② 对于和舒群的那场讨论,他后来也有了新的看法:"什么是《红楼梦》表现的主要思想呢? 看惯了一些公式概念文章,脑筋里有一套陈腐的观念的人,反会在这一部作品面前,彷徨四顾,不知所答。而那些红学家们也从来没有正视过这一问题。十年前,我们在延安窑洞里讨论过这一问题,当时我粗浅地认为:曹雪芹的思想,主要是通过贾宝玉来表达。因为我想:在创作过程中,一个现实主义作家只能通过他肯定的人物的言行,表示他赞成的方面;通过他否定的人物的言行,表达他反对的方面。我认为贾宝玉是作者肯定的人物。当时有的同志说贾宝玉是作者批判了的人物,举出《红楼梦》里两首嘲笑贾宝玉的词为证。自然,这些同志的意见也有部分道理,因为曹雪芹的现实主义,在正面人物身上,也没有放弃批判……"③

我们好像花了不少笔墨,谈到延安窑洞里的这场"红学讨论",孙犁自己也确实对此一直念念不忘。由这件事,我们终于知道:他在追念友谊、严于自责的同时,心得和体会也日渐精深了。

他在延安生活了总共不过一年半,虽然比起晋察冀山地的生活,是够得上丰衣足食了,但究竟还有不少困难。例如,他写文章,只能用一种黄色的草纸,那篇著名的小说《荷花淀》,就是在他那小窑洞里,用这种黄色草纸和自制的墨水写成的。一年半的时间,还不够一期大专班毕业,他这个"研究生"(后来提升为教员),却在创作和学术方面获得了丰厚的收成——这也是时代给予的一种际遇。

---

① 《〈红楼梦〉杂说》,《孙犁文集》第六卷,百花文艺出版社1982年版。
② 《答吴泰昌问》,《孙犁文集》第六卷,百花文艺出版社1982年版。
③ 《〈红楼梦〉的现实主义成就》,《孙犁文集》第六卷,百花文艺出版社1982年版。

四、还 乡

1945年8月14日，日本帝国主义者宣布无条件投降了！

在延安，消息传来的那天晚上，"无数的灯光在一层层一排排的窑洞里亮起来，我们搜集一切破布片旧棉花，扎成各式各样的火把，在延安街上游行。光明和欢笑，照在延河的水底，我们仰望山顶，那山腰山顶的灯火，成了一个庄严快乐的世界。"①

胜利了，胜利比预想的来得要快，他们又从延安出发，向家乡行进了。因为孙犁是从晋察冀来的，所以被派作前站，给女同志们赶毛驴。他重新穿起那双从晋察冀穿来的山鞋，拿起那根从敌后山上砍来的六道木棍，上了路。因为是胜利后的还乡，心情之舒畅愉快，就不必说了。

他带的这支队伍也很别致，母亲的婴儿们，装在两个荆条筐里，挂在毛驴的两边，"小毛驴一走一颠，母亲们的身体一摇一摆，孩子们像燕雏一样，从筐里探出头来，呼喊着，玩闹着，和母亲们爱抚的声音混在一起，震荡着漫长的欢乐的旅途。"②

这是金秋时节，迎面吹来的，是掠过西北高原的瑟瑟秋风，除了孩子们的咿呀嬉闹，母亲们的半嗔半爱的哄逗叱喊，还时时有女歌手们的抒情歌唱，孙犁很满意他这支队伍。但是，在过同蒲路的时候，发生了一件事。这是一个夜晚，他们必须趁天黑越过同蒲路（这时日伪仍控制着铁路线），因为一个女同志下驴到高粱地里去小便，掉了队，铁路没有过成，全队又都退回来，等候第二天夜里再过。

第二天，他宣布了一条特殊的纪律，也可以说是"紧急状态法"：

---

① 《人民的狂欢》，《孙犁文集》第四卷，百花文艺出版社1982年版。
② 《服装的故事》，《孙犁文集》第四卷，百花文艺出版社1982年版。

凡是女同志小便，不准远离队列，即在驴边解手。解毕，由牵驴人立即抱之上驴，在驴背上再系腰带。

这一来果然奏了效，他们胜利地通过了敌人的封锁线，使孙犁现在想起来，"还觉得有些得意"①。

马达也在这个队伍里，他也是单身汉，负责赶驴。中午到了站头，他俩总是蹲在街上吃饭。给养来源不很正规：孙犁因为有两套单衣，途中每走一程，就卖去一件单衣，补充些果子和食物。饭量出奇地好，什么也吃着很香。

像来的时候一样，也要走几天休整一次。在晋、陕交界，有一天上午，孙犁从住宿的地方出来，经过一个磨棚，看见马达站在那里画速写。有两个青年妇女正在推磨，孙犁没有注意她们推磨的姿态，他只看马达画，"马达用一支软铅笔在图画纸上轻轻地、敏捷地描绘着，只有几笔，就出现了一个柔婉生动、非常美丽的青年妇女形象。这是素描，就像在雨雾里见到的花朵，在晴空里望到的勾月一般。我确实惊叹画家的手艺了。"②从这一次，他对画家产生了特别的敬意和好感，他在自己的创作中，无形中也更加强了素描的训练。

能几笔画出一个人，是要有经验的画家才行。在初学画的时候，一定是擦了再画，画了再擦，不知经过多少次练习，然后才能一笔是一笔。

白描的功夫，是作家对生活人物异常熟悉，经过周密观察研究的结果。如果事先没有观察或不熟悉，面对面工笔细涂，尚且不像，何况白描？③

---

① 《牲口的故事》，《远道集》，百花文艺出版社 1984 年版。
② 《悼画家马达》，《孙犁文集》第四卷，百花文艺出版社 1982 年版。
③ 《鲁迅的小说》，《孙犁文集》第六卷，百花文艺出版社 1982 年版。

冬季，他们到了张家口。这是他们胜利后进入的第一个大城市，敌人所遗物资很多，这些文艺家久处困难环境，现在看到这么多东西，便捡些四处扔着的废白纸张，作为写作、绘画之用。

晋察冀的熟人大部分都在，开会欢迎了他们。因为他们早到张家口，穿戴都很整齐，康濯和已经改行做经济工作的邓康，都穿上了洋布衣裳。邓康看见孙犁只穿一身粗布棉袄裤，便给他一些钱，叫他到小市上添购些衣物。孙犁到野市买了一顶西北皮帽，一件蚕绸衬衣，还有一条可做围巾用的日本丝巾，然后应邓康之邀，回到他的住处，洗了一个日本浴，换上了干净的衬衣。于是，他告别了在延安结交的新朋友们，也告别了赶毛驴的生活，一个人回冀中来了。

这下面又是一段新的行程，一个人向自己的家乡奔赴的行程，他感到了亲切，也感到了紧张。从1939年春天离开自己的家，到现在已经六七年了，在这段时间里，长子夭折，听人说父亲健康情况也不好，想起这些来就心情沉重。1944年秋天，他在延安窑洞里，从笔记本上撕下一片纸，修了一封家书。那时，家乡还被日伪占据着，寄信很危险，但他实在控制不住对家人的思念。白纸的正面，是给父亲的短信，背面是写给妻子的几句话。她不识字，但他知道，父亲会念给她听。

他把这封信寄给在晋察冀工作的周小舟同志，烦他转交。一年多过去了，家里收到这封信了吗？

他一个人乘火车到了宣化，在王炜的住处，要了一件日本军官的黄呢斗篷，和一件军毯，然后步行回乡。他从下花园奔涿鹿，再经易县越过平汉路，插入清苑西，一直南行，每天行程大约百里，共走了十四天，终于进村了。

那是一个黄昏，当他披着那件黄呢斗篷进家时，"正值老父掩外院柴门，看见我，回身抹泪。进屋后，妻子抱小儿向我，说：这就是你爹！

这个孩子生下来还没见过我。"①这几行记载，骨肉、夫妻之情，约略可见。为了更详细地了解作家当时的心境，我们不妨借助一下他的《嘱咐》②。小说所记，虽然不等于事实（不能否认，其中有不少叙述是事实），仍然可以做一番参照：

  水生斜背着一件日本皮大衣，偷过了平汉路，天刚大亮。家乡的平原景色，八年不见，并不生疏。这正是腊月天气，从平地上望过去，一直望到放射红光的太阳那里，他深深地吸了一口气。把身子一挺，十几天行军的疲劳完全跑净，脚下轻飘飘的，眼有些晕，身子要飘起来。这八年，他走的多半是山路，他走过各式各样的山路：五台附近的高山，黄河两岸的陡山，延安和塞北的大土圪塔山……
  …………
  黄昏时候，他走到了自己的村边，他家就住在村边上……
  他在门口遇见了自己的女人。她正在那里悄悄地关闭那外面的梢门。水生亲热地叫了一声：
  "你！"
  女人一怔，睁开大眼睛，咧开嘴笑了笑，就转过身子去抽抽打打地哭了……

回到现实中来吧。这不是梦：孙犁真的看到了自己的父母、妻子和孩子。这时，已经是1946年年初，刚过了阳历新年，就要过春节了。谈话间，妻子告诉他：收到了他从延安转来的信，当时一家人正要吃午饭，父亲站在屋门口念了这封信，一家人都哭了。孙犁听后怅然。但他十分

---

① 《〈芸阁室年纪〉摘抄》，《陋巷集》，百花文艺出版社1987年版。
② 《孙犁文集》第一卷，百花文艺出版社1982年版。

感谢周小舟和交通站的同志,千里迢迢,关山阻隔,敌人又封锁得那么紧,不知他们怎样把信送来的。"它的每句话都是有用的,有千斤重量的。"①《风云初记》第五章里有一个念信的场面,那也是一封从延安来的信,由高翔的父亲念,"高翔的信是写给父亲和母亲的,可是不用说秋分,就是这个十来岁的孩子也能听得出来,有好多言语,是对她的母亲说的。爷爷念着,她看见母亲不断的红脸。"孙犁的信,可能也部分地具有这种效果。

妻子应该得到安慰。她在娘家有些娇惯,本来不会织布。后来孩子多了,穿衣困难,她竟从纺到织,都学会了。这次孙犁回来,看到她的两个大拇指,因为推机杼都顶得变了形,又粗,又短,指甲也磨秃了。此外,还带着孩子下地、下场,每逢集日,又去卖线卖布。

孙犁自幼得到父亲疼爱,从没挨过他一下打。这次见孙犁回到家来,老人很高兴。有一天晚上,一家人坐在炕上说话,孙犁说他在外受了多少苦,担了多少惊,说得多了,老人忽然不高兴起来,说:"在家里,也不容易!"

孙犁回到自己屋里后,妻子为父亲着想,抱怨丈夫说:"你应该先说爹这些年不容易!"这使他想到,"这些年闹日本,父亲带着一家人,东逃西奔,饭食也跟不上。父亲在店铺中吃惯了,在家过日子,舍不得吃些好的,进入老年,身体就不行了。"②在孙犁的小说里,我们不止一次看到这样的场面:一个老人背着孩子在田野里奔跑,躲避着敌人的"扫荡"……那里就该有着他父亲的影子。

---

① 《书信》,《老荒集》,上海文艺出版社1986年版。
② 《父亲的记忆》,《老荒集》,上海文艺出版社1986年版。

第六章　烈火中的凤凰

一、新的旅程

回冀中，是孙犁的愿望。他说，他想回到家乡搞创作。领导部门批准了他的请求。

他在东辽城自己的家里只住了四天，便在一个大雾弥漫的早晨，渡过滹沱河，向北面的蠡县县城走去。村里一个叫芒种的青年农民送了他一程，这个人的名字，原封不动地写进了《风云初记》，而且是一个主角。在小说里，他先是长工，后来成为一名出色的战士和年轻指挥员。

孙犁去蠡县，是要找梁斌，梁斌正在那里当着中共蠡县县委宣传部长。

冬天还没有过去，在雾中行走，恰似潜游于又深又冷的浑水里。太阳出来了，雾气散去，满树都是霜雪，银装玉琢，另是一番景象。那些年，他养成了走路行军的习惯，现在，行进在家乡静谧、和平的田野上，心里格外舒坦。太阳爬上了树梢，霎时间，给大地抹上了一层金子的颜色。此刻，他望着远村近树，披金挂银，不觉心花怒放起来。

傍晚，他到了县城，走进县委机关大院。这里原是一家钱庄，梁斌住在东屋。

在孙犁的印象里,梁斌朴实、厚重。他们最初认识,是在1938年春,孙犁到蠡县组织人民武装自卫会的时候,那时梁斌在县里领导着一个剧社。1941年孙犁从山地回到冀中,参加编辑《冀中一日》,他们接触机会很多,便熟起来了。1943年,孙犁在繁峙县境内坚持了三个来月的反"扫荡",在战争空隙,还翻越了几个山头,去看过他一次,当时,他正随西北战地服务团行军,到太原执行任务。

他们也有数年不见了,老朋友自然有说不完的话。这天晚上,就说好了孙犁下乡的地点。梁斌那里,有一个管文件的身材不高的女同志,姓朱,叫银花,孙犁就被安排到她家住的村子——刘村去工作。

刘村是一个大村子,孙犁进村后,按照约定,先找到银花家里,见到了她的妹妹——锡花。这是一家中农,锡花看上去不过十七八岁,高高的个儿,神态虽然透着明显的稚气,但热情、爽快,能说会道,很会办事,正在村里当着党支部委员。中午,她给孙犁做了一顿可口的家乡饭,使孙犁至今不忘:煮红薯、炒花生、玉茭饼子、杂面汤。

锡花家里没有母亲,父亲有四十来岁,穿着和外表都不像农民,而像一个城镇归来的商人。他脸上盖着酒气,不爱说话,在人前总像做错了事似的。在县城,孙犁听说他不务正业,当时猜想,也许是中年鳏居的缘故吧。

锡花的祖父倒很活跃,有些江湖气,黑而健康的脸上,笑容不断,不像有七十来岁。凭着感觉和观察,孙犁推断他应该是一个牲口经纪或赌场过来人。他好唱昆曲,饭后,拍着桌沿,给孙犁唱了一段《藏舟》。这里的老一辈人,差不多都会唱几句昆曲。

孙犁以普通村民的身份,在刘村住了三个月,人熟地也熟,有些不愿意离开了。他在这一年(1946年)3月30日给康濯、肖白(《晋察冀日报》的一个编辑)的信里,这样描绘着自己的生活:"因为梁斌同志的照顾,我的写作环境很好,自己过起近于一个富农生活的日子,近于一个村长的工作，近于一个理想的写作生活。"① 在这段日子里，锡花常到住处看他，有时还带些吃的去，有时也商量工作。孙犁也常到她家去坐坐，她也总是那样勤快活泼。孙犁这一年写的小说《"藏"》②，里边的女主人公浅花，就含着锡花的影子，或者说，是一个完全艺术化了的锡花：

> ……媳妇叫浅花，这个女人，好说好笑，说起话来，像小车轴上新抹了油，转的快叫的又好听。这个女人，嘴快脚快手快，织织纺纺全能行，地里活赛过一个好长工。她纺线，纺车像疯了似的转；她织布，挺拍乱响，梭飞的像流星；她做饭，切菜刀案板一齐响。走起路来，两只手甩起，像扫过平原的一股小旋风。

总之，锡花是给孙犁留下了深刻印象的一个人物，后来他到了河间，还给她写过几回信，锡花每次回信，都谈到自己的学习。天津解放后，孙犁进了城，才断了来往。不过仍关心着她，十多年以后，还向同住在天津的梁斌问起她的消息。梁斌告诉他：1948年农村整风时，她家好像有些问题，被当作"石头"搬了一下。农民指她家是"官铺"，还编了歌谣。锡花仓促间寻了一个极普通的农民，结婚了事，好像很不如意。孙犁闻之默然，几乎是祝福式地发表了他个人的想法：

> 我在那里居住的时候，接近的群众并不多，对于干部，也只是从表面获得印象，很少追问他们的底细。现在想起来，虽然当时已经从村里一些主要干部身上，感觉到一种专横独断的作风，也只认为是农村工作不易避免的缺点。在锡花身上，连这一点也没有感到。所以，我还是想：这些民愤，也许是她的家庭别的成员引起的，不

---

① 《孙犁致康濯信》，《陋巷集》，百花文艺出版社1987年版。
② 《孙犁文集》第一卷，百花文艺出版社1981年版。

一定是她的过错。至于结婚如意不如意,也恐怕只是局外人一时的看法。感情的变化,是复杂曲折的,当初不如意,今天也许如意。很多人当时如意,后来不是竟不如意了吗?但是,这一切都太主观,近于打板摇卦了。①

打板摇卦也是一种期望,即期望着和他一起生活过的那些人生活得更好。孙犁对于他所关心的那些人,总是怀着长久的系念和深深的祝福。

在刘村,孙犁住在村北头一家三合房大宅院里,这原是一家地主,姓郑,房东是抗日干部,不在家,房东太太也外出,看女儿去了。只有一个老佣人看家,并帮孙犁做饭,闲时也坐在椅子上陪孙犁说会子话儿。他叫白旦,在农村,是被看作缺个魂儿、少个心眼儿的那种人,其实却是极其质朴的贫苦农民。他有一只眼睛不好,老流泪,不断用一块破布去擦。有时,孙犁在宽广的庭院里散步,他就静静地坐在台阶上,一时间,像失了思想的木偶似的,一动也不动。夜晚,孙犁在屋里点起一些秫秸取暖,他便蹲在一边,就着火抽烟。他的形象,在孙犁心里造成了一种沉重的感觉:"他孤身一人,年近衰老,尚无一瓦之栖,一垄之地。无论在生活和思想上,在他那里,还没有在其他农民身上早已看到的新的标志。"同样,在十几年以后,孙犁也把他的祝福送给了这位老人:

> 1948年平分土地以后,不知他的生活变得怎样了,祝他晚境安适。②

郑家对门,是妇救会主任的家。在这里,孙犁却有一段他十分不愿

---

①② 《某村旧事》,《孙犁文集》第四卷,百花文艺出版社1982年版。

意碰到的"艳遇"。

孙犁已忘记这家姓什么,只记得妇救会主任有一个男人似的名字——志扬。志扬的丈夫在外面跑生意,家里只有她和婆母。婆母外表黑胖,工于心计,一照面,孙犁就看出了她这一点。孙犁初到郑家,村干部很是照顾,她以为来了重要上级,亲自过来看孙犁,显得很亲近,一定约孙犁去她家坐坐。第二天,在平时人们吃罢早饭的时候,孙犁去了。她正打扫庭院,庭院显得整齐富裕,新油饰的门窗,闪着亮光。她叫孙犁到儿媳屋里去,儿媳也在屋里招呼他去。他走进西屋,却见主任还没起床,"盖着耀眼的红绫大被,两只白皙丰满的膀子露在被头外面,就像陈列在红绒衬布上的象牙雕刻一般。"①见此光景,孙犁急忙却步转身,婆母却在外面吃吃笑了起来。从此,孙犁再没有到她家去过。

有时在街上遇到她,她也变得非常冷淡了。这并非因为孙犁的"迂",而是因为她看透孙犁既不骑马,也不骑车,只是一个身着粗布棉衣,挟着小包东跑西颠的行脚僧似的干部。确实,孙犁进村以来,既没有主持会议,也没有登台讲演,她看准这种干部主不了村中大事,得罪了也没关系,更何必设局奉迎?

这户人家在1948年冬季被斗争。听到这个消息,孙犁一点也不惊异。

在这期间,孙犁曾将妻子和两个女孩子接来,同住了几天,为主人看家尽职的白旦,却有些不耐烦。在送她们回家的路上,坐在农村用牲口拉的那种大车上,因为天气还冷,妻子将双手插在他的棉袄口袋里,在夕阳照耀下,她显得很幸福。在人生的长河里,这一瞬间的表情,永远留在孙犁的记忆里了。八年抗战,鹊桥难搭,她即将四十岁,脸上的皮肤,已变得粗糙了。

在村里,孙犁还遇到了一位老战友。他叫郑松如,十几岁参加抗日,

---

① 《某村旧事》,《孙犁文集》第四卷,百花文艺出版社1982年版。

原在冀中区的印刷厂工作，后来调到《晋察冀日报》，仍在印刷厂工作。两人虽然头回见面，由于经历相仿，所以谈起来非常亲切。

他脱离工作已经有四五年了，说起来也是人生的一段不平常的故事。原来，他父亲多病，娶了一房年轻的继母。继母足智多谋，一定要他回家；他不肯，声言抗日为重。继母便给他说好一门亲事，新婚之后，"枕边私语，重于诏书"，松如果然不再回山地，"脱鞋"（妥协）了。

在革命队伍里，"脱鞋"是丢人的事，但松如此刻和孙犁谈起来，已经没有惭怍之态，倒是对孙犁困苦奔波的生活，时露嘲笑的神色。如此，每当孙犁好言相劝，谈到"归队"，他就托故辞去。

一天，他把孙犁带到家里去。那是一处富家人的大宅院，虽有破落之象，但规模未减。孙犁被让进洞房，看到了他那按年龄来说显得肥胖了些的新妇。新妇看见生人，溜下炕来出去了。因为是老战友，孙犁并不客气，靠在叠得很整齐的新被垒上休息了一会儿。这时，他打量了一下这裱糊得如同雪洞一般的洞房：阳光照在浸过桐油的崭新窗纸上，玻璃般明亮；用红纸剪贴的各式各样的纤细、精巧的花朵，把房间点缀得既富丽又温煦；房间的陈设，脂粉的香气……无处不洋溢着新婚的喜悦和美满的气氛。看着看着，孙犁忽然不安起来：

> 柳宗元有言，流徙之人，不可在过于冷清之处久居，现在是，革命战士不可在温柔之乡久处。……当然，这里没有冰天雪地，没有烈日当空，没有跋涉，没有饥饿，没有枪林弹雨，更没有入死出生。但是，它在消磨且已经消磨尽了一位青年人的斗志。①

孙犁告辞了洞房的主人，独自又回到那冷屋子冷炕上去——那里只堆着一些破毡败絮，另外，还得自己去向村干部要米，自己筹划饭食。

---

① 《某村旧事》，《孙犁文集》第四卷，百花文艺出版社1982年版。

对于这种生活，孙犁并不觉得低下，相反，他心安理得，情绪高昂：

  生活啊，你在朝着什么方向前进？你进行得坚定而又有充分的信心吗？
  "有的。"好像有什么声音在回答我，我睡熟了。①

刘村三个月的生活，是新的行程的开始，在这里，除了《"藏"》，他还写了另外两篇小说——《钟》和《碑》②。此外，他在这个村庄认识了文建会的一位负责人，这个人成了他塑造《风云初记》中变吉哥这个人物的一个依据；这是一个很可爱的人物，读过《风云初记》的人该不会忘记他。

二、羁留河间

在蠡县刘村住了三个月以后，冰消雪化，春水融融，按照原来的计划，他本想由沙河乘小船去白洋淀。当时冀中区党政机关在河间，路过此地的时候，值"冀中八年抗战写作委员会"成立，又是王林挽留，他成了这个委员会的一员，留在河间了。

区党委要他主编一个刊物，即《平原杂志》。他确实是"主编"，因为编辑部并没有别的人。地址呢，就设在区党委机关报《冀中导报》社的梢门洞里，靠西墙放一扇门板，连床带座位都有了，床前再放一张小破桌，这就是编辑部。

接受任命之后，他邀集冀中区各个有关方面的人士，在《冀中导报》社开了一个座谈会，议定了刊物的性质和编辑方针，然后他就脚踏实地

---

① 《某村旧事》，《孙犁文集》第四卷，百花文艺出版社1982年版。
② 《孙犁文集》第一卷，百花文艺出版社1981年版。

地干起来了：上半月，他经常到各地体验生活，搞创作；下半月，回报社编排稿件，发稿以后就又走了。区党委看他太忙，打算调一个女同志给他当助编。一天上午，这位女同志果然姗姗而来，坐在了"编辑部"的门板上。她是柳溪，是新从北京来的洋学生，后来成为一名作家。孙犁在前些年得悉，她还是纪晓岚的后代。但在当时，孙犁却没有接受她当自己的助编，原因是：他觉得以前在山区时，就是一个人编刊物，已经习惯了，添一个人反倒麻烦，又是个女的，诸多不便，于是回复上级，辞谢了。关于柳溪，我们不妨借着作家的笔，做几句交代：

> 我那些年，并不像现在深居简出，蛰伏一处。时常出去云游，芒鞋破钵，云踪无定……
>
> 有一年的初冬，我正在饶阳、博野之间的田野里云游，忽见一个农村少妇，两手把一个肥胖的婴儿托在胸前，在荒野小道上，大踏步迎面而来，走在跟前，我才认出是柳溪。她已经结婚生子，并且完全农民化了。①

没有助手，什么都得自己来，用他自己的话说：又要下蛋，又要孵鸡。但刊物办得相当认真：每期都有一个中心，除去大家的来稿，围绕着这一中心，他每期都自己动手，写了梆子戏、大鼓词和研究通俗文学的理论文章——写到这里，我们需要做一个回顾：1940年，在晋察冀边区文艺界也有一场关于民族形式问题的争论，一些人倾向于"新酒新瓶"，另一些人倾向于"旧瓶新酒"。孙犁是倾向于前者的，他在《晋察冀日报》上登了一篇短文，其中有一句话，大意为，"有过去的遗产，还有将来的遗产"。这句话曾引起两位戏剧家的气愤，主张先不要讨论，要先编一部文艺词典，弄清名词再讨论。对于他们的态度，孙犁也很不满

---

① 《柳溪短篇小说选集序》，《孙犁文集》第六卷，百花文艺出版社1982年版。

意,嘲笑他们过了二十年还没有编出这样一部词典。孙犁解释说,他那时的意思是:艺术形式是逐渐发展的,遗产也是逐渐积累起来的。① 总之,那时孙犁对于利用旧形式,是并不热情的,而且,据他自己说,他"当时的文字、文风,很不规则,措词也多欧化生硬"②。但这一切,都不要紧,正像他在《回忆沙可夫同志》的文章里说的:"凡是真正有价值的文学作品,不分古今中外,不管是什么流派,他都帮助大家学习。有些同志,一时爱上了什么,他也不以为怪,他知道这是会慢慢地充实改变的。实际也是这样。例如故去的邵子南同志,当时是以固执欧化著称的,但后来他以同样固执的劲头,爱上了中国的'三言'。此外,当时对《草叶集》爱不释手的人,后来也许会主张'格律';喜欢马雅可夫斯基跳动短句的人,也许后来又喜欢了字句的修长和整齐。"③ 现在,证实了他写的这些话,他自己也热心梆子戏、大鼓词和通俗文学的理论了。而且,他这时所表现出来的对通俗文学的热心,还引起一些人对他的创作前途的疑虑。事实上,这又是多余的了,倒毋宁说,经过一些欧风的冲击,再经过一个时期对通俗文学和传统形式的执着的追求,他的文风锻炼得更加遒劲、圆熟了。

《平原杂志》出了六期,他仿照鲁迅编杂志的方法,每期都写了较长的编后记。在有一期的编后记里,还特别介绍了陕北著名说书盲艺人韩起祥说的《时事传》,指出"韩瞎子"(这是他家喻户晓的名字)的成功不只在演唱技能,更在于他能接受新事物,善于创造进取,不死守旧的一套。他提醒读者注意这一场面:一面鼓,一副檀板,就可以吸引上千上万的人,里七层,外八层,围得风雨不透④。由这里,我们也可以知道孙犁那时为什么如此热心通俗文学的原因。他自己写了些什么大鼓词、梆

---

① 《回忆沙可夫同志》,《孙犁文集》第四卷,百花文艺出版社 1982 年版。
② 《〈青春遗响〉序》,《老荒集》,上海文艺出版社 1986 年版。
③ 《孙犁文集》第四卷,百花文艺出版社 1982 年版。
④ 《介绍〈时事传〉》,《孙犁文集》第六卷,百花文艺出版社 1982 年版。

子戏，我们虽然不知道详细的情况①，但肯定属于"话须通俗方传远，语必关风始动人"的那一类。

孙犁作为一代著名的编辑，他的有独特风格的编辑作风也在这时开始形成。他很注意参考前人编刊物的经验，特别是鲁迅编刊物的经验。鲁迅主持编辑或有密切关系的刊物，如《语丝》、《莽原》、《奔流》、《萌芽》、《文学》、《译文》等等，他都十分留心学习，特别是留心阅读鲁迅在每期刊物后面写的"后记"：

> 从鲁迅编辑的刊物中，我们可以学到：对作者的态度；对读者的关心；对文字的严肃；对艺术的要求。
>
> 对待作者要亲切也要严肃。这主要表现在对待他们的稿件上。熟人的稿件和不熟人的稿件，要求尺度相当。不和投稿者拉拉扯扯，不和投稿者互通有无（非指意识形态，指生活资料）。
>
> …………
>
> 改稿时，知之为知之，不知为不知。不认识的字，不知道的名词，就查字典，或求教他人，或问作者，这都是工作常规，并不丢人。
>
> 作者原稿，可改可不改者，不改。可删可不删者，不删。不代作者作文章（特别是创作稿）。偶有删节，要使上下文通顺，使作者心服。
>
> …………
>
> 不轻易召作者到编辑部，有事写信商量。这样不干扰日常工作，保持编辑部正常秩序。鲁迅说，他从来也不轻易召作者到编辑部来。②

---

① 孙犁当时不很注意保存自己的作品，1946年3月30日给康濯的信里说："过去我对保存作品太不注意，也是抽烟纸缺，都抽了烟了，后悔无及。"——参看《陋巷集》，百花文艺出版社1987年版。

② 《编辑笔记（续一）》，《孙犁文集》第七卷，百花文艺出版社1982年版。

上述各点，是他多年实践的体会，纵不能代表他的全部编辑工作的经验和特色，也能窥一斑而见全豹吧。

　　孙犁深通人情，对于投稿者的心理，是很能够体察、照顾的。他说："敝帚自珍，无论新老作者，你对他的稿件，大砍大削，没有不心疼的，如砍削不当或伤筋动骨，他就更会难过。如果有那种人，你怎样乱改他的文章，他也无动于衷，这并不表现他的胸襟宽阔，只能证明他对创作，并不认真。"① 他举出30年代文坛上的一宗旧案：《文学》主编者之一傅东华删了周文的小说，因删得太多而欠妥，周文找上门去，时称"盘肠大战"。他自己也有过文章被人乱改的痛苦经验，1946年7月4日给康濯的信② 里说："说实在的，溺爱自己的文章，是我的癖性，最近我在这边发表了几个杂感，因为他们胡乱给我动了几个字，非常不舒服……"但对于好的"改笔"，他一向是心悦诚服、乐于接受的。

　　除了编刊物，他还在河间第八中学教了一个班的国文。他这样做，除了有意模仿"五四"以来某些城市作家的职业习惯外，"还有调剂生活的意味，跑跑路，接近接近冀中的新一代男女少年，比只是坐编辑室好。"③

　　说到生活，他在当时的生活还是很苦的。抗战虽然胜利了，也并没有脱离"游击"生活（何况，另一场战争已经接踵而至），"那时最苦的是文化团体。有的人，在经常活动的地区，找个富裕的农家，认个干娘，生活上就会有些接济。如果再有一个干妹妹，精神上还会有些寄托。我是一个在生活上没有办法的人，一直处在吃不饱穿不暖的状态中。"④ 在河间的这一年冬天，有一天他的叔父来了。他正在下乡，叔父看见他蹲在炕沿下烧秫秸取暖，弓腰弯背，活像一个叫化子，就含着眼泪走了。

----

① 《编辑笔记（续一）》，《孙犁文集》第七卷，百花文艺出版社1982年版。
②③ 《陋巷集》，百花文艺出版社1987年版。
④ 《〈青春遗响〉序》，《老荒集》，上海文艺出版社1986年版。

在河间的这一年，他还失去了父亲。那是他刚刚到河间不久，就听到父亲病重的消息，匆匆赶回家去，侍奉不及一句，父亲就故去了。这个老人，自幼学徒，熬至一个县城杂货店的经理，直到老年，才回到东辽城自己的家中。一生所得，除买了五十亩地，还在村北盖了一所新房，另有牲口棚、草棚、磨棚，一家农民过日子的产业，总算都有了。

父亲在世时，母亲说孙犁是个"大松心"；父亲去世后，孙犁忽然感到家庭的担子压在了他的身上。

父亲很爱他，他也很爱父亲。延安归来后，父亲一时高兴，说了句待对的话："丁香花，百头，千头，万头；"孙犁当时没有对。现在，没等油菜结籽，父亲已经去世，他想对时，已经太晚了。

父亲起病并不凶险，只是耩地耧播，出汗受风。无奈日伪占领时期，损耗了身体，经不起折腾了。

孙犁想给父亲立个碑，至少安个墓志，并且和一位搞美术的同志，到一个石匠那里看了石料，请一位老战友写了一篇碑文，其中有"弦歌不断，卒以成名"等句。后来因为土改，这一切都无从谈起了。

来河间，原是朋友的一番雅意，在他，则并非初衷，是"羁留"。但是，正像一粒成熟饱满的种子，落在哪里，它就在哪里开花结果了。

三、烈火在燃烧

抗日战争的硝烟还没有散尽，解放战争的炮火就打响了。在解放战争的第二年，即1947年的春天，冀中区党委发动大生产运动支援战争，各村都成立了生产委员会。一过元宵节，各村的锣鼓、鞭炮声就渐渐稀少，地里的耕牛、车辆和吆喝的人群多起来了。

这个春天，孙犁以《冀中导报》记者的身份，随区党委有关负责人吴立人、孟庆山，在安平一带检查工作。后来，他把这次随行的结果，写成《张金花纺织组》、《曹蜜田和李素忍》、《"帅府"巡礼》、《小陈村访刘法文》、《访问抗属》等短篇通讯,发表于《冀中导报》。此外,他还到了白洋淀一带,写了《渔民的生活》、《织席记》、《采蒲台的苇》、《安新看卖席记》、《新安游记》、《一别十年同口镇》①等文章,也发表于《冀中导报》。这些文章,以真切的、朴素的白描手法,概略地反映了冀中地区人民的生活,使我们看到,在这一次战争中,冀中人民在思想感情和组织形式上,都更进一步成熟起来,向着新中国的方向前进了。

    除夕将近的空中,
    飞来飞去的一对凤凰,
    唱着哀哀的歌声飞去,
    衔着枝枝的香木飞来,
    飞来在丹穴山上。
    山右有枯槁了的梧桐,
    山左有消歇了的醴泉,
    山前有浩茫茫的大海,
    山后有阴莽莽的平原,
    山上是寒风凛冽的冰天。
    …………

    凤啄香木,
    一星星的火点迸飞。
    凰扇火星,
    一缕缕的香烟上腾。
    凤又啄,

---

① 以上各篇均见《孙犁文集》第四卷,百花文艺出版社1982年版。

凰又扇，
山上的香烟弥散，
山上的火光弥满。

……………

上面是郭沫若《凤凰涅槃》中的诗句。郭沫若被称为新中国的预言诗人，那在烈火中获得再生的凤凰，曾被看作新中国的形象。孙犁在冀中的土地上，看到了人民一步步组织起来，走向新生的过程，那里确实有鲜血，有烈焰，自然也有幸福，有创造：

在村里是一垛垛打下来的苇，它们柔顺地在妇女们的手里翻动。远处的炮声还不断传来，人民的创伤并没有完全平复。关于苇塘，就不只是一种风景，它充满火药的气息，和无数英雄的血液的记忆……①

不难想象，在过去，一些大席庄，是会利用席民这严重的困难，尽量压低席价，借牟大利，席民不能不忍痛抛售。

现在，以"专业苇席渔，繁荣白洋淀"为目的的我们的公营商店隆昌号，却从各地调款来，尽力支持安新的席业，保证席民的生活，和再生产。并且贱价出售粮食、苇，以增加席民的收入，和保证他们的生活。

……………

这样，我就觉得，宏利席店就不只是一种商业组织，定会成为席民自己的一种组织。在这个血肉相关的基础上，可以看出安新席

---

① 《采蒲台的苇》，《孙犁文集》第四卷，百花文艺出版社1982年版。

民生活、席民组织和安新席业的远景，那远景是幸福而繁荣的。①

困难是很多的，进步并不总是十分显著；但有一点是确定无疑的：孙犁已经可以在现实的基础上，展示未来的蓝图了。

生活总是这样，为了进步，不只需要作出牺牲，付出勤劳和汗水，有时候，还要蒙受委屈，以至付出更严重的代价。

孙犁也有过这种时候。

这还得从头说起。1946年春天，他刚到河间，《冀中导报》给他登了有麻将牌那么大的一条消息。区党委听说来了一位"作家"——这在那时的冀中，是很少有的称呼——就想给他安排"重要职务"。这在别人看来，不啻蟾宫折桂，登龙有望。可是一打听，都说他干不了，因此终于没有做官。可是这条麻将牌大的消息，却给他留下了后遗症，使他在第二年的土改中受到了批判。"虚名能招实祸，这是我第一次的体验"②。

他是在1947年夏天，随工作团在博野县参加土改试点的，当时，他住在大西章村。有一天下午，他在村外树林散步，忽然看见贫农团用骡子拖拉地主，以示执行"一打一拉"的政策。孙犁见状，急忙避开。他不知是谁对政策做了这样的解释，他能够感到，越是"左"的行动，群众心里虽不愿意，也不敢说话反对，只好照搬照抄，听其蔓延。

我们还应该交代一下，由于父亲在外经营生意，孙犁的家庭，在他外出读书时已渐渐升为富农。有一次，他与王林骑车南行，想顺便回家。王林说："现在正土改试点，不知你为什么还老是回家？"这话在孙犁听起来，自然是怕他通风报信的意思。战友的一时不理解，显然令他失望。他实在并无此意。抗战时期他回不了家，胜利后，只要有机会，他总是想回

---

① 《安新看卖席记》，《孙犁文集》第四卷，百花文艺出版社1982年版。
② 《〈柳溪短篇小说选集〉序》，《孙犁文集》第六卷，百花文艺出版社1982年版。

家的。何况父亲新丧不过一年，家中还有老母、妻儿，也需要照看一下。

下面是孙犁关于1947年土改的一段纪事，文字虽然简略，却很传神，照抄如下：

> 冬，土改会议，气氛甚左。王林组长，本拟先谈孔厥。我以没有政治经验，不知此次会议的严重性，又急于想知道自己家庭是什么成分，要求先讨论自己，遂陷重围。有些意见，不能接受，说了些感情用事的话。会议僵持不下，遂被"搬石头"，静坐于他室，即隔离也。①

他的家庭成分虽然是富农，按照当时的政策，凡是有人在外参加革命，政治上稍有照顾。会后，他被分配到饶阳县张岗小区参加土改。去的那天刮着大风，他俯身逆行，只觉飞沙扑面。张岗是一个镇，进村后，他先到理发店剪去长发，又到集市上买了一双大草鞋，向房东大娘要了两块破毡条垫在里面。时逢严冬，他就穿着这双大草鞋，每天蹒跚往返于雪封冰冻的张岗大街上，单看样子，有些像屈子行吟于汨罗江畔。

但是，他毕竟不是两千多年前遭到放逐的那位诗人，他是一名新时代的战士，他懂得怎样对待委屈。在张岗，他通过吃派饭、调查研究、开会动员等等接触群众的机会，和当地农民建立了真诚深厚的情谊。何况，农村风俗淳厚，对他也并不歧视。同志之间，也没有像后来的所谓划清界限之说。他在张岗大约住了三个月，这里有一个纸厂，负责人是张冠伦，每逢纸厂请客，或是集日改善生活，张冠伦总是把他邀了去，打打牙祭。太平年月，千金之赠，不算慷慨，困难时候，一饭之邀，就令人感到温暖如春了。"现在想来，那时的同志关系，也不过如此。我

---

① 《〈善闇室纪年〉摘抄》，《陋巷集》，百花文艺出版社1987年版。

觉得这样也就可以了，留下的印象是很深的，值得追念的。"①他和张冠伦是1945年抗战胜利后在冀中认识的，张为人热情厚道，他负责的纸厂是一个土纸厂，在一家场院里，设有两盘石碾，用骡拉，造的纸专供《冀中导报》用。

在这个小区，他还被分配到大官亭掌握过工作。这已经是1948年春天了。大官亭有一所完全小学，每天晚上，孙犁都要利用它的大课室召集贫农团开会，散会的时候，常常是星斗阑干，甚或鸡叫头遍了。学校的老师们都和他关系很好，凡集日改善生活，校长总是把他邀来，并请一位青年女教师端给他一碗非常丰盛的菜肴。"我那些年的衣食，老实讲有些近于乞讨，所以每请必到。"②吃饱了，就和老师们娱乐一番，他出的节目，照例是京戏。

就在这期间，《冀中导报》正在用整版整版的篇幅，对他进行批判。

问题弄得这么严重，主要和家庭成分有关，此外，也和"知名度"有关。先时，他在延安写的几个短篇，如《荷花淀》、《芦花荡》③等，曾由张家口电台广播，《晋察冀日报》加按语予以转载。他到河间后，《冀中导报》又登了那样一个短讯，称他为"名作家"，这件事虽然使他"苦恼"④，却使一些人感到"骇人听闻"。这些可以说是诱因；引起批判的直接原因，则是他的两篇作品。事情是这样的：

1947年，他到了旧游之地的同口，住在老朋友陈乔的家里。这本来也是抗战期间养成的习惯，住在有关系的人家，生活上有些照顾。那时讲统一战线，住宿并不注意阶级成分，住在地主、富农家里，物质条件也好一些。同年，他在《冀中导报》上发表了那篇题名《一别十年同口镇》

---

① 《夜思》，《孙犁文集》第四卷，百花文艺出版社1982年版。
② 《克明〈荷灯记〉序》，《孙犁文集》第六卷，百花文艺出版社1982年版。
③ 《孙犁文集》第一卷，百花文艺出版社1981年版。
④ 他在1946年7月4日给康濯的信说："所苦恼者，咱在冀中也成了'名流'，有生人来，要去陪着，开什么会，要去参加，有什么事，要签名。我是疏懒惯了的，常自觉闹出了欠妥之处，烦忧的很。"——《陋巷集》，百花文艺出版社1987年版。

的通讯，末尾讲了几句朋友交情的话："进步了的富农，则在尽力转变着生活方式，陈乔同志的父亲母亲妹妹在昼夜不息地卷着纸烟，还自己成立了一个烟社，有了牌号，我吸了几支，的确不错。他家没有劳动力，卖出了一些地，干起这个营生，生活很是富裕。我想这种家庭生活的进步，很可告慰我那在远方工作的友人。"这些话，今天看来固无问题，在当时也符合党的政策（文章里说的情况，是当时的政策所提倡的）。但在同年冬天的土地会议上，这却是他受到批判的一个理由。再就是那篇发表于同年《冀中导报》上的《新安游记》①。新安地处白洋淀一带，地势很低，四面临水，在一个雾气很重的黄昏，他从端村到新安城墙附近转了转，回去很快写成了这篇小说，结果把大街的方向弄错了，这就被定为"客里空"的典型。

所以，总的看来，引起批判的，是某些社会性原因，并非文字之过。当批判的消息传到孙犁的家乡东辽城，人们不知"客里空"为何物，不只令老母悬念，也加重了对家庭的斗争。孙犁自己总结这件事的教训是：一、率尔操笔，缺乏调查；二、去新安时，未至县委联系，那里的通讯干事，出面写了批判文章，并因此升任《冀中导报》记者；三、报纸吹嘘之"名"，引起人之不平②。

应该说，他的作品受到报纸的公开批评，这并不是第一次。他的短篇小说《碑》③在1946年4月15日的《冀中导报》上发表后，《晋察冀日报》副刊上就登出过署名"白桦"（据康濯说，这个白桦，不是现在的作家白桦，也不是曾任天津市委宣传部负责人的白桦，其情况不详）的批评文章，不过性质和这一次不尽相同，也远没有这一次规模大，但究其根源，也还是一个"左"。孙犁在1946年7月31日致康濯的信里答辩说："……我觉得他（指白桦——笔者）提出的意见是对的，但有些过于严

---

①③ 《孙犁文集》第一卷，百花文艺出版社1981年版。

② 《〈善闇室纪年〉摘抄》，《陋巷集》，百花文艺出版社1987年版。

重,老兄知道,咱就怕严重,例如什么'读者不禁要问:这是真实的吗?'我不是读者,我是作者,但是我可以说是真实的,因为事情就发生在离我家五里路的地方。"此外,他的小说《琴和箫》、《钟》①,也都在不同的场合,受到过至少是不尽公平的批评。这些批评,虽然微不足道,但,"风生于地,起于青蘋之末",谁能说像《冀中导报》上那样大事张扬的批判,和这些批评所表示的某种思潮没有联系呢?

再让我们从头说吧。《冀中导报》上发表了那样的批判文章后,开始时孙犁受到一些歧视,后来大家也就见怪不惊、适应如初了。

在土改工作组,他认识了王昆,"她系深泽旧家,王晓楼近族。小姐气重,置身于贫下中农中间,每日抱膝坐在房东台阶上,若有所思,很少讲话。对我很同情,但没有表示过。半年后,我回家听妻说,王昆回深泽时,曾绕道到我家看望,此情可念也。进城后尚有信。"②

批判归批判,工作归工作,而且,对他来说,只要工作,就自然地孕育着创作的种子。事实证明,他在饶阳县张岗镇和大官亭工作的这段经历,后来都开花结果了。其中,在张岗那段生活,他写成了《秋千》,在大官亭那段生活,他写成了《石猴》、《正月》、《女保管》③。这几篇作品都是小说,但孙犁在记述个人经历的《〈善闇室纪年〉摘抄》中,当写到他在大官亭这段生活时,却没有具体叙述自己经历的事件,只说"情节可参看《石猴》、《女保管》等篇,不赘"。④既然这样,我们就借助一下这些纪实性极强的作品,来展现一下他在当时的生活背景吧:

大官亭是饶阳县有名的富村,这村里有很多的地主和财东。平

---

① 《孙犁文集》第一卷,百花文艺出版社 1981 年版。
② 《〈善闇室纪年〉摘抄》,《陋巷集》,百花文艺出版社 1987 年版。
③ 以上作品均见《孙犁文集》第一卷,百花文艺出版社 1981 年版。
④ 《陋巷集》,百花文艺出版社 1987 年版。

第六章　烈火中的凤凰

分时候，这村的浮财，远近都嚷动。大官亭附近有个小官亭，小官亭的浮财，账单不到一尺长，有几个妇女坐在炕头上，一早晨的工夫就分清了，可是人们还有意见，妇女们为一尺二尺洋布争吵起来。你的细，我的粗，她的花样好……。新农会主席就说："别争了，你们到大官亭去看看，人家那里，丝棉绸缎，单夹皮棉，整匹和零头的绢纺，堆满五间大房子，间间顶着房梁。要像你们这么争起来，就一辈子也分不清了！"

"在那里主事的，可得有两下子，账房先生也得有一套！"妇女们说。

"一套还不够！总得有好几套。"主席说，"工作组是县级干部；账房是过去给七班管事的侯先生！"

——《石猴》

正当小官亭的人们羡慕地夸奖着大官亭斗争果实的丰富，大官亭的贫农团却出了问题。原来做平分工作的老侯，因为拿了贫农团送的一个拴在烟荷包上的石猴儿，造成了很坏的政治影响：四乡传言，这石猴儿是七班的传家之宝，是他家祖上从云南做官得来的，能预测风雨，能驱病避邪……最后是，斗争果实中的好东西全让上边拿走，穷人只能分些破补拆烂套子。最初，小区区委书记老邴就批评老侯不该拿贫农团的石猴儿，现在事情弄到这样，他接受上级指示，查明报告，将石猴儿交回贫农团，调老侯到党校整风，自己也在贫农团代表面前做了检讨。当贫农团为老侯说情时，老邴说："兴妖作怪不是猴儿，是我们的敌人，村里有看不见的无线电。老侯同志作风不好，叫人家借尸还魂，受点处分也不算冤枉。"我们无意在老邴和孙犁之间画等号，但我们相信，老邴经历的这些事，当年孙犁也经历过；否则，他不大可能在自己写的传记性材料中略而不谈，叫人们去参看《石猴》等篇。

在下面一段叙述里，他写的那个"李同志"，就更像他自己了：

>   ……来时背着一条白粗布被子，穿一身黑粗布棉衣，对群众说："你们看着，我带来这点家当，走的时候，多了一针一线，就是贪污了你们的果实。"
>
>   …………
>
>   李同志兢兢业业地工作着，大有"澄清天下"的志向。每天召集会议，下午是新农会的委员会，晚上是新农会全体大会，这是一连串激动的热情的日子，繁乱沉重的日子，每天开完会回来，总是已经鸡叫的时候了。
>
>   ——《女保管》

但是，他也出了差错。由于他的"点头"姑息，分浮财时，某些干部先拿了自己中意的东西，结果，秩序全乱了："每个人都记起了老婆孩子的嘱咐，挑选着合适的果实，包括衣服的颜色、身量、价钱。打算盘的不断出错，计件数的数了又数，衣裳堆也乱了，踏在脚下，压在屁股底下，工作的速度大大减低。"女保管刘国花对他说："我说老李呀！你这样信着他们的意，县里也快调你受训去了！""老李"已经明白，由于自己的一个"点头"，造成了怎样的过失，他马上纠正了这场混乱。但是，一个荣军举着拐杖进来了：

"不能分，要重新搭配！"

李同志说：

"不能再耽误了，万一我们要受了损失……"

"哪怕它损失完了哩，也不能叫少数干部多分！"别的几个人也跟着喊起来。

经过李同志耐心解释，总算把浮财分下去了，后来还是出了很多麻烦。李同志做过的实际工作很少，他把这件事当作一个教训记在本子上："当你做领导群众的工作时，不要随便摇头或是点头，口气也不要含糊不清。要深思熟虑，原则分明！要学习刘国花同志！"

在上面的叙述中，如果把"李同志"换成孙犁的名字，也不会差到哪里去的。

《正月》是写的小官亭的事情，但和大官亭也有关系：小官亭的妇女部长多儿姑娘，和大官亭的农会副主席刘德发搞上了对象，他们趁着土改翻身的喜庆日子，在正月里举行了一场移风易俗、别开生面的结婚典礼：

> 大官亭的礼炮一响，小官亭的人们就忙起来，女代表同鼓乐队赶紧到村口去迎接。大官亭的人马真多，头车来到了，尾车还留在大官亭街里。两个村的鼓乐队到了一处，就对敲起来，你一套我一套，没有个完。两个村的小学生混到一块跳起来，小花鞋尖踢起土来，小红脸蛋上流着汗。
>
> …………
>
> 区长登在高凳上讲话，他庆贺着新郎新妇和两个村庄的翻身农民。
>
> 吹吹打打，把多儿娶走了。
>
> 在路上，多儿骑的小红马追到前头去，她拉也拉不住。小红马用头一顶德发那匹大青马，大青马吃了一惊，尥了一个蹶子就跑起来。两匹马追着跑，并排着跑，德发身上披的红绸搅在多儿的腰里，扯也扯不开。

关于他在张岗的生活，我们同样可以在《秋千》里寻到一些线索：

> 张岗镇是小区的中心村，分四大头。工作组一共四个人，一人分占一头，李同志还兼着冬学的教员。他在西头工作，在西头吃派饭，除去地主富农家，差不多是挨门挨户一家三天。不上一个月，

这一头的大人孩子就全和他熟了。

…………

这天，李同志拖着一双大草鞋，来到学校里，灯已经点着了。

一般说来，以上就是孙犁在饶阳参加土改的那段生活背景。解放战争的炮火没有燃烧到冀中，但在冀中可以闻到炮火的硝烟气息。中国的土地还在燃烧，但在熊熊的烈焰中，人们已经可以望见未来中国的形象了，这一形象也在冀中的土地上成长着。

孙犁没有到战场上去，但他通过自己的工作和劳动，同样参加着未来中国的建设工程。而且，对他个人来说，在这段日子里，他也遇到了一次火的燃烧——批判的火的燃烧，在这种燃烧中，他也不可避免地要设计着自己的形象，以便走向未来，走向成熟。

总之，在双重的意义上，烈火都在燃烧，在烈火中的凤凰，只会变得更加鲜明、美丽。

四、滹沱河上的梦

自从1947年冬季土改会议以后，孙犁再没有回过家。当时，干部家庭成分不好的，都要回避。直到第二年夏收时，土改告一段落，孙犁才有机会回家。时隔数月，加以农村经历了暴风骤雨式的巨变，孙犁对于妻儿老母的思念，是可以想象的。

家境已经发生了显著的变化。但这是一场农村革命，他欣然接受这个变化，也免不了向家里人做一番宽慰和开导的工作。家中衣物均被封存，孙犁取自用衣物时，特请贫农团派人监督，一如《女保管》①中那位"李同志"进村时请群众看他的背包一样。

---

① 《孙犁文集》第一卷，百花文艺出版社1981年版。

土改后，他把母亲和妻子儿女带了出去，这是后话。

1948年夏天发了大水，这时，土改工作组的工作已经结束，他留在张岗写了几篇小说。创作生活是高度紧张的，特别是对于一个在艺术上一丝不苟的人，那真是呕心沥血的工作；加以在这段日子里，他常常吃不饱，因而无形中损害了健康。

他写的是《光荣》、《种谷的人》和《浇园》①等几篇小说。关于《光荣》，他在晚年接待一次采访时，曾有如下对话：

问：您最喜爱自己的哪几篇作品？为什么？

答：现在想来，我最喜欢一篇题名《光荣》的小说。在这篇作品中，充满我童年时代的欢乐和幻想。对于我，如果说也有幸福的年代，那就是在农村度过的童年岁月。②

我们也很喜欢他这篇小说，愿意在这里向读者做一个介绍，也和作者重温一下他童年的梦。

这梦有些颠倒恍惚，扑朔迷离，差不多晚做了二十来年。因此，它没有出现在挖野菜、唱大戏、听说书的孩提时代；而是出现在抗日战争和解放战争时代。唯其如此，战争的烟云为这梦镶了彩，挂了金，使它变得更加奇谲、瑰丽了——

"七七"事变。滹沱河畔的一个村庄。河滩上的芦草连成一片，长得十分茂盛，草尖上浮动着孩子们的各色各样的头巾。他们晃动着手中的镰刀，一面飞快地割着草，一面追逐打闹。像在任何地方一样，女孩子们的尖叫声总是传得更远……

东、西、北三面忽然有了炮声。炮声像瘟疫一样蔓延着，啮噬着和

---

① 《孙犁文集》第一卷，百花文艺出版社1981年版。
② 《答吴泰昌问》，《孙犁文集》第六卷，百花文艺出版社1982年版。

平人民的心灵。国民党的军队和官员，没日没夜地从渡口仓皇南逃。农民很快明白，这里已经亡了国。

一声雷响，风雨齐来。高阳、肃宁一带出现了人民自卫军组织，接着，各村争相仿效，滹沱河两岸的土地咆哮了。

村庄里有两个男女少年：原生和秀梅。有一天，他们正在河滩割草，忽然发现芦草深处藏着一个逃兵。这时天色已晚，河滩上空无一人。在秀梅的鼓动下，十五岁的原生萌生了英雄思想，他想接近逃兵。比他更小的、穿着花鞋和短袖白褂的秀梅想帮助他，他拒绝了，这个一双秀气的大眼睛里放着光的小姑娘，只能拿着她那把明亮的小镰，警惕地守候在一边。她看着原生像猴子般绕到逃兵身后，接近了，更接近了……那逃兵已经很累，正埋头包扎脚上的燎泡；崭新的一支大枪看来还没有用过，就放在他的身边。原生扑上去，一脚把他踢趴，拿起枪就跑，秀梅也就跟着跑起来。卡枪成功了。

原生加入了抗日军队，一去十年，没有音信。他有一个比他大好几岁的媳妇小五，在家里变得不安分起来，整天惹公婆生气。秀梅已经出息成大姑娘，在村里当着干部，去做小五的思想工作，却遭到小五的抢白。她申明：她等不来这没有男人的日子，谁能等，谁就别找婆家。秀梅脸红了：她正在说婆家，而且快成了。但是她下了决心，望着小五说："我不是和你赌气，我就不寻婆家，我们等着吧。"

小五继续长期住娘家，秀梅却主动担当起照顾原生父母的责任。

岁月悠悠，原生依然杳如黄鹤。除了原生年迈的父母，还有他少年时代这位纯真的女伴，几乎真的过着梦一般的、无边无际的追求和希望的生活了。

…………

苍天有眼，奇迹终于在一天中午出现。那是一个五月的雨后，油绿的平原清新如洗，生机盎然。秀梅正帮着原生的父母在地里播种，五月的骄阳把这个身着轻衫短裤、发育成熟的农村少女，置于湿热的土地上，她红扑扑的脸上,沁出了汗,连身上的衣服也变得紧了些,这一切,衬托得这个北方平原上的姑娘,更加挺秀出众了。也就在这个时候,南边过来一匹马。"那是一匹高大的枣红马,马低着头一步一颠地走,像是已经走了很远的路,又像是刚刚经过一阵狂跑。马上一个八路军,大草帽背在后边,有意无意挥动着手里的柳条儿……"

不用说,这就是原生。十五岁的少年,如今已经长成一条大汉,一名威风凛凛的解放军战士,而且在一次战斗中活捉了国民党军队的旅长,当上了特等功臣。

原生的归来,变成了当地群众的一个节日。全区在尹家庄(原生的村庄)村中央的广场上,开了庆功大会,会后举行了游行:

> 最前边是四杆喜炮,那是全区有名的四个喜炮手;两面红绸大旗:一面写"为功臣贺功",一面写"向英雄致敬"。后面是大锣大鼓,中间是英雄匾,原生骑在枣红马上,马笼头马颈上挂满了花朵。原生的爹娘,全穿着新衣服坐在双套大骡车上,后面是小学生的队伍和群众的队伍。
>
> 大锣大鼓敲出村来,雨后的田野,蒸晒出腾腾的热气,好像是叫大锣大鼓的声音震动出来的。
>
> 到一村,锣鼓相接,男男女女挤的风雨不透,热汗直流。
>
> 敲鼓手疯狂地抡着大棒,抬匾的柱脚似的挺直腰板,原生的爹娘安安稳稳坐在车上,街上的老头老婆们指指划划……
>
> …………
>
> 大队也经过小五家的大门。一到这里,敲大鼓的故意敲了一套花点,原想叫小五也跑出来看看的,门却紧紧闭着,一直没开。

当爹娘的还猜不透儿子的心事,试探着问原生:是否把小五追回来?原生的回答是坚决的:"叫她回来干什么呀!她连自己的丈夫都不能等待,要这样的女人一块革命吗?"

当老人说出秀梅的事情时,战士激动了:"在原生的心里,秀梅的影子,突然站立在他的面前,是这样可爱和应该感谢。他忽然想起秀梅在河滩芦苇丛中命令他去卡枪的那个黄昏的景象。当原生背着那支枪转战南北,在那银河横空的夜晚站哨,或是赤日炎炎的风尘行军当中,他曾经把手扶在枪上,想起过这个景象。那时候,在战士的心里,这个影子就好比一个流星,一只飞鸟横过队伍,很快就消失了。现在这个影子突然在原生心里鲜明起来,扩张起来,顽强粘住,不能放下了。"

原生没有多少时间去考虑这些问题,他必须马上归队,去参加解放保定的战斗。但是,胜利已经指日可待了,因此,在瓜棚豆架下,在柳荫房凉里,好事的男女们到处议论着原生和秀梅的未来的姻缘。

…………

梦做完了。假如我们去掉这个梦的那些战争的色彩和痕迹,细心的读者会发现:一切的叙述,都很像他已经逝去的童年的岁月:滹沱河鼓涨的河水,河滩上喧闹的群儿(那是在五六月间汛期到来之前),乡村间欢腾的鼓乐,庙会上人群的竞逐,乃至征人不归,高堂念远,妇姑勃豀,邻里纠葛,乡亲们的相互关怀和诚挚的问候,少年男女间纯真的友谊和朦胧的爱情……这一切,哪一宗不充满了他"童年时代的欢乐和幻想"?在秀梅身上,没有和他一同养蚕的那位远房妹妹的影子?在原生身上,没有他自己的追求和气质?

这些,都已经是一个很遥远的梦了。梦,尤其是童年的梦,毕竟是迷人的,令人难忘的。如今,在进行了八年抗战、两年多的解放战争,又进行了一场土改的这片故乡的土地上,当他构思这篇英雄的故事的时候,那个遥远的童年的梦,就排着队复活了。于是,也许在月照中天的夜晚,也许在雄鸡三唱的清晨,他便如真如幻、若醉若迷地写了这篇故事。说到这里,我们真不得不有条件地同意一次弗洛伊德的说法:创作就是白日梦。顺便提一句,他青年时代的确喜欢过弗洛伊德,到了晚年,还肯定过弗洛伊德学说的价值,只是到了后来一些人争相标举弗洛伊德的时候,他就暂时息响,不再说什么了。

却说他在滹沱河上的这个梦,后来也出现于《风云初记》。那是"卡枪"的一段情节,在这部长篇小说里,卡枪变成了一次"交易"。卡枪的正方——我们姑且这么说吧——仍是一对最终将成为眷属的青年男女,负方——就是那个逃兵——则具有了浓厚的爱国主义的意识。闲言少叙,且看下面一段描写:

近处的庄稼,都齐着水皮收割了,矮小的就烂在泥水里。远处有几棵晚熟的高粱,在晚风里摇着艳红的穗子。有一个人,一步一拐地走过来。春儿渐渐看出是一个逃兵,把枪横在脖子上……
…………

"不用怕,大姑。"逃兵说着,艰难地坐下来,他的脚肿得像吹了起来,"我跟你要些吃喝。"

"你不会到村里去要?"春儿说。

"我不敢进村,老百姓恨透了我们,恨我们不打日本,还到处抢夺,像我这样孤身一个,他们会把我活埋了!"逃兵说。

"为什么你们不打日本呀?"春儿说。

"大姑,是我们不愿意打?那真冤枉死人。你想想我们这些当兵的都是东三省人,家叫日本占了,还有不想打仗的?我们做不得主,我们正在前线顶着,后边就下命令撤了,也不管我们死活,我们才溃退下来。"

"说得好听。"春儿撇着嘴……

"你家去给我拿一点。"逃兵把枪摘了下来,"我愿意把这枝枪给你留下,我把它卖掉也能换几十块大洋,这是国家的东西,留给你们打日本吧!"

....

春儿回到家里,找了芒种来,偷偷告诉他有这么件事,问问他可行不可行。

芒种说:

"行了,这个年头,咱们有枝枪也仗仗胆儿,你拿着东西前边去,我在远处看着,免得他疑心。"①

好了,这"梦"有些扯得远了,还是让我们回到现实中来吧——不过,我们得说明:讲一讲孙犁那梦幻一般的童年时代的颇具魅力的生活,对于了解他的经历和创作心态,还是很有帮助的。

五、古人日以远,青史字不泯

梦幻般的夏天很快地过去了,1948年秋天,他到石家庄参加了一次文艺会议。那是在8月,当时,随着解放战争的节节胜利,晋察冀边区和晋冀鲁豫边区已经连成一片,成立了华北人民政府,机关驻石家庄附近。他和方纪同行,那次会议,将酝酿成立华北文艺协会。

这也是一次浪漫主义的旅行:孙犁这年是三十五岁,方纪还不满三十岁,正是阅历丰富、富有想象力的年龄。他们从饶阳出发,向西南行至方纪的家乡束鹿县,在县署驻地辛集镇看了京剧。他至今记得戏班里有一名武旦,艺名"九阵风",她的精湛表演很使他陶醉。自然,这又是他爱好京剧的缘故。他和方纪,在延安虽不相识——方纪1939年由重庆去延安,曾在《解放日报》任文学编辑,他们当时只有文字之交——回冀中后却共事很长时间了。他们经常骑着自行车,在红高粱和老玉米的夹道上,竞相驰骋。有多少个黄昏,在农村驻地的场院里,在瓜棚豆

---

① 《风云初记》第八章。

架下，方纪神态庄重地操演胡琴，他则纵情尽意地唱着京戏。孙犁在饶阳县大官亭参加土改的时候，方纪正在饶阳县影林村参加土改。现在，他们在赴石家庄开会的途中，看了"九阵风"演出的这样精彩的京戏，正是知音相遇，同好相求，能不击节而和、同声一赞？

到石家庄后，开会之余，他们仍不放弃观赏戏曲的机会。当时，在这个刚刚解放的城市，环境还不十分安全。在这里，他们又迷恋上一位唐姓女演员主演的地方戏。一天夜晚，他们冒着敌机轰炸的危险去看她演出，果然，演出中间，突发警报，剧场顿时大乱，有些本地同志，虽然路熟，临危却不相顾，他们只好从后台逸出。

看来，他们还不能利用这短暂的时间，安适地领略一下都市的生活。连吃饭也遇到了问题：一次下饭馆，吃的竟是腐烂牛肉，因而腹泻，新的营养没有补充上，把原来的营养也赔进去了。这时，饭馆还用着旧式女招待，讲花架子，不讲卫生。

战争尚在进行，"华北文艺会议，参加者寥寥。有人提出我的作品曾受批评，为之不平。我默默。有意识正确的同志说：冀中的批评，也可能有道理。我亦默默。"①两个"默默"，表现了难能的超然。"古人日以远，青史字不泯"②，白纸黑字，来日方长，青史由人论是非 —— 也许他这么想，所以才默默？

事实上他有自己的态度。在他受到批评的作品中，有一篇题名《爹娘留下琴和箫》③的小说。这篇小说写于1942年秋天，最初发表于1943年4月10日《晋察冀日报》的文艺副刊《鼓》上。小说很抒情：一个爱好音乐的老人（他一直领导着本村的音乐队），非常钟爱自己的独生女儿，竭力供给她上学，并鼓励她和一个音乐能手结了婚。这对年轻夫妇在很多场合下，不是用语言交流思想，而是用音乐：丈夫从墙上摘下南胡，

---

① 《〈善闇室纪年〉摘抄》，《陋巷集》，百花文艺出版社1987年版。
② 杜甫：《赠郑十八贲》。
③ 即《琴和箫》，现收入《孙犁文集》第一卷，百花文艺出版社1981年版。

除去布套，妻子从床头拉出一支黑色的竹箫，交流就开始了：丈夫望着胡琴筒，妻子凝视着丈夫的脸，眼睛里"有神采随着音韵飘出来"。她的脸很严肃，而且多变化，但总是笼罩着微笑，真挚而神秘的。久而久之，他们养成一种习惯，妻子与其说什么，不如拿过箫来吹一支曲子，丈夫对于妻子，则诉诸南胡。生活就这样推演下去，而且有了两个可爱的小女儿：大菱和二菱。

抗战了，丈夫参加了游击队，妻子在家里照顾孩子。这女人喜欢沉默，但谈起孩子，话就多了。有一次，一位朋友说他喜欢音乐，她不信，她说：一个人爱好什么，早就应该学习了，早就应该会唱会奏了，既然不会，那就是不爱。这位朋友有点儿不服气，他指着依偎在她怀里的大菱说：

"你说大菱爱好音乐吗？"

"爱！"

"她也不会唱不会演奏啊。"

母亲笑了，笑这位朋友和一个孩子比。不过，这位朋友还是明白了：这孩子能继承父母的爱好，"她虽然才八岁，当母亲吹箫的时候，她就很安静，眼里也有像她母亲那样的光辉放射出来了。"

母亲后来也参了军，和丈夫在一起。在一次战斗中，丈夫牺牲了，她的箫失去了南胡的伴奏。整理过遗物，她和那位朋友商议，把大菱交给他照看，她带二菱去。大菱接受了父亲留下的南胡，二菱随着母亲，去和箫做伴了。这是春天发生的事情，当冬天到来，母亲带着二菱来看大菱和那位朋友的时候，这对小姐妹——十一岁和九岁——已经会进行琴和箫的和谐的伴奏了。这一次，母亲又把二菱也留给那位朋友，说是要到延安去。箫，就交在二菱的手里。不久，因为这位朋友要到别处工作，便把两个孩子送到了她们的外祖父那里。她们的外祖父住在河间青龙桥。

1942年5月，发生了我们前面说过的敌人对冀中平原的大"扫荡"。

这位朋友在秋初来到白洋淀,从一个船夫那里听说,有两个很俊气的女孩子,大的不过十三四岁,小的也就是十来岁,不久前,在他的船上遭到敌人的机枪扫射,牺牲了。这位朋友遭受的打击可想而知,他从那茫茫的一片水里,好像看见了大菱和二菱……不,"我不是设想那殉了难的就是大菱姐妹,那也许是她们,也许不是她们,但那对我是一样,对谁也是一样……"

小说有一个浪漫主义的结尾:忽然,那可能是一个黄昏,在山里或是在平原,远处出现了一片深红的舞台幕布,晚风中,有两个穿绿军装的女孩子正在演奏,一个拉南胡,一个吹箫。

小说的基本情节就是如此。发表后,有人说它不健康,过于"伤感"。华北文艺会议上,抑扬双方不知是否提到这篇作品,但在会后,孙犁却在这年9月7日给康濯的信里,特别嘱托对方:"印出稿中,特别是《丈夫》和《爹娘留下琴和箫》两篇,万万请你给我找到。"①《丈夫》是一篇说抗日光荣、当伪军可耻的小说,我们姑且不说;他要找的《爹娘留下琴和箫》,却分明是一篇值得他纪念的小说。

但是,在将近四十年的岁月中,这篇小说并没有被他收入任何一本集子,人们差不多把它遗忘了,虽然那琴和箫的跳动的音符,在演奏者的眼睛里那么动人,不时有流动的神采飘溢出来。直到1980年2月,这篇小说才在《新港》文学月刊上重新出现,改题《琴和箫》,并于翌年首次辑入《秀露集》,由百花文艺出版社出版。在《新港》上重新发表的时候,作者写了一篇后记,其中说:

> ……我重读了一遍,觉得并没有什么严重的伤感问题,同时觉得它里面所流露的情调很是单纯,它所包含的激情,也比后来的一些作品丰盛。这当然是事过境迁和发病以后的近于保守的感觉。它

---

① 《陋巷集》,百花文艺出版社1987年版。

存在的缺点是：这种激情，虽然基于作者当时迫切的抗日要求，但还没有多方面和广大群众的伟大的复杂的抗日生活融会贯通。在战争年代，同志们觉得它有些伤感，也是有道理的。

这篇后记，除了对自己写于四十年代的这篇小说进行了应有的肯定外，主要体现着作者严格地要求自己和宽容地对待同志的精神，并不一定要当作科学的评论看。我们注意到，这篇后记没有收入到他的任何一本集子里去。作者严于解剖自己的精神固然令人感动，《琴和箫》却不应该再受到苛责了。这是记录了作者感情的一篇好作品。

确实，孙犁是一个不善于自我表现却实在具有丰富的内在感情的人。华北文艺会议上，他虽然"默默"，想得倒不一定少。

妻子秋后又要生产了，他为她买了半斤红糖，然后就踏上了归途。冀中乡下习惯，认为红糖对产妇有特殊的滋补功效。

同行的还是方纪，经过束鹿时，他们在方家（其实是冯家，方纪原名冯骥）吃了方纪的母亲为他们做的当地特有的豆豉捞面，味道之佳，使他至今不忘。

方纪的家庭是中农，抗战时祖父当村农会主任，遭日军杀害。还有两个叔父也被杀害。他自幼托养在外祖母家里，常听她讲故事。据他自己写的《传记》①说：在延安，"曾得到了毛泽东同志亲自提笔改稿的荣幸。毛泽东同志在我写给《街头画报》的一篇评论稿中亲自改稿，亲自添写了这样一段话：'可悲的是有这样一种人，对于鲁迅先生的思想并未好好的研究，自己错误了又不好好的反省，一味拿着别人的死骨头，当作自己的活灵魂，恐怕鲁迅先生在生前对这种人也不过是敬鬼神而远之。'"

"文革"以后，方纪健康情况很不好。有两次开会的时候，孙犁看见

---

① 《中国现代作家传略·上》，四川人民出版社 1981 年版。

了他，看他走路、签名那样吃力，孙犁忍不住流下了眼泪，并且以年长之身，搀扶了比他更弱的伙伴。"文革"前，孙犁曾把司马光的两句格言抄给他：顿足而后起，杖地而后行。看来方纪不以为然，反其意而唱，吟成四句诗，孙犁只记住了关键的第三句："为了革命故"。"为了革命故"又怎么样呢？看起来，比较好的解释是：为了革命故，也不能忘记"顿足而后起，杖地而后行"。

令人欣慰的是，劫火之后，文章仍在，"我们的作品，自有当代和后世的读者，作出实事求是的评价。"① 还是诗圣说得对：古人日以远，青史字不泯！

六、从生活走向创作

从石家庄开会回来之后，冀中区党委决定调孙犁到深县，任县委宣传部副部长。1948年9月，他到了深县，生活费用仍由冀中文联供给。所以，这次调动，用他的话说，是"客串性质"，是领导方面为了让他有机会接触实际。他满意这次调动，到任后，分工管国民教育、社会教育（包括乡村文艺活动），甚至他要和有关同志一起，"发动和检阅一下沉寂良久的乡村艺术"②。

由于土改期间受过批判，初来深县时"还背着一点黑锅"③。但他很快就感觉到，这是大可不必的了："在这里工作很好，同志们多系工农干部，对我也很谅解"④。这是真的，他不止一次谈到那时的同志关系是很宽容的，和县长、公安局长、妇联主任等，都能谈得来，他们决不歧视他。在深县，他只工作了半年光景，离开时，县委组织部长给他做的鉴定是：知识分子与工农干部相结合的模范。

---

① 《方纪散文集序》，《孙犁文集》第六卷，百花文艺出版社1982年版。
②④ 《致康濯信》（1948年10月6日），《陋巷集》，百花文艺出版社1987年版。
③ 《同口旧事》，《孙犁文集》第四卷，百花文艺出版社1982年版。

他和深县中学的老师们，也建立了良好的关系，其中有一位叫康迈千的老师，和他最熟。康老师住在一座小楼上，有一天孙犁去看他，登完楼梯，在迎面挂着的大镜子里，看到自己的头部不断颤动。这是他第一次发现自己的症候，当时还以为是上楼梯走得太急，并未介意。

我们在1979年4月有一次访问他的时候，注意到了他的这个症候。头部颤动时，下巴尤其明显。自然，我们当时不知道，这个症候已经有了三十年的历史。后来，听熟悉他的人说，他感情激动时，头部便颤动。根据后来和他多次接触的体验，看来这说法是真实的。发病原因，和劳累有关，和情绪恐怕也有些关系。例如，他在1946年4月10日给田间的信①里就这样说："从去年回来（按：当指1945年从延安回来），我总是精神很不好。检讨它的原因，主要是自己不振作，好思虑，同时因为生活的不正规和缺乏注意，身体也比以前坏……"他在来深县前，曾立意"改变一下感情，脱离一个时期文墨生涯，对我日渐衰弱的身体，也有好处"②。这说明，他对自己的身体状况，已早有觉察。可是，对一个作家来说，毕竟太难放下自己的笔，也太难控制自己的感情了。

从此，这个症候就"黏"上了他，对外人来说，可能还成为他情绪上的一个晴雨表。我们不知道当他处在壮年时，这症候给他的外观带来了什么影响。我们看见他的时候，他早已年逾花甲：瘦长的身材，面部表情似乎总是那么文静；但眼睛很明亮，既有青春活力，又显得那么温和、善良。——这是一位言语不多的诚实的老人，我们想。我们很快就发觉他的头部在轻微地颤动。过后，我们觉得，对于这位总的看来显得文弱的老人，这颤动很容易激起来访者的同情心，无形中倒增加了他待

---

① 1987年10月22日《人民日报》。
② 《致康濯信》(1948年9月7日)，《陋巷集》，百花文艺出版社1987年版。

人的魅力了。

索性再多说几句吧。最近的这个蛇年春节过去以后，我们之中的郭，带了儿子（他是北京外语学院英语系的学生）去天津探亲，也去鞍山西道的新居民楼看望了孙犁同志。出来以后，郭问儿子："怎么样？孙犁像不像一个农民？"这个大学生回答："样子像，眼睛不像。眼睛像一个学者。"显然，他也观察到那双明亮的眼睛很具有思维的活力。

却说他在深县这段日子，过得还是很有意义。对于那位组织部长给他的评语，他并不敢欣然接受，因为他认为自己做得还不够。但在战争年代，他和群众相处，确实还说得上融洽：

> 在那种环境，如果像目前这样生活，我就会吃不上饭，穿不上鞋袜，也保全不住性命。这么说，也有些可以总结的经验吗？有的。对工农干部的团结接近，我的经验有两条：一、无所不谈；二、烟酒不分。……对于群众，到了一处，我是先从接近老太太们开始，一旦使她们对我有了好感，全村的男女老少，也就对我有了好感。直到现在，还有人说我善于拍老太太们的马屁……①

说到接近群众，他还遇到过一件事情。

那是1947年夏天他在博野参加土改的时候。有一天，他到一个很穷的人家去访问，招呼了一声，出来一个红眼睛的妇女，抱着两个光屁股孩子，一个吊在乳房上，一个几乎要从她的臂弯里溜下来。他觉得这是个邋遢女人。坐定后，问到村里情况，她又什么也说不清，支支吾吾，有些害怕。孙犁又觉得这妇女有些傻，甚至替她丈夫惋惜，怎么会娶这样一个人当老婆。可是见到她丈夫之后，他不惋惜了：这个男人更胆小，你给他说话，他装聋作哑，叫人难以忍受。他叫"老蔫"，受了一辈子苦。

---

① 《同口旧事》，《孙犁文集》第四卷，百花文艺出版社1982年版。

在生人面前不敢说话，有时说上一半句，别人一笑，他就吞回去，笑笑完事。他最能忍，受的罪也最多，并且得不到同情，好像生来就该受罪。

但他们开过几次会后，情况变了。在会上，孙犁有意让他多说话，同情他，鼓励他，渐渐地，他变得聪明、活泼起来，孙犁也觉得他勇敢、可爱了。他总是细心地听着"老蔫"的每一句话，觉得话从他嘴里说出来，才有价值。因为，"老蔫"并非生来就"蔫"，"蔫"是受压抑的结果。现在不蔫了，说话了，这就是一个解放的过程。

一天开会，孙犁说穷人的血汗供养了地主，他正惭愧自己的话单调乏力，"老蔫"说话了：

"你说的一点汗一点血真是不假，汗是血变的，我试过，我接了一碗底汗晒在日头爷下面，干了是红的！"

> 我听了惊心动魄。汗能接在碗里，汗能晒成红的。他为什么要做这个试验，他有多少汗流在地主的田里？
>
> 他没有说出这些感想，有感想的难道都是我们这些人？但从他这一句话，我更加尊重他，尊重他的意见，我想，翻身就是要叫他这样的老实"无能"的人翻身吧！翻身的真理，就在他的身上！①

这个简单的故事，很真实地反映了孙犁学习做群众工作的过程。他是一个作家，他属于自己的时代；他做群众工作的过程，也就是他成长为一个作家的过程。

在他看来，这道理也很简单：

> 到什么地方，就踏踏实实地工作吧，先不要考虑怎么对创作更有利。没有这方面的目的，有时反而能得到这方面的收获。事实上，

---

① 《随感》，《孙犁文集》第四卷，百花文艺出版社1982年版。

每一个作家的出现,并不是他先有意想当作家,大都是他在一个地方认真工作了若干年,又不断地写作,慢慢地也就成了作家。①

这也可以看作他对自己的创作经历的某种说明。在他看来,生活经历对写作非常重要,但还必须关心群众生活。"不关心别人,是写不好作品的。我自己写作品,常常感到生活不够,路子窄,本钱少。比如写战斗,我就写不好。一位熟识的作战科长看了我描写的战争场面,对我说:'你写的这叫打仗吗?'一位在太湖养病的同乡看了我的书,说我写的恋爱也不带劲。这都是因为生活上的欠缺。作品里的生活是不能卖弄玄虚的,一分虚伪也是看得出来的。我们要多认识一些人,多经历一些事。也许今天用不着,明天还会有用的。"②在实际生活中,他会品察细节,也会处理细节。1946年7月31日他给康濯的信③里说:"我觉得写小说的好处表现在作者对生活的深入调查研究,用心的观察体会,因此它不与主题思想两家皮。"他觉得他生活过的山地人民非常单纯可爱,"例如老太婆,虽是常常耍个心眼,但是她也叫我同情,心眼也简单可爱呀!"他回顾自己在战争环境里经常打起背包下乡,用自己的亲身体会告诉青年作者:假如在冬天,你背着行李到了老乡家里,老乡提议打通腿睡觉,你不能反对。假如房东家有病人,你因为高兴而唱歌,也会搞坏关系。农民不明白"作家"是怎么一回事,不会给你特别的礼遇。"他们只知道你是念过书的人,能写会算,村农会就求你写标语,村公所求你打统一累进税,抗属求你写信……这一切,你都不能拒绝,而且要做得好。""当你给他们做了很多事情,群众敬爱你,也是好现象。只要你真正能给他们解除疑难,群众是最不负心的。"他这样告诉别人,他自己自然是这样做的。在经历了这些生活之后,他进入创作,而且把生活和创作两个齿轮,变成了提高自己的

---

①② 《编辑笔记》,《孙犁文集》第七卷,百花文艺出版社1982年版。
③ 《陋巷集》,百花文艺出版社1987年版。

动力：

> 我的经验是：认真地做一次群众工作，就是对自己认识和思想情感的一次提高。如果再根据这些体验，从事一次创作活动，那就又是一次提高。①

生活是充实的，但很少有读书的机会。而且，他上中学以后渐渐积累起来的那些书，一部分损失于抗战，一部分损失于土改。抗战期间，他的书成了危险品（因为大部分都是革命书籍），家里人只好忍痛烧掉，或是换了挂面、熟肉。至于土改时，因为他的家庭成分是富农，一些书被贫农团拿走，当时农民已普遍学会裁纸卷烟，乡下纸张难得，这些书便改了行——做了卷烟纸了。

这时孙犁正在饶阳县张岗小区参加土改，上级发了一个通知，要各村把斗争果实中的书籍上缴小区，由专人清查保管。在张岗小区，这件工作落在了孙犁身上。

书并不多，全堆在一间屋子的地下，而且多是古旧破书，已经不大能够卷烟。孙犁因家庭成分不好，又正受着批判，不敢染指于这些书籍，全把它上缴县委了。

在乡间工作，没有什么买书机会，偶然遇到书本，也只能用打游击的方式，走到哪里读到哪里。

有时也能遇到中意些的书，这时真有知己之感。1946年在蠡县时，从县城集市的地摊上，买到一册商务出版的精装本《西厢记》，他带在身边看了一些日子，后来送给蠡县一位书记了。翌年在饶阳，《冀中导报》设在张岗的造纸厂，因为常常收买旧书，他又常到这家纸厂吃住，有时便也能从堆放旧书的棚子里拣出一两本有用的书（如《书谱》之类），使

---

① 《怎样认识生活》，《孙犁文集》第六卷，百花文艺出版社1982年版。

它暂免"回炉"之灾。

在河间工作的时候，每逢集日，都可以看到推着小车贩卖烂纸书本的小贩。有一回，他从小贩那里竟买到一部初版的《孽海花》；他一直保存着这本书，进城后才送给一位新婚燕尔、即将出国当参赞的同志。

大体说来，当时的环境没有，也不可能给他提供良好的读书条件。由于种种原因，健康水平又开始下降。他在前面说的那封给田间的信里，承认自己存在着创作苦闷，虽然他又解释说："……创作的苦闷在我并非主要的，而是不能集中精力工作，身体上的毛病，越来越显著，就使自己灰心丧气起来。"这是给朋友的信，也许只是一时的或极而言之的话，但我们不能否认，他这时在健康和心境方面，是存在着一些问题了。

自然，如前所说，生活上还是深入的、扎实的。他说过，他们那一代作家的主要特点，是从生活走向创作。纵使他在某个时候，在健康、情绪等方面处于"低谷"，那火热的生活也会召唤和推动他走出这个"低谷"的。

七、凤凰再生了

解放战争之初，他因为在冀中农村工作，一半是环境驱使，一半是兴之所至，他曾热衷于民间说唱形式，写了一个时期的大鼓词。他那时认为，大鼓词这种形式很好，很为群众喜闻乐见。他以为自己这样做的结果，对他以后写诗、写散文，都很有好处。

其实，他在抗战时就对写诗产生过浓厚的兴趣："那时行军走在路上，时常涌现一些诗句，在那些年月，诗的句子经常反映到头脑里来，一点也不奇怪。休息了，掏出小本子，放在膝盖上，诗的句子短，抄写方便，很快就记下来了。风里雨里能写，黎明黄昏也能写，那些年容易产生诗人。"①因为当记者的缘故,他当时写的是叙事诗,如《儿童团长》、《梨花湾的故事》、《白洋淀之曲》②等。他认为,诗以质取胜,很难写好,至少比散文难,因而尝试了一段时间后,暂时和诗分手。

抗战胜利后,从延安回到冀中写大鼓词,在某种意义上,也是承继了他写诗的余绪。当时,他的作品还不算多,但,尝试的形式已经不算少了。在同时代作家中,他的创作路子还是比较宽的。这会沾些便宜:譬如渡河,他不是靠一只独木舟驶向彼岸,他可乘的船比较多,根基稳健一些。

可惜,他的大鼓词留下来的不多,我们只能看到两篇:《民兵参战平汉路》、《翻身十二唱》③。前一篇写1946年蒋军进占张家口后,民兵如何组织起来参战、破路;后一篇写土改后翻身农民的生活。前者出场的人多,有较完整的故事,开头便是:"说的是,8月9月大秋天,庄稼全拉到了场里边……"从内容到语言,都具有鼓词的特点;后者主要写一个三十八岁的单身汉孙老德,土改后如何分房、分地、娶亲……没有连贯的故事,句式短,更像诗,但也可以演唱,很像说书人在"正篇"开始前演唱的一个"小段儿"。我们还注意到,《翻身十二唱》用了"纪普"的署名,这个署名虽然不是第一次用,也是用得比较早的一次,它的意义,前面已经说过,很可能是为了纪念在抗战时期夭折的长子(名普)。

他写得更多的,自然还是小说和散文。在这些作品里,我们看到时代的进程加快了,新中国大厦的基础工程已经接近完成,他也日益接近了那个新的历史的大门口。

事变每日每时地发生着,一切都是来得既迅猛,又朴素,在不知不觉中,他和一个新的国家一起成熟了。

虽然在战争环境里滚爬了十多年,他却没有真正打过仗,"我是一

---

① 《〈白洋淀之曲〉后记》,《孙犁文集》第七卷,百花文艺出版社 1982 年版。
② 《孙犁文集》第五卷,百花文艺出版社 1982 年版。
③ 《孙犁文集》第七卷,百花文艺出版社 1982 年版。

名文士，不是一名战士。"他说。

但在1948年初夏，他到了一次前线，目睹了战争的场面。那是青沧战役攻占唐官屯的战斗，战前，冀中区党委在一次会上，号召作家上前线，别人都没应声，他报了名。"这并非由于我特别勇敢，或是觉悟比别人高。是因为我脸皮薄，上级一提及作家，我首先沉不住气。"① 我们不知道事情是否真像他解释的这样，纵然是这样，他的态度仍然是可爱的。

头一天他从河间骑自行车到了青县，第二天下午就参加了进攻唐官屯的战士行列。战斗打响了，十几分钟以后，他在过河的时候，看见河边有几具战士的尸体，被帆布掩盖起来。正在这时，有一发炮弹落到河边，他被震倒了，在沙地上翻滚了几下，幸好还没有事情。他乘上一只筐箩，渡到对岸，天已经黑了。同行的一位宣传科长，把他带进了街，安置他在一家店铺里歇下，就到前面做他的工作去了。

街那头还在战斗。他一个人坐在黑洞洞的屋里，听着前面的枪炮声，过了一夜。黎明时分，科长回来，告诉他已经开仓济贫，叫他去看市民领取粮食的场面，以为这是到了作家用武的时候了。

这就是他经历的一次战火的试炼吧。在这次战斗中，他没有得到战利品，却丢了一条皮带，和皮带上挂的小洋瓷碗，这只小洋瓷碗，已经跟他多年了。此外，还丢了一件毛背心，那是一位女同志用他年幼时的一条大围巾改织的。他不知这些东西是怎么丢的，也许是遇到炮击时翻滚在地上弄丢的，也许是遗忘在店铺里了。看起来，他也是从生死线上闯过来，没有工夫计较这些东西了。在战前行军的路上，他曾遇到也是来体验生活的一位同志，听说是茅盾的女婿，他在这次战斗中牺牲了。

孙犁更多看到的，是人民的牺牲，尤其令他感动的，是人民对待牺牲的态度。

---

① 《唐官屯》，《老荒集》，百花文艺出版社1987年版。

下面是他叙述的一个极平常的例子。那一年他正在他的家乡安平采访，这件事就该是发生在他的家乡：

张秋阁父母双亡，没有看到翻身的日子，是哥哥照看她和妹妹二格长大。土改后，哥哥参军上了前方，她带着妹妹二格过日子。这一年是1947年，时值春日，冀中区正开展大生产运动，支援前方打仗，张秋阁当上了妇女生产组组长。有一天晚上，她正在屋里纺线，代耕队长曹蜜田拿着一封信来了，他是秋阁哥哥小时候的伙伴。曹蜜田犹豫着，说出了信的内容：秋阁哥哥作战牺牲了。讲完这个消息，他的眼睛湿了。

这消息是一声闷雷，使秋阁惊叫，发呆，最后趴在桌上，痛哭了一场。她想到的是："哥哥从小受苦，他的身子很单薄。"

"他是为革命死的，我们不要难过，我们活着，该工作的还是工作，这才对得住他。"蜜田说。

"我明白。"秋阁说，"哥哥参军的那天，也是这么晚了，才从家里出发，临走的时候，我记得他也这么说过。"

"你们姐俩是困难的。"曹蜜田说，"信上说可以到县里领恤金粮。"

"什么恤金粮？"秋阁流着泪说，"我不去领，哥哥是自己报名参军的，他流血是为了咱们革命，不是为了换小米粮食。我能够生产。"①

蜜田走后，她这一夜几乎没有睡觉。第二天一早，她叫醒二格，姐妹俩到碾子上轧了玉米，然后叫二格先回家做饭，她去找她的组员，商量生产方面的事情去了。对方也是一个女孩子，如果不是从秋阁的眼睛

---

① 《张秋阁》，《孙犁文集》第四卷，百花文艺出版社1982年版。

上看出她哭过，简直看不出这一夜发生过什么事情。

孙犁家乡的人民，就是以这样坚强的意志，承受着牺牲的痛苦，以这样从容的态度，迎接着每一个黎明。谁也无法测量，一个正在向上的时代的人民，他们的心地到底有多么宽广。

在同一年的六七月间，孙犁在博野参加土改试点。在他蹲点的村子里，发生了这样一个小小的事变：一个老人，儿子十年前参军了，好久没有音讯。他纺线，儿媳织布，带上一个小孙子，如此度过了十年战争，孙子也有九岁了。老人精神很好，对于战争的前景，他非常乐观，"每个人眼前有一盏灯指引，可是他的灯照得特别明亮。"①儿媳还年轻，侍奉公公，照顾孩子，一天到晚手脚不停地劳作，却异常沉默。这是可以理解的，因为她希望着的那个日子还没有到来。对于年轻女人来说，希望有时是一种难以用言语表达的煎熬，于是，沉默就是她想说的一切。

孙子还幸运，父亲不在身边，老人给了他双倍的慈爱，加上母亲那一份，他真的成了一家人的"掌上明珠"。十年战争，每次闹敌情，老人背着孙子逃难，"在他看，热爱了孙儿，在这个时代，就是热爱了那在战场作战的儿子，那在家中劳作的儿媳，就是热爱了那伟大艰难的革命战争。"②

土改当中，老人很积极，对孙犁特别关心，农历六月初一晚上，国民党军队到了博野，他亲自安排孙犁转移——

……在那挂满黎明的冷露的田野，他送我远行，就如同他在十年前，送走了他的儿子。

五天过后，我回来，那儿媳和孙儿却穿上了新封的白鞋。敌人来了，老者照旧背负着孙儿去逃难，敌人叫他站住，他不听，拼命

---

①② 《随感》，《孙犁文集》第四卷，百花文艺出版社1982年版。

地背着孙儿跑，敌人用机枪扫射，他死在炎热的高粱地里。进犯的敌人在宣传不杀人，不打人，就在村庄北边，敌人践踏过的庄稼地里，新添起埋葬老人的坟堆。平原的田野，有无数牺牲在抗日战争的和自卫战争的烈士坟墓，这一个是十年革命战士的父亲。①

这个"革命战士的父亲"的形象，不知在多少家庭里出现过。我们知道，在孙犁参加抗战工作以后的那些年，他的父亲照顾一家老小奔波、逃难，在他父亲身上，就反映着这一形象的某些影子。在《嘱咐》②里，"女人"这样向刚刚回到家来的丈夫描画着公公的形象："……爹叫你出去打仗了，是他一个老年人照顾了咱们全家。这是什么太平日子呀？整天价东逃西窜。因为你不在家，爹对我们娘俩，照顾的唯恐不到。只怕一差二错，对不起在外抗日的儿子。每逢夜里一有风声，他老人家就先在院里把我叫醒，说：水生家起来吧，给孩子穿上衣裳。不管是风里雨里，多么冷，多么热，他老人家背着孩子逃跑，累的痰喘咳嗽。是这个苦日子，遭难的日子，担惊受怕的日子，把他老人家累死。……"这样的描画，差不多把孙犁的家庭生活叙述了一遍。

总之，战火还在燃烧，但是，希望的日子也日益迫近了，这一点，就连农村一个不识字的老太太也感觉得到。孙犁在安平县耿官屯访问过一个人称"李大娘"的抗日家属，抗战时，她送儿子参了军，抗战胜利后，儿子继续同国民党军队作战。谈到前途，她对胜利充满了信心："蒋介石会变也只是七十二变，八路军是杨二郎，准能打败他。"③人民是在生活中感到胜利已经向他们招手了，他们也就在生活的一切方面通过实际行动迎接胜利的到来：缴纳公粮时，李大娘把碾细的米拿出来，糙米留给自己吃。

---

① 《随感》，《孙犁文集》第四卷，百花文艺出版社1982年版。
② 《孙犁文集》第一卷，百花文艺出版社1981年版。
③ 《访问抗属》，《孙犁文集》第四卷，百花文艺出版社1982年版。

孙犁注意到，人民的观念也在发生着变化。1947年，他在博野县大西章村工作时，认识了一位贫农姑娘王香菊。她只有十七岁，天真，健康，态度安静，对人亲热而爱脸红。但是，晚上开会，孙犁在那边说话，声音稍小了些，她就喊："说大点声，叫我也听听啊！"确实，在斗争中，她变得勇敢了。从前，她不敢在地主的田边走，也不敢走过地主的大门，她怕那些富贵小姐耻笑她的衣衫褴褛；土改以后，她可以挺着胸脯在她们面前走过，因为这些从前命定上车都要人来搀扶的、不劳而获的人，也必须到田野里去劳动了。孙犁对王香菊的印象很深："这个女孩子在对封建势力斗争的时候，勇往直前，在分配斗争果实的时候，留心的是生产工具。分得土地以后，那时正是初秋，庄稼很缺雨，她整天整夜在园子里用辘轳浇水，井水往上浇，她的汗水往井里滴。一天黄昏，我走到她的井台上，她喘息着吐露了愿意组织起来走社会主义道路的愿望。"① 香菊的形象，在《浇园》②这篇小说里得到了丰富和深化。她在井台上吐露的这个愿望，反映了正在形成的某种时代条件。

　　香菊有一位能干的母亲，但在她的家庭内部，又有一层奇特的关系。

　　香菊的母亲三十七岁了，六七岁时，卖给比她大二十岁的香菊的父亲做妻室。这在冀中，似乎并非个别现象，孙犁的小说《正月》③里有过这样的描述："卖给人家，并不是找到了什么富户。这一带有些外乡的单身汉，给地主家当长工，苦到四五十岁上，有些落项的就花钱娶个女人，名义上是制件衣裳，实际上就是女孩子的身价。丈夫四五十，女人十三四，那些汉子都苦的像浇干了的水畦一样，不上几年就死了，留下儿女，就又走母亲的路。"香菊的母亲，似乎就承继了这样的命运：丈夫并非有钱的人，做了一生长工，饥寒劳累，现在有了病，已经不能在自己的土地上工作。实际上，长工生活已经把他变成了一个傻子，除了

---

① 《妇女的路》，《孙犁文集》第四卷，百花文艺出版社1982年版。
②③ 《孙犁文集》第一卷，百花文艺出版社1981年版。

默默劳作，整天也说不上一句话。孙犁在香菊家吃过十几天饭，他发现，每天围在一起吃饭的，是香菊的弟妹和她的母亲、叔父。这位叔父四十一岁，没有结过婚，而她的父亲已经六十岁了。每逢吃饭，父亲就端上个大碗，夹些菜，独自到门外边蹲着去吃，好像这里的妻儿不是他的一样。香菊有个三岁的小弟弟，整天抱在叔父怀里，孙犁没见过那年老的父亲引逗爱抚这孩子一次。

显然，这个家庭里包孕着某些时代的悲剧。对此，孙犁慨叹道："农村的贫苦人家是充满悲剧的，有妻室常常更加深了这悲痛。外人没法体验，也不能判定：香菊母亲内心的悲痛深些，还是父亲的悲痛深些。""但这悲痛的来源就是贫穷，这在封建社会里是贫穷人家流行的一种痛苦。它是一种制度的结果，这种制度现在被打破了。""有些人还好在赤贫的妇女身上，去检查'道德'的分量。追究她们是否偷过人家的东西，是否和丈夫以外的人发生过爱情，是否粗鲁和不服从。他们很重视这点，惋惜这是穷人本身的一个大缺点。在'道德'上，他们可能欣赏那些地主的女儿，大家的闺秀。"① 应当说，孙犁这些议论，都说到了香菊母亲的心上。在孩子中间，母亲最爱香菊，土改以后，就更爱她了。有一天，她凄然地指着香菊对孙犁说："她们这以后就好了！"这意思很清楚，香菊这一代人不用再走母亲们的老路了。孙犁当然同意她的看法。在孙犁看来，"她比谁也明白：一切不幸，都是贫穷所致，一切幸福，都会随翻身到来！"②

在历史接近了它的目标之后，出乎人们意料地大大加快了前进的步伐。战争已经推进到津浦线上距离天津不远的地方。这里是冀中平原东北部的边缘地区，孙犁为我们展示了一幅解放战争的壮观图景：正当金秋季节，天朗气清，地里的庄稼全收割了，人民军队从南北并列的一带村庄，分成无数路向前推进：

---

①② 《香菊的母亲》，《孙犁文集》第四卷，百花文艺出版社1982年版。

部队拉开距离，走的很慢。我往两边一看，立时觉得，在碧蓝的天空下面，在阳光照射的、布满谷楂秋草的大地上，四面八方全是我们的队伍在行进。只有在天地相接连的那里，才是萧萧的风云，低垂的烟雾……

那里是云梯，一架又一架；那里是电线，一捆又一捆；那里是重炮、重机枪。背负这些东西的，都是年轻野战的英雄们，从他们那磨破的裤子，拖带着泥块的鞋子，知道他们连续作战好些日月了。

…………

到了冲锋的地点，那个紧邻车站的小村庄。古运粮河从村中间蜿蜒流过，这条河两岸是红色的胶泥，削平直立，河水很浑很深，流的很慢。两岸都是园子，白菜畦葡萄架接连不断。一条乌黑的电线已经爬在白菜上，挂到前面去了。

战士们全紧张起来，我听到了战场上进攻的信号，清脆有力的枪声，冲锋开始了。我听见命令："过河！"就看见那个小小的炮手——马承志，首先跳进水里，登上了对岸。

这孩子跃身一跳的姿势，永远印在我的心里，这是标志我们革命进展的无数画幅里的一幅。在这以前，有他那年老失明的外祖父，在平汉线作战牺牲的马信涛，勤谨生产的姐姐马秋格；从他后面展开的就是我们现在铺天盖地的大进军，和那时时刻刻在冲过天空、吱吱作响、轰然爆炸的、我们的攻占性的炮声。①

这轰然爆炸的、攻占性的炮声一直延伸开来，在长城内外、大江南北到处都是火光冲天，到处都是欢呼解放的人群。在腾腾烈焰和如潮歌声中，一个新的国家的形象已经孕育成熟，"五四"时期那位新中国的预

---

① 《种谷的人》，《孙犁文集》第一卷，百花文艺出版社1981年版。

言诗人所召唤的凤凰,就要再生了!

于是,在1949年1月,孙犁又一次随大队集合。这一次集合,不是向平原和山地转移,也不是走向那曾是革命灯塔的边城,而是走向大都市,走向被称为北方重镇的天津。

当时孙犁正在深县,接到方纪的电话,说冀中区党委通知他到胜芳集合,准备进入天津。他先到了河间,然后与方纪、秦兆阳一同骑车去胜芳。胜芳是津郊大镇,水上风景很好,可惜是冬季,想观赏而不可得。但是他兴致勃勃地赶了集,看了市上出售的旧书。

在胜芳集中的,除了《冀中导报》的人员,还有从冀热辽的《群众日报》来的一批人,它的副总编辑郭小川,也属于这批人之内。这两部分人合起来,筹备进城后的《天津日报》的出刊。当时,孙犁编在《冀中导报》的队伍里(他在冀中时,常在该报驻地食宿,但只在今天,才成了它的正式成员),和方纪共同准备了进城后的副刊版面,他写了一篇题为《谈工厂文艺》的文章,后来登在1949年1月18日出版的第二张《天津日报》上[1]。从这时起,他已经想到,随着进入城市,文艺工作的对象和重点将要发生具体的变化:"在农村工作了多年,我们对于农村文艺工作和部队文艺工作,积累了一些经验。天津是工业城市,现在想到的是:如何组织起一支工人文艺队伍。"[2]"八年抗日战争,我们主要是建设了乡村的艺术活动。今天,进入城市,为工人的文艺,是我们头等重要的题目。"[3]以后的事实证明,和孙犁的名字紧紧连在一起的《天津日报》的文艺副刊,在发展工人的文艺和培养工人作家方面,做出了实际的贡献,并产生了全国性的影响。

他们在胜芳并没有等候多久,天津就解放了。下面的情形,让我们转录作家本人的纪事:

---

[1]《孙犁文集》第六卷,百花文艺出版社1982年版。
[2]《阿凤散文集序》,《孙犁文集》第六卷,百花文艺出版社1982年版。
[3]《谈工厂文艺》,《孙犁文集》第六卷,百花文艺出版社1982年版。

进城之日，大队坐汽车，我与方纪骑自行车，路上，前有三人并行，我们骑车绕过时，背后有枪声。过一村后，见三人只剩一人，我与方纪搜检之，无他。此自由行动之害也。比至城区，地雷尚未排除，一路伤员、死尸，寸步难行。道路又不熟，天黑始找到报社，当晚睡在地板上。①

孙犁后来说过，这是差一点儿没有挨了国民党溃军的黑枪。

过去的都已过去。现在，天亮了，解放了，睡在地板上的这一夜，迎来了一个新的黎明。

---

① 《〈善闇室纪年〉摘抄》，《陋巷集》，百花文艺出版社1987年版。

第七章　进城以后

一、园丁之歌

　　天津解放的日子是1949年1月15日。攻城前，据外国通讯社报道：天津市民估计，人民解放军两三天内就可以攻占天津。实际上，只用了一天时间，这个始建于明代永乐二年(1404年)的"海上门户"，便跨入一个新的历史纪元了。

　　当孙犁和方纪骑着自行车，沿着公路经由杨柳青进入天津的时候，"遇见了解放天津作战的青年战士们，他们说笑、歌唱，对源源进入天津的人们热情地招呼。每个人都对他们表示了无上的尊敬，他们完成了中国历史上最神圣的任务，从人民脖颈上摘去帝国主义和封建势力的双重枷锁。""一种新的光辉，在这个城市照耀，新生的血液和力量开始在这个城市激动，一首新的有历史意义的赞诗在这个城市形成了。"①

　　孙犁就是怀着这种历史感觉进入天津的，他和新生的天津市的人民一样激动。"那来自东北各地的青年英雄们，那来自冀中各个城镇、各个村庄有组织有经验的民工担架队，和那些带着农民的朴实作风进入这

---

① 《新生的天津》，《孙犁文集》第四卷，百花文艺出版社1982年版。

个城市工作的地方干部们,都用自己的工作,和自己对这个城市的贡献,来纪念天津的解放。"①

他也是这样。进城后的第三天,就在原来《民国日报》的旧址,出版了《天津日报》。顺便说一句,《天津日报》的组成人员,除了上述《冀中导报》和《群众日报》的两部分人,还有一些平津学生。孙犁被分配在副刊科工作,做副科长(科长是方纪)。从此,尽管他的具体职务有所变化,但再也没有离开《天津日报》。

《天津日报》的副刊以《文艺周刊》的名称享誉文坛。作为作家和编辑,孙犁在这块园地上默默耕耘了几十个寒暑,到了他的笔下,变成了这样几句普普通通的话:

> 记得1949年进城不久,《天津日报》就创办了《文艺周刊》。那时我在副刊科工作,方纪同志是科长,《文艺周刊》主要是由他管,我当然也帮着看些稿件。后来方纪走了,我也不再在副刊科担任行政职务,但我是报社的一名编委,领导叫我继续看《文艺周刊》的稿件。当时邹明同志是文艺组的负责人,周刊主要是由他编辑。
>
> ············
>
> 现在有的同志,在文字中常常提到,《文艺周刊》是我主编的,是我主持的,……这都是因为不了解实际情况的缘故。至于说我在《文艺周刊》培养了多少青年作家,那也是夸张的说法,我过去曾写过一篇小文:《成活的树苗》,对此点加以澄清,现在就不重复了。人不能贪天之功。现在想来,《文艺周刊》一开始,就办得生气勃勃,作者人才济济,并不是哪一个人有多大本领,而是因为赶上了解放初期那段好时候。②

---

① 《新生的天津》,《孙犁文集》第四卷,百花文艺出版社1982年版。
② 《我和〈文艺周刊〉》,《远道集》,百花文艺出版社1984年版。

这话说得有理。大作家、大哲学家们多次说过这类意思的话：花草树木离不开自然气候；作家作品离不开社会气候。提起解放初期那段好时候，不只孙犁有依依之情，二十岁在《文艺周刊》发表处女作的从维熙也说过："我还经常回忆50年代初期的美好时光，那时我们的空气多么清新，每每思念起来，真有涉步于郁郁森林之感。"① 蒙古族作家佳峻则从《文艺周刊》直接领略到了那"早晨的风"："在众多的报刊中，我是《天津日报·文艺周刊》的读者，我学的是新闻，但我赞赏在这里刊出的一些清新、质朴、不雕琢、不媚俗的作品，它们给我很深的印象，读后常常联想到一个普普通通的菜园、一块平平常常的草坪、一潭波澜不惊的春水、一片四处可见的绿叶，平凡极了，但充满生机，就像每天都可以领略的早晨的风。"②

很快，围绕着《文艺周刊》，成长起一批年轻的作者队伍，人们经常提起的是这几位：刘绍棠、从维熙、房树民、韩映山等。他们在给《文艺周刊》投稿的时候，都还是中学生，如刘绍棠，他在该刊发表作品时，才只有十五岁。后来被许多人称为"荷花淀派"的那个作家团体（尽管对文坛上是否已经真的形成了这样一个流派还存在着争议），主要就是以这些人为基础。正因为《文艺周刊》在扶植文学新苗、培养青年作家方面尽了心力，取得了世人公认的成绩，这些作家自己在许多年之后，也一直感念着它和它的主持者们的劳绩，尤其是它那良好的编辑作风，更是泽及后人，影响深远。刘绍棠说："对于《天津日报》的远见卓识，扶植文学创作的热情和决心，栽培文学新人的智力投资，我是非常钦佩和感念不忘的。孙犁同志把《文艺周刊》比喻为苗圃，我正是从这片苗圃中成长起来的一株树木。饮水思源，我多次写过，我的创作道路是从天

---

① 从维熙：《不待扬鞭自奋蹄》，1983年5月5日《天津日报》。
② 佳峻：《晨风中，我吹起短笛》，1983年5月5日《天津日报》。

津走向全国的。"① 从维熙说:"……我的启蒙师长孙犁同志,似乎也在一篇书简中,把文学比作一座高山,他在这座峰峦面前'高山仰止'。""回归文坛之后,我常常告诫自己:少一点哗众取宠,多一点甘居寂寞;少一点游山玩水,多一点苦斗精神。文场不是赌场,文苑不是商品交易会,它应当是干净而宁静的,这是我国古代文人留下的良好遗风。这种遗风,不应当在我们这一代人或下一代人中间断线失传。之所以要这样告诫自己,因为自己也生活在现实之中,自己身上也有七情六欲,难免受名利之心的驱使,而变成文场上的外交家。"②

在《文艺周刊》这块园地上,对于许多青年作者来说,虽然孙犁尽了一个园丁或师长的责任,可是,除了他在课堂上教过的学生,他固执地不同意别人称他为老师。他也始终只把《文艺周刊》看作是一个"苗圃",在给刘绍棠的一封信里说:"我并不希望你们(指从维熙和其他同志),老是在这个地方刊物(指《天津日报》文艺周刊)上发表作品。它只是一个苗圃。当它见到你们成为参天成材的大树,在全国各地矗立出现时,它应该是高兴的。我的心情,也是如此。"③ 前面他说到的那篇《成活的树苗》④,以哲理化的情节和语言,讲了他关于培养青年作家的体会、见解:有人从承德带回来八株马尾松树苗,分赠同院养花的人,他得到三株。一月后,别人养的都没有成活,他养的三株,活了一株,"值雨后,挺拔俊秀,生气四溢。"当日送树苗者要他介绍经验,他笑着说:"这有什么经验,你给我三株,我同时把它们栽到一个盆里。死去两株,这一株活了,是赶对劲了吧。"对方不以为然,他观察过孙犁的栽培方法:经常松土、避免烈日暴晒……孙犁不再争辩,并说:"种植时,我在下面还铺了一层砂子,我们院里的土太黏了。"

---

① 刘绍棠:《忆旧与远望》,1983年5月5日《天津日报》。
② 从维熙:《不待扬鞭自奋蹄》,1983年5月5日《天津日报》。
③ 《〈刘绍棠小说选〉序》,《孙犁文集》第六卷,百花文艺出版社1982年版。
④ 《孙犁文集》第七卷,百花文艺出版社1982年版。

别人以为这就是经验。孙犁说：

"松土、加砂，不太毒的阳光，同施于三株，而此株独活。可能是它的根，在路上未受损伤，也可能是它的生命力特别强盛。我们还是不要贪天之功吧，什么事也不要贪天之功。"

这样说了之后，彼此一笑而散。

不久，鲍昌来访，他告诉孙犁要到石家庄开会，能见到刘绍棠、从维熙。孙犁托他代向二人致意，并约稿。谈话间，孙犁又说到了一个题目：

"近些日子，我常想这样一个问题：近几年，人们常说，什么刊物，什么人，培养出了什么成名的作家，这是不合事实的。比如刘、从二君，当初，人家稿子一来就好，就能用。刊物和编者，只能说起了一些帮忙助兴的作用，说是培养，恐怕是过重了些，是贪天之功，掠人之美。我过去写了一篇'论培养'，我想写一篇'再论培养'，说明我经历了几十年风尘，在觉悟方面的这一点微微的提高。"

这一次，他又遇到了鲍昌的诘难："我看你还是不要说得太绝对了。那样，人家会说你不想再干这方面的工作了，是撂挑子的话。"他承认鲍昌聪颖，应对敏捷，而且常常一针见血，彼此便又一笑而散。

关于马尾松树苗和关于培养青年作家的这两次谈话，发生在同一个夏日的早晨和下午。孙犁并非有意把它们安排在一起，可是它们就像一篇故事的开头和结尾那么上下呼应一致，也真是无巧不成书了。

在《文艺周刊》，他做了许多切实而具体的工作。在这个刚解放的城市里，正像他在那篇《谈工厂文艺》的文章里说的，很注意培养工人自己的文艺。在这一思想指导下，《文艺周刊》的版面上，很快出现了一批工人作者的名字，其中如阿凤、董迺相、滕鸿涛、郑固藩，以及稍后的万国儒等等，都曾经产生过相当影响。孙犁强调这一经验：当编辑，主要看稿件质量，不分远近亲疏、男女老幼、有名无名，稿件好的，立即刊登，连续刊登。而且，《周刊》很看重发表新作者的作品，认为自己应该有一支新作者的队伍，"一旦这些新作者，成为名家，可以向全国发表作品了，就可以从这里移植出去，再栽培新的树苗，再增添新的力量"①，因为它是一个"苗圃"。这一做法果然奏效，在不长的时间里，从这个小小阵地上连续走出那么多全国闻名的文学新人，不是没有原因的。从维熙、佳峻、韩映山等，都曾谈过《文艺周刊》迅速、连续地发表他们作品的往事。其中，韩映山谈的也许更有一些代表性：

> 50年代初，当我还在保定一中念初中的时候，就喜欢读《文艺周刊》发表的作品。它虽是报纸上的周刊，其文学性质却是很强的，作品内容很切实，生活气息很浓厚，格调很清新，语言很优美，有时还配上一些插图，显得版面既活泼健康，又美观大方，没有低级趣味和小家子气，更没有那些谁也看不懂的洋玩意儿。当时孙犁同志的《风云初记》和方纪同志的一些作品曾在上面发表，影响和带动了不少的青年作者。
>
> ……刘、从、房②那时都在学校读书，年龄都和我差不多，他们所写的都是农村题材，作品中的人物和风景，我也都熟悉。我想，他们能写，我为什么不能写呢？
>
> 于是，我在课余里，也就偷偷地写了。
>
> 开始，我并不敢给《文艺周刊》投稿，先是给小报投，结果投中了一篇小故事，把我高兴坏了。紧接着我又给那家小报寄了两篇小说，可是很快就退了回来，嫌那作品里写了蚊子，于是我大着胆子把这两篇稿子寄给了《文艺周刊》。天哪！我做梦也没有想到，《文艺周刊》竟连续都登了，而且有一篇还是头条。当时是多么激动

---

① 《我和〈文艺周刊〉》，《远道集》，百花文艺出版社1984年版。
② 指刘绍棠、从维熙、房树民。

啊！发表了这两篇作品以后，我的写作劲头就觉着足了，于是便一发而不可收。①

孙犁1953年到安国县下乡，路过保定时，给青年文学爱好者们做了个报告，会上看到韩映山，提到了韩的这两篇小说，他记得那么清楚，使这个当时还很瘦弱的少年非常惊异。他也很了解一般青少年的创作心理，幽默地对他们说："有些同志好偷偷摸摸地写稿，寄给报社，好像给爱人写情书，怕叫别人知道了，好像写文章是件不体面的事情。"他告诉大家，起个当作家的念头并不坏，<u>应该让群众知道你在做什么</u>，这样就可以让周围的人们更关心你的工作，甚至供给你素材，就像蜜蜂往返飞翔于盛开的花丛之间，不只闻到了花的香味，还要叫花朵听到我们的声音，招展地欢迎我们，共同完成酿蜜的工作②。不少名家谈自己的成功之路在于"大胆"，这看法庶几近之，不然，把创作弄得像写情书，那至少是太"孤独"了。

孙犁看稿子非常认真，他的习惯，看稿前先擦净几案，拆封稿件时注意不撕伤，特别不伤及作者的署名和通讯处，而且决不积压稿件，到手后总是很快处理。进城之初，他在《天津日报》副刊负责"二审"，看初稿的同志坐在他的对面，看完一篇觉得可用，就推给他，他马上看，如觉得不好，就再推过去。这本来是为了不积压稿件，但这工作方式，很使对方不快。他发觉了，就先放一下，第二天再还给他。

他处理过的稿件，总是保持整洁，不用的稿子，如有意见，另写在纸条上，不在稿件上乱画。也从来没有遗失过一篇稿件，即使是很短的稿件。"按说，当编辑，怎么能给人家把稿子弄丢呢？现在却是司空见惯的事，特别是初学者的稿子……""丢失稿件，主要是编

---

① 韩映山：《饮水思源》，1983年5月5日《天津日报》。
② 《作品的生活性和真实性——在〈天津日报〉副刊写作小组的发言》，《孙犁文集》第六卷，百花文艺出版社1982年版。

辑不负责，或者是对稿件先存一种轻视之心。"① 他回顾自己在战争年代编刊物，看稿，校对……都是一个人，所谓编辑部，仅是一条土炕、一张炕桌，如果转移，把稿子装入书包，背上就走，人在稿存，衣服丢过，饭碗丢过，竟没有丢过一篇稿子，回想起来，是很感欣慰的。

他对投稿者极其热心，据有人说，他是有信必复，而且都写得很长、很有感情。对于来稿，则不大删改，也很少给作者出主意修改稿件，更不喜欢越俎代庖，在别人的稿子上做大段大段的文章。他只是修改错别字和显然不妥的句子，然后衔接妥帖。在这方面，从维熙、韩映山等都有切身的体会。1953年初春，《文艺周刊》发表了从维熙的短篇小说《红林和他爷爷》。当他把第二个短篇《老莱子卖鱼》寄去后，这一次编者请他做些修改。"其实，那篇东西需要修改的地方并不多，只要编辑举手之劳就能修定。但编辑部从不轻易删动作者稿件，而要求作者自己动手修改作品，以发现自己作品之不足，以利写作水平的提高。《老莱子卖鱼》的修改启示了我，应当审慎地对待自己的作品；因此，后来，寄往《文艺周刊》的《七月雨》、《远离》、《合槽》等短篇小说，都避免了稿件的往返旅行，很快发表在《文艺周刊》上。"② 韩映山的《鸭子》的修改，则是另一种情况。作品里写到一条河，是朝西流的，孙犁看到这里，很觉奇怪：一般的河都是向东流，怎么这条河会是向西流呢？就想动手改过来。继而一想，也许有这种特殊情况，他看到的那条河是向西流的。为这件事，他把韩映山找到报社，一问，那条河果然是向西流的。因此，就没有改。这件事给韩映山留下了很深的印象，1988年10月在白洋淀参观，他兴致勃勃地向笔者叙述了三十余年前的这段往事。

---

① 《关于编辑工作的通信》，《远道集》，百花文艺出版社1984年版。

② 从维熙：《不待扬鞭自奋蹄》，1983年5月5日《天津日报》。

孙犁认为，并非当你成为大作家，才有帮助别人的义务，文艺刊物的编辑，实际上负有发现和扶植人才的光荣职责。文艺刊物譬如舞台，要培养演员，使他们能够"业满出师"①。

除了通过刊物扶植新苗破土而出，作为一名出色的作家兼评论家，他还通过自己的评论文字为那些文学新手鼓吹呐喊。他的在50年代初期就再版多次的《文学短论》一书，其中有不少文章，就是评论在《文艺周刊》上发表的初学写作者的作品，而很少触及当代名家。他的评论文字非常切实，好处说好，错处说错，决不盲目捧场。如对工人作者郑固藩的小说《围剿》，他就是这样做的。他肯定了这篇小说的成绩和作者的用功、热情，但用了更多的篇幅指出了这篇作品的缺点、不足。从下面一段叙述里，人们还可以读到他如何帮助这位作者的经过：

> 我觉得作者在写作之前，好像并没有确定这个贪污案件的性质……作者也好像没有掌握发现贪污线索的具体材料。第一次稿，写林天佑回家吃饭，心不在饭上，他老婆问他，他说找不到线索正在发愁。他老婆说，你可以到二姐家里去问，他放下碗就到二姐家，从二姐口中得到了线索。我们去信说这一段和我们已经发表过的一篇小说里的发现线索描写重复，请作者修改，作者就改使林天佑的老婆去打油，一推门就听到了贪污分子正和油店的掌柜订立"攻守同盟"，于是一下就又找到了线索。
>
> 我认为初稿和改写，都是心急了一些。不是说打油就不可能找到线索，而是因为作者的描写有些像一般的章回小说，使人感到，是太巧太轻便了一点。主要的是不切实，林天佑是"三反"小组长，下午还在当面追查这个贪污分子的材料，而在晚上，当这个贪污分子在油店订立"攻守同盟"时遇到了林天佑的老婆，竟会神色不动，

---

① 《论培养》，《孙犁文集》第六卷，百花文艺出版社1982年版。

"林嫂儿"叫的那么从容,是不合实际的。

所写的,贪污分子和油店掌柜酒肉的交游,也很一般,事件不触目惊心,斗争会缺乏说服力。

只有在实际工作中,真正把全身心投到里面,不单是急和闯,而是真正用心思,多考虑,多调查,对每一个细节和现象都不放松,而又对每一个情况都用政策来衡量过的实际工作者,才能写出切实的作品来吧。

希望郑固藩同志在这方面留意……①

在《天津日报》这个平凡的岗位上,他一直默默工作了三四十年,除了自己写作,还奖掖、扶植了一大批青年作者,其中并有不少人确实从这个地方性的报纸走向全国了。值得注意的是,除了他流下的辛勤的汗水,他本人的创作作风,对于造成或带动一支文学新军,也起了重大的作用。尽管有没有形成一个"荷花淀派",迄今众说纷纭,没有定论,但他的追随者的队伍,却一直有增无已。

他自己从来不承认是什么流派的"首领";但我们可以说他是一个园丁,他用自己几十年的卓有成效的劳动,谱写了一曲园丁之歌。

"进城以后不久,我就是《天津日报》的一名编委,三十二年来,中间经过六任总编,我可以说是六朝元老……"他说。

"编委"是个什么职位?算不算官?在一次进行全国人口普查时,发生了疑问。他被叫去登记,工作人员问他的职务,他如实申报。她写上后,问:

"什么叫编委?"

他答:

"就是编辑委员会的委员。"

---

① 《论切实》,《孙犁文集》第六卷,百花文艺出版社1982年版。

她又问：

"做哪些具体工作？"

他想了想说：

"审稿。"

她填在另一个栏里，但终于有些不安，拿出一个小册子对孙犁说：

"我们的工作手册上，没有编委这个词儿。新闻工作人员的职称里，只有编辑。"

"那你就填作编辑吧。"孙犁回答。

她高兴了，用橡皮擦去了原来的名称。

其实，孙犁很满意"编辑"这个名称。"在我一生从事的三种工作（编辑、教员、写作）里，编辑这一生涯，确实持续的也最长，那么就心安理得地接受承认吧。"①

二、乔 迁

1949年1月进入天津以后，在原来《冀中导报》和《群众日报》的队伍里，不少同志都携有眷属。很快就到了这一年的春节。不消说，在这个刚解放的大都市里过的头一个春节，固然体验到了胜利的喜悦和兴奋，但是，也感到了离家的寂寞。所以，刚过春节，他就想回家看看。

像进城的时候一样，他又骑上了那辆在乡间土路上已经颠簸了很久的破车，只是还没走出南市，就退回来了：一是街上人多，他没有练就在城市骑车的技术，一时出不了城。二是他弄不清方向——天津街道是斜的，初来的乡下人很容易迷失方向，何况他过去就有过弄错方位的教训呢——总之，为怕走错路，只得又退回来。

他到长途汽车站买了一张去河间的票，次日清晨上车，天黑才到。

---

① 《关于编辑工作的通信》，《远道集》，百花文艺出版社1984年版。

河间位于安平东北,是他工作过的熟地方,当晚住在新华书店,并雇定一辆大车。不料次日车夫变卦,不愿去了,他只好向西步行到肃宁,住在一个熟识的纸厂里,第二天坐纸厂去安国的大车继续西行,半路下车,向南走回老家——路途虽然略有曲折,可是走出天津,到了冀中,便如鱼得水,左右逢源,并借此重温一下旧游之地(虽然离开的时间不长),也是乐事。

这次回家,虽然不似上次延安归来那样因多年战火磨难而有隔世之感;到底是战火初熄,大局方定,因之这次春节后的团聚,也颇使人眷恋。而且,前面说过,自父亲过世,照顾一家老小的责任,便落在他的肩上,无形中也加重了心理上的负担。

他乐于承受这种负担。现在,他已三十六岁,无论从做儿子、做丈夫或做父亲来说,他都有许多事要做,哪怕是能够为他们做一件事,他都会感到欣慰和愉快,甚至可以说,会有一种"解放"的轻松感觉。

为了减轻家里的负担,他决定把二女儿小森带走。动身那天,孩子的舅父用牛车把他们送到安国县,再乘长途汽车。那时,长途汽车都是破旧的卡车,卖票又没限制,路上不断抛锚。小森才八周岁,因为从小没跟过父亲,一路上很规矩,怯生生地坐在车边,连碰掉一个牙齿,也不敢哭。

到了天津,父女俩住在报社的一间小屋里。这间小屋还不到十平方米,放上一张桌子,再加上两个单人床,就没有什么空闲地方了。白天孙犁上班,小森一人在家,闷了就睡觉。有一天真哭了,孙犁很心疼,觉得真是委屈了孩子。孩子头一回出远门,母亲不在身边,做父亲的,不免怀着歉意,哄好了孩子,随后带她去投考天津市实验小学。这是一所办得很不错的可以寄宿的小学,老师问了一些问题,接受了这个从农村来的质朴而聪明的孩子。从此,孩子算是有了自己的天地,做父亲的也舒了一口气。

这以后,孙犁的母亲和大女儿小苹,也都分别随亲属来过天津一次,在他那间小屋里住上十天半月，就又回到老家。

直到第二年春天，这才轮到妻子来。

孙犁先写了一封信，嘱咐她坐火车，不要坐汽车。结果，她还是跟一个来天津的亲戚，到安国上了长途汽车，也是由孩子的舅父套牛车送的。妻子带了两个孩子：儿子小达已经会跑，叫作玲的小女儿才两三岁，还得抱着。车上人很挤，她怕挤着孩子，车到任丘，就下了车，这位也是初次出远门的农村妇女，并不知道任丘离天津还有多远。任丘在天津西南，还有一大半路好走呢。

带他们的那位亲戚，到天津后没有到孙犁的住处，只往办公室打了一个电话，告诉他："你的家眷来了。"孙犁问在哪里，他才说在任丘什么店里。

孙犁一听就急了，边听电话，边请身边的同志记下店名，并立即找报社的杨经理商议。杨经理先给了他一叠钞票，又派了一辆双套马车，由车夫老张和他去任丘。

……我知道，她从来没有出过远门。只是娘家到婆家，婆家到娘家，像拐线子一样，在那只有八里路程的道上，来回走过。身边还有两个小孩子。最使我担心的，是她身上没有多少钱。那时家里已经不名一文，因此，一位邻居，托我给他的孩子在天津买一本小字典，我都要把发票寄给人家，叫人家把钱还给家里用。她这次来得仓促，我也没有寄钱给她们，实在说，我手里也没有多少钱。①

天色已经晚了，不管他多么着急，大车也只能次日出发。车夫是慢性子，第二天，等到动身，已经是上午九点钟了。车开起来，孙犁的心还在提着。

---

① 《移家天津》，《老荒集》，上海文艺出版社1986年版。

路上打尖时，他迎住了一辆南行的汽车，请司机带个纸条，到任丘交给店里。这张纸条，换来了暂时的也是有限的宁静；但是后来知道，这位司机没有照办。

第二天下午三点左右才到任丘，找到了那家店房。妻和孩子都住在掌柜的家里，得到消息，也都过来了。孙犁做的第一件事，是要了几碗烩饼，叫他们饱吃一顿。

妻说，已经有两顿不敢吃饭了，在街上买了一点儿棒子面，到野地里捡些树枝，给小达煮点粥。小玲呢，还在吃奶。这位从农村来的母亲，唯独忘了自己。现在，看见了丈夫，就像看见了主心骨，在这个前不见头、后不见尾的进退两难之地，她心里踏实了。不过，刚才进店和丈夫见面的时候，她的第一句话不是问候，而是埋怨：为什么昨天还不来？

孙犁没有说话。他充分理解妻子的心情，在他看来，这句埋怨的话与其说是为了责难，还不如说是出于信赖。因此，他只是忧虑而欣慰地看了她一眼，便回过头去招呼要烩饼了。

这顿饭吃得很开心，不只大人转忧为喜，一对小儿女还是那样娇憨可爱。这几天来，当父母的心分悬两地的时候，他们照样嬉戏玩耍。有母亲在旁边的时候，孩子们的心是不容易受到伤害的。

妻子和店家的女主人说了说，当晚孙犁也和他们住在一起。任丘属冀中区，西北不远处就是白洋淀。孙犁深深感到，在老区，人和人之间的关系毕竟是朴实的，这一点也使妻子儿女少受了许多委屈。

次日一早，辞别店家，一家人上车赶路，这时真是人欢马叫，另是一番光景了。

晚上，宿在唐官屯村头的一家大车店里，睡在只有一张破席的炕上。春风沐浴着的北方原野的夜晚是宁静的，也是焕发着勃勃生机的。混合着倦意和兴奋的旅人感到了夜的温馨，夜的舒泰，但是一时很难入睡。

"荒村野店，也有爱情。"孙犁回顾说。

到了天津以后，孙犁那间不到十平方米的小屋，立刻热闹起来。小森也从学校回来，和母亲、弟弟妹妹见面。一年多不见，母亲看见小森长高了，也白胖了些。农村的孩子来到城市，比原来在城市的孩子更容易吸收城市的营养，使身体得到长足的发育。

孙犁那时的生活并不富裕，但家里更艰难。妻子来以前，只有一件她自己织的粗布小褂，都穿得半旧了。来天津穿的，是向邻居借的一件阴丹士林褂子，虽然也是旧的，色彩和质地却要好些。住下后，孙犁买来两丈蓝布，在他的小屋里，妻子缝制了一身新衣。

孙犁每天上班，晚上还要写作，小屋里住了这么多人，热闹是热闹，却失去了他一向喜欢的安静。另外，当时还是供给制，他觉得几口人吃公家的饭，也不合适。所以，这样住了半月光景，他让妻子回去。

已经说好要跟报社的一位同志坐火车走，孙犁也把他们送到了火车站。但上车的人太多、太挤，担心她带不好孩子，又退了票。过了几天，有《河北日报》的汽车回保定，那里有孙犁的许多熟人，于是，就送妻子搭车，再由保定雇大车，把他们拉回家里。由保定坐大车走的这条路，正是孙犁在育德中学念书时常常走的路。坐在车上的时候，望着四周的村庄和田野，妻子不免指指画画，告诉她的一对小儿女：这是爹从前上学走过的路。她自己这样说的时候，心里觉得很光荣，她也许还希望，孩子们大了也走一走这条路……她当然知道，这条路也不容易。而且，二十年过去了，虽然道路依旧，世界可已经变样子了。孩子们有自己的路。但是，倘若说孩子们走的路没有受到父辈的影响，那也是不符合实际的。做父亲（或做母亲）的人，总是在以各种方式，为孩子们铺路，并影响着他们的选择。

这位朴素的农村妇女也许没有想到这样多，也许想得比这还要多，因为从保定回家的这条土路很长，也很颠簸，在这种情况下，任何人都是很容易陷入遐想的。而且，当她一路上时而和淘气的儿子，时而和刚会说话的女儿应对、周旋的时候，无形中减轻了旅途的疲劳，使路变短了。现在，她已经望见村头。野外一片金黄色的麦浪，又一个农忙季节来到了。

她已经完全回到现实中来,拍拍身子下了车,准备迎接这个收获的季节。

紧张的日子梦一般地飞走了。半年以后,报社实行薪金制,孙犁的稿费收入也多了些,这才决定把家眷接来。还是这几口人,经过唐官屯的时候,又宿在了那家大车店。这是一个黄昏,孙犁看见了在解放唐官屯的战斗中他渡过的那条河,想起了用大帆布蒙盖着的战士的尸体。不过,他没有向家人说起这些,更没有说起在那次战斗中,他险些牺牲在河边上。何况,他正为一家人的生计发愁,也没有心思提这些事。第二天黎明,就招呼家人起来,动身赶路了。

稍后,又把母亲和大女儿也接了来。原来的小屋已经无法再住,报社腾出了一间大约有十八平方米的房子。他们搬到这里来,用家具隔出一间小小的临时厨房,另一边住人。为了照顾孙犁工作和写作,在附近的多伦道216号大院里,另分给他一间很小的房子。在这间小房里,产生了他50年代初期的许多脍炙人口的名篇佳作。

房子有了,又托报社的老崔买来米面炉灶。这样一来,在滹沱河南岸的那个世代相传的家庭,就告别了故土,搬到天津来了。

朋友和邻居们也许多次地向孙犁道贺了乔迁之喜,但在他,却用这样的文字表达了自己的心情:

> 我对故乡的感情很深。虽然从十二岁起,就经常外出,但每次回家,一望见自己家里屋顶上的炊烟,心里就升起一种难以表达难以抑制的幸福感情。我想:我一定老死故乡,不会流寓外地的。但终于离开了,并且终于携家带口地离开了。①

---

① 《移家天津》,《老荒集》,上海文艺出版社1986年版。

《诗经》里说:"伐木丁丁,鸟鸣嘤嘤,出自幽谷,迁于乔木。"① 乔迁,原指搬到更好的地方,我们用了这样的题目,看来是有悖于作家的本意了。既然如此,或者我们可以再借用陶渊明的几句诗,多少说明他的心情:"少无适俗韵,性本爱丘山。误落尘网中,一去三十年。羁鸟恋旧林,池鱼思故渊。开荒南野际,守拙归园田。……暧暧远人村,依依墟里烟。……"② 这诗除了个别地方由于时代不同,不能硬套在孙犁身上以外,无可否认,孙犁性格里是很有些陶渊明情调的。孙犁不是"误落",他走的道路,是一种自觉的选择。就在不久以前,他对笔者说:他庆幸自己抗战一开始就参加了革命,他对于自己走过的道路,毫不后悔(大意)。他只是热爱故土,依恋家乡,如上面所说,他也像陶渊明赞歌"依依墟里烟"一样,赞歌他家"屋顶上的炊烟"了。

三、苦 恼

进城以后,孙犁很快发现,在人和人的关系方面,发生了他不喜欢的变化。

1950年春天的一个晚上,他去滨江道光明影戏院看《青灯怨》,他注意到,一张门票卖到五千元(相当于今天的五角),而一斤玉米面是一千四百元。坐下后,他看到前后左右的观众,照农村水平来看,都是生活富裕者。置身于这样的人群中间,他忽然感到,这是跋山涉水、吃糠咽菜的时候不能想象的。

正片前加演的新闻片上出现了皖南救灾的场面。一张张农民的干瘦的面孔,和褴褛的衣衫、破败的小屋同时出现。这一景象把他拉回到过去,刺痛了他的心:"难过不在于他们把我拉回灾难的农村生活里

---

① 《小雅·伐木》。
② 《归园田居》。

去，难过我同他们虽然共过一个长时期的忧患，但是今天我的生活已经提高了，而他们还不能，并且是短时间还不能过到类似我今天的生活。""我同他们的生活已经距离很远，有很大悬殊……这种生活的对照，在电影院里，只有一楼之隔。"① 这就是说，他首先在自己和周围人们的身上，发现人和人的关系有了微妙的变化：他似乎从曾经同甘共苦过的那些人们当中分离出来，来到了另一个世界，这个世界对那个世界人们的痛苦，似乎不再感同身受。他留心到了这一点，只觉得十二分的不舒服。其实，他凭一个作家的良知留心到这一点，就证明他并没有忘记那个世界："艺术在这一时刻把我拉到他们的面前，使我从感情上得到一次激动，得到一次陶冶，使我想到在我们祖国的幅员上，大多数的人民还处在这样的一种生活水准。虽然，我们的城市生活也还需要建设得更幸福，然而以我们眼下的生活作标准，饱经忧患，勤劳朴素，对祖国有过重大的贡献的农民是梦也不会梦到的。"② 这天晚上，他已不再注意《青灯怨》演了些什么，他觉得这段新闻片尽够他"消化"的了。

看过电影的次日，他约张同志去北站外宁园。正当暮春天气，游人如织，有划船的，有品茶的，从服装外表看，多是昨晚在影院里看到的那样的人们。

孙犁忽然感到有些憋闷。他很想到那边长堤上站一站，吹吹久别的农村原野的风。他把自己的想法和张同志谈了谈，对方另有一番见解：

"你有些观点是不正常的，落后的。玩玩耍耍，滑冰驳船，饮茶谈心，口红糖香，正是生活的正常现象，也就是我们战斗的理想。我们从青年就参加了游击战争的生活，习惯于山峦漠野，号角枪声，勺饮壶浆，行军热炕，其实这都是反常的，都不是我们生活的目的。我们生活的目的，

---

①② 《两天日记》，《孙犁文集》第七卷，百花文艺出版社1982年版。

就是像眼前这个样子，康乐富强！"

这番话说得振振有词，孙犁不得不承认，那道理是对的。是啊，"我们生活的战斗的目的是全体人民的康乐富强"，——这，他也是赞成的。但现在这样还不够，例如，他觉得昨晚电影上映出的农民生活，离目前情景就很远。另外，他也看到，天津的许多工人住区，还处于贫困之中，那些窄小的胡同、老朽的砖房、低矮的灰土小屋，甚至还有那些有待清除的野葬和浮厝，那些滋生蚊蝇的秽水沟……都说明工人的生活也还不高，那里的情况，在他看来，简直和冀中端村那样的集镇没有什么区别。因此，他认为天津广大的工人群众也需要提高生活，需要改善他们的居住条件和卫生设备。

这样，如果说不是反驳，那也是含蓄地修正或补充了张同志的意见。他说：

> 如果有的同志有些牢骚，有些不开展，那只是说，从这些乡下人来看，眼前这些人，很多还是过去那些不事生产的，而有时，他们乐的更没道理，加强着他们的剥削的、寄生的、丑恶的意识。我们所以不能以眼前的样子为满足，是因为我们还需要继续努力，建设起全体劳动人民的新的康乐富强的生活，在建设过程中，并改造人们的思想，传统的优越感和剥削意识。①

进城初期，应该说他的生活进入了一个相对安定的时期；但人际关系方面的这种隔膜感、冷淡感，却又困扰着他。这可以说是一种新的焦虑，在当时进城的人中间，恐怕还很少人有这样的焦虑——我们姑且也把这唤作一种"忧患意识"吧——有谁料到，这种"忧患意识"，会出自一个不久前还被批评为有"小资情绪"（如他的短篇小说《碑》、《钟》、

---

① 《两天日记》，《孙犁文集》第七卷，百花文艺出版社1982年版。

《琴和箫》等,都曾受到过类似的批评)的作家呢?

他非常怀念从前在山地、在平原一起战斗过、生活过的那些人,他慨叹进城以后,人们已经不像在战争年代那样互相挂念、互相关心,虽然生活在一个人口密集的大城市的"人海"里,却有些漠然而处、"相忘于江湖"了。

他大概也是怀着这种寂寞感,来理解和看待赵树理的。

1950年冬季,有一天早晨,赵树理来到他住的地方。他们是头回见面,谈话内容,孙犁已不记得,但对赵树理印象极深:"恂恂如农村老夫子,我认为他是一个典型的农民作家。"① 见面之前,孙犁读过他的《小二黑结婚》、《李有才板话》、《李家庄的变迁》等小说,那是在抗战刚刚结束、从延安回到冀中以后。孙犁觉得,赵树理的小说突破了前此一直很难解决的文学大众化的难关;但是,如果没有遇到抗战,没有和这一伟大历史环境相结合,赵树理的创作前途,就很难预料。所以,他认为赵树理的成功,不取决于文字形式,也不单单取决于写什么(文学题材),也不取决于对文学艺术的见解和所学习的资料——这些,以前的人们也都解决了或具备了,但并没有出现赵树理型的小说。赵树理的成功,在于适应了时代的需要,"应运而生"。但是,当赵树理进入城市,这朵花的颜色就暗淡了下来:

> 随着抗日战争的胜利,土地改革的胜利,解放战争的胜利,随着全国解放的胜利锣鼓,赵树理离开乡村,进了城市。
> 全国胜利,是天大的喜事。但对于一个作家来说,问题就不这样简单了。
> 从山西来到北京,对赵树理来说,就是离开了原来培养他的土壤,被移置到了另一处地方,另一种气候、环境和土壤里。对于花

---

① 《谈赵树理》,《孙犁文集》第四卷,百花文艺出版社1982年版。

木，柳宗元说："其土欲故"。①

仔细品评一下这些话，不是也有些像是说他自己吗？对于他，同样是"其土欲故"。

不过，在进城初期，借着战争年代建立起来的"余风犹烈"的革命风尚，他还是写了不少富有感染力的动人的作品，而且，当他写作这些主要是反映过去年代的"历史小说"时，他又生活在他所喜欢的那些人中间了。

例如，我们前面提到过的《石猴》、《吴召儿》、《山地回忆》、《秋千》、《小胜儿》、《正月》、《女保管》等小说，就都写于这个时期。他的仅有的两部中篇之一的《村歌》②，也写于这个时期——根据篇末署的日期，我们知道那恰好是新中国成立之前的一个月，即1949年9月1日。在这部小说里，作者还为我们提供了一段关于人与人的关系的很有启示性的描写，让我们也一并介绍一下。

小说描写的事件的背景，是孙犁参加土改工作的那个张岗镇——河间府通往保定府的大道上的一个重要村镇。小说描写的贫农姑娘双眉，是土改中涌现出来的一个非常能干的积极分子，她热情泼辣，为大家的事常常忘了自己，但有时急躁冒进、脱离群众。总之，这是那个年代人们常见的那种具有"暴风骤雨"气息的人物。正是在这个人物身上，党支部书记李三（他是一个兼会木工手艺的劳动能手，非常正派、朴实）发现了一种潜在的危险。当时土改已接近胜利，在开会和下地劳动时，双眉手里总是提着一根青秫秸。她正要求入党，李三就从这里谈起：

"眉，我们说个笑话。就说那些日子你手里提的青秫秸吧，提

---

① 《谈赵树理》，《孙犁文集》第四卷，百花文艺出版社1982年版。
② 《孙犁文集》第二卷，百花文艺出版社1981年版。

着那个有什么用?"

"有什么用?你说有什么用?在斗争大会上,我拿它训教那些地主富农;在地里训教那些落后顽固队!"

"可是,我看见你带领妇女大队,手里也是提着那个家伙。"

"我没有打过农民!"

"我见过你把青秫秸指到小黄梨的鼻子上。"李三说,"一举一动都要分个里外码才行!"

"那是我一时性急。"双眉低头笑了。

李三说:

"经过斗争,群众的认识提高了,多数的,并不比我们落后。我们再欺压他们,他们会找机会训教我们。"

李三在这里说的,可以看作是孙犁的一种预言,因为群众"找机会训教我们"的事件,已经多次地发生了。这,只要想一想1958年以后农村工作中普遍存在的瞎指挥风和强迫命令风,以及"文革"期间出现的种种事情,就会明白。

孙犁十分向往过去那些年在人们之间建立起来的诚挚、融洽的伙伴关系,所以,当他1950年7月,在自己那间十分简陋的小屋里动手写作《风云初记》的时候,他暂时排开了现实生活中人际关系的冷漠感,在心中升起了诗的暖流,唤起了伙伴的感觉。写这样的长篇,他只起了一个朦胧的念头,"任何计划,任何情节的安排也没有做,就一边写,一边在报纸发表,而那一时期的情景,就像泉水一样在我的笔下流开来了。"①

但是,生活在小说里,就像生活在梦中,到底不能解决现实中的问题。所以,他想到了下乡。

---

① 《为外文版〈风云初记〉写的序言》,《孙犁文集》第七卷,百花文艺出版社1982年版。

1952年冬天，他到安国县下乡。他到的村子叫长仕，距离他的家乡——安平县的东辽城村有五十华里路。长仕有一座远近闻名的庙宇，从前香火很盛。他还记得，在他童年时，他的母亲和其他信佛的妇女，每逢庙会，便带着头天晚上煮好的鸡蛋，步行到那里，在寺院听一整夜佛号，她们也跟着念。

但孙犁并没见过当年法事的盛况。他是第一次到这里来，不只没有了庙会，连庙也拆了，尼姑也还俗了，那最年轻最漂亮的一个，成了村支部书记的媳妇。

孙犁在长仕住了半年，写了《杨国元》、《访旧》、《婚俗》、《家庭》、《齐满花》等多篇散文①。值得一提的是，在该村居住期间，他曾徒步到博野县大西章村看望小红一家。大西章村是他1947年夏天参加土改试点时待过的村子，在小红家住过，并和这家人建立了深厚的感情。小红家共三口人：母寡居，另有一个弟弟叫小金。孙犁在他的自传体散文《〈善闇室纪年〉摘抄》②里，曾郑重地写下了这样的话：

　　……一家人对我甚好。我搬到别人家住时，大娘还常叫小金，给我送些吃食，如烙白面饼，腊肉炒鸡蛋等，小红给我缝制花缎钢笔套一个。工作团结束，我对这一家恋恋不舍，又单独搬回她家住了几天。大娘似很为难，我即离去。据说，以后大娘曾带小金到某村找我，并带了一双新做的鞋，未遇而返。

但这一次孙犁到大西章村的专程拜访，结果却有些出乎他的预料："不知何故，大娘对我已大非昔比，勉强吃了顿饭，还是我掏钱买的菜。"这事变得如此乖谬，是什么原因呢？孙犁也不大明白，他只能这样解释：

---

① 这些散文均见《孙犁文集》第四卷，百花文艺出版社1982年版。
② 《陋巷集》，百花文艺出版社1987年版。

"农民在运动期间,对工作人员表示热情,要之不得,尽往自己身上拉。工作组一撤,脸色有变,亦不得谓对自己有什么恶感。"以后几年,小金教书,因为课文中有孙犁的作品,曾写信求助,并赠大娘照片。孙犁复信,寄小说一册,但"自衡感情,已很淡漠,难责他人"。不过,他还和这一家人维持着联系,直到"文革"起来,才断了联系。

乍看起来,这是一段太平凡的往事;但仔细想来,其中未尝不隐藏着某种时代悲剧。这种悲剧对孙犁灵魂的震撼太大了,所以,他竟在一篇用墨极省的《〈善闇室纪年〉摘抄》中不厌其详地记下了它。

关于这一次大西章村之行,他写了上面提到的那篇《访旧》。其中有这样动人的场面:

…………
　　院里很安静,还像五年前一样,阳光照满这小小的庭院。靠近北窗,还是栽着一架细腰葫芦,在架下面,一个十八九岁的女孩子在纳鞋底儿。院里的鸡一叫唤,她抬头看见了我,惊喜地站起来了。
　　这是小红,她已经长大成人,发育出脱得很好……她把鞋底儿一扔,就跑着叫大娘去了。
　　大娘把我当做天上掉下来的人,不知道抓什么好。
　　大娘还很健康。

但是,这个动人的场面却不是事实。"归来,我写了一篇'访旧',非记实也。"孙犁在上述《〈善闇室纪年〉摘抄》里,特别做了这样的说明。连写小说都经常采用记实方法的他,在散文里倒用起了虚构方法,这在他是绝无仅有的,也是颇堪玩味的。他不是根据事实的逻辑,而是根据感情的逻辑,写了这篇独特的散文。

在长仕的时候,因不大习惯吃派饭,就自己做饭,买点馒头、挂面,炒个鸡蛋,这在农村就是好饭食了。但他有时嫌麻烦,就三顿改两顿,有时还饿着肚子到村边沙岗上散步。他也进城买些点心、冰糖,放进房东的橱柜。这家有两房儿媳,都在如花之年,每逢孙犁从外面回来,必定笑脸相迎:"老孙,我们又偷吃你的冰糖了。"这样,吃到孙犁肚里的,就很有限了。虽然如此,他还是很高兴,"能得到她们的欢心,我就忘记饥饿了。"①——整整三十年以后,他这样回忆着。

他的另一部著名的中篇小说《铁木前传》,写于这次下乡之后,对此,他做过这样的说明:"这本书,从表面看,是我1953年(按:他在这年写的《访旧》一文中说:"去年,我下乡到安国县……"据此,可知他是1952年冬天下乡的,1953年正在乡下)下乡的产物。其实不然,它是我有关童年的回忆,也是我当时思想感情的体现。"还说:"我的写作习惯,写作之前,常常是只有一个朦胧的念头。这个念头,可能是人物,也可能是故事,有时也可能是思想。写短篇是如此,写长篇也是如此。事先是没有什么计划和安排的。""《铁木前传》的写作也是如此。它的起因,好像是由于一种思想。这种思想,是我进城以后产生的,过去是从来没有的。这就是:进城以后,人和人的关系,因为地位,或因为别的,发生了在艰难环境中意想不到的变化。我很为这种变化所苦恼。"②如我们说过的,苦恼或者焦虑,是他进城以后产生的一种新的心态;但在《铁木前传》中,他又回到童年,时而陷入甜蜜的回忆,时而进行热烈的礼赞了:

  在人们的童年里,什么事物,留下的印象最深刻?如果是在农村里长大的,那时候,农村里的物质生活是穷苦的,文化生活是贫乏的,几年的时间,才能看到一次大戏,一年中间,也许听不到一次到村里来卖艺的锣鼓声音。于是,除去村外的田野、坟堆、破窑

---

① 《吃饭的故事》,《老荒集》,上海文艺出版社1986年版。
② 《关于〈铁木前传〉的通信》,《孙犁文集》第六卷,百花文艺出版社1982年版。

和柳杆子地，孩子们就没有多少可以留恋的地方了。

在谁家院里，叮叮当当的斧凿声音，吸引了他们。他们成群结队跑了进去，那一家正在请一位木匠打造新车，或是安装门户……

如果不是父亲母亲来叫，孩子们是会一直在这里观赏的，他们也不知道，到底要看出些什么道理来。是看到把一只门吊儿打好吗？是看到把一个套环儿接上吗？童年啊！在默默的注视里，你们想念的，究竟是一种什么境界？

童年啊，你的整个经历，毫无疑问，像航行在春水涨满的河流里的一只小船。回忆起来，人们的心情永远是畅快活泼的。然而，在你那鼓胀的白帆上，就没有经过风雨冲击的痕迹？或是你那昂奋前进的船头，就没有遇到过逆流礁石的阻碍吗？……

但是，你的青春的火力是无穷无尽的，你的舵手的经验也越来越丰富了，你正在满有信心地，负载着千斤的重量，奔赴万里的途程！你希望的不应该只是一帆风顺，你希望的是要具备了冲破惊涛骇浪、在任何艰难的情况下也不会迷失方向的那一种力量。

童年过去了，只留下了童年的幻想和力量。从安国县下乡回来，他又住进了这个高楼林立的大城市的中心区（他在给别人的一封信里说："从这个城市中心到郊区田野，坐汽车也要走一个小时……一想到这里，就如同在梦中，掉进无边无际的海洋一样"①）。但是，浮现在他脑海里的一幕幕童年的生活情景渐渐清晰起来，并终于借着九儿和六儿两个纯朴的小儿女的身影铺演开来了：她（九儿）和他（六儿）不顾外面的风越刮越大，躲在一个破碾棚里继续玩耍。屋顶上的蜘蛛网抖动着，一只庞

---

① 《耕堂函稿》，《陋巷集》，百花文艺出版社1987年版。

大的蜘蛛被窜进来的风吹落下来，又惶遽地团回去了。淘气的六儿不知在什么时候已经睡着，比较懂事的九儿在对着昏暗的天空编织她的梦。写到这里，孙犁发出了这样的感慨："童年的种种回忆，将长久占据人们的心，就当你一旦居住在摩天大楼里，在这低矮的碾房里的一个下午的景象，还是会时常涌现在你沉思的眼前吧？"

对于这个问题，回答自然是肯定的，因为他在写作这篇小说的时候，就住在天津的"摩天大楼"里——较之滹沱河两岸那些低矮的土屋，姑且这样说吧。

四、访 苏

1951年10月，他随中国作家代表团访问了苏联。

到莫斯科的时候，天气已经很冷了，代表团参观了纪念高尔基的博物馆。馆内陈列丰富，布置精细，再现了高尔基的一生。他们在每个橱窗前都瞻仰了很久，其中有一个表现高尔基和契诃夫友谊的橱窗，给孙犁留下了深刻的印象。在众多纪念品里，有一只旧式的构造精致的金怀表，他后来得悉，这是契诃夫送给高尔基的，并明白了这只金表的分量：

> 契诃夫在克里米亚接待了高尔基以后，知道了高尔基的创作情况和身体的情况。高尔基的创作生活，我们知道那是一种持久性的突击，不断的扩大生产，全部的呕心沥血。但是高尔基那时的经济情况并不好。我想：契诃夫因为自己有病，他特别关心的是高尔基的健康。一次他在给高尔基的信里说："一个作家应该有一只表。"纪念馆里的这只表就是他买来送给高尔基的。①

---

① 《论培养》，《孙犁文集》第六卷，百花文艺出版社1982年版。

孙犁认为，契诃夫送给高尔基的这只金表，主要不是物质的而是精神的关怀和援助。孙犁注意到契诃夫因为自己有病就特别关心起高尔基的健康，那么，我们也注意到，孙犁那时的身体也不很健康，所以他才在这只金怀表上面花了这么一番心思吧？或者至少他是更能体会这位俄罗斯作家的心情吧？

出于同样的兴趣和愿望，孙犁还注意到了这样的事实：在创作上，契诃夫比高尔基早了一个时期，"他对于高尔基的爱护和帮助，除去在创作上提供很多很好的意见，还有很多崇高道义上的支持，最有名的是退出科学院的声明。至于托尔斯泰对契诃夫和高尔基的帮助，那就使我们在同一时期，看到了三位伟大作家的亲密关系，好像看到了一个可敬的家庭里的三辈老小一样。"[①] 他不会不注意到那张高尔基与托尔斯泰和契诃夫的三人合影：前面坐着的是托尔斯泰和契诃夫，托翁那部长长的大胡子几乎已经完全变白，但深陷的双眼还是那么炯炯有神。带夹鼻眼镜的契诃夫的那双眼睛，则永远显示着他是医生出身，冷静而安详，那一口剪裁得比较整齐的小黑胡子，表示着他是这个"家庭"里的中间一代。年轻的高尔基立在他们身后，浓密的眉毛和短短的髭须把那张瘦削的面孔衬托得更加严峻。三个人都凝视着前方，好像在说明这三位代表着不同时代的伟大作家，现在都在注视着俄罗斯和人类的未来。

正如孙犁所说，这三位作家好像组成了一个可敬的家庭，但是，"如果认为幼辈对先辈需要的只是言不由衷的赞美，那就错了。托尔斯泰常常指出契诃夫在语言文字上的魅力，也常常指出他个别作品的弱点。契诃夫从这里得到切实的教益，从心里佩服这个老头儿的见解。托尔斯泰对高尔基也是这样……"[②]

[①②] 《论培养》，《孙犁文集》第六卷，百花文艺出版社1982年版。

代表团参观了位于莫斯科以南一百六十公里处的亚斯纳亚·波利亚纳。这里是托尔斯泰的庄园，是他母亲的陪嫁产业，托尔斯泰一生中的大部分时间，是在这里度过的。

孙犁在《托尔斯泰》①一文里，用了相当的篇幅，记下了他参观过的这座庄园的景象和托尔斯泰生活、工作的情景：庄园里树林很密。托翁的居室并不高大。写作室安排在楼下原是堆放杂物的仓房里，窗外环境很安静。他很喜欢这间又低又小的房子，经常坐着一个木箱写作，他小说中那许多富丽堂皇的场面，那反映了俄罗斯一个时代的生活风习的巨幅画卷，就是在这简陋的小屋里写出来的。房的一角，有一只单身铁床，屋顶上原有几个挂农具的铁环，现在就用来做体操。托翁喜欢运动，卧室里放着哑铃。他也喜欢劳动，在莫斯科住宅的一间小房里，木案上还保存着他做工的斧、锯、钳子和铁钉。

托尔斯泰喜欢和农民谈话，并且喜欢人们争吵，除了写作时间，从不拒绝任何来访者。但他的夫人很不欢迎这些来客，他就在莫斯科的住宅里专辟了一个小门，以便这些乡下人能直接进入他的房间。他的学医的小女儿，常为那些贫苦农民治病，托尔斯泰很喜欢她，说：在家里，只有这个女儿真正了解他。

托尔斯泰也喜欢散步，每天下午写作以后就到野外去。有时也打打猎，他的会客室的钢琴下面，就铺着他猎取来的一只大熊的皮，庄园书房的墙壁上，装饰着很多鹿角。

他还喜欢到田间和农民一同劳作，孙犁看到了画家们为他描摹的耕地、割草的各种画像。

孙犁通过实地参观考察获得的关于托尔斯泰的这种种印象，长久地浮现在他的脑海里，他想——

---

① 《孙犁文集》第六卷，百花文艺出版社1982年版。

> 托尔斯泰……抱着深刻的同情心，体验了农民的生活。
>
> 托尔斯泰并不了解革命，他想给农民寻找一个出路，结果找到一条错误的有害的道路。但因为他的现实主义的精神，他的笔下出现了俄罗斯农民在资产阶级革命阶段的形象，反映了农民长期积累的革命的情绪和他们在革命中间的弱点。
>
> 我只是从他生活朴素、爱好劳动、接近劳动人民这些特质来回忆这位伟大的现实主义作家。
>
> 生活，和群众生活保持的距离，可以衡量一个作家的品质，可以判断他的收获。……

他们参观了托尔斯泰的墓地，除了松柏，墓地没有任何装饰，就像托尔斯泰在一篇小说里写的那样，一个人死后，只需要这样小小的一席之地。孙犁和代表团的其他成员一起，踏着厚厚的积雪，在墓前脱帽致敬。

他们在托尔斯泰的庄园流连忘返。后来，孙犁这样描述着他的感受："我们站在那些参天的树木中间。在这里，我只是一棵小草，回忆着幼年以来学习文学的经历。在这无限广阔、滋养丰富的园林里，震响着惊心动魄的风。它把伟大的人道主义精神，拯救苦难人民的坚强意志，吹向世界的四面八方。我庆幸：虽然幼稚，但很早就受到了它的阳光的照抚，吸引和推动。"[①]

这里说的，可以是托尔斯泰，实际上已不仅限于托尔斯泰。如本书前面所说，由于他所处的时代，在他的青少年时期，就开始受到了俄罗斯和苏联文学的陶冶。在访苏期间，他还参观了莫斯科的果戈理广场，瞻仰了矗立在广场上的果戈理的铜像：这位天才的讽刺作家披着宽大的头巾，俯着身子凝视着土地，使孙犁更加相信他决不是一个孤独冷静的

---

① 《在苏联文学艺术的园林里》，《孙犁文集》第六卷，百花文艺出版社1982年版。

人，而是一个充满热情的爱国者。有一次，孙犁和代表团的成员们坐在疾驰的汽车上，他忽然陷入遐想，眼前出现了果戈理乘坐旧式马车在俄国风雪大道上旅行的情景，同时脑海里跳出了果戈理那火一样的句子：

俄国呀！我的俄国呀！我在看你……然而是一种什么不可捉摸的，非常神秘的力量，把我拉到你这里去的呢？为什么你那忧郁的，不息的，无远弗届，无海弗传的歌声，在我们的耳朵里响个不住的呢？……唉唉，俄国呀！……你要我怎样？……莫非因为你自己是无穷的，就得在这里，在你的怀抱里，也生出无穷的思想吗？空间旷远，可以施展，可以迈步，这里不该生出英雄来吗？

这是用的鲁迅的《死魂灵》的译本，就是他青年时代在北平流浪时买下的那个初版本。包括作者、译者和他在内，这火一样的句子，该燃烧了不同国度的三代人的心灵了。那一次他拿上这本新买的书去黑龙潭看他的教小学的同学，在那四野肃杀的郊外，他被这火一样的句子炙烤着，激动得热血沸腾。多么有意思呀，不期十几年之后，他竟来到了果戈理的祖国，在广袤无垠的俄罗斯的土地上，再一次温习这烫人的诗一样的句子了。

参观马雅可夫斯基故居的时候，孙犁看到，在这位被斯大林誉为苏维埃时代最有才华的诗人（他本人自称是"报纸的诗人"）的卧室里，有一张列宁的照片，那是列宁讲演的照片，山鹰般的姿势很富有鼓动性。据说，马雅可夫斯基在这张像前写了名诗《和列宁同志谈话》。以后每逢列宁逝世纪念日，他都要写诗。此外，他的卧室里还有一个地球仪。马雅可夫斯基很想绕地球一周，特别想到中国来，他曾写过：劳动的中国，请把你的友谊给我！他绘制了一个旅行的地图，想到三千个僻远的地方去演说。

孙犁赞赏这位热情洋溢的诗人："不能忘记，马雅可夫斯基写诗的日子,正是苏联革命后处境困难的时期,国内有饥荒,国外有帝国主义的干涉,很多知识分子在观念上混乱。是马雅可夫斯基看到祖国真正新生了,他忠诚勇敢地拥护了这个新制度,并且无比热情地歌颂了带来这个新制度的列宁同志。"①

除了莫斯科,孙犁还随代表团参观了列宁格勒、阿塞拜疆和格鲁吉亚等地,每到一个地方,都接触了很多著名作家,参观了许多博物馆、纪念馆。通过这些活动,他对自青年时代就影响过自己也影响过中国文学的那许多光辉的名字,了解得更切实了。甚至那些讲解员,也给孙犁留下了很深的印象:

> ……在正在扩充修建的奥斯特洛夫斯基的博物馆里,热情地给我们讲解的,是值得尊敬的女性,作家的夫人。在托尔斯泰博物馆,那些年老的女馆员,对我们讲解托尔斯泰的时候,好像叙述她们的亲人,又好像对年幼的一辈叙述着老年一辈的光荣。……②

访问期间,他们自然也受到了苏联人民的热情欢迎。特别是那些男女青年和少年儿童们,更使他久久不能忘记:"在高尔基文学研究所,那些来自苏联各个共和国的男女青年,对待我们好像兄弟。在卓娅求学的那个中学里,女孩子们读过中国作家的短篇小说集,她们和康濯合拍了一张值得纪念的照片。"③他尤其不能忘记和孤儿院的孩子们度过的那个夜晚,这所孤儿院在托尔斯泰的故乡,实际上是一所修建得很好、室内很温暖的学校,孩子们大都在卫国战争中失去了双亲,他们以极其亲切可爱的态度,欢迎和招待了这些来自异国他乡的成年人——在这些人的国家里,也刚刚结束了那旷日持久的战争。孩子们不愿意他们离开,

---

① 《马雅可夫斯基》,《孙犁文集》第六卷,百花文艺出版社1982年版。
②③ 《在苏联文学艺术的园林里》,《孙犁文集》第六卷,百花文艺出版社1982年版。

表演了很多节目。代表团成员坐在沙发上，背靠孩子们亲手绣的花靠枕，面前桌子上摆着他们培养的常青树。孩子们坐在中间，唱了一支由托尔斯泰作词的民间曲调的歌（托尔斯泰很喜欢这个曲调），客人们一致赞扬了那个唱高音的女孩子的婉转嘹亮的歌喉。另一个女孩子背诵了长长一段《战争与和平》里的对话，把客人们带入了另一个境界，许多人脸上现出了沉思的神情……

这是孙犁唯一的一次出国访问，在国外的时间虽然不长，但对他，却等于又一次生活上的跳跃——那是50年代初期，他刚从乡下"跳"到城市，已经感到有些不很适应，时隔不久，又"跳"到国外了。所以，对这次出国，他事先既无兴趣，事后又感到非常劳累："那种紧张，我曾比之于抗日战争的反'扫荡'。特别是一早起，团部传出：服装、礼节等等应注意事项。起床、盥洗、用饭，都很紧迫。我生性疏懒，动作迟缓，越紧张越慌乱。"他很佩服同团出访的李季那样从容不迫、好整以暇：利用蹲马桶的时间就把刷牙、刮脸、穿袜子、结鞋带……这些事全办了。有一天忽然通知都穿西服，而孙犁还不会系领带，早早起来，正在面对镜子为难，李季进来了，他衣冠楚楚地笑着说：

"怎么样，我就知道你弄不好这个。"

接着，他像战争年代替一个新兵打背包那样，帮孙犁系好了领带。

孙犁也是在这次出访期间，才和李季相熟起来。李季不只长于诗，也长于组织工作，而且很能体察同伴的个性和心情。有时不外出参观，他会把旅馆的房门一关，向大家提议：请孙犁唱一段京戏。在团里，似乎也只有孙犁会唱京戏，每逢有人要他唱，他就会兴奋乃至激动起来。这时，李季又喊：

"不要激动，你把脸对着窗外。"

事后，这使孙犁很受感动："他如此郑重其事，真是欣赏我的唱腔吗？人要有自知之明，直到现在我也不敢这样相信。他不过是看着我，终日一言不发，落落寡合，找机会叫我高兴一下，大家也跟着欢笑一场而已。"①

五、处下不卑，登高不晕

孙犁的创作，仍然继续遵循着他的基本上是纪实的同时也是最富热情和理想的路线。1954年，《文艺学习》编辑部向他提了几个问题，现把这些问题和他的回答撮录如下：

"请回忆一下，你的创作冲动是由什么引起的？是由一件事，一个人，或者由于其他？"

"创作冲动是一种要写东西的愿望。这种愿望大部分是从责任感出发，就是：我是一个记者，或是一个作者，应该写些什么出来。在具体取材上，有时是一件事，也有时是一个人，这是很难分别的。但主要的是因为对一个人发生过情感，对他印象深刻，后来才写出一篇文章来。"

"在日常生活中或工作中，你是否观察人的活动？特别注意些什么？"

"我自己以为，我对接触过的人物，记忆比较好，因此，在写到这个人的时候，当时的情景总还记得。这恐怕是我对他曾有好感或是恶感的缘故。也有忘记了的人物，那就是他不曾引起我的感情的波动。我不大习惯为了写作，那样随时去'观察'一个人。我认为那种带有职业性的观察，是很不自然的。"

"当你深入群众生活时，你是否每天记笔记？记些什么？写作时你怎样利用这些笔记？用得多不多？"

"我很少记笔记，当记者时有时记一些。那是害怕弄错了时间、地点，或人的姓名。但我认为笔记总是有用的，虽然它并不是创作必不可缺的条件。我认为鲜明的记忆最重要。因为它在创作中容易发挥，而笔

---

① 《悼念李季同志》，《孙犁文集》第四卷，百花文艺出版社1982年版。

记则容易凝固。"

"当你经过长期生活，积累了许多印象之后，你如何概括这些印象，创造人物？是不是根据真人真事？你作品中的人物是否都有模特儿？你如何根据模特儿塑造人物？"

"我还没有学会概括和创造人物，这是很困难的。在我的作品里，大部分的人物是有真人做根据的。有时因为我对那一种性情的人物有偏爱，因此，在我的作品里，也常有类似的人物出现。我以为，幼年的记忆，对作品的影响最显著。本村本地的人和事，对作者的印象最深。当然，这些真人在作品中都是经过作者的夸张和渲染的了。

"在创作中，有些人物距离今天的时间越长，在写作时反倒越显得鲜明，离开很久了的地区，也是如此，记忆这个东西很奇怪。例如《荷花淀》是我在延安窑洞里写成的，而《山地回忆》是在天津报社机器房的小楼上写成的。"

"在你的作品中有没有完全靠听来的故事写成的？"

"可以说是没有，有时也因为听了些什么，引起写作，但那只是引起而已，故事中的生活还是以经历为依据的。"

"你每次写作，感觉最困难的是在什么地方？有无中途写不下去的时候？后来又怎样继续下去的？"

"最感困难的是：想写什么，而对那种事物知道的得少。常常有中途写不下去的时候。如是短篇，睡一觉，精神好些就可以继续下去。如是长篇，那就必须转折一下，但如没有提纲作指针，转折是很冒险的。因为虽然写下去了，并不等于就是写好了。"

在提问过程中，他还回答了一个在50年代不容回避的问题："你在深入生活时，是如何借助党的政策与马克思列宁主义理论的指导才深一步理解生活的？请举具体事实说明。"

在回答这个问题的时候，他从当时的历史情况出发，强调了作家必须具有丰富的生活体验："在今天，无论是反映一种生活或是一次运动,不借助于党的政策与马克思列宁主义的指导,那是不能想象的。即使是细微的生活部分,也是如此。例如写抗日战争,如果不研究抗日期间毛主席的全部著作和党在抗日根据地的各种政策,是没有可能反映一个抗日根据地的形成和发展的。但作者必须有丰富的生活体验,如果没有体验,只是政策和理论解决不了创作上的问题。"① 作为一个从根据地走过来的共产党员作家,这回答是客观的、实事求是的。他对生活体验的强调,尤其具有普遍意义。这里反映的已经不仅仅是一个现实主义的原则问题,而且也是一个作家的勇气和性格问题了。因为在50年代前期,用理论和政策图解生活的现象已经多次地向文坛发起了冲击,他的这一回答,无异于拿起现实主义的武器,走向了战斗的前沿。

以后,他不止一次地嘲笑了文坛上的这类庸俗气息。

他举过一个例子:抗战期间,有一篇作品写有人想给某女孩子介绍一个八路军做爱人,问:"你愿意吗?"女孩子说:"我不愿意。"评论家看到这句话,就说这女孩子很"落后",而且责及作者,说这句话会使人物降低,作者的"世界观"有问题。对此,孙犁以他特有的幽默方式回敬说:

> 其实,那个女孩子心里是很爱八路军的。按照这位评论家的方式,这个女孩子一听到有人给她介绍对象,就应该高兴得跳起来,说:"好极了!谢谢你!快带我去找他吧!"这样,评论家就可以鉴定她很进步,形象高大,作品有进步意义。但是在生活里并不是这样。在生活里,一个人的说话、口气,因为当时的心情,不同的性格,不同的处境,常常是有各式各样的变化的。如果连这一点都不懂,我们还从事什么文学工作?如果连这一句话也看不明白,我

---

① 以上参看《答〈文艺学习〉编辑部问》,《孙犁文集》第六卷,百花文艺出版社1982年版。

们还"观"的什么"世界"。①

对于文学作品(实际上也是对于社会现象或社会生活)的某些简单化、庸俗化的观点,甚至也影响到青少年学生。50年代初期,他和山东省安乐镇师范学校几个爱好文学的学生有过一次通信,讨论《荷花淀》这篇小说。这几个学生致信孙犁,在赞扬了几句这篇小说之后,用主要的篇幅提出了批评:一、从小说中摘出"女人们到底有些藕断丝连"这句话,说作者"有点嘲笑女人的味道"。还就小说里的一句话"女人们尤其容易忘记那些不愉快"诘问道:"'女人们'为啥'尤其'是这样呢?莫非是她们的脑子比男人简单吗?"二、指责作者"拿女人来衬托男子的英雄,将女人作为小说中的牺牲品。"作者形容水生等"正在聚精会神瞄着敌人射击,半眼也没有看她们",来信问:"这是否暗示着水生这些英雄看不起这群落后女人呢?否则为啥不说是'没有顾得看她们'呢?"自然,来信对"不是她们是谁,一群落后分子"这句话更不满意,认为是"嘲笑、咒骂"。三、说作者"不是郑重地反映妇女们的事迹。在文章的最后,作者对女人们好像有些正确的积极的描写:'……她们学会了射击……她们配合子弟兵作战……'但我们觉得还不够。因为这不是郑重地反映女人们先进的一面,而是作者为了掩饰自己的轻视妇女的观点,不得不这样。"如此等等。

信是通过《文艺报》转给孙犁的。那是1952年,禁忌毕竟没有后来那样多,一向襟怀坦诚的孙犁,还能比较畅所欲言地和这些青少年交换一下意见。他告诉同学们:不能脱离上下文和故事发展的整个情节,单单摘出一两句话来(如"女人们到底有些藕断丝连"、"一群落后分子"等等),就断定作者"嘲笑"或"看不起"女人,更不能看成是作者对作品中的人物做的鉴定。"我们看作品,不能仅仅从字面上看,还要体味

---

① 《进修二题》,《孙犁文集》第六卷,百花文艺出版社1982年版。

一下当时的情调，理解人与人之间的关系。不只和概念理论对证，还要和生活对证，就是查一查'生活'这本大辞书，看究竟是不是真实，如果不是这样，许多事情都是无法理解的。"孙犁当时是三十九岁，这些学生一般不过十几岁，但他把他们完全看成了平等对话的伙伴，他非常直率地和他们讨论了一个方法问题："《荷花淀》只是一篇短短的故事……我本来可以不谈它。今天我所以详细地和你们讨论，是因为我看到，我们的同学在读书的时候，常常采取了一种片面的态度。一篇作品到手，假如是一篇大体上还好的作品，不是首先想从它那里学习一点什么，或是思想生活方面的，或是语言文字方面的，而是要想从它身上找出什么缺点。缺点是要指明的，但是，如果我们为了读书写字，买来一张桌子，不先坐下来读书写字，而是到处找它的缺点，找到它的一点疤痕，就一脚把它踢翻，劈柴烧火，这对我们的学习并没有帮助。在生活里或者不致如此，对于作品，却常常是这样的。在谈作品中的问题的时候，往往不从整个作品所表现的思想感情出发，而只是摘出其中的几句话，把它们孤立起来，用抽象的概念，加以推敲，终于得出了十分严重的结论。这种思想方法和学习方法，我觉得是很不妥当的。我们对一篇作品所以不能理解，或理解得不对，常常是因为我们对作品所反映的当时当地的生活缺乏理解和知识的缘故。但愿你们不要根据这个说我反对批评。"①

信是答复几个师范学校的学生的，但是只要分析一下来信和复信的内容就能明白：当时的读书界和评论界，至少有一部分人的水平，并没有超过这些学生。果然，事情不幸为孙犁言中，《文艺报》原为活跃一下学术空气而登的孙犁的信，招来了"无数詈骂信件，说什么的都有。好在还没惹出什么大祸，我后来就不敢再这样心浮气盛了"②。完全可以想

---

① 《关于小说〈荷花淀〉的通信》，《孙犁文集》第六卷，百花文艺出版社 1982 年版。
② 《文学和生活的路——同〈文艺报〉记者谈话》，《孙犁文集》第六卷，百花文艺出版社 1982 年版。

象：这些信件的大多数作者，正是共和国的成年公民。

孙犁后来真的极少再用如此坦率的方式为自己的作品进行辩护（确切地说，他为之辩护的不是自己的作品，而是一种原则）。不过，他也没有沉默。对他的作品表现出浓厚的兴趣并发表各种意见的读者、评论者渐渐多了起来。主要是赞歌，例如，在一些人的评论文章里，他读到了许多遍这样的字眼："独具风格"、"诗情画意"、"抒情诗"、"风景画"、"女人头上的珠花"等等。当然，这类字眼，不见得全是讲他的作品；但在讲他的作品的文章里，一个不落地全出现了。对此，他感到了茫然：所谓"独具风格"，究竟指的是什么？因为无论什么作家都有自己的风格。他觉得有些评论，不从作品的全部内容和全部感染力着眼，不从反映现实、时代精神以及某一时期人民的思想情绪着眼，而仅仅从某些章节、文字着眼，使读者在读这些作品的时候，就只是去"捕捉"美丽的词句以及所谓诗意的情调。对此，虽然是赞扬的话，他也是坚决摇头、不能买账的：

> 不妨打这样一个比喻：有一只鸟，凌空飞翔或是在森林里啼叫，这可以说是美的，也可以说富有诗情画意。但这种飞翔和啼叫，是和鸟的全部生活史相关联的，是和整个大自然相关联的。这也许关联着晴空丽日，也许关联着风暴迅雷。如果我们把这些联系都给它割断，把这只鸟"捕捉"了来，窒其生机，剖除内脏，填以茅草，当作一个标本，放在漂亮的玻璃匣子里，仍然说这就是那只鸟的"美"，这就是它的"诗情画意"。这就失之千里。
>
> 抽刀断水不可能，断章取义是很容易的。每个人都可以根据他的爱好，他的需要，在一本书里寻章摘句，并且一定能有满意的收获。……①

---

① 《作画》，《孙犁文集》第六卷，百花文艺出版社1982年版。

无须讳言，对于诸如此类的评论，他感到相当隔膜。可以说，这也是他在人际关系方面遇到的一种苦恼，只不过这种苦恼反映在创作和评论的关系上罢了。

苦恼也罢，隔膜也罢，不能否认，在进城以后，直到60年代初期，仍然是他创作上的一个黄金季节。在这段时间里，他不只整理、出版了他的一部著名的代表作《白洋淀纪事》（小说、散文合集，1958年由中国青年出版社出版，后多次再版，现集内各篇作品已分别收入《孙犁文集》有关卷次），还创作了中篇小说《村歌》、《铁木前传》，长篇小说《风云初记》，评论集《文学短论》，散文集《津门小集》，以及其他有关散文和诗歌等等（以上作品和文章，也都多次辑印或再版，现已收入《孙犁文集》有关卷次）。这些作品，除《文学短论》为评论集，《津门小集》为记叙解放后天津城郊生活的散文小品以外，其余绝大部分都是反映抗日战争和解放战争时期的革命历史生活的，是他身居津门，对过去的山地生活和平原生活（当然也包括他的故乡）的艺术记录。这是他在创作上的一个成熟期和收获期，这些作品发表和出版之后（其中不少已被译成英、法、俄等多种文字），他在新文学史上的地位已经不容怀疑了。

但是，就在50年代之初，他自己曾经怀疑过自己的能力。1953年夏天，他从安国县下乡回来以后，曾在这年8月6日致函田间，流露了自己的苦闷：

> 我在报社，因无多少工作，所写又系历史小说，时间长了，有些沉闷。我想转移一下。但我又不愿专门当作家（因近感才力不足）。你看像我这样的情形，应该采取一种什么工作方式为宜？
>
> 俟康濯回京，你们可以代我思考思考。并望不要和其他方面

谈及。①

在孙犁给朋友的信里，已经不是第一次流露这样的情绪了。七年以前，即1946年的4月10日（那时他刚从延安回到冀中），他也给田间写过一封类似的信，在那封信里，甚至谈得更多："关于创作，说是苦闷，也不尽然。总之是现在没有以前那股劲了，写作的要求很差。这主要是不知怎么自己有这么一种定见了：我没有希望。原因是生活和斗争都太空虚。"②

这都是以前的事了。以后或许有新的苦闷（包括不曾遇到的更大的苦闷），那也都是以后的事了。此刻，在他经历了上面说的那个收获期之后，他的心情该会有所变化吧？

在小说、散文、诗歌、评论等方面，他都已尝试过，而且卓有建树。剩下的一个领域，是戏剧电影，我们还可以重开一个话题：

1949年进城后，有位相熟的电影导演，要他写一个关于白洋淀的电影脚本。他正在盛年，希望自己的小说能够搬上银幕，于是，在这种"洋玩艺"的诱惑下，不免跃跃欲试。他把自己写过的一些小说、散文，重新编排了一下：已有的用剪报，没有的写新篇，统一内容，串联故事，居然弄出一个用一本旧公文簿剪贴、抄录而成的电影脚本。

过了很长时间，导演来信说：脚本先送茅盾审阅，同意了，后又送另一位负责人审阅，否定了，现将脚本奉还云云。这位导演把后者的批示抄录在脚本封皮之后，封面上是茅盾的亲笔题字："阅，意见在另纸。茅盾。"可惜孙犁没有看到这张纸。另一位负责人的批示大意为：这些故事，想象的成分多，还是以拍别一部小说为好。孙犁说：

---

① 《耕堂函稿》，1988年4月11日《人民日报》。
② 《给田间的两封信》，1987年10月22日《人民日报》。

"别一部小说",也是写白洋淀的,当时颇流行。我翻看了一下,其中实录部分固然不少,却发现我的一篇作品,也被改头换面,采录在内。这是有书可查、有目共睹的事,绝不是出于我的"想象"。

当然,我那个脚本只是一次尝试,写得也确实很不像样子。一部作品,根据审定程序,谁肯定,谁否定,都系平常的事,其中并无恩怨可言。我把脚本新写部分摘出来,改成了一篇短篇小说,就是《采蒲台》,此脚本在"文化大革命"中被抄走,发还后,我清理旧稿时,用它生了火。从此打掉了我的兴头,以后,对写电影脚本的事,我一直持极其冷漠的态度,并劝别人也不要轻易搞这个。①

关于他要写电影脚本的愿望,就这样化作了泡影。但事情并不就此完结,他的小说,如《荷花淀》、《风云初记》等等,后来终于被人搬上了银幕。不过,他那时再也提不起兴趣来了。当有人提出改编,他便说:"你改编吧,愿意怎样改,就怎样改去吧。不要和我谈,也不要和我商量。因为我身体不好,不愿意掺和这些事。"当有的改编者说:"我们很喜欢你的小说的风格,我们一定保证你的风格,在这部片子里,得到充分的理解和体现。"他便说:"那太好了,你们去弄吧。"

他心里明白,小说是语言的艺术,电影是借助科技成果而展现的综合艺术,风格云云,因人、因事而异,还是不要过早地下结论吧。

他看过《静静的顿河》这部电影,其中男女主人公在向日葵地里相恋,画面里出现的向日葵,仅寥寥数棵,而且不像自然生长的,像是插上去、做布景的。他记得肖洛霍夫描写的向日葵,场面是那样宏大而充满生机,相比之下,电影里的男女主人公恋爱得再热烈,也令人觉得寡味了。在他看来,在这里就已经损失了原作的风格。

他也记得看电影《安娜·卡列尼娜》的情形。赛马一场戏,渥伦斯

---

① 《芸斋断简》,《远道集》,百花文艺出版社1984年版。

基掉下马来这一事件,是由看台上安娜的面部表情表现的,表现得恰如其分。只这一个细节,就使影片再现了托尔斯泰长于心理描写的风格。

所以,孙犁认为:"电影能否再现小说的原有风格,并不是一句话就能做到的。编剧、导演、演员的艺术修养,趣味,都要与原作取得协调融合,才可做到。而做到这一点,又谈何容易!"①

这样,虽然他在电影这个领域里的尝试遭受到了挫折,他对这门艺术的了解和修养,还是达到了相当的高度。

如上所说,从进城到60年代初期,他都是在困难、误解和挫折中前进的,但他终于登上了一个新的高峰。他说过,从事写作正如爬山,要有"处下不卑,登高不晕"的气概②。他就是这样做的。

六、生病和旅行

1956年3月,孙犁正紧张地写他的《铁木前传》,已经写到第十九节了(现在读者看到的这部中篇,一共是二十节)。这天午睡起来,他忽然感到一阵眩晕,接着摔倒下去,左面颊跌在书橱的把手上,碰破半寸多长一道口子,血流不止。报社同人把他送到医院,缝了五针就回来了。

从这时起,长期劳累的身体终于暴发为一场大病,而且一病就是十年。关于他的身体状况,我们前面做过一些介绍。他自己这样说过:"我身体素质不好,上中学时,就害过严重的失眠症,面黄肌瘦,同学们为我担心。后来在山里,因为长期吃不饱饭,又犯了一次,中午一个人常常跑到村外大树下去静静地躺着。""但我对于这种病,一点知识也没有,也没有认真医治过。"③在标明为"芸斋小说"的《无花果》④里,说得比

---

① 《小说与电影》,《老荒集》,上海文艺出版社1986年版。
② 《业余创作三题》,《澹定集》,百花文艺出版社1981年版。
③ 《一九五六年的旅行》,《老荒集》,上海文艺出版社1986年版。
④ 1987年11月8日《人民日报》。

较具体——他说明过,这些小说其实是纪实,今一并引述如下,作为参考:"大体说,这是一种心病,由长期精神压抑而成,主要是控制不住自己的感情。对自己不喜欢的,嫉恶如仇;对自己喜欢的,爱美若狂。这种情绪,与日俱增,冲动起来,眼前一片漆黑,事后又多悔恨……"这就难怪了,1980年春天,李季以心脏病逝世,他在悼念文章里,说诗人患有心脏病,这就是致命伤。患心脏病者不一定都是热情人,而热情人最怕得此病,特别是诗人。因为诗人的心本来就比常人跳动得快速、急骤、多变、失调,如自己再不注意,那是很危险的①。这原是知己之谈,现在正好用来分析他自己,虽然他得的并非心脏病。他骨子里也是一个热情人,而从事的又是文学事业(广义地说,这也是诗的事业)。1951年1月,他在《天津日报》副刊写作小组的一次会上,向青年作者们说:"没有真实的激动了的感情,就写不成好文章。""我们必须激动起来,才能写好文艺作品。"②1954年8月,在一个暑期讲座上,又结合自己的情况向听讲的同学们介绍说:"……在创作的整个过程中,心情是沉重的。也许写作这种工作,感到沉重的时间长,感到轻松的时间短一些吧。当然也有一边写作一边歌唱的时候。这个工作,对我来说是感到很沉重的。"③身体底子原来就有些问题,加上长期积劳和如此这般的情况,哪有不生病的? 说老实话,幸亏他的身体底子还有另外一些良好的素质(依我们看,主要是他的内脏和神经系统具有相当强的活力),否则,将不容乐观了。

事实也如此。这年秋天,他的病显得很重,"就像一个突然撒了气的皮球一样,人一点精神也没有了,天地的颜色,在我的眼里也变暗了,感到自己就要死亡,悲观得很。家里人和同事们,都为我的身体担心,

---

① 《悼念李季同志》,《孙犁文集》第四卷,百花文艺出版社1982年版。
② 《作品的生活性和真实性》,《孙犁文集》第六卷,百花文艺出版社1982年版。
③ 《写作漫谈》,《孙犁文集》第六卷,百花文艺出版社1982年版。

也都觉得我活不长了。"①最悲伤的是妻子,她常常在一边悄悄地哭,想不出丈夫为什么生病,而且一病如此? 倒是老母知子,对儿媳说:"你别看他不说不道,这些年,什么事情不打他心里过?"但这也只是"知子"而已,对于儿子的病,她也是悲观的。这时康濯由北京来天津看他,很伤感地说:"我给你编个集子,还要写一篇长一些的后记。唉,恐怕你是看不到了。"

那可怕的病情,其实是神经衰弱到了极点的表现,毫无精神准备的亲友,一下子都慌乱起来了。

前面说,他是写到《铁木前传》第十九节时发病的。这一节是什么呢? 说来也有意思,这一节只有千来字,主要是傅老刚和九儿父女两人的对话,它竟数次提到了劳累、生病和休息这些事,这究竟是出于偶然,还是他那紧张到了极度的神经系统发出了某种信号呢?

自然,小说情节的发展有它自身的逻辑,它甚至于不以作家的主观意志为转移;但这一节的文字气氛也够凄凉的了,它不能不给作家那善感的、容易激动的心灵以刺激。

原来,傅老刚和黎老东两个患难老友吵翻了,九儿和六儿那本来应该朝着爱情发展的关系,也只结出了一个苦果。这是一个冬夜,满天星斗,月亮又圆又明。但在这样晴朗的夜晚,父女俩各人心里都装着心事,或者说,他们只能用不同的方式咀嚼这只苦果,或者,他们还想到了别的,例如那久别的也许今生不能再见的东北老家……总之,这样一个晴朗、皎好的冬夜,反而给这一老一小的心境平添了许多凄凉:

> 这两天,父亲注意到女儿很少说话,他以为她是太疲累了。他说:
>
> "今天,有几个互助组,给我们拿来一些工钱,这些日子,我

---

① 《红十字医院》,《老荒集》,上海文艺出版社1986年版。

帮他们拾掇了一些零碎活儿。我不要,他们说我们出门在外,又没有园子地里的收成,只凭着手艺生活,一定要我收下。我想眼下就要过年了,你也该添些衣裳。"

"不添也可以。"女儿低着头说,"过年,我把旧衣裳拆洗拆洗就行了。爹的棉袄太破了,应该换一件。"

"我老了,更不要好看。"父亲说,"村长和我说,他们几个互助组,明年就要合并成合作社。村长愿意我们也加入,说是社里短不了铁匠活儿。我说等你回来商量商量,你帮我想想,是加入好,还是不加入好。"

"我愿意加入。"女儿笑着说……

"我也是这么想。"父亲兴奋地说,"……村长还说,他们也希望六儿家参加,那样,社里有铁匠也有木匠,工作方便得多。可是黎老东正迷着赶大车,不乐意参加。这些日子,我总见不到六儿,你见到他了吗?"

女儿没有说话。

"你不舒服吗?"父亲注意地问,"怎么看你吃不下?"

"不。"女儿说,"我只是有点儿累。"

她到外间去收拾锅碗。

"我和黎老东吵翻了。"父亲在里间说,"这只是一人一家的问题,只是两个老头子的问题,算不了什么。你不要把这件事情放在心上。"

"我没有放在心上。"九儿说,"今年冬天,我看着爹的身体不大结实,我希望爹多休息休息。"

"你不要惦记我。"老人笑着说,"我这病到春天就会好起来的……"

九儿给父亲铺好炕,带上屋门,到女伴们那里去。

……九儿在院里停站了一会儿,听了听,父亲在吹灯躺下以后,并没有像往常那样咳嗽。……

事情就是这么凑巧，写完了这样一节文字，他就病倒了。病中，他"只补写了简短的第二十节，草草结束了事"①。这一节文字仅有二三百字，但是，它是一个乐观、开朗的结尾，而且用了诗的、咏叹的句子。这时，已经是1956年的初夏了。

3月，他刚刚跌倒时，在医院里缝了几针，还能走路。同志们劝他休息一段时间，外出旅行。那时他刚进城不久，并不很怕出门，且好一人独行，于是选好地方和路线，带了介绍信就上路了。

这是5月初，是坐火车，第一个目标，正是他在青年时代曾经向往的济南。下车时，是下午一二点钟，坐了三轮去山东文联，当时任山东文联编创部部长的王希坚（通俗小说《地覆天翻记》的作者）接待了他，他们是在北京认识的。

济南街面上，古老的砖瓦房和石铺街道到处可见，一派旧日省城的样子。文联临近游览区，不少小商小贩摆摊叫卖，热闹非常。文联大院有泉水、池塘荷花，人们清晨起来，就在清流旁盥洗。

王希坚了解他的脾气，给他找了一间清静房子，并说："吃饭，愿意在食堂吃也行，愿意出去吃小馆，也方便。"

因为地段近，当天他就看了珍珠泉、趵突泉、黑虎泉。趵突泉为济南七十二泉之首，当时水系没遭到破坏，泉水从地下岩石溶洞的罅隙中涌出，还能冒起三尺来高，真个是："佛脚清泉，飘飘飘飘，飘下两条玉带；源头活水，冒冒冒冒，冒出一串珍珠。"

次日，文联的人陪他游了大明湖和千佛山。游大明湖时坐了彩船，可惜他正在病中，不能充分领略"舟行著色屏风里，人在回文锦字中"的佳趣。此外，他看了纪念曾巩的南丰祠和纪念铁铉的铁公祠，以及其

---

① 《答吴泰昌问》，《孙犁文集》第六卷，百花文艺出版社1982年版。

他历史文物。曾巩是宋代和欧阳修、王安石等齐名的散文家,同属唐宋八大家之列,他的文章从容严谨,该是孙犁所欣赏的;铁铉则是明代建文帝时的忠臣,燕王朱棣起兵时,他坚守济南,屡挫燕王,后被磔死,鲁迅在《病后杂谈》①这篇文章里提到过他。说实在的,病中看这类纪念文物,也不是轻松的事。在千佛山要轻松一些,济南虽号称"泉城",有湖山之美,那时游人却很少。千佛山在市区南面,几乎没有什么游客,像逛荒山野寺一样。孙犁最喜欢这样的游览,极目骋怀,放情丘壑,可以暂时摆脱一下市嚣尘声的干扰,姑且与寺佛为伍:"笑到几时方合口?坐来无日不开怀。"

当然,他并没有超脱到如此地步,因为他是一个人,一个从来没有,也永远不会忘记尘世的作家。

他还想吃中学时听老师说过的济南特有的"小豆腐",可惜没有吃到。

他又赶路了,第二站是南京。是下午五六点钟到的,还是先奔江苏文联。那时文联多与文化局合署办公,它便给文化局打电话,说来了一位客人,想找个住处。对方推托了一阵子,最后说可以去住××酒家:

> 对于这种遭遇,我并不以为怪。我在南京没有熟人,还算是顺利地解决了食住问题。应该感谢那时同志们之间的正常的热情的关照。如果是目前,即使有熟人,恐怕也还要费劲一些。
>
> 此次旅行,我也先有一些精神准备。书上说:在家不知好宾客,出门方觉少知音,正好是对我下的评语。②

在酒家住了一夜,次日早饭后便去逛明孝陵。陵既高且陡,他还是

---

① 《且介亭杂文》。
② 《一九五六年的旅行》,《老荒集》,上海文艺出版社1986年版。

登上去了，最引他注目的，是朱元璋的那幅画像："躯体很高大，前额特别突出，像扣上一个小瓢似的。脸上有一连串黑痣。这种异相，史书上好像也描写过。"① 辛亥革命前，同盟会机关报《民报》上登过朱元璋的画像，并尊朱为"民族革命伟人"②；不知明孝陵里的这张像，是否与此有关？但由孙犁的描写看，他好像并不喜欢朱元璋，因为他笔下的这副"异相"一点儿也不可爱，至少，离现实中真的人太远了些。"正史"里记载的朱元璋，说他一降生就气象非凡，长大当然也与常人有异："……母陈氏方娠，梦神授药一丸，置掌中有光，吞之，寤，口余香气。及产，红光满室，自是夜，数有光起，邻里望见，惊以为火，辄奔救，至则无有。比长，姿貌雄杰，奇骨贯顶，志意廓然，人莫能测。……"③ 大约奇骨不易画出，就在前额上扣只小瓢。可见，中国史书早就参加"造神"运动了，孙犁如此注意朱元璋的画像，也是有道理的。

从孝陵下来，他去中山陵，然后向东，顺路游了灵谷寺。这一路全是枝交连理、遮天蔽日的梧桐树，一阵风吹来，半空中飒飒作响，在这被高大的陵墓主宰着的圣地，不免使人产生天马行空的感觉。对于一个长年做文字工作、无事不出房门的人，这境味有益于转移他过分紧张的注意力，舒展一下他的心情。因此，孙犁对着眼前情景，发出了他平时很少说的"真使人叫绝"④ 的赞叹。

下午行程更远，连续游了雨花台、玄武湖、鸡鸣寺、夫子庙。没有去看莫愁湖和秦淮河，他似乎感到一点儿小小的遗憾；但是，照他的说法，这样奔袭式的游山玩水，已经使他非常疲乏。作为休息，他去逛了逛南京古旧书店，那里很安静，好书也多，且排列规则，令人有舒畅感。

---

① ④ 《一九五六年的旅行》，《老荒集》，上海文艺出版社 1986 年版。

② 鲁迅批评过这类说法："二十多年前，都说朱元璋（明太祖）是民族的革命者，其实是并不然的，他做了皇帝以后，称蒙古朝为'大元'，杀汉人比蒙古人还利害。"《二心集·上海文艺之一瞥》。

③ 《明史·卷一·本纪第一》。

可惜天色已迟,不及细看,就回酒家了。后来,他从这里邮购了不少旧书,其中还有珍本。在济南时,他因为没有找到古旧书店,颇感遗憾,在南京算是得到了一点儿补偿。

第三天清晨,他就离开南京,赶赴上海。对这次南京之行,他后来有些想法:

　　……像我这样的旅行,可以说是消耗战,还谈得上怡情养病?到了一处,也只是走马观花,连凭吊一下的心情也没有。别处犹可,像南京这个地方,且不说这是龙盘虎踞的形胜之地,就是六朝烟粉,王谢风流,潮打空城,天国悲剧,种种动人的历史传说,就没有引起我的丝毫感慨吗?

　　确实没有。我太累了。我觉得,有些事,读读历史就可以了,不必想得太多。……至于文人墨客,酒足饭饱,对历史事件的各种感慨,那是另一码事。我此次出游,其表现有些像凡夫俗子的所到一处,刻名留念。中心思想,也不过是为了安慰一下自己:我一生一世,毕竟到过这些有名的地方了。①

人往往容易有这些想法。不过,对一个作家来说,他所到过的地方,看过的东西,总不会那样容易成为过眼云烟的吧。当然,像这样的旅行,他的确是太累了。

清晨上车,两个多钟头以后他就到了上海。作协安排他住国际饭店十楼,这么一个繁华地区,对一个神经衰弱患者十分不利。"尤其是一上一下的电梯,灵活得像孩子们手中的玩具,我还没有定下心来,十楼已经到了。"显然,他不适应这样的生活。翌日上午,独自去逛书店,正巧赶上古籍书店开张。他选购了几种旧书,包括仰慕已久的戚蓼生

---

① 《一九五六年的旅行》,《老荒集》,上海文艺出版社1986年版。

序小字本《红楼梦》。

他想快些离开上海，因此，第三天中午就到了杭州。浙江省文联没有熟人，在那里吃了碗面条，便一人到了湖边。这天天气很好，游人也多，一湖如镜，确是"水水山山，处处明明秀秀"。但因连日劳顿，夜里又睡不好，他忽然觉得精神不支，脚下也没有准头，就随便转了转，买了些甜食吃，回到了文联。

第二天，文联通知他到灵隐寺去住。原来他们新买到一处私人别墅，作为创作之家，还没启用，孙犁正好去试试。他乘三轮来到目的地，看见这是一幢不小的楼房，仅楼下就有不少房间。四周除一座拔地而起、直插云天的飞来峰，空旷无人。寺里僧人很少，住得又远，这时天也黑了，他一度量形势，忽然恐怖起来：偌大一个灵隐寺，周围是百里湖山，寺内是林莽丘壑，不说别的，就是进来一只狼，他也受不了。他想到要关好门窗，而门窗又是那么多。关好门窗后，他躺在临时搭好的木板床上，顶着一盏昏黄的光线摇曳的灯，一面翻看一本新买的杭州旅游指南，一面发起哲人的遐想来：

　　……什么事说是说，做是做。有时说起来很有兴味的事，实际一做，就会适得其反。比如说，我最怕嘈杂，喜欢安静，现在置身山林，且系名刹，全无干扰，万籁无声，就觉得舒服了吗？没有，没有。青年时，我也想过出世，当和尚。现在想，即使有人封我为这里的住持，我也坚决不干。我现在需要的是一个伴侣。①

这一夜没有睡好。清早起来，在溪流里洗罢脸，提上从文联带来的暖瓶，到门口饭店吃了饭，又到茶馆买一瓶开水提回来。

西湖到底名不虚传，而坐落在湖边上的灵隐寺，又是这样宏伟富丽、

---

① 《一九五六年的旅行》，《老荒集》，上海文艺出版社1986年版。

奇绝一方。夜晚，它虽然令孙犁感到可怖，但在白天，它又向这位北方来客展示出全部的魅力，"我在北方，是没有见过的。"他说。

在这"门外湖光十里碧，坐中山色四围青"的神仙般的环境里，他过了整整三天，凡是西湖的名胜，差不多都去过了。

在小市上，他给自己买了一个象牙烟嘴，在岳坟给孩子们买了两对竹节制的小水桶，就又取道上海，返回天津。

此行大约有半月光景，谁也没有料到，回来以后不久，他的病情反而大大加重了。

七、在红十字医院

前面说过，1956年的秋天，他病得像撒了气的皮球，亲友们都在考虑他的后事了。

在天津的医院看了几个月，管文教的王亢之，介绍的都是天津的名医，中药西药也吃了不少，但终不见效。

第二年春天，他被送进新建的北京红十字医院。这里设备很好，庭院也宽敞。

他住在楼上靠边的一间单人病房里，有洗澡间。室内陈设讲究，光线充足，四周静得很。吃饭由护士端来，她坐在一旁，看着他吃，一边不断地称赞着铜蒸锅里的菜，劝他多吃些。饭菜确实很好，可惜他那时吃不下。

每天晚上，医院叫他做松节油浴，白天有时还被带到大理疗室做水疗。

护士都是新从苏杭一带招来的姑娘，穿着丝绸白衣，戴着有披肩的护士帽，走起路来，轻盈旋转得天使似的。孙犁每晚睡下后，床头柜上的蓝色灯光映在粉墙和下垂的窗帘上，像是一种梦境。他只能靠烈性的安眠药入睡，护士照顾他服药后，还站在床边替他按摩，听着他呼吸均匀了才轻轻离去。其实，他常常并没有入睡。

医院很尽心，还叫他去做体疗：病人围成一圈，拿着一根金箍棒似的棍子，在手里摆动着，走一阵就完事。他觉得好笑，心想，如果早些时候知道耍棍儿，也许就不会得这种病了，现在耍得晚了些。但是，在这里，他的病情毕竟得到了缓解：

> 我从来没住过医院，没有住过这样好的房间，没有吃过这样好的饭食。这次住进了这样高级的医院，还有这么多的人关心和服侍。在我病好以后，我常常想，这也是我跟着革命队伍跑了几年的结果，同志们给了我优惠的待遇；那时人和人的关系，也深深刻印在我的记忆中了。①

在这期间，医院总务处长董廷璧，给了他许多具体的帮助。他是蠡县人，为人慷慨热情。北京所有的朋友也都很帮忙，中宣部秘书长李之琏，北京市委的张青季，是他中学时的同学，抗日时期的战友，也都是蠡县人，他们请来北京市的名医，为孙犁会诊。丁玲那时的处境已经不大好，叫葛文（作家，田间的爱人）带了信来看他，说是不是请湖南医学院的一位李大夫来给看看。李大夫，即哲学家、经济学家李达的儿子，后来终于来到病房。看来他主要是进行心理治疗的，他给孙犁讲解神经系统怎样容易患病、应该如何医治，还有第一信号、第二信号等等。他讲话声音很高，有时脸涨得通红，这时人会想到，他就是直观教具，因为他讲的那些内容，正在他身上起着作用。

他给孙犁讲了两三次，然后叫他吃一种药，据说是兴奋神经的药，外国学生考试时常吃——但不是加拿大运动员约翰逊服用的那种类固醇。孙犁吃过后，觉得精神好了一些。

---

① 《红十字医院》，《老荒集》，上海文艺出版社 1986 年版。

李大夫给孙犁看病这件事，丁玲也记得很清楚，她在1980年10月30日致孙犁的信①里是这样说的：

> 记得是1957年春天，你正住在医院，我介绍过一个专门从事心理学研究的医生去看过你，以后就不再听到你的消息。再后，我长年乡居，与文坛隔绝，更无从打听你的情况，偶尔想到也无非以为……既然你现在又写文章了，可以想象大约还过得去吧。
>
> 你是一个不大说话的人，不喜欢在人面前饶舌的人，你很早就给我这样一个印象。……

总之，他得到了很多同志的关心，又从死神的怀抱里挣脱出来了。

现在，医院认为这种病不宜长期住在医院，他就到小汤山疗养院去了。

他先回到天津。当他从家里动身时，母亲——她已经八十多岁——站在廊子里送他，说：

"别人病了往家里走，你怎么病了往外走呢？"

不料这竟是他同母亲的永诀。他在外养病期间，母亲去世了，享年八十四岁。

报社派了一位原来在传达室工作的老同志照顾他。老同志去租了一辆车，"在后座放上了他那一捆比牛腰还要粗得多的行李，余下的地方让我坐。老同志是个光棍汉，我想他把全部家当都随身带来了。"②

出了城，汽车行驶在狭窄不平的公路上。已经是7月，两旁都是高粱地，天气干燥闷热，一路很少行人车辆。他正枯坐无主，却遇上一辆迎面而来的马车，拉着一具棺木，有一群苍蝇追逐着前进。他皱起了眉，

---

① 《丁玲书简》，东北师范大学出版社1986年版。
② 《病期经历》，《陋巷集》，百花文艺出版社1987年版。

他的神经衰弱还没有好,这景象,使他一路心绪不佳,直到抵达小汤山,他的敏感而脆弱的脑膜上,还散乱地飞舞着这不快的印象。

八、疗养生活纪略之一

小汤山在北京西北方向,属昌平县,以温泉闻名,泉水形成了一个不小的湖泊,从湖旁的残碣断石,可以认出这里原是清末民初阔人家的别墅,解放后,盖成一座相当大的疗养院。他能来这里疗养,是李之琏给办的,李认识一位卫生部的负责人,正在这里休养并管事。

疗养院的一排两层楼房,头起是两处高级房间,有会客室和温泉浴室。孙犁居然住进了楼上的一间,他至今认为是一生中难得的幸遇。因为房间里有引来的温泉水,"有时朋友们来看我,我都请他们洗个澡。慷国家之慨,算是对他们的热情招待。女同志当然是不很方便的。但也有一位女同志,主动提出要洗个澡,使我这习惯男女授受不亲的人,大为惊异。"①

在小汤山,呼吸着从西北高山上吹来的风,这风掠过湖面,变成一种湿润的、带有硫黄气味的新鲜空气。他还学会了钓鱼和划船。钓鱼技术虽然不高,也有过从水面上钓起一条大鲢鱼、或从水底钓起一条大鲫鱼的记录。至于划船,他自度不只技术不高,姿态也不好看。但在这里划船不会有任何危险,"可以随心所欲,而且有穿过桥洞、绕过山脚的种种乐趣。温泉湖里的草,长得特别翠绿柔嫩,它们在水边水底摇曳,多情和妩媚,诱惑人的力量,在我现在的心目中,甚于西施贵妃。"②

他的病渐渐好起来了:

---

①② 《病期经历》,《陋巷集》,百花文艺出版社1987年版。

证明之一，是我开始又有了对人的怀念、追思和恋慕之情。我托城里的葛文同志，给在医院细心照顾过我的一位护士，送一份礼物，她就要结婚了。证明之二，是我又想看书了。我在疗养院附近的小书店，买了新出版的《拍案惊奇》和《唐才子传》，又郑重地保存起来，甚至因为不愿意那位老同志拿去乱翻，惹得他不高兴。①

他和老同志已经很熟了，对方赶过大车，傍晚他们坐在小山上，老同志给他讲了不少车夫进店的故事。他们还到附近野地里去玩，那里有许多据称是公主坟的地方。从这样的地方回来，他有时看《聊斋志异》。疗养院的医生知道后，对那位老同志提出要求：

"你告他不要看那种书，也不要带他到荒坟野寺里去转游！"

孙犁不以为然："其实，神经衰弱是人间世界的疾病，不是狐鬼世界的疾病。"

到了11月，天气渐渐冷了，清晨黄昏，湖面上升腾着蒸汽似的白雾，水草也渐渐褪去那翠绿的生命的色彩。在红十字医院时，他不看报，也不听广播。这里却有高音喇叭，在湖边散步，能听到大张旗鼓地批判右派。有一天，他听到了丁玲的名字。

过了阳历年，他决定转到青岛去。在北京住的那天晚上，李之琏坐了小车来看他。李虽然没有谈什么时事，但孙犁看出他的心情很沉重。不久，就听说他也牵连到"右派"案件中去了。

大约在1958年1月，报社派了小何把他送到青岛的疗养院。

他住在正阳关路一幢绿色的楼房里，为了安静，他选择了三楼一间孤零零的，虽然矮小一些，但光线很好的房子。

在疗养院，他遇到了一些知名人士，如哲学教授、历史学家、早期

---

① 《病期经历》，《陋巷集》，百花文艺出版社1987年版。

的政治活动家、文化局长、市委书记等等："这些人来住疗养院，多数并没有什么大病，有的却多少带有一点政治上的不如意。反右斗争已经进入高潮，有些新来的人，还带着这方面的苦恼。"① 某市文化局长，和孙犁见过一面，孙犁到该市游览时，曾为介绍住宿。原是精明能干的人，现在精神沉郁，烦躁不安，竟不认识孙犁了。新婚妻子是个年轻、漂亮的东北人，每天穿着耀眼的红毛衣，陪他并肩坐在海边上，从背后望去，该是多么幸福、愉快的一对。但他终日不说一句话，谁去看他，他就瞪着眼睛问："你说，我是右派吗？"

没有人能回答这问题。只有一位质朴、诚实的大夫，有一天和气而肯定地说：

"你不是右派，你是左派。"

病人脸上露出了一丝笑容。但这一保证没有治好他的病。右派问题越来越重，他的病也日益严重。不久，在海边上再也看不到那一对引人注目的背影了。

和孙犁比邻而居的哲学教授，带来一台大型留声机，每天在病房里放贝多芬唱片。他热情地把全楼的病友都叫来听，只是有一件：谁也不能摸那留声机。留声机的盖子上，贴有一张注意事项，每句话的后面，都挂着一个大惊叹号。这位教授写起文章来，也是很爱用惊叹号的。

孙犁对西洋音乐，向不留意，每天应邀听贝多芬，颇以为苦。不久，教授回北京，他才松了这口气。

比起听西洋音乐，他倒愿意选择黄鹂的鸣啭。他觉得这是一种天籁之音，对病中的他，尤感亲切。在他楼下的那片杨树林里，他发现了两只黄鹂。每天清早，当听到它们的第一声啼叫，他就轻轻拉开窗帘，从楼上观赏它们互相追逐、逗闹的姿态。随着两团金黄色的羽毛的不停抖

---

① 《病期经历》，《陋巷集》，百花文艺出版社 1987 年版。

动，那一声声鸣啭，串铃似的撕破了宁静的空气，报告着大地的苏醒。

他很愿意这两只小生命和他永远做伴。但有天早晨，他到杨树林里散步的时候，看见一位病友正在举着猎枪向树上瞄准，他赶紧问：

"打什么鸟儿？"

"打黄鹂！"那位病友兴致勃勃地说，"你看看我的枪法。"

他几乎扭头闭眼。这时候，他不想欣赏那位病友的枪法，但愿他打不准。他正瞄着，两个乖巧的小精灵飞走了。乘此机会，他向那位病友进言："不要射击黄鹂，我很喜欢这种鸟儿。"

对方立刻答应了他的要求，没有丝毫不平之气："养病么，喜欢什么就多看看，多听听。"

他非常感谢这位病友的高尚情谊。这位病友患的也是神经衰弱，他以为这是真诚的同病相怜："他玩猎枪，也是为了养病，能在兴头上照顾旁人，这种品质不是很难得吗？"① 由此，他想起了另一件事：

有一次，在海岸的长堤上，一个穿皮大衣戴皮帽的中年人，只是为了取悦身边的女友，就开枪射死了一只在天空回翔的海鸥。海鸥像一块黑色毡布似的摔落在海面上，被怒涛拍击漂卷。猎物无法取得，女人请在海面上操作的海带培养工人帮忙，工人们愤怒地掉转船头而去。这件事，给孙犁留下了很深的印象。

可惜的是，那两只黄鹂没有再来。从此，清早起来，楼下白杨萧萧，楼上形只影单，寂寞相对，怅然了很长时间。直到夏天到来，他忙着到浴场游泳，才把这事渐渐淡忘。

在青岛住着，因为不能读书作文，不会弹琴跳舞，又不喜欢下棋打扑克，唯一的消遣和爱好，就是捡石子了。时间一长，收藏遂富，居然被病友目为专家，就连他低头走路，也被看作是从事搜罗工作养成的习惯——当然，这是近于开玩笑了。

---

① 《黄鹂》，《孙犁文集》第四卷，百花文艺出版社 1982 年版。

然而，人在寂寞无聊之时，爱上或是迷上了什么，那种劲头，也是难以常情理喻的。不但天气晴朗的时候，好在海边溅沙踏水地徘徊寻找，有时刮风下雨，不到海边转转，也好像会有什么损失，就像逛惯了古书店古董铺的人，一天不去，总觉得会交臂失掉了什么宝物一样。钓鱼者的心情，也是如此的。

....

我的声誉只是鹊起一时，不久就被一位新来的病友的成绩所掩盖。这位同志，采集石子，是不声不响，不约同伴，近于埋头创作的进行，而且走得远，探得深。很快，他的收藏，就以质地形色兼好著称。石子欣赏家都到他那里去了，我的门庭，顿时冷落下来。在评判时，还要我屈居第二，这当然是无可推辞的。我的兴趣还是很高，每天从海滩回来，口袋里总是沉甸甸的，房间里到处是分门别类的石子。①

正当他兴致勃勃地摆弄那些五光十色的石子的时候，有一天下午，一位二十年前他在抗战学院教过的女学生来到他的房间。女学生很关心老师的养病生活，看见他房间里堆着很多石子，就劝他养海葵花。女学生也是来养病的，住二楼，很喜欢海葵花，房间里正饲养着两缸。

女学生借了铁钩水桶，带着老师到退潮后的海边岩石上，去掏取这种动物，她的手还被附着在石面上的小蛤蜊擦伤。回来，她把孙犁室内窗台上的鱼缸——那里泡着孙犁最得意的石子——取下来，倒出石子，换上海水，养上海葵花。然后，坐下来，高兴地问老师：

"你喜爱这种东西吗？"

"唔。"

---

① 《石子》，《孙犁文集》第四卷，百花文艺出版社1982年版。

"你的生活太单调了,这对养病是很不好的。我对你讲课印象很深,我总是坐在第一排。你不记得了吧? 那时我十七岁。"

时间太长了,听过他讲课的学生很多,他的确不记得了。

岁月已经把她推向中年。他们见面的时候,还是冬天,她穿一件黑大衣,围一条黑色大围巾,样子像外国的贵妇人,哪里去寻找当年抗战时那个单纯、热情的小姑娘的影子?

女学生喜欢去公园看猴子,有一次把孙犁拉上,带了水果食物,站在草丛里,一看就是一上午。她对孙犁说,十七岁出来抗日,父亲在土改时死亡,她没有思想准备,想不通,因而得病。但这话只能向老师说,不能向别人说。

孙犁实在不喜欢那些海葵花,他认为这种东西,从捉到养,整个过程,都令人讨厌,"它的生活史和生活方式,在我的头脑里,体现了过去和现在的强盗和女妖的全部伎俩和全部形象。"终于,他把海葵花送给了女学生,在缸里又养上了石子,虽然他知道这实在有负于女学生的一番好意①。

在夏天,前来探望病人的家属很多,疗养地变得热闹起来。孙犁的妻子也带着小儿女来了,见他病情明显好转,她很高兴。

每天上午,孙犁跟着人们下海游泳,也会了几招,但不敢往深处游。一天,某少年偶傥的"九级工程师"和他同游,渐渐把他引到深水,如果不是他发觉,退回得早,险些喝了水。在病人中间,这位工程师资历最浅最年轻,每逢舞会,率先下场独舞,招徕女伴,围观者愈众,他愈扬扬自得。对此,孙犁不免有些感想:

> 这是病区,这是不健康的地方。有各种各样的人,各种各样的病。在这里,会养的人,可以把病养好,不会养的人,也可能把病

---

① 《石子》,《孙犁文集》第四卷,百花文艺出版社1982年版。

养坏。这只是大天地里的一处小天地,却反映着大天地脉搏的一些波动。①

疗养院的管理和医护人员都是山东人,朴实,热情,照顾病人很周到。因孙犁初来时是重病号,家属来看他,都是住招待所。后来看他好多了,疗养院的人很高兴。冬天,妻子又来看他,他们就搬来一张床,把病房变成"洞房",还照顾妻子和他一同吃饭。于是,这位农村妇女,也算见了世面,不仅大开洋荤,还学会了一些烹饪技艺。她对孙犁说:

"我算知道高汤是怎么个做法了,就是清汤上面再放几片菜叶。"

九、"插播"的故事

正在这时,在孙犁的感情生活里又发生了一件事。这件事不大,在他的疗养过程中,算是一个插曲。

且说青岛疗养院的护理人员,都是来自当地农村的姑娘,她们一到大城市,特别是进了疗养院这种地方,吃的、看的、接触的,都是农村没有的新东西。来疗养的,一般没有什么大不了的病,照样出出进进,走走跳跳。疗养生活,说来好听,其实也很单调、无聊。每天除去打针散步,就是和这些姑娘打交道,日子一久,也就有了感情。"在这种情况下,两方面的感情都是容易付出的,也容易接受的。"②

这年(1958年)冬季,新来了一位护理员:二十来岁,个子不高,梳两条小辫。不算漂亮,但眼神和说话,都透着妩媚,而且面孔白皙,招人喜欢。她正在烧锅炉,夜里还要炼钢。渐渐地,她和孙犁熟识了,送给他一副鞋垫。鞋垫用蓝色线绣出一株牡丹花,很精致。孙犁收

---

①② 《病期经历》,《陋巷集》,百花文艺出版社1987年版。

下了——

　　我觉得这是一份情意，农村姑娘的情意，像过去在家乡时一样的情意。我把这份情意看得很重。我见她还没穿棉衣，就给她一些钱，叫她去买些布和棉花做一件棉袄，她也收下了。

　　这位姑娘，平日看来腼腼腆腆，总是低着头，遇到一定场合，真是嘴也来得，手也来得。后来调到人民大会堂去做服务员，在北京我见过她。她出入大会堂，还参加国宴的招待工作，她给我表演过给贵宾斟酒的姿势。还到中南海参加过舞会，真是见过大世面了。女孩子的青春，无价之宝，遇到机会，真是可以飞上天的。①

　　数月后，孙犁转到太湖疗养，心总安静不下来。他思念青岛，他在那里住了一年多，有很多熟悉的面孔，有很多朋友。

　　他也非常思念那位女孩子，虽然他知道，这谈不上什么爱情。他觉得对自己来说，青春才有爱情，中年以后，有的只是情欲。他认为对那位女孩子来说，也不会是什么爱情。分别的时候，她只是说：

　　"到了南方，给我买一件丝绸衬衫寄来吧。"

　　孙犁明白，这样说自然也是一种情意。但这可以从好的方面解释，也可以从不大好的方面解释。他想到，无论如何，应该保持冷静："蛛网淡如烟，蚊蚋赴之；灯光小如豆，飞蛾投之。这可以说是不知或不察。对于我来说，这样的年纪，陷入这样的情欲之网，应该及时觉悟和解脱。"②他从口袋里掏出女孩子送他的一张半身照片，还有一幅手帕，捡了一块石头，包在一起，站在岩石上，尽着力气向太湖深处抛去。他以为这样一来，所有的烦恼、苦闷，所有的感情纠缠和忏悔的痛苦，都可以抛开了。实际上，"情意的线，却不是那么好一刀两断的。夜里决

---

①② 《病期经历》，《陋巷集》，百花文艺出版社1987年版。

定了的事，白天可能又起变化。断了的蛛丝，遇到什么风，可能又吹在一起，衔接上了。"①

这里说得很清楚，事情还不是那样容易了结，还有没理清的相思债。这些没有完结的故事，请到他的《芸斋小说二篇·无花果》②里去读吧——我们多次说过，这是纪实性极强的小说；但，作家既然题名"小说"，我们姑且先当小说读。下面，我们就把这些片断抄下来，已经和本书的传主共同走了这样长的路的读者们，自己是可以判断这个故事的可靠程度的：

> 四十三岁时，我病了，1958年春季，到青岛休养。青岛花木很多，正阳关路的紫薇，紫荆关路的木槿，犹为壮观，但我无心观赏。经过夏天洗海水浴，吹海风，我的病轻了一些，到了秋末冬初，才细心观察了一下病房小院的景色。这原是什么阔人的别墅，一座三层的小楼，楼下是小花园。花园无人收拾，花卉与野草同生。东墙下面，有几株很大的无花果，也因为无人修剪，枝杈倾斜在地上。
>
> 天气渐渐凉了，有些为了来避暑的轻病号都走了，小楼就剩我一个人。有一个护理员照料这里的卫生。她是山东蓬莱县人，刚离家不久，还带有乡村姑娘的朴实羞怯味道。虽然不管楼房以外的卫生，却把小花园看做她的管理范围，或者说是她的经济特区。花，她可以随便摘了送人，现在又把无花果的果实，都摘下来，放在楼下一间小房里。
>
> 我因为有病，不思饮食，平日有了水果，都是请她吃。有一天，她捧了一把无花果，送到我的房间，放在桌子上说："我也请你吃水果！"

---

① 《病期经历》，《陋巷集》，百花文艺出版社1987年版。
② 1987年11月8日《人民日报》。

我说:"你知道,我不爱吃水果。"

她说:"这水果不同一般,能治百病,比崔大夫给你开的药还有效!"

我笑了笑说:"我不相信,没听说无花果可以治神经衰弱。"

她说:"到这里来的人,都说是神经衰弱。表面看来,又不像有病。究竟什么是神经衰弱?为什么我就不神经衰弱?"

我说:"因为你不神经衰弱,所以也没法和你说清楚(下面,他说了症状)。"

她听了,笑了起来,说:"那样,无花果治不了你的病。不过,它还可以开胃口,补肚子。你也别不给我面子,好歹吃一个。"

她说着从桌子上捡了一个熟透了的深紫色的无花果,给我递过来。正当我伸手去接的时候,她又说:"要不,我们分吃一个吧。你先尝尝,我不是骗你,更不会害你。"

她把果子轻轻掰开,把一半送进我的口中,然后把另一半放进自己的嘴内。这时,我突然看到她那皓齿红唇,嫣然一笑。

这种果子,面面的,有些甜味,有些涩味,又有些辣味。

吃了这半个无花果,最初几天,精神很好。不久,我又感到,这是自寻烦恼,自讨苦吃,平空添加了一些感情上的纠缠,后来,并引起老伴的怀疑,我只好写信给她解释。她把信放在家中抽屉里,不久就"文化大革命",造反派把信抄了去,还派专人到青岛去调查,当然大失所望。

・・・・・・・・・・・・・

"文化大革命"刚刚结束,老伴去世,我很孤独寂寞,曾按照知道的地址,给那位蓬莱县的女同志写过一封信,没有得到回信。这也是我的不明事理,痴心妄想。在那种时候,人家怎么会回信呢?算来,她现在(指1987年)也该是五十多岁的人了。

故事至此结束。为了照顾这个故事的首尾的完整,我们抄下这样一大篇,并"超前"记录了作家后来的事情。这时,他是七十四岁的人了,在故事的结尾,他还留下一段"芸斋主人曰"的饱经沧桑的喻世明言:"植物之华而不实者,盖居十之七。而有花又能结果实者,不过十之三,其数虽少,人类实赖以存活。至于无花果,则植物之特异者耳,故只为植物学所重,并略备观赏焉。"

这段云烟往事,使孙犁颇起萍水相逢之念:"萍水相逢,就是当水停滞的时候,萍也需要水,水也离不开萍。水一流动,一切就成为过去了。"① 过去了的事情,还可以在他的记忆里复活起来,除了写出上面说的《无花果》,他还发过这样很有哲理意味的慨叹:"人之相逢,如萍与水。水流萍滞,遂失其侣。水不念萍,萍徒生悲。一动一静,苦乐不同。"② 当然,这也许已经不单单是讲那个《无花果》的故事了。

十、疗养生活纪略之二

有了上面说的感情上的纠缠,孙犁反而觉得寂寞起来。他有时去逛青岛的中山公园。他很喜爱这座公园:廓大、幽静,游人很少,走进去,就像走进幽林静谷,不像别处的公园,像赶庙会一样。这主要是因为本地人不用花钱逛公园,他们住的这个城市本身,就像个大公园;外地人呢,主要是来看海的,兴趣不在这个本身并无多少特色的公园。这样一来,偌大一个公园,精神上就像属于孙犁个人的了。

公园里有很大的花房,他注意到,在天津很难养活的桂花、茶花、枇杷果,在这里都长得很好。园内还有一个鹿苑,他常常坐在长椅上看

---

① 《病期经历》,《陋巷集》,百花文艺出版社 1987 年版。
② 《耕堂书衣文录·湖海诗传》,《孙犁文集》第七卷,百花文艺出版社 1982 年版。

小鹿，看这小东西如何围着母鹿撒欢、淘气……

他还去了一趟崂山。当时不通公共汽车，去一趟不容易。那是夏天，刘仙洲教授来休养，想逛崂山，疗养院出了辆吉普车，把孙犁也捎上了。说起来，刘先生是孙犁的师长一辈的人，孙犁在育德中学念书时，他是学校的董事，校长室的墙壁上，挂着他的大幅照片，样子非常庄严，学生们都肃然起敬。岁月长逝，刘先生居然并不显老，走路比孙犁还快。

崂山之游，在他好像是一次冒险；虽然是冒险，却也很有趣：

> 车在崂山顶上行驶时，真使人提心吊胆。从左边车窗可以看到，万丈峭壁，下临大海，空中迷漫着大雾，更使人不测其深危。我想，司机稍一失手，车就会翻下去。还有几处险道，车子慢慢移动，车上的人，就越发害怕。
>
> 好在司机是有经验的。平安无事。我们游了崂山。
>
> 我年轻时爬山爬得太多了，后来对爬山没有兴趣，崂山却不同。印象最深的，是那两棵大白果树，真是壮观。看了蒲松龄描写过的地方，牡丹是重新种过的，耐冬也是。这篇小说，原是我最爱读的，现在身临其境，他所写的环境，变化并不太大。①

他说的是《香玉》这篇小说："崂山下清宫，耐冬高二丈，数十围，牡丹高丈余，花时璀璨似锦……"可惜，在蒲松龄叙述的这个美丽动人的故事里，"胶州黄生"的魂魄所化的那棵"高数尺、大拱把、但不花"的不知名的植物被小道士斫去，这样，生于旁边的两株花魂所寄的白牡丹和耐冬也都憔悴而死。所以孙犁说"牡丹是重新种过的，耐冬也是"。他很喜欢《聊斋志异》这部小说，认为它写了众多聪明、善良、可爱的妇

---

① 《病期经历》，《陋巷集》，百花文艺出版社1987年版。

女形象，是"另一境界的大观园"①。现在，他循着蒲松龄的足迹，亲自体验了他描写过的地点和环境，自然很助游兴，至于别人说什么登崂山"迎来海外三千履，望尽齐州九点烟"，那倒在其次了。

崂山是道教名山，宋元以来道教徒在此兴建宫观，渐成胜地。中午，孙犁等在面对南海的那座有名的观里野餐：主食是疗养院带来的面包、茶叶蛋、酱肝等，喝的开水也是带来的。一块大石头当桌子，大家围着，一边吃，一边闲话。孙犁还思念着母校，他很留心地听着刘仙洲先生谈说育德中学老校长郝仲青先生的晚年。

1959年过了春节，他离开青岛，到太湖去。报社派张翔来青岛，帮助他转院。张翔给他买来一包点心，说是路上吃。孙犁想：路上还愁没饭吃？就把点心送了那位蓬莱姑娘。她正患感冒，独自住在一座空楼里。到底是青年人，临别的头天晚上，她还陪孙犁到海边遛弯儿，并登上冷冷清清的观海亭，说：

"人家都是在夏天晚上来这里玩，我们却在冬天。"

亭子上风大，孙犁催她下来了。

行前，他把不好带的东西，送给了崔医生，其中有两只龙凤洞箫，一块石砚——据说是什么美人的画眉砚。半夜里，疗养院的同志们把他送上了开往济南的火车。

在济南下车后，他们便去《大众日报》的招待所。路上，孙犁看见，凡是饭铺门前都排长队，人们无声无息地站着，表情冷漠。

他问张翔：

"那是买什么？"

张翔笑了：

"买菜团子。你既然看见了，我也就不再瞒你。我事先给你买了一盒点心，你却拿去送了人。"

---

① 《关于〈聊斋志异〉》，《孙犁文集》第六卷，百花文艺出版社1982年版。

中午，张翔到报社弄来一把挂面，给孙犁煮了煮，他自己到街上凑合了一下。孙犁这才明白："疗养院是世外桃源，有些事，因为我是病人，也没人对我细说，在青岛，我只是看到了一点点。比如说，打麻雀是听见看见了，落到大海里或是落到海滩上的，都是美丽嫩小的黄雀。这种鸟，在天津，要花一元钱才能买到一只，放在笼里养着，现在一片一片地摔死了。大炼钢铁，看到医生们把我住的楼顶上的大水箱，拆卸了下来，去交任务。可是，度荒年，疗养院也还能吃到猪杂碎。"①

多年以后，他把在疗养院了解的这段"捉麻雀"的故事做由头，写了一首题名《燕雀篇》②的诗，表达他的某些感受（大意是说：人们欲加害的东西往往变得聪明，有应变能力；而人们宠幸的东西反而容易身陷罗网，或遭到覆灭的命运），现摘录如下：

> 我想
> 北方农村对燕子的宠爱
> 可能给它招来了
> 这场大的祸害
> 它们在这里生活惯了
> 以为自己无害于人
> 以为在蓝天之下
> 大地之上
> 不管飞到哪里
> 人们都会对它们友好
> 这是燕子的一种幻觉

---

① 《病期经历》，《陋巷集》，百花文艺出版社1987年版。
② 《孙犁文集》第五卷，百花文艺出版社1982年版。

麻雀就比燕子聪明
　　不要看它们常常被孩子们玩弄于手掌之中
　　还记得那一年对麻雀的扫荡吧
　　全国动员，如临大敌
　　敲锣打鼓
　　上房爬树
　　摇旗呐喊
　　到处驱逐
　　麻雀
　　或飞向深山岩洞
　　或在老窝潜伏
　　那一天我在青岛见到
　　筋疲力尽，坠落到地下的
　　都是一些娇嫩的黄雀
　　事情平息了
　　麻雀又飞了出来，飞了回来
　　仍旧唧唧啾啾
　　满檐满树
　　食麦啄谷

　　他们在济南只是转车。当天午夜，就登上了去无锡的火车，孙犁乘的是软卧。
　　服务员把他带进车室，对面的上下铺已经有人睡下。他在这一面的下铺，安排自己的行李。
　　对面下铺睡的是个外国男人，五十来岁，上铺是个擦粉、戴金耳环的中国女人，也有四十来岁了。孙犁动作慢，过了很久，他才关灯睡下。

不料对面的灯开了。女的要下来，先伸下一只脚，轻轻点着男的肚子。孙犁连忙闭上眼睛。她像是去厕所，回来又把男的当梯子，上去了。孙犁很奇怪，那肚皮怎么有这样大的载力和弹性。

"他没有睡着！"肚皮用英语说。他当然没有想到，孙犁听懂了这句话。

天亮后，女人和孙犁谈了几句，他才知道男的是记者，要到上海工作，她是机关派的翻译。记者又要给倚在铺上的翻译上眼药，不知为什么，孙犁很厌恶这两个人。他发现列车上的服务员也很厌恶他们。

无锡还很远，他就到车廊里坐着去了。后来张翔告诉他，女人曾打听他会不会英语。孙犁后悔自己没有把中学学来的英语都忘光，如果都忘光，恶心的程度也许会小一些。

到无锡后，张翔把他安排在太湖疗养院，去上海办了一些事，又回来和他告别。他们坐在太湖边上，望着气象万千、烟波浩淼的湖水，孙犁忽然感到说不出的空虚和孤独。

张翔走后，是长长的寂寞。在青岛也感到过寂寞，但没有今天这样可怕：

> 最初，我在附近的山头转，在松树林里捡些蘑菇，有时也到湖边钓鱼。太湖可以说是移到内地的大海。水面虽然大，鱼却不好钓。有时我就坐在湖边一块大平石上，把腿盘起来，闭着眼睛听太湖的波浪声[1]。

说也奇怪，听着这无边的波浪声，倒驱逐了不少的寂寞。何况，春天也就到了，在这里，他真正领会了"杂花生树，群莺乱飞"这两句文章的妙处。在青岛，他那么喜欢黄鹂，但只有在这里，才真正打开了审

---

[1] 《病期经历》，《陋巷集》，百花文艺出版社1987年版。

美的视野，提高了观赏的意趣。因为"这里的湖光山色，密柳长堤；这里的茂林修竹，桑田苇泊；这里的乍雨乍晴的天气，使我看到了黄鹂的全部美丽，这是一种极致"。于是，身在病中且喜欢思考的他，便利用大自然提供的材料，营造起自己哲学的和美学的花圃——他又一次全身心地陶醉在幽思遐想中了：

> 是的，它们的啼叫，是要伴着春雨、宿露，它们的飞翔，是要伴着朝霞和彩虹的。这里才是它们真正的家乡，安居乐业的所在。
> 各种事物都有它的极致。虎啸深山，鱼游潭底，驼走大漠，雁排长空，这就是它们的极致。
> 在一定的环境里，才能发挥这种极致。这就是形色神态和环境的自然结合和相互发挥，这就是景物一体。典型环境中的典型性格，也可以从这个角度来理解吧。这正是在艺术上不容易遇到的一种境界。①

在太湖，他遇到一位同乡，也是从青岛转来的，曾多年在铁路上做政治工作。孙犁把在火车上的见闻告诉他，他只笑笑，没有回答。"他可能笑我又是书呆子，少见多怪。这位同乡，看过我写的小说，他有五个字的评语：'不会写恋爱。'这和另一位同志的评语'不会写战争'正好成为一副对联。"②这另一位同志，是一位作战科长。

在太湖养病期间，除院方组织的蠡园、善卷洞之游外，"我自己去过三次梅园，无数次鼋头渚。有时花几毛钱雇一只小船，在湖里胡乱转。撑船的都是中年妇女。"③

漫长的疗养生活看来的确令他感到难耐和无聊，但他的病确实渐渐好起来了。

---

① 《黄鹂》，《孙犁文集》第四卷，百花文艺出版社1982年版。
②③ 《病期经历》，《陋巷集》，百花文艺出版社1987年版。

十一、病　后

他本来喜欢读古书，大病初愈，他又有了读书特别是读古书的兴趣了。

他大量搜求古书，始于1954年之后。在这之前，他拖家带口，负担重，为谋生计，把十六岁的大女儿送到纱厂做工，哪里有什么闲钱买书，顶多在荒摊野市买一两本，放在自己的书桌上。1954年以后，有了些稿费，这才成套地买书。

他至今记得，1949年进城时，书是那么便宜。那时是——

　　……旧货充斥，海河两岸及墙子河两岸，接连都是席棚，木器估衣，到处都是，旧书摊也很多，随处可以见到。但集中的地方是天祥市场二楼，那些书贩用木板搭一书架，或放一床板，上面插列书籍，安装一盏照明灯，就算是一家。各家排列起来，就构成了一个很大的书肆。也有几家有铺面的，藏书较富。

　　那一年是天津社会生活大变动的时期，物资在默默地进行再分配；但进城的人们，都是穷八路，当时注意的是添置几件衣物，并没有多少钱去买书，人们也没有买书的习惯。

　　那一时期，书籍是很便宜的，一部白纸的四部丛刊，带箱带套，也不过一二百元，很多拆散，流落到旧纸店去。各种廿四史，也没人买，带樟木大漆盒子的，带专用书橱的，就风吹日晒的，堆在墙子河边街道上。

　　书贩们见到这种情景，见到这么容易得手的货源，都跃跃欲试；但他们本钱有限，货物周转也不灵，只能望洋兴叹，不敢多收。

　　…………①

---

① 《我的二十四史》，《孙犁文集》第七卷，百花文艺出版社1982年版。

这些，都是记忆中的事情了。

大约在1953年前后，也有人劝他买房子，当时房子也便宜。同样出于经济考虑，他放弃了这样的计划。

如上所说，他后来终于有些钱了，兴趣就放在买书上。据他说，有些书（如《饮冰室文集》）买下来，并不是急于要读，而是想当藏书家。

《鲁迅日记》后面的"书帐"，直接影响着他对图书的选购。有时他自己也觉得好笑，但对鲁迅先生的信任却始终如一。下面是他谈到的一个例子："我有一部用小木匣装着的《金石索》（按：此书为清代冯云鹏、冯云鹓合撰，对收录的商周以下历代某些金石文字进行了考订——引者），是石印本，共二十册，金索石索各半。我最初不大喜欢这部书，原因是鲁迅先生的书帐上，没有它。那时我死死认为：鲁迅既然不买《金石索》，而买了《金石苑》，一定是因为它的价值不高。这是很可笑的。后来知道，鲁迅提到过这部书，对它又有些好感，一一给它们包装了书皮。"①

他自然也买近、现代学者和作家写的书。这里，我们可以提一提《孽海花》，因为其中还有一段小故事。

他很早就和这部小说有了缘分。那还是1946年他在河间的时候，有一次赶集，从推车卖烂纸的小贩那里，买到了这部书，而且是《小说林》出版的原版本：封面是一片海洋，中间有一枝红花，书前有赛金花的时装小照。《小说林》是1907年创刊的文艺月刊，主要登翻译作品，也登小说理论和少量创作（《孽海花》的部分回目曾在该刊连载），虽然只维持了一年半光景，在近代文学启蒙方面还是产生了一定的作用。《孽海花》初版于1905年，鲁迅的《中国小说史略》把它列为清末四大谴责小说之一，孙犁在战争年代从卖烂纸的推车小贩那里得到这部《小说林》出版

---

① 《我的金石美术图画书》，《羊城晚报》1987年10月13日。

的书，自然感到高兴。但可惜，他在战争年代得到的这部书，又在战争年代丢失了。凑巧的是，进入天津后，他又买到一部同样版本的书；这一回，他送给了一位正要出国当参赞的同事。

这位同事姓张，正在谈着恋爱。对方绰号"香云纱"（因穿黑色的香云纱旗袍得名），原有丈夫，解放军一进城，迅即转向革命。一日，孙犁到这位同事的房子里，两人正在读《安娜·卡列尼娜》。孙犁只读过周扬译的这部小说的上卷，冲口问道："这本书的下卷如何？"这句话竟引起老张的极大不快，他愤然回答："中国译本分上下，原文就是、就是一部书！"孙犁愕然不解。几经日月，才明白老张那时以渥伦斯基自居，恋人在下卷卧轨自杀。

这真是言者无心，听者有意，孙犁自悔失言。因此，当老张放洋之日，孙犁就送他这部《孽海花》，聊寄比翼双飞之意（这时他们已经结婚）。这回老张没有发怒。但出国后不久，"香云纱"又爱上一个官职更高的，导致离婚。孙犁又后悔这事做得不妥，他们的结局还是部分地应了书的内容，老张该不致徒增烦恼吧？

1962年，中华书局出版了《孽海花》的增订本，孙犁又买了一部。

说到这里，我们顺便谈一下孙犁对找对象的看法。1946年9月，他想给康濯介绍个对象，并表示了这样的看法：做文艺工作的，写小说的，很难找到好老婆，太认真是他们的致命伤。他认为，"只要年岁小些，性格好些，相貌有可取之点就行了，选择要慎重，但无需太机械。"① 这虽是一时一地的想法，看起来很实际。张君没有和他的伴侣比翼双飞，大概是栽在不实际上了。

孙犁的妻子很体贴丈夫，虽然不识什么字，却很能理解他。那些年，孙犁买了许多书，有时是又破又旧的书，终日孜孜不倦地整修、缝补，有一天，他问妻子：

---

① 《致康濯信》，《陋巷集》，百花文艺出版社1987年版。

"你看我买的这些书好吗？"

她笑了。停了一下才说：

"喜欢什么，什么就好。"

孙犁很满意这回答。说真的，这是可以获得满分的哲学家的答案。

有时，她还陪孙犁到旧书店买书。有一次买回一册宣纸印的《陈老莲水浒叶子》，孙犁翻着对她说：

"这就是我们老家玩的纸牌上的老千、老万。不过，画法有些不一样。"

她还是笑着，站在孙犁身边，看了一会儿。

> 这是她第一次，也是仅有的一次，同我一起，欣赏书籍。平时，她知道我的毛病，从来也不动我的书。
>
> 我买旧书，多系照书店寄给我的目录邮购，所谓布袋里买猫，难得善本。版本知识又差，遇见好书，也难免失之交臂。人弃我取，为书店清理货底，是我买书的一个特色。
>
> 但这些书，在这些年，确给了我难以言传的精神慰藉。母亲、妻子的亲情，也难以代替。因此，我曾想把我的室名，改称娱老书屋。
>
> 看过了不少的传记材料，使我感到，中国人的行为和心理，也只能借助中国的书来解释和解决。至于作家，一般的规律为：青年时期是浪漫主义；老年时期是现实主义。中年时期，是浪漫和现实的冲突阶段，弄不好就会出事，或者得病……

这是自我验证、一针见血的话，所以他接下去说："书无论如何，是一种医治心灵的方剂。"[①]

[①]《我的金石美术图画书·附记》，1987年10月13日《羊城晚报》。

他也喜欢写写毛笔字,他那里有很多碑帖。他很喜欢欧字,认为欧字方正削利,很有风骨。

也想到了要做些事情。当天气不好,不能出门游散的时候,他曾打开封存几年的稿件,想有所作为。但是,做什么呢?"要想写《铁木后传》,需要重新下乡;要想整理《风云三集》,需要很强的脑力。这两条路都走不通。而且,即使只是这样对着稿本呆了两天,也还加重了病症。只好喟然一声,重新把稿件束之高阁。"① 他实在并没有完全恢复健康。1961年冬季,有几位青年来探视他的病情,谈到了写作问题,很使他黯然。他沉默了一会儿,对他们说:"有一位演员,最近谈到,因为生理的原因,停止了舞台生活,很感痛苦。这种心情我是能体会的。其实,不只艺术,别的职业也一样,一旦被迫停止,总是很难过的。人,总是不甘寂寞的啊!"

但他还是把《风云初记》这部由一、二、三集单行本合成的长篇"整理"完了,当然,那是比较简单的整理工作。打开这部长篇,我们看到在书的结尾,作者署有几行小字:"一——六〇节写于1950年7月至1952年7月。六一——九〇节写于1953年5月至1954年5月。1962年春季,病稍愈,编排章节并重写尾声。"

至于《铁木后传》,作者在别的地方也做过回答,那是永远也写不出来了。

文艺界的朋友们也很关心他的病。1960年夏天他去北京,当时在《文艺报》和作家协会工作的侯金镜,特意抽出时间,先后陪他在八大处休养所和颐和园休养所住了些日子。侯金镜和别的同志还曾陪他到香山去玩。这是因为大家知道他有病,又轻易不出门,因此肯牺牲时间,同他到各处走走。

但他实在不善谈。有时候,侯金镜热情地坐在他的房间,看他总提

---

① 《〈津门小集〉后记》,《孙犁文集》第七卷,百花文艺出版社1982年版。

不起精神，也就无可奈何地走开。朋友熟了，知道他的脾气，也从不见怪。

孙犁记得，在那些日子，侯金镜的书包里总装着一本《白洋淀纪事》，几次对他说："我要再看看。"孙犁懂得，那意思是：侯要写一篇关于该书的评论，或者和他当面谈谈。侯每次这样说，他也总是点头笑笑。

侯终于没有写，也没有说。这是孙犁早就猜想到的："对于朋友的作品，是不好写也不好谈的。过誉则有违公论，责备又恐伤私情。"①但他确知侯是很关心他的。在颐和园住着的时候，孙犁偶然提起北京什么东西好吃，侯如遇到，必买来送他。晚上，孙犁送客，侯总伴他把客人送到公园大门以外。孙犁知道：公园道路曲折，夜晚又很空旷，侯不大放心。

郭小川、贺敬之也把他带到前门外一家菜馆，吃了一顿饭。"其中有两个菜，直到现在，我还认为，是我有生以来，吃到的最适口的美味珍品。这不只是我短于交际，少见世面，也因为小川和敬之对久病的我，无微不至的关怀照顾，才留下了如此难以忘怀的印象。"②

大病之后，他很思念故乡，为了舒散一下被病魔困扰已久的身心，他决定回家乡看看。

上午乘吉普车动身，经保定、安国等旧游之地，下午就到了家。按照家乡规矩，他在村头下车，从村边小道绕到叔父家去，吉普车从大街开进去。

村边有几个农民正在打场，孙犁趋前打了招呼。走进村里，街上站满了人，"大人孩子，熙熙攘攘，其盛况，虽说不上万人空巷，场面确是令人感动的。无怪古人对胜利后还乡，那么重视，虽贤者也不能免了。但我明白，自己并没有做官，穿的也不是锦绣。可能是村庄小，人们第

---

①② 《伙伴的回忆》，《孙犁文集》第四卷，百花文艺出版社 1982 年版。

一次看见吉普车，感到新鲜。过去回家时，并没有遇到过这样的场面。"①走进叔父家，院里也满是人。有个他称作"老焕叔"的人，由叔父陪着，从屋里走出来。他满脸病容，拄着棍子，大声喊着孙犁的小名。孙犁把他扶进屋，坐在唯一的木椅上。

不见故乡思念故乡，见了故乡，却又想到自身罹病，亲人亡逝，增加了许多荒凉感，所以心情并不见好。

他的收获，是后来写了一篇《老焕叔》。老焕叔年轻时不务正业，在外游荡，第一个把麻将牌引进东辽城。但他倒没做过什么对不起乡里的坏事。村里有个叫曹老万的，幼年不耐农村贫苦，到安国药店学徒，学徒又不成，流为一方光棍，窝娼聚赌，且又悍鸷、无赖，被同伙奉为头目。此人把梅毒引进村内，自身被祸且不说，贻害乡里，罪过更大。对此，孙犁引古人话说："不耕之民，易与为非，难与为善。"这是一句很重要的话：不管在哪一个行业里，不务正业的人，都有这个特点。即此一桩，孙犁已不虚此行了。

---

① 《老焕叔——乡里旧闻》，1987年11月14日《羊城晚报》。

第八章　风雪十年

一、不寻常的接火

1966年春夏之交，他还在南窗之下摘抄《颜氏家训》，没有想到十年动乱的祸水就要冲到院子里来了。

这一天到来的时候，他刚刚度过了五十三周岁的生日，他患病也有十年了。身体还很虚弱，十年严霜已经铺天盖地地打了下来。

在机关，他是第一个被查封"四旧"的人。首当其冲的，是他那些书。他怎么也想不到，被称为"文化大革命"的这场运动，会把书作为革命对象。运动到来之前，他还按照平时习惯，给自己的书包上书皮，并在上面写些"题识"之类的话。在《金陵琐事》这本书的书皮上，他写了这样几句话："此等书不知何年所购置，盖当时影印本出，未得，想知其内容，买来翻翻。整理书橱，见其褴褛，装以粗纸，寒伧如故。1966年，时已五十四岁（此指虚岁——引者）。忆鼓捣旧书残籍，自十四岁起，则此种生涯，已四十年。黄卷青灯，寂寥有加，长进无尺寸可谈，愧当如何？"①没有等他明白过来，他已被叫到机关，参加"学习"了。

实际上，那不是学习，那是一连串毫无精神准备的不寻常的接火。

---

① 《耕堂书衣文录》，《孙犁文集》第七卷，百花文艺出版社1982年版。

家人预感到他那些书不妙，值孩子舅父在津，便把线装书抱到后屋，前屋书橱装新书，都罩上白纸。这样一来，反而"欲盖弥彰"，不过两天，机关的"文革会"就派来红卫兵，将所有书橱加上了封条。内弟深知孙犁爱书，怕他精神上受不了，等他"学习"回来，特别对他进行安慰。其实，当时国家民族的前途命运尚且未卜，孙犁已顾不上这些了。

再后，造反派将后屋隔断，每天都能听出有人在那里捆绑旧书。随之又来前屋抄书，孙犁的小女儿在场，她还不满二十岁，以也是红卫兵小将的资格问：

"鲁迅的书，我可以留下吗？"

"可以。"

"高尔基的呢？"

"不行。"

于是，"高尔基"被捆走，"鲁迅"得以留下。领头的是一个水管工人，他的答对，在当时情况下，孙犁认为满有水平。

当时孙犁有十书柜书，全部被抄，其中有多部被列为"珍贵二等"。妻子知道书是他的性命，非常难过。看看他的脸色，又很冷漠，她奇怪了，还以为他临事不惊，心胸宽阔。问他，他只说："书是小事。"就不说什么了。

孙犁的家被抄多次，其中一次由南开大学红卫兵执行——这次殃及文字稿件。他们走后，家里人又自抄一次，这样的文字差不多绝迹了。

这已经是冬天，室内暖气被拆毁，一天黎明，正在生病的妻子，把一些本子、信件，甚至亲朋的照片，投进了火炉。她不识字，她凭感觉知道，这些带字的东西在目前会招祸，便照圣人"敬惜字纸"的规矩，使之乘火升天。

但他的一些信件却在另外的地方保存下来。那是1959年以后几年间写给冉淮舟的信。当时孙犁正在养病，要出几种书，冉淮舟帮助他做了许多抄录、编排和校对方面的工作，其中主要是对于《风云初记》的结尾、《白洋淀之曲》的编辑、《文学短论》的选择、《文艺学习》的补充等等方面的协助。那些信件，就是在工作过程中写的。孙犁说："淮舟写给我的信，在1966年以前，我就全部退还给他保存了。并不是我预见到要有什么大的灾难，是我当时感到：我身体很坏，恐怕活不长久了。"① 至于他写给冉淮舟的信，在1966年以后，他连想也没有想过，因为按照常规，它们也早该丢失或被销毁了。当历尽劫难，冉淮舟把这些信件抄录成册，作为礼物送给他时，使他大吃一惊。原来，这些信和孙犁送给他的书，都存在保定他爱人那里，武斗期间，这位同样是孙犁作品的热心读者，不顾家中其他财物，背着这些书和信逃反，以致因过度劳累而流产。显然，如果冉淮舟当时也把这些信件退还孙犁，那肯定是只字不存了。冉淮舟曾把自己搜集到的孙犁旧作一束交孙犁保存，结果就是如此。

他的《风云初记》，也曾一度成为珍本："所有底本，今全不知去向，出版社再版，亦苦无依据"，他请冉淮舟代觅一册，结果，也是冉将自己保存的作者签名题赠的书，回赠给他，使他"展读之下，如于隔世，再见故人"。②

冉淮舟是高阳人，1961年毕业于南开大学中文系，学生时代就是孙犁作品的研究者，除陆续发表了许多文章和有关论著外，在孙犁作品的搜集、辑佚和整理方面，也做出了可观的成绩。

在反复的抄家中，孙犁的画也受到了损失：

> 1961年，黄胄同志送给我一张画，我托人拿去裱好了，挂在房间里，上面是一个维吾尔少女牵着一匹毛驴，下面还有一头大些的驴，和一头驴驹。1962年，我又转请吴作人同志给我画了三头骆驼，一头是近景，两头是远景，题曰大漠。也托人裱好，珍藏起来。

---

① 《幸存的信件序》，《澹定集》，百花文艺出版社1981年版。
② 《耕堂书衣文录》，《孙犁文集》第七卷，百花文艺出版社1982年版。

1966年，运动一开始，黄胄同志就受到"批判"。因为他的作品，家喻户晓，他的"罪名"，也就妇孺皆知。家里人把画摘下来了。一天，我出去参加学习，机关的造反人员来抄家，一见黄胄的毛驴不在墙上了，就大怒，到处搜索。搜到一张画，展开不到半截，就摔在地下，喊："黑画有了！"其实，那不是毛驴，而是骆驼，真是驴唇不对马嘴。就这样把吴作人同志画的三头骆驼牵走了，三匹小毛驴仍留在家中。①

他参加"学习"，大约在1966年夏秋之交。当时，形势日益紧迫，他和报社中层以上的干部，被集中到一处大院。这处大院旧名"张园"，系清末张之洞部下张彪营建，在现代史上颇有些名气：溥仪出宫后，曾有一段时间移居此处，1931年又从这里潜往东北，去当伪满"执政"（后称"皇帝"）。1924年，孙中山应邀北上，和北洋军阀谈判，也在这里住过。大楼富丽堂皇，有一间"皇帝"的卧室，全用团龙黄缎裱过，倒确实提醒着人们注意那现代史上的复辟事件。

这里现在就是战场——大批判的战场。被批判、被斗争的，正是从前在真的战场上和国内外敌人进行过斗争的人们。孙犁不愿意回忆"文革"中那些丑恶的事件，那时是，"风沙摧毁了花树，粪便污染了河流，鹰枭吞噬了飞鸟"②。但是，有一些镜头还是在他笔下出现了："有一次批斗大会，被斗者站立一排，都低头弯腰，我因为有病，被允许低头坐在地上。不知谁出的主意，把摄影记者叫了来，要给我们摄影留念。立着的还好办，到我面前，我想要坏。还好，摄影记者把机子放在地上，镜头朝上，一次完成任务。第二天见报，当然是造反小报，我的形象还很清楚。"③ 这是痛定思痛，不免以幽默出之，当时的实际情况更要糟。上

---

① 《画的梦》，《孙犁文集》第四卷，百花文艺出版社1982年版。
② 《戏的梦》，《孙犁文集》第四卷，百花文艺出版社1982年版。
③ 《芸斋琐谈》，《陋巷集》，百花文艺出版社1987年版。

面这个镜头，在他的《芸斋小说》里是这样展开的：

> 不久，我被揪到机关学习，一进大门，就看到他正在张贴一幅从房顶一直拖到地下的，斗大墨笔字大标语，上面写着：
>
> "老爷太太们，少爷少奶奶们，把你们手里的金银财宝，首饰金条，都献出来吧！"
>
> 那时我还不知道造反头头一说，但就在这天晚上，要开批斗大会。他是这个会的组织者和领导者。
>
> 先把我们关在三楼一间会议室里，这叫"候审"。我们垂头丧气地坐在那里，等候不可知的命运。我因为应付今天晚上的灾难，穿着一身破烂不堪的棉衣。
>
> 他推门进来了。我抬头一望，简直认不出来了。他头戴水獭皮帽，身穿呢面貂皮大衣，都是崭新的；他像舞台上出将一样的站在门口，一手握着门把，威风凛凛地盯了我一眼，露出了一丝微笑。我自觉现在是不能和这些新贵对视的，赶紧低下头。他仍在望着我，我想他是在打量我这一身狼狈不堪的服装吧。
>
> "出来！"他对着我喊，"你站排头！"
>
> 我们鱼贯地走出来，在楼道里排队，我是排头，这是内定了的。别的"牛鬼蛇神"，还在你推我让，表示谦虚，不争名次，结果又被大喝一声，才站好了。
>
> 然后是一个"牛鬼蛇神"，配备上两个红卫兵，把胳膊挟持住，就像舞台上行刑一样，推搡着跑步进入了会场。然后是百般凌辱。
>
> 我认为这是奇耻大辱。当天夜里，触电自杀，未遂。①

这个造反派头头，为什么如此对孙犁"垂青"？其中还有一段原委。

---

① 《言戒》，《尺泽集》，百花文艺出版社1982年版。

一般认为，孙犁谨言慎行，性格平和。但这只是一种现象，一个方面。他其实很直，感情也容易激动，临事常常不计后果。他明白自己这个"弱点"，常常提醒自己注意，结果还是一再事后懊悔。为此，他在"文革"后期，曾为自己写下类似座右铭的句子：

戒行之方为寡言，戒言之方为少虑。
祸事之发展，应及时堵塞之，且堵且开，必成大患，当深思之，当深戒之。①

这样看来，他是谨言慎行了；但这谨言慎行的自我约束性措施，恰是不那么谨言慎行的结果。

且说在"文革"之前，他就遇上这么一件事：

在一个严寒的晚上，他忽然想洗个澡，因为有病，不愿到街上去洗，就到本机关的大楼里来了。路过传达室的时候，有个穿一身灰布旧棉衣的中年人在值班。他悠闲地抽着旱烟，上下打量着孙犁。孙犁这天穿一件从来不大穿的皮大衣，还戴一顶皮帽——这些，都是有了些稿费才添制的，他原来也穿过那一身灰布棉衣，都是进城时统一发的。现在，他注意到中年人在看他，便问：

"同志，今天有热水吗？"

"没有。"中年人回答得很冷淡，只有眼睛里的那一丝嘲笑带着热意。

孙犁正要转身走去，他却大声说：

"听说你们写了稿子，在报上登了有钱，出了书还有钱？"

"是的。"孙犁平静地回答。

"改成戏有钱，改成电影还有钱？"

"是的。"还是那么平静。孙犁不明白他是什么意思，以为他是一个

---

① 《耕堂书衣文录》，《孙犁文集》第七卷，百花文艺出版社1981年版。

文艺爱好者（他那时常遇到这样的人），就脱口说了一句："你也写吧。"

不料这一句使对方神色大变，一句话也不说了。他自知失言，便赶快逃走，心想，对方会以为是挖苦他。继而转念：现在不是提倡工农兵写作吗？不是不识字也能写诗、写小说吗？对方也许会明白过来，那样就不会得罪他了。

人，自然是得罪了；没有等到十年，他——"君子"就来报仇了。

而且，在有些批判大会上，是按字论罪。如《风云初记》，"当时批判者持去，并不检阅内容，只于大会发言时，宣布书名，即告有罪。且重字数，字数多者罪愈重。以其字多则钱多，钱多则为资产阶级。以此激起群众之'义愤'，作为'阶级斗争'之手段。"①

在运动中，"老同志"的表现也很不一样。就在挨斗的那些日子里，他私下里向一位老友进言：以后不要再做炮弹。这位老友向他解释："运动期间，大家像掉在水里。你按我一下，我按你一下，是免不掉的。"

他对这解释很不满意，只好报以沉默，同时在心里做出了回答："我不知道，我如果掉在水里，会怎样做。在运动中，我是没有按过别人的。"

从此，他就再不给这位老友提意见了。

一天下午，管他们的一个小个子，通知孙犁有"外调"。这是他第一次接待外调，被接待的，竟是60年代他去北京看病时，侯金镜常常派来接待他的一位女同志。这女同志给他留下了很好的印象：爽朗，热情，步伐沉稳，在沉思中偶尔把头一扬，浓密整齐的黑发便向旁边摆开，秀丽的面孔，瞬间显得严肃起来……孙犁麻烦她好多回了，早就希望能在天津招待她，却没想到竟是在这样的场合。

他向传达室走去，很远就望见一位女同志靠在大门旁的墙壁上，正在观望着他。他很快就认出了她。

她风尘仆仆，显得削瘦了些；看见孙犁走近，就转身往传达室走。

---

① 《耕堂书衣文录》，《孙犁文集》第七卷，百花文艺出版社1982年版。

孙犁看见，那步伐已经不像从前的样子了。至于孙犁在她眼里变成了什么样子，孙犁顾不得去想。

传达室里间有一张破桌，他们对面坐下来。同她一起来的，还有一位男同志。

没有相互的寒暄和问候，调查就开始了：

  她低着头，打开笔记本，用一只手托着脸，好像还怕我认出来。
  他们调查的是侯。问我在和侯谈话的时候，侯说过哪些反党的话。我说，他没有说过反党的话，他为什么要反党呢？
  不知是为什么情绪所激动，我回答问题的时候，竟然慷慨激昂起来。在以后，我才体会到：如果不是她对我客气，人家会立刻叫我站起来，甚至会进行武斗……
  现在，她只是默默地听着，然后把本子一合，望望那个男的，轻声对我说：
  "那么，你回去吧。"①

下午在楼房的过道里，他们又遇到一次，谁也没有说话。但孙犁仍然感激她，他想：当着别人的面，能这样宽恕地对待他，大概还记得他的不健康吧？

不久，他又接待了一次外调，来人是歌舞团的女演员，只有十七八岁，不只生得漂亮，声音也动听，对孙犁很是客气。她调查的是方纪。自然，她从孙犁那里了解到的，只能是方的革命经历。两人谈了很久，分别的时候，他竟恋恋不舍，禁不住问：

"你下午还来吗？"

他自己也觉得这问题有些奇怪，后来，他做出了这样的解释："……

---

① 《删去的文字》，《晚华集》，百花文艺出版社1979年版。

那些年月,我失去自由,处于荆天棘地之中,转身防有鬼伺,投足常遇蛇伤……深深有感于人与人关系的恶劣变化,所以,即使遇到一个歌舞演员的宽厚,也就像在沙漠跋涉中,遇到一处清泉,在噩梦缠绕时,听到一声鸡唱。感激之情,就非同一般了。"①

二、干校的故事

几个月以后,他来到天津郊区的干校,先是种地,锄头、铁铲、小推车……一应俱全,而且都是新的。后来又盖房,砖瓦、洋灰、木料……也挺充足。只是孙犁有病,身上的力气是有限的,和他同来的,也大都不是壮劳力。但孙犁喜欢劳动,过了一段时间,他能一顿吃两个窝窝头了。消息传到市文教书记那里,她大笑起来。她和孙犁在延安时认识,当时关系不错,还做过邻居。

干校办得很不起色,渐渐地,工具和材料被附近农民拿走大半,还流传谚语:"五七干校是个宝,我们缺什么就到里边找。"

他在这里,也接待过一次外调:两个穿军服的非军人,调查田间的材料。因为他抄着手站着,不回答他们的问题,结果,手被抓破,不得不到医务室包扎。

刚到干校的时候,大棚还没有修好,他被分到一间小棚里住。一天,他都睡下了,有一个原来要好、平时也很尊重他的同事进来说:"我把镰刀和绳子,放在你床铺下面。"孙犁以为他劳动回来晚了,先去吃饭,就同意了。

次日早晨,"群众专政室"的头头照例集合人们训话。这个头头是个典型的天津青皮,惯会无事生非。这天,他先是批判孙犁,孙犁正在低头听他大放厥词的时候,那位同事忽然说:"刚才,我从他床铺下,找到

---

① 《删去的文字》,《晚华集》,百花文艺出版社1979年版。

一把镰刀和一条绳子。"

孙犁这一气非同小可，一改平日萎靡不振之状，大喝道：

"那是你昨天晚上放下的！"

他没有说话。头头威风地冲孙犁前进一步，但马上又退回去了。

当时排队的有几十人，不少人对孙犁的非凡气概为之一惊，称快一时。

孙犁知道，在那时，镰刀和绳子会被看作自杀或暴动的凶器，如不当场揭发，后果是很危险的。所以，连他自己也没有想到，当时会有那种气压"群小"的表现。

他在干校待了一年多。这是一段困难的日子；但是，在一个作家的眼睛里，困难的日子也是生活。因此，在若干年以后，他这段生活终于以"芸斋小说"的形式，再现于人们面前，下面我们就介绍两则，以飨读者。

其一:《女相士》①。

1966年他被集中"学习"后，一时像掉进深渊，大感不解，连一同学习的是些什么人，也很少注意。被集中来的人越来越多，新来的还要亮亮相。有一天，造反头头审问一个新来的人：

"你自己说，你是什么阶级？"

"我是自由职业者。"答话的是个女人。他没有心情看一看这位新来的同伴，只是低着头。

过了些天，"反动"阶级成分都要自动提高一级，头头又追问新来的女人，她忽然说：

"我是反动文人，和孙芸夫[②]一样！"

他这才抬起头来，"看看到底是谁这么慷慨地把我引为同类"。这人

[①] 《尺泽集》，百花文艺出版社1982年版，下面一则同此。

[②] 这是孙犁常用的一个笔名。

有五十多岁，身材修整，还很秀气，年轻时肯定很漂亮。他看她时，瞅见那双架着银丝边眼镜的眼睛，也正注视着他。他马上感到，她看人的方法和眼睛里流露的光，有一点巫气或妖气。

她叫杨秀玉，湖南长沙市人，是机关托儿所的会计。解放前以相面出名且致富，在长沙自盖起两座洋楼。这个条件，足有资格进学习班了。

冬季，他们进了干校，修缮一间车棚当宿舍，在宿舍门前的场地上，为市里的一个屠宰场代养了二百头牛。他们每天头顶星星起床，为牲口添草料、清粪尿，夜晚星星出来，才能回屋。中间，"芸夫"调到铡草棚工作，贮存大白菜下来后，又被调到菜窖。

杨秀玉和另一位女同志也在菜窖工作。"芸夫"知道，来这里工作是对他的照顾，因为不只活儿轻，也可避避风雪。不知是谁动了怜悯之心，派他和两个女的干这差事：每天一垛垛地倒腾白菜，抱进抱出，使之通风，有时就摘摘烂菜叶子——

> 说实在的，在那种日子里，我是遑遑不可终日的，一点点生的情趣也没有，只想到一个死字，但又一直下不得手。例如在铡草棚子里，我每天要用一把锋利的镰刀，割断不少根捆草的粗绳。我时常掂量着这把镰刀想：如果不是割断草绳，而是割断我的脖颈，岂不是一切烦恼痛苦，就可以迎刃而解了吗？但我终于没有能这样去做。
>
> 在菜窖里工作，也比较安全。所谓安全，就是可以避免革命群众和当地农场的革命工人、儿童对我们的侮辱，恫吓，或投掷砖头。因为我们每个人的"罪名"、"身份"，过去的级别、薪金数目，造反者已经早给公布于众了。
>
> 在菜窖里，算是找到了一个避风港，可以暂时喘喘气了。

他渐渐和杨秀玉熟识起来，认为她也不坏。相面虽系骗人，但系受骗者自愿，较之傍虎吃食、在别人的身家性命上谋私利的人，还算高尚一些。这样一想，他有时就跟她说个话儿。对另一个同志就小心一些，因为她是菜窖负责人。在她出窖后，他们才能畅谈。"我那时已经无聊到虚无幻灭的地步，但又有时想排遣一下绝望的念头，我请这位女相士，谈谈她的生活和经历。"她答应了，下面就是她的经历：

"相面是我家祖传，父亲早死，我年幼未得传授，母亲给请了一位师傅，年老昏庸。不久就抗战了，我随母亲、舅舅逃到衡阳。那时我才十三岁，母亲急着挣钱，叫到街上吆喝着找生意，我不愿意去，求母亲给一元钱，在一家旅馆里租了一间房，门口贴了一张条子。整整一个上午，没来一个人，我忍着饥饿，焦急地躺在旅馆的床上。到了下午，忽然进来一位，相了一面，给了我三元大洋，从此就出了名。

"然后到贵州、桂林、成都，每到一处，在报上登个广告，第二天就门庭若市，一面五元。那时兵荒马乱，多数人背井离乡，都想藉占卜，问问个人平安、家人消息，赶上这么个机会，不发财也得发财，我十八岁的时候，已经积下很多金条了。

"在衡阳，我幸亏没到街上去喝卖，那会大减身价，起步不好，一辈子也成不了名。你们作家，不也是这样吗？"

他没想到她能活学活用，一下子联系到他的职业，稍稍一愣，随即苦笑起来。

他们的谈笑，被菜窖负责人听到了。她很不满意，夜晚回到宿舍，问杨秀玉：

"你和孙某，在菜窖里谈什么？"

"谈些闲话。"

"谈闲话？为什么我一进去，你们就不谈了？有什么背人的事？我看你和他，关系不正常！"

两人吵开了，事情传出，有些人又察觉到什么"新动向"。好在那时主要注意政治动向，对这类事没有深究，也许是不大相信吧：

像我们这些人，平白无辜遭到这种奇异事变，不死去已经算是忍辱苟活，精神和生活的摧残，女的必然断了经，男的也一定失去了性。虽有妙龄少女，横陈于前，尚不能勃然兴起，况与半百老妇，效桑间陌上之乐、谈情说爱于阴暗潮湿之菜窖中乎。不可能也。

事情平安过去了。又有一天，他实在烦闷极了，忽然异想天开，问杨秀玉：

"你给我相个面好吗？"

"好。"她过去揭开菜窖的草帘子，"你站到这里来！"

从外面透进来一线阳光。他慢腾腾走过去，并没改那副潦倒、萎靡之状；而且像是有些犯愁，眉毛锁得更紧了些。

她认真端详着他的面孔，好像从来没见过他似的。

"你的眉和眼距离太近，这主忧伤！"她说。

"是，"他显得高兴起来，像是遇到知己，眉毛也舒展了些，"我有幽忧之疾。"

"你的声音好。"她说，"有流水之音，这主女孩子多，而且聪明。"

"对，我有一男三女。"他回答，"女孩子功课比男孩子好。"

"你眼上的白圈，实在不好。"她摇摇头，叹了口气，"我和你第一次见面，就注意到了。这叫破相。长了这个，如果你当时没死，一定有亲人亡故了。"

"是这样。我母亲就在那一年去世了，我也得了一场大病。不过，那都过去了，无关紧要了。大相士，你相相我目前的生死存亡大关吧。我们的情况，会有好转吗？"

"4月份。"她肯定地说，"4月份会有好消息。"

外面传来脚步声，她赶紧向他示意。负责人走进来，他们正面对白菜垛工作。

果然，入夏后他们的境遇逐渐好起来，8月份他算得到"解放"，回到了家里。

孙犁给我们讲完了上面的故事以后，用古人的口吻评点说："杨氏之术，何其神也！其日常亦有所调查研究乎？于时事现状，亦有所推测判断乎？盖善于积累见闻，理论联系实际者矣！'四人帮'灭绝人性，使忠诚善良者，陷入水深火热之中，对生活前途，丧失信念；使宵小不逞之徒，天良绝灭，邪念丛生。十年动乱，较之八年抗战，人心之浮动不安，彷徨无主，为更甚矣。惜未允许其张榜坐堂，以售其技。不然所得相金，何止盖两座洋楼哉！"

其二：《高跷能手》。

孙犁用下面一段文字，给我们叙述了他的第二个关于干校生活的故事：

> 干校的组织系统，我不太详细知道。具体到我们这个棚子，则上有"群众专政室"，由一个造反组织的小头头负责。有棚长，也属于牛鬼蛇神，但是被造反组织谅解和信任的人。一任此职，离"解放"也就不远了。日常是率领全棚人劳动，有的分菜时掌勺，视亲近疏远，上下其手。
>
> 棚是由一个柴草棚和车棚改造的，里面放了三排铺板，共住三十多个人。每人的铺位一尺有余，翻身是困难的。好在是冬天，大家挤着暖和一些。
>
> 我睡在一个角落里，一边是机关的民校教师，据说出身是"大海盗"；另一边是一个老头，是刻字工人。因为字模刻得好，后来自己开了一个小作坊，因此现在成了"资本家"。

故事就是讲他的。他叫李槐，会刻字模，却不大会写字，有一次签字画押，丢了"槐"字的"木"旁，从此人们叫他李鬼。

李槐既是工人出身，造反的工人们对他还是讲个情面；但唯其是工人，变成"资本家"就更有教育意义，因此批判的次数也就更多。

"开了一年作坊，雇了一个徒弟，赚了三百元钱，就解放了。这就是罪，这就是罪……"每次批判，他都是这几句话，大家也都听烦了。

但不久，又有人揭发他到过日本，见过天皇。这一来，问题严重了：里通外国。他有多年的心脏病，不久就病倒，不能起床……

夜晚，牛棚里有两个一百度的无罩大灯泡，通宵不灭；两只大洋铁桶，放在门口处，大家你来我往，撒尿声也是通宵不断。本来可以叫人们到棚外小便去，并不是怕你感冒，而是担心你逃走。每夜，总有几个"牛鬼蛇神"，坐在被窝口上看小说，不睡觉，那也是奉命值夜的。这些人都和造反者接近，也可以说是"改造"得比较好的。

李槐有病，夜里总是翻身、坐起，哼咳叹气，我劳动一天，疲劳得很，不得安睡，只好掉头到里面，顶着墙睡去。而墙上正好又有一个洞，对着我的头顶，不断地往里吹风。我只好团了一个空烟盒，把它塞住。

无奈他身边的李槐安静不下来。忽然，李槐坐起来，乱摸身下铺的稻草。这很使他恐怖，他听老人说过，人之将死，常要摸炕席和衣边的。

"你觉得怎样？心里难过吗？"他爬起来，小声问着。

对方不说话，忽然举起一根草棍，在他眼前一晃，问：

"你说这是什么草？"

这一举动，吓得他出了一声冷汗。第二天，他也病了，发高烧。经医生验实，棚长允许休息一天，并交给他一个任务：照顾李槐。

当屋里只剩下他们两个人的时候，他又进行了一次独家采访。这天

天气很好,顺南窗射进一线阳光,看看也很舒服。他给李槐倒了一杯水,话匣子就打开了:

"……你给我说说,你是哪一年到日本去的?"

"就是日本人占着天津那些年。"李槐艰难地坐了起来,"这并不是什么秘密,过去我常和人们念叨。我从小好踩高跷,学徒的时候,天津春节有花会,我那时年轻,好耍把,很出了点名。日本天皇过生日,要调花会去献艺,就把我找去了。"

"你看见天皇了吗?"

"看见了。不过离得很远,天皇穿的是黑衣服,天皇还赏给我们每人一身新衣服。"

李槐说着兴奋起来,原来闭着的眼也睁开了。

"我们扮的是水漫金山,我演老渔翁。是和扮青蛇的那个小媳妇耍,我一个跟斗……"

他说着就往铺下面爬。我忙说:

"你干什么?你的病好了吗?"

"没关系。"他说着下到地上,两排铺板之间,有一尺多宽,只容一个人走路,他站在那里拿好了一个姿势。他说:

"我在青蛇面前,一个跟斗过去,踩着三尺高跷呀,再翻过来,随手抱起一条大鲤鱼,干净利索,面不改色,日本人一片喝采声!"

他在那里直直站着,圆睁着两只眼睛,望着前面。眼睛里放射出一种奇异多彩的光芒,光芒里饱含青春、热情、得意和自负,充满荣誉之感。

我怕他真的要翻跟斗,赶紧把他扶到铺上去。过了不到两天,他就死去了。

孙犁讲完了他的故事,照例以"芸斋主人"的身份评点说:"当时所谓罪名，多夸张不实之词，兹不论。文化交流，当在和平共处两国平等互惠之时。国破家亡，远洋奔赴，献艺敌酋，乃可耻之行也。然此事在彼幼年之期，自亦可谅之。而李槐至死不悟，仍引以为光荣，盖老年胡涂人也。可为崇洋媚外者戒。及其重病垂危之时，偶一念及艺事，竟如此奋发蹈厉，至不顾身命，岂其好艺之心至死未衰耶。"

上面，我们照搬了两则"芸斋小说"。我们以为，即使作者和读者都不把它们看作严格的传记材料，其中仍然有着作者的身世经历在，至于作者的音容面貌、待人接物等等，征之于他本人，我们以为是十分相符的。

三、悼　亡

从干校回到家中，正在临近他被解放之际，他的妻子却去世了。她患有严重的糖尿病，引起心脏疾病，1970年4月15日去世。

家庭变故，个人遭遇……种种不幸，接踵而来，他的悲伤忧痛是无法形容的。

妻子患病已有十来年，1965年2月住过一次医院。那些天，他正修整一部叫作《明清藏书家尺牍》的书，在给它包上书皮的时候，他写上了这几句话：

……时妻病入医院，心情颇痛。京中寄此残书来，每晚修整数页，十余日方毕。年过五旬，入此情景，以前梦中，无此遭际。

雨水节时有所感：青春远离，曾无怨言，携幼奉老，时值乱年。亲友无憾，邻间无间。晚年相随，我性不柔，操持家务，一如初娶。知足乐命，安于淡素。1965年2月19日晚 [1]

---

[1]《书衣文录》，《耕堂杂录》，河北人民出版社1981年版。

这位农村妇女，本来身体很好。闹日本的时候，家境越来越糟，孙犁又不在家，她除侍奉公婆，还带着孩子们下场下地。春冬两闲，一早一晚，织织纺纺，从不稍歇。到了集日，自己去卖线卖布，贴补家用。有时和大女儿轮换着背上二斗高粱——差不多有六七十斤重——走三里路，到子文镇集上去卖，从不对家里人叫一声苦。

她一共生下两男三女，都是自己在战争年月，一手拉扯着成长。我们前面说过，农村条件艰苦，缺医少药，又赶上抗战，他们十二岁的长子孙普，竟以盲肠炎夭折。不论哪个孩子生病、发烧，她总是整夜抱着，来回在炕上走，她以为这样可以减轻孩子的痛苦。在她生前，孙犁曾对孩子们说：

"我对你们，没有什么责任。母亲把你们弄大，可不容易，你们应该记着。"儿女们颔首动容，相顾唯唯。

多事之秋，没想到她1965年住院，1966年就赶上了"文革"。这年冬天，孙犁处境越来越坏。他每天"开会"，妻子怕他冷，给他做了一件大棉袄。不管回来有多晚，妻子总是一人坐在灯下等他，安排他吃饭、休息。见他茶饭无心、愁眉不展，就想着法儿劝慰他，但又怕说错了话，惹他生气，只好吞吞吐吐地说：

"你得想开一点呀，这不也是运动吗，你经过的运动还少吗？总会过去的。你没见土改吗，当时也闹得很凶，我不是也过来了吗？"

孙犁承认她是乐天派。抗战时，有一天敌人进了村，全村人都跑了。她正坐月子，走不了。一个日本兵进了她的屋，她横下了心，死死盯着他，日本兵竟转身走了。事后，她笑着对孙犁说：

"日本人很讲卫生吧，他大概是闻不了我那屋里的气味吧！"

她也经历了土改。孙家是富农，老区的土改，开始时搞得很左。当时拆房、牵牛，她都满不在乎，出来进去时还对拆房的人说："你慢些扔砖呀，等我过去，可别砸着我。"到搬她的嫁妆时，这才哭起来。孙犁说：

"那时，虽然做得也有些过分，但确是一场革命。我在外面工作，虽然也受一点影响，究竟还是革命干部呀。"

"现在，你就不是革命干部了吗？"这本来不是个问题，这位纯朴的农村妇女，却直直地望着丈夫，问得那么认真。显然，这并非不信任丈夫，而是对那场"革命"产生了怀疑。孙犁当然也了解妻子，他就顺着她的思路回答下去：

"我看很玄了，我不知道他们要干什么……走到哪里，都有人在跟踪我，监视我。你们在家里说话，也要小心，我怕有人也在监视你们。地下室可能有人在偷听。"

"你不要疑神疑鬼吧，哪能有那种事呢？"这回她却不信丈夫说的话了，而且有些怪他多疑。

"你快去睡觉吧。"孙犁也不愿再谈下去，只说："你看着吧……这个地方的人，不是咱老家的农民，这地方是个码头，什么样的人都有的，什么事也干得出来。"

妻子眨眨眼，似乎有所领悟；但终于还是不懂，只好叹口气，到里屋睡觉去了。

事实给她上了课。随着抄家——她记得，她的家前前后后抄了六次——随着周围的人对她的歧视，随着她出门买粮、买菜受到的打击，随着丈夫处境的日益恶化，加以不断听说有人自杀，她终于觉得有些不对头了。

灾难还在进一步发展。一天下午，孙犁正在机关大楼扫地，来了一个人，通知他几天内搬家。他回到家来，才知道是勒令马上搬家，一名造反者监临，多名"牛鬼蛇神""帮忙"，家里早已乱作一团，晚饭都没吃。本来就够逼命的了，妻子又出了件岔子：她怕再抄家，把一些日用钱藏在破烂堆里，小女儿不知道，全给倒出去了，好不容易才找回来。

他们在多伦道这座大院已经住了十几年了，现在要搬到佟楼一间小南房里。三间屋子里的东西，胡乱搬些家具、衣物，装满一卡车，晚上十一点才到了那里。进了房子，有人正在和西邻的隔山墙上，凿开一个大洞。而且，没有等他们把东西安置一下，就把屋里唯一的小灯泡摘走了。他们来得急惶惶的，没有带灯泡来。

妻子伤心了，凑在孙犁耳边问：

"人家为什么要在墙上凿个洞呢？"

"那是要监视我，不然，你还不相信呢。"他说。

这回她相信了，至少在今天夜里，她知道自己已完全落入黑暗里，除了那个阴森森的洞，露出一点幽幽的光——只是连这点光，也更证明着她确确实实是生活在黑暗里。

一卡车的家当，小屋里摆不下的，全堆在院里，任人偷窃践踏。她知道这些东西是怎么来的，她的心紧紧地收缩着，就是在白天，眼前也难免阵阵发黑。

没有等她看见光明，甚至也没有看见丈夫的"解放"，她就永远地合上了眼睛。

老实说，对于妻子的去世，孙犁精神上有所准备。即使这样，他的悲痛仍是难言的，虽然他当时没有流下一滴眼泪。

请两个老朋友帮忙，草草办了丧事。四十年的恩爱夫妻，一朝成为隔世之别，他感到了一种从未经历过的孤独。尤其在静下来的时候，如烟往事，就像过电影似的，就像一记记有形的鞭子似的，在他眼前晃动着，在他的心上抽打着。许多令人留恋的日子，已经一去不复返了，许多幸福的时光，竟是当它们失去时才知道怀念它、珍惜它。尽管在当时的劫难中，他说自己已经"心如木石"，但是，当受到这一失去亲人的打击后，那颗心又被重新"激活"，又能感觉到过去和当前的一切人间的炎凉了。

确切些说，他的悲伤，不是一次闪电的袭击，而是一种持续而深沉的哀痛。

在妻子故去五年之后，即1975年4月14日，他在一则"书衣文录"上写着："忆明日为亡妻忌日，泉壤永隔，已五年矣。余衰病如此，不堪回首之思矣。"① 同年12月30日，他又在另一则"书衣文录"上写着："此册系亡者伴我，于和平路古旧门市部购得。自我病后，她伴我至公园，至古董店、书店，顺我之素好，期有助我病速愈。当我疗养期间，她只身数度往返小汤山、青岛。她系农村家庭妇女，并不识字，幼年教养，婚后感情，有以致之。我于她有惭德。呜呼！死别已五载，偶有梦中之会，无只字悼亡之言，情思两竭，亡者当谅我乎！"②

又过了七年，悼亡文字也有了，这就是那篇《亡人逸事》③。里边说，他的一位老朋友、老邻居，好多次建议他写写"大嫂"。在这位老朋友看来，"大嫂"实在待他太好、对他帮助太大了：

"她在生活上，对你的照顾，自不待言。在文字工作上的帮助，我看也不小。可以看出，你曾多次借用她的形象，写进你的小说。至于语言，你自己承认，她是你的第二源泉。当然，她瞑目之时，冰连地接，人事皆非，言念必不及此，别人也不会作此要求。但目前情况不同，文章一事，除重大题材外，也允许记些私事。你年事已高，如果仓促有所不讳，你不觉得是个遗憾吗？"

孙犁点头称是，但一直拖着没写——

......这是因为，虽然我们结婚很早，但正像古人常说的：相聚之日少，分离之日多；欢乐之时少，相对愁叹之时多耳。我们的青春，在战争年代中抛掷了。以后，家庭及我，又多遭变故，直至最后她的死亡。我衰年多病，实在不愿再去回顾这些。但目前也出现一些异象：过去，青春两地，一别数年，求一梦而不可得。今老年孤处，

---

① 《书衣文录·营造法式》，《耕堂杂录》，河北人民出版社1981年版。
② 《书衣文录·陈老莲水浒叶子》，《耕堂杂录》，河北人民出版社1981年版。
③ 《尺泽集》，百花文艺出版社1982年版。

四壁生寒，却几乎每晚梦见她，想摆脱也做不到。按照迷信的说法，这可能是地下相会之期，已经不远了。因此，选择一些不太使人感伤的断片，记述如上。已散见于其他文字中者，不再重复。就是这样的文字，我也写不下去了。

　　我们结婚四十年，我有许多事情，对不起她，可以说她没有一件事情是对不起我的。在夫妻的情分上，我做得很差。正因为如此，她对我们之间的恩爱，记忆很深。我在北平当小职员时，曾经买过两丈花布，直接寄至她家。临终之前，她还向我提起这一件小事，问道：

　　"你那时为什么把布寄到我娘家去啊？"

　　我说："为的是叫你做衣服方便呀！"

　　她闭上眼睛，久病的脸上，展现了一丝幸福的笑容。

　　她闭上眼睛了，作为他生活中重要的一章，就这样结束了。

四、悼亡后的幻觉

　　妻子去世不久，他被宣布"解放"了。

　　渐渐地，处境也有了些好的转化。在原来的住所，又给他加了一间住房，光线也好了些。特别是，陆续发还了一些书籍器物，晚上他也可以看看书了，睡得也好一些了。

　　朋友们很关心他的生活问题。五十七岁的人，还十分需要一位生活中的伴侣。何况人也"解放"了，也有条件谈谈这个问题了。

　　北京的一位老朋友给他搭了桥，他和江西的一位女同志通起信来。这位朋友是部队作家，他们在晋察冀山地时曾一起工作，建立了融洽的战友关系。女同志姓张，比孙犁年轻十六岁。

　　这是一条"热线"：从1970年10月起，至1972年4月，孙犁每天一信，或两天一信，或一天两信，至1971年8月，光孙犁寄出的信，已达一百一十二封。这些信后来由他装订成册，共有五册，如果出版，该是一本很厚的"两地书"吧。

这就证明，他在身心方面并没有老，还很有"余热"。

结婚的事情终于提上了日程。但是儿女们反对，并且免不了啧有烦言。他不听。到后来，索性消极对抗：高卧床上，不起来，"破罐子破摔了"——他说。

他胜利了，结了婚。女同志在外省工作，不能进入天津。又是那位搭桥的老朋友建议，先调到孙犁的家乡安平县。随后，他们回到故乡。

在县招待所受了一些气：他的介绍信开的是"记者"，她的介绍信开的是"五七战士"。管招待所的一个主任模样的中年女人，神气活现，这两个名称，她都陌生。而且孙犁经过几年折腾，又一直劳动，穿着也不讲究，简直像个邋遢的农民，加之一路风尘，更透着几分晦气。张同志虽然年轻一些，也一直下放农村劳动，衣服很不入时。中年女人睥睨着他们，不只态度轻蔑，而且犯了疑心。

"我是你们的老乡，我就是本县人。"按照乡俗——亲不亲，故乡人，孙犁递过去表示友好的橄榄枝。

"现在谈不上这个！"中年女人冷冷地说。

"那我们到街上去找旅馆吧！"孙犁也火了。

"去吧！"中年女人断然说。

"我们先打一个电话。"还是张同志机灵，她抓起了手摇电话机。他们来时，带了老朋友给县领导的介绍信。电话打通了，中年女人也通了。他们终于住下来。

因为有老朋友的信，一位副县长接见他们，答应安排张的工作。

办完了该办的事，孙犁带张同志去参观抗日烈士纪念碑。费了好大劲，才在一片沼泽之地找到，而且只残留一座主碑，别的都埋在泥里了。他不免感慨世事沧桑，人物皆非；但仍指着主碑正面的"英风永续"四个大字，对张介绍说，是当年县委书记让他写的。他这样说的时候，自然有些自豪；但张好像没有注意去看，只催他抓紧时间，快回东辽城去。

后来，张同志并没有到安平县去工作，报社帮助她在天津和平区文化馆安排了工作。这样，他们就在天津生活了几年时间。他们的日子过得怎样？ 还是读读他的《幻觉》①吧，虽然这又是一篇"芸斋小说"。

他似乎部分地采用了《红楼梦》的笔意，所谓"幻觉"，是说他也做了一场梦。在梦中，也就是在幻觉中，一位女同志推门进来，走进了他的生活：

"你感到孤独吗？"

"是的。"他据实回答。

"你应该到群众中去呀！"

"我刚从群众中回来，这些年，我一直在群众中间，不能也不敢稍离。"

"他们可能不了解你，不知道你的价值。我是知道你的价值的。"

"我价值几何？"他有些自嘲了。

"你有多少稿费？"

"还有七八千元。"

"不对，你应该有三万。"她准确无误地说出这个数字，使他大吃一惊，认为她是一个仙人，能未卜先知：

"正如你所说，我原来有三万元稿费，但在'文化大革命'中，革命群众说我是资本家，说五个工人才能养活我一个作家，我为了保全身命，把其中的大部分，上交了国库。其实也没有得到群众的谅解，反而证实了我的罪名。这些事已经过去，可是使我疑惑不解的是，阁下为什么知道得这般清楚，你在银行工作吗？"

她笑了：

---

① 《远道集》，百花文艺出版社1984年版。

"这很简单，根据国家稿费标准，再根据你的作品的字数和印数，是很好推算出来的。上交国库，这也是无可非议的，不过，你选择的时机不好，不然是可以得到表扬的。现有多少无关，我想和你在一起生活。"

我望之若仙人，敬之如神人，受宠若惊，浑身战栗，不知所措。

"不要激动，我知道你的性格。"她做了一个温柔的动作。

共同生活以后，他发现："这位女同志，不只相貌出众，花钱也出众，我一个月的工资，到她手中，几天就花完了。我有些担忧了，言语之间，也就不太协调了。"

有一天，她又提出了问题：

"你能毁家纾难吗？"

"不能。"

"你能杀富济贫吗？"

"不能。那只有在农民起义当中才可以做，平日是犯法的。"

"你曾经舍身救人吗？"

"没有。不过，在别人遇到困难时，我也没有害过人。"

"你使我失望。"她叹了口气。

我内疚得很，感到：我目前所遇到的，不仅是个仙人，而且是个侠女！小子何才何德，竟一举而兼得之！

后来冷静一想，这些事她也不一定做得到吧？如果她曾经舍身救过人，她早已经是个烈士，被追认为党员了……

但我毕竟在她的豪言壮语下屈服了。我有很多小说，她有很多朋友，她的朋友们都喜欢看小说，于是我屋里的小说，都不见了。我有很多字帖，她的朋友好书法，于是，我的字帖又不见了。

后来，她又指着他的四木箱《三希堂法帖》说：

"老楚好写字，把这个送给他！"

"咳呀！"他为难了，"听说这东西，现在很值钱呢，日本人用一台彩色电视机，还换不去呢！真可以说是价值连城呢！"

"你呢呢嘛？吝啬！"

吝啬？这两个字，他很想不通；事实是，他屋里的东西越来越少了，钱包越来越空了。不过，他尽量反躬自省：

> ……我可能是有些小气，随着年龄的增长，对生活的态度，越来越烦琐起来，特别注意一些鸡毛蒜皮的小事。举例说罢，一件衣服，穿得掉色了，也不愿换件新的。一双鞋子，穿了将近五年，还左右缝补。吃饭时，掉一个米粒，要拣起来放在嘴里，才觉心安。朋友来的书信，有多余的白纸，要裁下来留用。墨水瓶剩一点点墨水，还侧过来侧过去地用笔抽吸。此非大丈夫之所为，几近于穷措大之举动。又回想，所读近代史资料，一个北洋小军阀的军需官，当着客人的面，接连不断把只吸了几口的三炮台香烟，掷于地下。而我在吸低劣纸烟时，尚留恋不到三分长的烟头，为陈大悲的小说所耻笑。如此等等，恭聆仙人的玉责，不亦宜乎！
>
> 但又一转念：军需官之大方，并非他从老家带来，乃是克扣战士的军饷。仙人刚到此地时，夜晚同我散步，掉了五分硬币，也在马路上寻觅半天，并未见大方之态。今之慷慨，乃慷散人之慨也……

生活不如意，"仙人"离去了，他也从梦中醒来，这是1975年。知道内情的人都明白，他写的不是"幻觉"，是真实，甚至包括细节。

北京的一位朋友（他初中时候的同班同学）也认识张同志，几次征求孙犁的意见，要给她写信，想挽回局面。孙犁告诉他："人家已经把东西拉走了。"他说："拉走东西，并不证明就不能挽救。"孙犁还是没有同意他写信。这位朋友是蠡县人，年轻时长得漂亮，性格温和，孙犁好和这样的人交朋友。他后来曾任中共中央宣传部秘书长，1957年因为替某作家说了几句话，被错划为右派。平反以后，当了中纪委的常委，报上登过他的照片。他当时虽然还不具有这样显赫的地位，要使"幻梦"重圆，也并非全属奢望。

孙犁方面呢，就是当他生活在"幻梦"中的时候，心里也还是清醒的，我们只要看看他的类似日记的"书衣文录"，也就明白几分了。《现存元人杂剧书录》条下记着："1975年3月17日灯下。有晚离不如早离之想。"二十天后，又在《许顾学林》条下记着："1975年4月7日灯下。其来也不意，其去也不解，如花如露，如影如幻。晚年脆弱，非幸遇也。"《书衣文录》的"跋尾"，记录了这件事的结局：

> 1975年，有同居于一室者离去，临别赠言：
>
> "现在，阶级关系新变化，得确信，老干部恐怕还要被抄家。你在书皮上写的那些字，最好收拾收拾。"
>
> 余不以其言为妄，然亦未遵行之。后虽有被专政加强之迹象，幸无再抄家之实举。……
>
> 呜呼，巢居者察风，穴处者虑雨。彼人可谓居不忘危，择枝而栖者矣。①

作为他生活中的一个小小插曲，这一件事也过去了。为了把这件事忘得干净一些，上面说的那五册本来保存得很好的"两地书"，他都填进了炉子："这些信件，真实地记录了我那几年动荡不安的生活，无法倾

---

① 以上均据《耕堂杂录》，河北人民出版社1981年版。

诉的悲愤，以及只能向尚未见面的近似虚无飘渺的异性表露的内心。一旦毁弃了是很可惜的，但当时也只有这样付之一炬，心里才觉得干净。潮水一样的感情，几乎是无目的地倾泻而去，现在已经无法解释了。"在这件事上，他还是一个想得开的乐观的人，他也不认为这些信虚掷了时间精力："自从'文化大革命'开始，断绝了写作的机会，从与她通讯，才又开始了我的文字生活，这是可以纪念的。这些信，训练了我久已放下了的笔，使我后来能够写文章时，手和脑并没有完全生疏、迟钝。这也可以说是失之东隅，收之桑榆吧。"①

五、"解放"以后

说到写作，他在被"解放"以后，有人几次劝他："写点东西吧，亮亮相吧。"他说："不想写了，至于相，不是早已亮过了吗？"他指的是运动期间，不只身受凌辱，而且绘影图形，传檄四方。"老实讲，在这一时期，我不仅没有和那些帮派文人一校短长的想法，甚至耻于和他们共同使用那些铅字，在同一个版面上出现。"②

他不写，他要思考一下。后来证明，他的思考正是一种写作的准备。

他想到了司马迁，那样一位天才的，能把三皇五帝以来的历史勒成一家之言，指论得失，成为天下定论的人，竟因一语不投，下于蚕室，身被腐刑；他描绘了那么多人物，难道就没有从他们身上吸取任何一点可以用于自身的经验教训？

还有班固，他写了可与《史记》媲美的《汉书》，特别评论了他的先驱者司马迁，他的评论何等有见识；可是，他竟因委身于一个武人而落得瘐死狱中，对于自己，又何其缺少先见之明啊！

---

① 《书信》，《老荒集》，上海文艺出版社1986年版。
② 《文字生涯》，《孙犁文集》第四卷，百花文艺出版社1982年版。

自然，他也想到了自己那一代人走过的文学道路，想到了自己和伙伴们在不同时期献身文学事业的热情。想来想去，终于想出了一些头绪：

> 患难余生，痛定思痛。我居然发哲人的幽思，想到一个奇怪的问题：在历史上，这些作者的遭遇，为什么都如此不幸呢？难道他们都是糊涂虫？假如有些聪明，为什么又都像飞蛾一样，情不自禁地投火自焚？我掩卷思考。思考了很长时间，得出这样一个答案：这是由文学事业的特性决定的。是现实主义促使他们这样干，是浪漫主义感召他们这样干。说得冠冕一些，他们是为正义斗争，是为人生斗争。文学是最忌讳说谎话的。文学要反映的是社会现实。文学是要有理想的，表现这种理想需要一种近于狂放的热情。有些作家遇到的不幸，有时是因为说了天真的实话，有时是因为过于表现了热情。①

"解放"以后，他被允许到报社文艺组上班。此时，大楼内外已经变得破败、凌乱而拥挤，不过，人们倒也从前几年的狂乱、疑忌状态中渐渐恢复过来。

好的办公桌听说都叫进来占领新闻阵地的人占领了，他自己找来一把椅子，在一张破桌前面坐下来。组长向全组宣布了他的工作：登记来稿和复信。并郑重交代：不要把好稿退走。他觉得组长对他还过得去，只是担心他中封资修的毒太深，不能鉴赏帮八股的奥妙，容易漏掉好稿而已。

他很清楚，他现在做的是文书或见习编辑的工作。他开始拆阅来稿，进行登记。在他看，较之前些年，稿件质量大大降低了。大多数作者极不严肃，文字潦草，内容雷同，语言呢，都是抄报。照组长说的，他把

---

① 《文字生涯》，《孙犁文集》第四卷，百花文艺出版社 1982 年版。

退稿信写好,连同稿件推给旁边一位同事,请他复审。

这样工作了一段,倒也相安无事。只是每当他闲下来,坐在窗前的沙发上休息时,主任进来了,肆无忌惮地向他投以怒视和睥睨的目光。孙犁仍旧坐在那里,既无戚容,亦无喜色。这些年他已经锻炼得对外界境遇麻木不仁,主任的功算是白做了。

同组有位相熟的女同志,好心地把他叫过去,对他进行帮助。她和蔼地说:

"你很长时间在乡下劳动,对于当前的文艺精神、文艺动态,不太了解吧?这会给工作带来很大困难。"

"唔。"

她桌上的小木匣里码着厚厚的一叠卡片,说话间拿出一张念给他听,原来是林彪和江青的语录。

他不知道她是怎么想的,只见她天真的脸上,显得非常严肃认真。等她把所有的卡片讲解完毕,孙犁又回到他的座位上去,陷入沉思之中了:

> 古代的邪教,是怎样传播开的呢?是靠教义,还是靠刀剑?世界第二次大战之初,为什么又有那么多的人,跟着希特勒这样的流氓狂叫狂跑?除去一些不逞之徒,唯恐天下不乱之外,其余大多数人是真正地信服他,还是为了暂时求得活命?①

没有答案。在食堂吃罢午饭,回到办公室,摆好几张椅子,枕着一捆报纸,他睡下去。几年来,一直过着非常生活的他,这就是一种享受了。天气渐渐冷起来,他身上盖着那件当年由延安回家时穿过的日本军官的黄呢斗篷。这是抗战时期的战利品,由伙伴那里得来,现在也已破

---

① 《文字生涯》,《孙犁文集》第四卷,百花文艺出版社1982年版。

旧了。

他感到压抑。再说,像这种日子,也近于无聊。于是,他向领导递了报告:回故乡"体验生活,准备写作"。报告批准了,他一担行囊,回到故乡。这是1972年春天,张同志随行。

就住在一个堂侄家里。父老亲友,得知他的到来,欣欣然竞相前来探问,谈话间,或庆幸大难不死,或唏嘘沧桑之变,在那些日子,他心里得到不少安慰:

> 这次回老家,实际上是像鲁迅说的,有一种动物,受了伤,并不嚎叫,挣扎着回到林子里,倒下来,慢慢自己去舔那伤口,求得痊愈和平复。①

除了八十多岁的叔父,老家已经没有什么亲人,村子里四五十岁以上的人,彼此还有记忆,再年轻的,就都陌生了。当然,有些人读过他的作品,他们对他的名字并不陌生。从县城到东辽城,他们雇了一个"二等"(北方一些农民用来做生意的自行车,可以载人,也可以驮东西),车主是个诚朴的青年农民,快进村的时候,他忽然问:"你们村里,有个叫孙犁的,现在这人怎样了?"

"你认识他?"孙犁问。

"我读过他的小说。"

"他还活着。"

…………

时间过得真快,转眼间又有几茬人起来了。

东辽城也发生了变化,四周大道两旁都是钻天杨,村子被围在绿色的屏障里。靠近村边,还有一些果园。村外是大片大片的柳杆子地,用

---

① 《戏的梦》,《秀露集》,百花文艺出版社1981年版。

以经营农具和编织业。造成这些变化的原因是风沙,土地已不适宜种植庄稼,农民主要靠树木、靠经营副业来维持生活了。

他的堂侄喂着两只山羊,孙犁每天背上个柳条筐,去砍些青草,或是捡些烧柴。像童年那样,他又走进田间,走进柳林,走到滹沱河大堤上来了;又看到了黄色紫色的野花,又拣到了鸡腿蘑菇,又听到了鸟叫虫叫了。这时,他在苍凉中感到一种恢复了青春活力的愉快。毕竟,在自己的家乡,他变得年轻多了。

但有一天中午,他从野外回来,侄子告诉他:镇上传来天津电话,要他赶紧回去,说是为了剧本的事。侄子很紧张,不知大伯又出了什么事。孙犁一听,放了心,说:

"安心吃饭吧,不会有什么变故。剧本,我又没发表过剧本,不会再受批判的。"

"打个电话去问问吗?"

"不必了。"

隔了一天,孙犁正送亲戚出门,迎面开来一辆吉普车,从车上跳下来的,是他的组长。组长说,接他回天津,参加创作京剧剧本。各地都有"样板戏",市领导也很着急。京剧团有一个写抗战时期的白洋淀的剧本,上不去,因此有人推荐他去。

看组长流露的神色,好像很为他庆幸。但孙犁对这消息却很淡然,暗想:"剧本上不去找我,我能叫它上去?我能叫它成了样板戏?"但第二天他们还是回了天津,因为这是命令。

回到机关,当天政工组就通知他:下午市里有首长要来,不要出门。而且不到半天,接连通知了三次。他只好在办公室枯坐。首长没有来。

第二天,孙犁正在随机关人员普查身体的时候,组里来人说:"市文教组负责同志来了,在办公室等你。"不久,又来说一次。孙犁说还没检查牙,他催孙犁快点,不能叫负责同志久等。孙犁告诉他:快慢在医生,他可只能排队。

轮到他了，医生却夸奖起他的牙来：

"你看，这么大的年岁，牙齿还这样整齐，卫生工作一定做得好。运动期间，受冲击也不太大吧？"

"唔。"孙犁有些奇怪，牙齿整齐与否，和受冲击有什么关系？难道要打落两颗门牙，才算脱胎换骨吗？他正惦着办公室里的负责同志，再说嘴也张着，说不清楚。

> 回到办公室，组长已经很着急了。我一看，来人有四五位。其中有一个熟人老王，向一位正在翻阅报纸的年轻人那里呶呶嘴。暗示那就是负责同志。
>
> 他们来，也是告诉我参加剧本创作的事。我说，知道了。①

又过了两天，那接见的盛典才到来，地点改在市委机关。那位主任不放心，亲自陪他去。这是市里的女文教书记的接见：

> 在一间不大不小的会议室里，我坐了下来。先进来一位穿军装的，不久女书记进来了。我和她在延安做过邻居，过去很熟，现在地位如此悬殊，我既不便放肆，也不便巴结。她好像也有点矛盾，架子拿得太大，固然不好意思，如果一点架子也不拿，则对于旁观者，起码有失威信。②

在延安时，她是鲁艺美术系的学生，已经结了婚，爱人是一位诗人。有一次，孙犁看见她爱人头上的八角军帽不错，听说是她做的，就从自己长裤上剪下两块布，求她也做一顶。帽子很快做成了，还亲自送来，笑着说："你戴戴，看合适吗？你这布有点儿糟了，先凑合戴吧，破了

---

①② 《戏的梦》，《秀露集》，百花文艺出版社1981年版。

我再给你缝一顶。"总之,她过去留给孙犁的印象是满不错的,待人接物讨人喜欢,还有点儿天真。

现在,他很难把眼前的这位女书记,和过去那位美术系的学生联系起来了;严峻的现实像一把利斧,似乎把两个形象截断了。

酝酿了多日的接见,其实是再简单不过的一次谈话:总之,希望孙犁帮忙搞搞这个剧本。

孙犁说,他没有写过剧本。

"那些样板戏,都看了吗?"她问。

"唔。"又是这样一声含含糊糊的回答。

> 其实,罪该万死,虽然在这些年,样板戏以独霸中夏的势焰,充斥在文、音、美、剧各个方面,直到目前,我还没有正式看过一出、一次。因为我已经有十几年不到剧场去了,我有一个收音机,也常常不开。这些年,我特别节电。①

这一次,他是躲不过了,一天晚上,他去看了那个剧本的试演。据说,这是反映白洋淀抗日斗争的现代京戏,结果,两个多小时过去了,在舞台上,他既没有看到当年白洋淀的抗日情景,也没有听到他熟悉的京戏。是什么呢? 是五光十色,大轰大闹,瓦釜雷鸣,不知其何以开始,也不知其何以告终。特别是那被繁重的唱段、连续的武打折磨得声嘶力竭的女主角,假如不是年轻,早就晕倒在台上了。

第二天是在中国大戏院的休息室讨论剧本的修改。除了有关的一干人马,女书记也来了,就坐在孙犁旁边。

孙犁谈了对戏的印象,谈得很缓和,也很真诚。

但是戏并没有改下去,虽然不知出于什么原因,军管人员在会上支

---

① 《戏的梦》,《秀露集》,百花文艺出版社 1981 年版。

持了他的工作。说起来并不奇怪，在当时，按照孙犁的意见改写那个剧本，是很困难的。一句话，还没有到按照正常思维产生好剧本或好作品的时代。

无奈，孙犁施出一个金蝉脱壳之计：自己交上去一个简单的脚本，声明此外再也无能为力了。

对于他的脚本，剧团一个字也没有采用。

六、重返白洋淀

他也有收获，就是趁着修改剧本的机会，重去了一趟白洋淀。

那是在夏天，剧团的人都去了。他是"首席顾问"。

和他坐同一辆吉普车的，有一位青年女演员，是主角。开车的是一位武生，因伤了腿，改行当司机。车子开得风快，使孙犁坐在车上，直像腾云驾雾，觉得他如不是伤了腿，满可以成为一名骆连翔式的"勇猛武生"。他很想请他开得慢一些，但一转念，还是少开口为妙；再则，经过几年摔打，也不在乎这些了。

车队在保定吃午饭，孙犁建议找一个好些的饭店，他请客。其实好些的饭店，也只是卖炒饼，饼又烙得厚，切得粗，炒得没滋味，最后，一碗有名无实的"木樨汤"冲下去了事。他自觉请客，觉得这是责无旁贷的事，吃成这样，他有些抱歉，却也无法。当然，也没有人对他表示感谢。

车子又风驰电掣起来，他们到了白洋淀边上的新安县，当晚在招待所住下。旧地重游，水淀上吹过来熟悉的风，孙犁久已麻木的心，又苏醒过来，他感到了疼痛——也可以说感到了兴奋。他同编剧组一同绕着城墙散步。女主角原是刀马花旦，并能反串小生，但她的话似乎不多，没有给孙犁留下什么印象。也许因为她刚休完产假，挂念着家里的孩子吧？穿得也很平常，不上台，没有人知道她是演员。就是上了台，也是一头短发戴着一顶军帽,一身短袄裤佩一支木制盒子枪,和她原来的角色行当,很不相干。孙犁觉得,他熟悉的京剧之美,旦角之动人,在他的头脑里破灭了,正像眼前的白洋淀,已经没有过去那么多的水产。正是:河山依旧,人物全非,他不觉暗自摇头叹息。

然后,他们到了王家寨。这是一个大村,在水淀,孙犁总是转向,分不清东西南北,他只能凭感觉,说自己住在村的南头。他住的是一间新盖的、面向水淀的、非常干净的小房。

虽然被禁锢了多年,一当来到这个变化了的新的环境,他的观察力仍然那么敏锐和可靠,他发现:

> 房东是个老实的庄稼人。他的爱人,比他年轻好多,非常精明。他家有几个女儿,都长得秀丽,又都是编席快手,一家人生活很好。但是,大姑娘已经年近三十,还没有定婚,原因是母亲不愿失去她这一双织席赚钱的巧手。大姑娘终日默默不语。她的处境,我想会慢慢影响下面那几个逐年长大的妹妹。母亲固然精明,这个决策,未免残酷了一点。
>
> 在这个村庄,我还认识了一位姓魏的干部。他是专门被派来招呼剧团的,在这一带是有名的"瞎架"。起先,我不知道这个词儿,后来才体会到,就是好摊事管事的人。凡是大些的村庄,要见世面,总离不开这种人。因为村子里的猪只到处跑,苍蝇到处飞,我很快就拉起痢来,他对我照顾得很周到。①

剧团的一些同志对他也很照顾。那位女主角和另外两位女演员,还到住处去看望他(自然,这也可能是奉领导之命),提出要为他洗衣服。孙犁当然不肯,婉言谢辞了。"在那些时候,我惊魂不定,终日迷迷惘惘,什么也不愿去多想,沉默寡言,应付着过日子。周围的人,安分守己的

---

① 《戏的梦》,《秀露集》,百花文艺出版社1981年版。

人,也都是这样过日子。"①但在这里,在这远离闹市的地方,他生病的时候,周围有这样一些人关心他,他还是很感动的。

他们常常坐船到外村体验生活,一次回来晚了,烟雾迷漫的水淀变得有些凉,孙犁从书包里取出一件棉背心,套在单衣上。和他同坐在船头上的那位"布衣"刀马花旦,看他在夏天里穿着这套奇怪的服装蜷缩在那里,忽然用京剧小生的腔调笑了几声,使整个水淀都为之震荡,惊起几只水鸟,腾空飞去。她这一着,使孙犁真正欣赏了她的京剧才能。心想,也许是自己的装束引起了她的兴致,也许是她想给身边这位可怜的顾问提提精神,驱除寒冷,总之,他很感谢她的真诚的好意。

在王家寨住了些日子,他们又到了郭里口——一个水上村庄。这个村子,当时在生产上很有点名气,常有人参观。

在大队部,村干部为他们举行了招待会,主持会的是个小伙子,听说在新华书店工作过几年,很有口才,还有些派头。当介绍到孙犁,孙犁说要向他学习时,他大声说:

"我们现在写的白洋淀,都是从你的书上抄来的。"

孙犁大吃一惊。因为他的书已经被批判了,现在人虽"解放",书还没有"解放"。后来一想,他的话恐怕有所指吧。这小伙子叫刘双库,是村支部宣传委员。

当天下午,他们坐船参观村里的"围堤造田":

> 现在,白洋淀的水,已经很浅了,湖面越来越小。芦苇的面积,也有很大缩减,荷花淀的规模,也大不如从前了。正是荷花开放的季节,我们的船从荷丛中穿过去。淀里的水,不像过去那样清澈,水草依然在水里浮荡,水禽不多,鱼也很少了。

---

① 《戏的续梦》,《老荒集》,上海文艺出版社1986年版。

确是用大堤围起了一片农场。据说，原是同口陈调元家的苇荡。实际上是苇荡遭到了破坏。粮食的收成，不一定抵得上苇的收成，围堤造田，不过是个新鲜名词。所费劳力很大，肯定是得不偿失的。①

因为剧本主角系女性，他们在村子里访问了抗战时期的几位妇救会员。其中一位叫曹真，四十多岁，仍是30年代打扮：白夏布短衫，用卡子拢起的一束长发，垂在背后。抗战时，她才十八九岁，在芦荡的救护船上，多次用嘴喂养伤员。她的相貌，眼前看来也是冀中平原的漂亮人物，当年可想而知。二十岁时，和一个区干部结婚，家里常常掩护抗日人员。不料这年冬季，丈夫被捕，就在冰封的淀上，残暴的敌人砍下了他的头颅。她，哭喊着跑去，收回亲人的尸首，还是做抗日工作。解放后，她已是中年，才和本村的一个人结了婚。

她和孙犁谈完了往事，又谈到了当前。她说，胜利后村里的宗派斗争很厉害，前些年，连她在内，有二十六位老党员被开除党籍。现在，她最关心的，是什么时候才能恢复他们的党籍。她知道孙犁无能为力，因为这些年老干部都是处境困难。但她还是愿意和他谈谈，因为他也是一名抗日战士，并写过这一带的抗日妇女。

孙犁看着他面前的这位女战士，双鬓已经变白。他当然也想到了抗日战争，但总觉得，那是很久很久以前的事了。它好像是前世经历的，又好像是昨夜的一个梦。这些年来，他见到和听到的，亲身体验的，是另一种现实，另一种生活，而这种现实、这种生活，又是那样刻骨铭心，怎么也和昨天的现实对不起来。

曹真的一席话震动了他昨天的梦，但他毕竟不能回到昨天去了：

---

① 《戏的梦》，《秀露集》，百花文艺出版社1981年版。

在她面前，我深感惭愧。自从我写过几篇关于白洋淀的文章，各地读者都以为我是白洋淀人，其实不是，我的家离这里还很远。

另外，很多读者，都希望我再写一些那样的小说。读者同志们，我向你们抱歉，我实在写不出那样的小说来了。这是为什么？我自己也说不出。我只能说句良心话，我没有了当年写作那些小说时的感情，我不愿用虚假的感情，去欺骗读者。那样，我就对不起坐在对面的曹真同志。她和她的亲人，在抗日战争时期，是流过真正的血和泪的。

…………

……善良的人们，不要再责怪花儿不开、鸟儿不叫吧！它受的伤太重了，它要休养生息，它要重新思考，它要观察气候，它要审视周围。①

就是这样，白洋淀之行唤起了他的记忆，但是不能唤回已逝的、属于过去的那一缕"诗魂"了。"世事的变化，常常是出于人们意料之外的。每个时代，有每个时代的血和泪。"②

七、难忘的一九七六

人，虽然宣布"解放"了，但1976年10月以前的那段日子，仍然是难熬的。《书衣文录》透露了他的不少内心苦闷，今略举如下：

1974年4月25日下午记："二十五年，三津浮沉，几如一梦……"

1974年5月8日灯下记："感伤身世，不能自已。""思前想后，心胸

---

①② 《戏的梦》，《秀露集》，百花文艺出版社1981年版。

堵塞，甚不舒也。"

1974年7月4日灯下记："余幼年，从文学见人生，青年从人生见文学。今老矣，文学人生，两相茫然，无动于衷，甚可哀也。"

1974年8月27日下午记："院中青少年，并不读书，无事可做，打闹喧嚣，终日不息。退处室内，亦不能看书做事。日日听这种声音，看这些形状，此即所谓天津风貌也。"院中，指位于和平区多伦道的二百一十六号大院，他全家1951年迁居于此，运动中被逐，"解放"后迁回。

1975年1月24日晚记："昨日大雪，今晨小散来约午饭……一小时始至梁家。所陪客皆1938年所识，抚今思昔，不胜感慨。"梁，指梁斌。

1975年3月记："这是和平环境，这是各色人等，自然就有排挤竞争。人事纷纭，毁誉交至。红帽与黑帽齐飞，赞歌与咒骂迭唱。严霜所加，百花凋零；网罗所向，群鸟声噤。避祸尚恐不及，谁肯自投陷阱？遂至文坛荒芜，成了真正无声的中国……"

1975年4月27日晚记："昨夜梦见有人登报，关心我和我的工作，感动痛哭，乃醒，眼泪立干。"

1975年5月16日记："阴历四月初六也，为余生日，与小女共食面。年六十三岁，身德不修，遭逢如此，聊装旧籍，以遣情怀。"

1975年5月31日记："昨夜忽拟自订年谱，然又怯于回忆往事。不能展望未来，不能抒写现实，不能追思过去。如此，则真不能执笔为文矣。"

1975年10月6日夜记："……余幸存于九死，徘徊于晚途，一灯之下，对此残编，只觉身游大雾四塞之野，魂飞惊涛骇浪之中。"

1975年11月13日记："大风寒甚，心躁如焚……""从热爱现实到热爱文物，即旅行于阴阳界上，即行将入墓之徵……"这是他在一本题名《北齐张肃墓文物图录》的书皮上写的。

1975年12月11日记:"呜呼,荆棘满路,犬吠狼嗥,日暮孤行,只可披斩而进也。"

1975年12月19日灯下记:"余既于前夜哭骂出声,昨夜又梦辞职迁居等事。而慷慨助我者,则为千里。千里平头,扬扬如常日。此盖近日感寡助之痛,而使故人出现于梦境也。……"

1975年12月25日灯下记:"……十余年人事沧桑,往事亦多不堪回首。而余尚在人间,并于灯下读书作字,忆及生者逝者,心如木石,不知其所感矣。"

1976年2月7日记:"……余之无聊赖,日深一日,四顾茫茫,即西天亦不愿去。困守一室,不啻划地为牢。裁纸装书,亦无异梦中所为。"①

…………

这些《书衣文录》,断断续续地画下了一颗高尚、善良的心灵在特殊年代里留下的轨迹。

这同时也是一颗纯洁、灵敏的心灵,它像一面感光度极好的镜子,映出了某些历史事件在人的心灵上的投影。没有勇气,没有正直、善感的气质,不会有下面的记录。

那是在周恩来总理逝世的最初几天。

1976年1月9日记:

"今日总理逝世。斯人云亡,邦国殄瘁。

"帮我做饭的,为一农村妇女,闻周逝世,抽咽失声。曰:他是好人。人心如明镜清泉,虽尘积风扰,不可掩也。"

1976年1月11日灯下记:

"世界舆论:亚洲一盏明灯熄灭了。谓周之逝。强忍热泪听广播。

"南通社称:中国无周,不可想象,然已成铁的事实。

"另一外人断言:无人能够代替他。

---

① 以上均见《书衣文录》,《耕堂杂录》,河北人民出版社1981年版。

"另一外人评述：失去他，世界就和有他时不一样了。

"共同社题：北京市民静静地克制悲痛的心情，排队购买讣告。"

同日灯下又记（这一条是记在《范文正公尺牍》的书皮上）：

"范、司马为宋名相，读其书札，可略窥其相业，然与周比，均砂砾耳。

"南政治报谓：周所历时代，为最暴风雨的、变幻无穷的，半个多世纪。"

同日灯下又记：

"无失言，无失行，光明磊落，爱护干部，大公无私，献身革命。威信树于民心，道义及于国外，此周也。"

1976年1月13日记：

"今晚至邻居看电视：向总理遗体告别。

"余多年不看电影，今晚所见，老一代发皆霜白，不胜悲戚……"

不消说，在一个十分严峻的年代里，记下了这些事件，也就是记下了他的政治态度、政治认识。

1976年，很自然地形成了一个历史的"门槛儿"：在这以前是一个时代，在这以后，又是另一个时代了。

这一年可记述的事情太多，连老天爷也不甘寂寞，它以自己令人恐怖的、不可驾驭的巨大力量，参加了干预历史的行列，制造了一个骇人听闻的唐山大地震，余威所及，京、津为之震颤。

对于这次地震，孙犁印象十分深刻，他在和人谈话时说：

> 1976年秋季，我还经历了大地震。恐怖啊！我曾想写一篇题名《地震》的小说，没有构思好。那天晚上，老家来了人，睡得晚了一些，三点多钟，我正在抓起表看时间，就震了起来。我从里间跑到外间，钻在写字台下。等不震了，听见外面在下雨，我摸黑穿上雨衣、雨鞋，戴好草帽，才开门出去。门口和台阶上都堆满了从房顶

震塌下来的砖瓦,我要往外跑,一定砸死了。全院的人,都在外面。我是最后出来的一个人。

地震在史书上,称作灾异,说是上天示儆。……我甚至想,林彪、"四人帮"之流伤天害理,倒行逆施,达到了神人共愤、天怒人怨的程度,才引起的。我这个人遇见小事慌乱,遇见大灾大难,就麻木不仁,我在院里小山上搭了一个塑料薄膜小窝棚,连日大雨,不久,就又偷偷到屋里来睡了。我想,震死在屋里,也还算是"寿终正寝"吧。①

两年多以后,叫《地震》的这篇小说,终于写了出来②。它说,1976年的7月,天气奇热,政治空气也压得人透不过气来。他每天光着上身,搬把椅子,坐在北窗之下,喘息着吹吹凉风。院里是轻易不去的,造反派的脾气又发作了:一会儿喊打倒孔老二,一会儿喊反击右倾翻案风。他好容易活着回来,住原来的房子,这也叫翻案。

正在这时,市里又发生了一件匿名信要案,一直查不出结果。先是叫全市几百万人签名化验手迹,不但没有查出,听说匿名信又投了几次。后来有人想出高招,缩小包围圈:一、是有文化的人写的;二、是不上班有时间的人写的;三、是住宽绰房间的人写的。三条的目标都很明确,是对着知识分子和老干部来的。而报上天天登的,是党内出了资产阶级,要拆土围子等等。这样,他的家里便常常有户口警光顾。

好在除了户口警,家里也没有别的客人——

……忽然在28日晚上,来了客人,还带着一个小孩。客人一

---

① 《文学和生活的路》,《孙犁文集》第六卷,百花文艺出版社1982年版。
② 《远道集》,百花文艺出版社1984年版。

进门,就对孩子说:"这是你孙大伯,快叫!"

我才认出来的人是老崔。老崔和我是同县,他住城西,我住城东。1947年,我在饶阳一带工作,住在一个机关里。他是那里的炊事员,常照顾我吃饭。……

1949年进城,他在路上还给我们做饭。进城以后,不知为什么,把他分配到了裁纸房,叫大铁板砸伤了腿。1962年,机关又把他动员回乡了。

他走时,我不在家。听我老伴说,他拉家带口——老婆很精明能干,四个小孩。城里没有吃的,觉得不如回家好。临走时把借我的三十元钱还了,还送了我老伴一书包红山药。说真的,这一包山药,在那时,也值十块钱。我埋怨老伴不应该收他的钱……

他平常没有客,更少留客吃饭,今天要破例招待老崔一顿。吃饭中间,老崔问:

"就一个人过吗?"

"你嫂子去世了。"他说。

"这我听说了。"老崔是个老实人,他放下筷子,抹了一把眼泪,"不是又续了一个吗?"

"是续了一个。这几年我一直境遇不好,人家也不愿意来了。"

…………

两人谈了半天,没有一点儿好消息,只有唉声叹气而已。孩子走了远路,对他们的谈话没有兴趣,已经趴在桌上睡着了。这时已近10时,他打发他们到对过招待所去睡,随后自己也碰上门,到后面屋里睡去了。

我翻来覆去,一直睡不着。当我撩开蚊帐,抓起闹表,想看一看时间，记得是三点四十分，地大震了起来。最初，我以为是刮风下雨。当我知道是地震时，我从蚊帐里钻出来，把蚊帐拉倒了。我跑到前间屋子的南墙下，钻在写字台下面。

我的房屋内部没有倒塌，屋顶上的附属建筑倒了下来，砖瓦堆堵在门窗之下。如果往外跑，一定砸死了。

这时院里已经乱作一团。我听见外面真的在下雨。我想：既然没有震死，还是把自己保护一下吧。我摸黑穿上雨衣、雨鞋，戴上破草帽，开门出去……

走下台阶，看见老崔正带着孩子找他，"没事吧？"他们互问平安。

"你看我挑的日子多好，"老崔苦笑着，"十四年没来天津呀，天心也变了，人心也变了。我今天就买车票回去了。"

他没有留他。

地震之后，由造反派带头，院子里的人们投入了争夺砖瓦木料、抢占地盘搭盖防震棚的战斗。孙犁是"特殊人物"，他既无心也无力与别人争夺什么，只搭了上面说的那个塑料薄膜的小棚子。

这所宅院，原是吴鼎昌（曾任大清银行总务局局长、《大公报》社长、蒋介石总统府秘书长等职）姨太太的别墅，院内小河石山，花木繁盛，有园林之美。房屋庄严、阔气，都是木结构，正门门限上镶着的那块又厚又大的黄铜，就足有二十斤重。造反以来，糟蹋得不成样子了，花木刨损，铜铁卖钱，屋瓦颓败，顶生茂草。只有小河石山，残留院中；但地震后，因争修"临建"，它也毁于一旦。这所宅院的兴衰，在局部上呈现了"文革"的一幅缩影，给孙犁留下了痛苦的记忆。

两个多月以后，在中国大地上又发生了一次"地震"——这一次是社会性的地震。"天心"变了，似乎是为了对前一次灾难性地震进行补偿，这一次社会性的地震,结束了"四害"横行的时代,为中国人民带来了福祉。孙犁终于和中国人民一道,跨过了1976年的历史性门槛儿,进入另一个时代了。

第九章　晚华老不荒

一、执着现实，继续战斗

十年了，整个是一场噩梦，很长很长的一个噩梦。正因为这梦太长了，待到睁开眼睛，晨曦已穿透夜幕，在他身边洒下一片阳光了。

虽然天色已亮，他到底刚从噩梦中醒来，不能完全驱除那个可怕的魔影，所以，在1977年2月14日下午，他在《曹子建集（上）》的"书衣"上，写了这几句话："又值岁暮。回忆一年之内，个人国家，天事人事，均系非常。心情百感，虽易堂名为晚舒，然不知究可得舒与否。仍应克励自重，戒轻戒易，安静读书，不以往事自伤，不以现景自废。"① 至于"四人帮"倒台之前，他还默默仿效《颜氏家训》，拟了几条戒规：

一、最好不要干这一行。
二、如无他技谋生，则勿求名大利多。
三、生活勿特殊，民食一升，则己食一升；民衣五尺，则己衣五尺。勿启他人嫉妒之心。②

---

① 《〈书衣文录〉拾补》，《陋巷集》，百花文艺出版社1987年版。
② 《耕堂读书记（一）》，《孙犁文集》第七卷，百花文艺出版社1982年版。

这些，都已经过去，他也说在今天看起来，有些不合时宜了。

他渐渐完全清醒过来，终于发现，"长江大河，依然滔滔向东。现在正是春天，依然是桃红陌上，燕筑堂东，孕育着新生。"①他又拿起笔来了（说起来，他"十年荒于疾病，十年废于遭逢"，已有二十年基本上没有动笔了）。

《人民文学》编辑部的两位编辑来到天津，向他约稿。1977年7月，他写了《关于短篇小说》一文，发表于同年第八期《人民文学》，这是粉碎"四人帮"后，他发表的第一篇文章。紧接着，他又发表了《关于中篇小说》、《关于文学速写》、《关于长篇小说》、《关于散文》等文章②。除了这些理论性的文字，在1977年，他还写了《伙伴的回忆》、《保定旧事》、《在阜平》、《回忆何其芳同志》、《服装的故事》等散文③，陆续在以后刊出。在粉碎"四人帮"后的头一年，他就写了这么多，说明他的创作精力已经开始恢复过来了。以后，年复一年，他的创作势头有增无已，创作数量，几乎逐年递增。谁也没有想到，在被迫搁笔多年之后，到了晚年，他的创作步伐忽然加快起来。

1978年10月，主持作协日常工作的李季，亲自到天津来邀请孙犁赴京开会。"非我来，你是不肯出山的！"李季说。对于开会，孙犁确实向不热心，这次有感于诗人的盛情，他慨然答应赴京，而且坚持一周，把会开完。

李季还是那么善做工作，那天晚上八点多钟，孙犁刚到旅馆，还没走进房间，就听到他在狭窄嘈杂的走廊里，一边走一边大声地说：

"我把孙犁请了来，不能叫他守空房啊，我来和他做伴！"

他穿一件又脏又旧的军大衣，依然谈笑风生。会议期间，他发了言，

---

① 《克明〈荷灯记〉序》，《秀露集》，百花文艺出版社1981年版。
② 均见《孙犁文集》第六卷，百花文艺出版社1982年版。
③ 均见《孙犁文集》第四卷，百花文艺出版社1982年版。

而且很激动,像是和人争论,讲着讲着,忽然脸色苍白,要倒下去,吞了两片药,终于把话讲完,第二天就病了。

孙犁的发言也是他安排的,他说:

"你不常参加这种场合,人家不知道你是什么观点,讲一讲吧。"

孙犁同意了。他讲得很短,题目是《奋勇地前进、战斗》①。开头他就规劝李季要节制感情,他说,大激动,大悲哀,大兴奋,大欢乐,都是对身体不利的。然而他也明白,不如此又何以作诗,何其为诗人?

然后,他就正式开始了他的发言:

> 我很少到北京来,这次主要是来看望同志们。
>
> ……
>
> 作家就其天良来说,没有不愿为党为人民多写一点东西的。就像在阳光雨露下,禾苗花草没有理由不茁壮生长一样。作品需要生机。"四人帮"破坏了这个生机。他们处心积虑地想摧毁我们的党和我们的国家,他们想用封建的愚民政策,把广大人民置于他们奴役之下。他们必然想到了文艺及其作家对他们罪恶行径的障碍。
>
> ……
>
> 如何从思想意识、道德观念、人生理想许多精神领域清除"四人帮"的流毒影响,这是摆在我们面前的最迫切的战斗任务。我们绝不能忽视,更不能掩饰"四人帮"的流毒在人民身心上的重大伤害。
>
> 我们要把不利于繁荣或是还在束缚创作的因素去掉。人并不是生下来就胆小的。如果他第一次在路上遇到的只是井绳,他就不会心有余悸了。
>
> ……这些年来,有些文艺作品里的诳言太多了。作家应该说些

---

① 《晚华集》,百花文艺出版社1979年版。

真诚的话。如果没有真诚,还算什么作家? 还有什么艺术?

我们要坚强起来,也要诚实起来。我们要把丢掉了的现实主义再拾起来,充分地发挥它的作用。

他最多不过讲了十分钟吧,讲的这些内容,便首先成了他本人的行动纲领。特别是对现实主义,他不只身体力行,而且联系实际,做了许多独到的发挥和解释。例如,他说《水浒传》写郓城书吏宋江写得成功,写水泊首领宋江,则无能为力。因为作者熟悉书吏,而不大了解水泊首领的生活。与此相反,《西游记》写猴、猪等怪,全以写人的笔法出之,因而生动。《聊斋志异》写狐鬼,成功之道亦在此点。他由此得出结论说:"凡是小说,起步于人生,遂成典型;起步于天上,人物反如纸扎泥塑,生气全无。""一个作者,有几分见识,有多少阅历,就去写同等的生活,同类的人物,虽不成功,离题还不会太远。自己识见很低,又不肯用功学习,努力体验,而热衷于创造出一个为万世师、为天下法的英雄豪杰,就很可能成为俗话说的:'画虎不成,反类其犬。'"[①]

1979年,笔者在多伦道他的住处访问他,在很短的谈话时间里,他也谈到现实主义。他说,就是海市蜃楼,也是实体的幻景,没有同样的实体,它便无从产生。关于不同时代的现实主义名称问题(例如,我们今天往往要在现实主义前面加上"革命"二字),他好像并不十分重视。他认为,不同时代、不同条件下的作家们进行创作,会很自然地互相区别开来,用不着特别加上一个什么名词。后来,我们看到他在一次同客人的谈话里,更详细地谈到了这些问题。客问:

"我看你近来写文章,只谈现实主义,很少谈浪漫主义。"

"是的,我近来不大喜欢谈浪漫主义了。"

"什么原因呢?"

[①] 《耕堂读书记(二)》,《孙犁文集》第七卷,百花文艺出版社1982年版。

"我以为在文学创作上,我们当前的急务,是恢复几乎失去了的现实主义传统。现实主义是古今中外文学创作的主流,它可以说是浪漫主义的基础。失去了现实主义,还谈什么浪漫主义?前些年,对现实主义有误解,对浪漫主义的误解则尤甚,已经近于歪曲。浪漫主义被当成是说大话,说绝话,说谎话。被当成是上天入地,刀山火海,装疯卖傻。以为这种虚妄的东西越多,就越能构成浪漫主义。因此,发誓赌咒,撒泼骂街也成了浪漫主义不可缺少的东西。

"我认为浪漫主义虽是文艺思潮史上的一种流派,作为创作方法,浪漫主义必须以现实主义为根基。浪漫主义是从现实主义的基础上升华出来,没有凭空设想的浪漫主义。海市蜃楼的景象,也得有特定的物质基础,才能出现。"

"我注意到,你在现实主义之上也不加限制词。这是什么道理?"

"我以为没有什么必要,认真去做,效果会是一样的。"[①]

这样一个脚踏实地,热烈地执着于现实的作家,不知怎么一来,当"文革"刚刚结束,却有人传说他看破了红尘。消息传到北京,一次,周扬到天津来,问他:"你看破红尘了吗?"他说:"没有。我尘心很重。"

是的,他确实尘心很重。他读《庄子》,用的是王先谦的集解本,看见他在序里说:"余治此有年,领其要,得三语焉。曰:喜怒哀乐,不入于胸次。窃尝持此,以为卫生之经,而果有益也。"对这种说法,他很不以为然:"如果庄子本人能够做到这一点,他就不可能写出这样充满喜怒哀乐的文章了。凡是愤世嫉俗之作,都是因为作者对现实感情过深产生的。这一点,与'卫生'是背道而驰的。"[②] 对于《红楼梦》,他也是这样看的,曹雪芹如果抱着"出世"思想,他根本就写不出这样的书来。

[①②] 《耕堂读书记(一)》,《孙犁文集》第七卷,百花文艺出版社1982年版。

孙犁在"文革"期间,尚且"对生之恋慕,不绝如缕"①,怎么可能在"文革"之后看破红尘呢?他倒是买过一些佛经,有的是为了练习毛笔字(那些石刻或影印的唐人写经,大都书法精良,惹他喜爱),大部头的,很难卒读,他只读过一篇很短的"心经",觉得作为文化遗产,佛教经典是可以研究的。但他绝不相信,生当现世,会有人真正信奉它。就是佛教的盛世,如南北朝和唐朝,对佛教的崇奉,也只是政治作用。至于百姓出家,大都为了衣食;而一入佛门,苦恼甚于尘世,这从小说里也可以看到。这就是他对于佛教的看法。看法如此,他怎么可能看破红尘呢?

据此,当有人传说贾平凹也有"出世"思想的时候,他同样是不相信的。"心是菩提树,身为明镜台,明镜本清净,何处染尘埃?"与现实绝缘到如此程度,怎么还当得成作家?反之,一个一向热烈地寄情于现实的作家,也是不会向往佛门的。

孙犁说:"我从来也没有想到西天去,我觉得那里也不见得是乐土。你看小说,唐僧奔那儿去的时候,多么苦恼,他手下那两个干部,人事关系多么紧张。北京团城,有座玉佛,很美丽,我曾为她写过两首诗。但我并不羡慕她那种处境,虽然那地方,还算幽静。我没有看破红尘,我还要写东西。"②

二、为了耕耘

可是,文坛实在很不清静,生活中扰人的事情也太多了。为了前进,他竟需要随时忘记一些事情。

他想起抗战期间在晋察冀工作的时候,和一位同志闲谈,不知由何

---

① 《书衣文录再跋》,《陋巷集》,百花文艺出版社1987年版。
② 《文学和生活的路》,《孙犁文集》第六卷,百花文艺出版社1982年版。

引起，这位同志说："人能忘和能记，是人的两大本能。人不能记，固然不能生存；如不能忘，也是活不下去的。"他那时年轻，并不以这话为然，以为他有什么不幸或不快之事压在心头，所以才这样说的吧。

这也不错，孙犁那时确实年轻，很富于幻想和追求，他可以坐在道边、河边、树下或山头，追念往昔，瞻望将来，醉心于甜蜜的遐想之中，忘记了周围的一切。

后来，随着年龄和阅历的增加，烦恼和忧愁多了起来，这才重又想起那位同志的话，并开始赞成。特别是十年动乱之后，他简直是在忘字上下功夫了。因为"每逢那些年，那些事，那些人，在我的记忆中出现时，我就会心浮气动，六神失据，忽忽不知所归……我想：此非养身立命之道也。身历其境时，没有死去，以求解脱。活过来了，反以回忆伤生废业，非智者之所当为。"①这样，他就开始"忘"——准确些说，是不去想。他觉得这么一来，在思想意识和日常生活上，果然达观得多了：

  比如街道之上，垃圾阻塞，则改路而行之；庭院之内，流氓滋事，则关门以避之。至于更细小的事，比如食品卫生不好，吃饭时米里有砂子，菜里有虫子，则合眉闭眼，囫囵而吞之。这在嫉恶如仇并有些洁癖的青年时代，是绝对做不到的，目前是"修养"到家了。

  当然，这种近似麻木不仁的处世哲学，是不能向人推行的。我这样做，也不过是为了排除一些干扰，集中一点精力，利用余生，做一些自己认为有益的工作。②

这些话，有些近于愤世嫉俗，好像不用过分认真；其实，在大多数

---

①② 《芸斋琐谈·谈忘》，《远道集》，百花文艺出版社1984年版。

情况下，都是他的生活的写照。流氓滋事不用说了，在他住的那个大杂院里，已经不算稀罕事；他年老体弱，自然只有退避求安。但是，关在家里，就能安然无事吗？也不一定。有一天中午，他正要休息，忽然门被推开，一条汉子探身进来，手里举着一把明晃晃的菜刀。他一打愣，就听见对方问：

"买刀么？"

他放下了心。他不买刀。汉子退走了，他可一时不能入睡了。

文坛的事也很麻烦，这里也远远不是"净土"，就是老实人，也可能被人当作踏脚板，被踩得一塌糊涂。这些，也是孙犁的经验。对于这些，他以为：能躲开就躲开，躲不开就得看开一些。他的武器仍然是防御性的：不与好利之徒争利，不与好名之徒争名。

这倒是孙犁的一贯思想。还在"文革"后期，要落实政策了，报社革委会主任示意要他当文艺组的顾问，他一笑置之，未予理会。过了一阵，主任召见他，说：

"这次不是文艺组的顾问，是报社的顾问。"加了一级。

"加钱吗？"孙犁问。

主任严肃地说：

"不能加钱。"

"午饭加菜吗？"

主任笑了：

"也不加菜。"

"我不干。"

他出来了，忘记了"慎言"的自戒，把主任撂在了那里。

粉碎"四人帮"以后，他还是当上了《天津日报》的顾问。过了些时候，他终于向报社编委会和市委宣传部提出申请，辞去了这一名义及其他事务，要求离休。早些时候，还提出辞去天津作协分会的职务。当他离休的要求实现之后，他在给别人的信里高兴地说："……辞去了所有的职衔,做到了真正的无官一身轻。虽然失去了一些方面,但内心是逍遥自在的。这样就可以集中剩余的一点精力,读一点书,写一点文章了。"① 基于同样的原因,当丁玲、舒群领衔的《中国》文学双月刊创刊之时,编委名单上要列他的名字,他也婉辞了。

他显然对有些现象很不满意,写了一篇《官浮于文》②,在《文艺报》上发表了。他了解到一些情况,这些情况构成了一个时期的某种病态现象,不妨存录如下,作为时代的参考:

> 最近收到某县一个文艺社办的四开小报,在两面报缝中间,接连刊载着这一文艺社和它所办刊物的人事名单。文艺社设顾问九人(国内名流或其上级人员),名誉社长一人,副社长八人,秘书长一人,副秘书长二人。此外还有理事会:理事长一人,副理事长七人,常务理事十人,理事二十一人,并附言:"本届保留三名理事名额,根据情况,经理事会研究,报文艺社批准。"这就是说,理事实际将升为二十四人。
>
> 以上是文艺社的组成。所办小报(月报)则设:主编一人,副主编七人,编委十四人。现在是6月份,收到的刊物是1985年第一期,实际是不定期了。看了一下,质量平平。

他认为,一个县为联络感情、交流心得,成立文艺社是应该的;但这样大而重叠的机构,却有些令人吃惊。"目前文艺界开会,对创作讨论少,对人事费心多,这已经不是个别地方的事,因此不能责怪下面。""文艺团体变为官场,已非一朝一夕之事,而越嚷改革,官场气越大,却令人不解。"

---

① 《和青年作家李贯通的通信》,《陋巷集》,百花文艺出版社1987年版。
② 《陋巷集》,百花文艺出版社1987年版。

他带着这个"不解"的问题,去问一位熟悉情况的同志,这位同志原是某协会的秘书长,是孙犁劝他退下来,专心从事创作的:

"争一个主席、副主席,一个理事,甚至一个会员代表,一个专业作家,究竟有什么好处,令人弄得如此眼红心热呢?"

他得到的回答很带点儿幽默的味道:

"你不去争,自有你不争的道理和原因,至于你为什么没有尝到其中的甜头,这里先不谈。现在只谈争的必要。你不要把文艺官儿,如主席、主任之类,只看成是个名,它是名实相副,甚至实大于名。官一到手,实惠也就到手,而且常常出乎一般人预料。过去,你中个进士,也不过放你个七品县令,俸禄而已。现在的实惠,则包括种种。实惠以外,还有影响。比如,你没有个官衔,就是日常小事,你也不好应付,就不用说社会上以及国内国外的影响了。"

他听了这一席话,很有些感触,不觉也幽默起来:"鼓励"这位同志再弄个官儿干几年。结果,阴差阳错,这位同志又当了某研究会的会长。

孙犁自己却更加清静起来,甚至连电话机也不肯装。论资格,他能装;公家早就要给他装,他不要。他操着冀中乡音对访问者说:"装它有嘛(什么)用呢?他们说这是级别的标志,可我要级别有嘛用呢?"

当一些人在官场甚至在市场拼命追逐,把自己的生活搞得花红柳绿的时候,他连自己的日常生活方式也"淡化"了。他倒不是故意这样做,实在是出于习惯。

进城那年,他买了一个火炉,直到1988年秋天搬离多伦道的大院,他用了差不多整整四十年。火炉伴他度过了壮年,迎来了晚年,老母、妻子去世了,儿女们长大成人,远走高飞了,火炉仍然陪伴着他,只是表面生了一层红色的铁锈。每年生火前,他都要为它清理一番,然后,他们就共同携手,度过冬天——炉膛内升起了橘红色的火焰,他心里也升起了温柔的诗:

> 我坐在它的身边。每天早起,我把它点着,每天晚上,我把它封盖。我坐在它身边,吃饭,喝茶,吸烟,深思。
>
> 我好吃烤的东西,好吃有些糊味的东西。每天下午三点钟,我午睡起来,在它上面烤两片馒头,在炉前慢慢咀嚼着,自得其乐,感谢上天的赐予。①

不仅如此,他还好喝棒子面粥哩,这也是自幼在农村养成的习惯:

> 我好喝棒子面粥,几乎长年不断,晚上多煮一些,第二天早晨,还可以吃一顿。秋后,如果再加些菜叶、红薯、胡萝卜什么的,就更好吃了。冬天坐在暖炕上,两手捧碗,缩脖而啜之,确实像郑板桥说的,是人生一大享受。②

总之,对他来说,温饱就可以了,有个躲避风雨的住处就可以了。此外,别无所求。宋人有诗:"百里西风禾黍香,鸣泉落窦谷登场。老牛粗了耕耘债,啮草坡头卧夕阳。"③而他,却只是犁,犁,犁,这耕耘债,永远没有"了"的那一天。而且,他吃的是草,挤出的也是牛奶呢。

这种生活,肯定不会得到有些人的理解。有一个青年,采访他的生活起居,观察半日,没有发现有趣的东西,回去写了一篇印象记,寄给他看,其中竟有这样的句子:"我从这位老人那里,看到的只是孤独枯寂,使我感到,人到老年,实在没有什么乐趣。因此我想,活到六十岁,最好是死去!"孙犁看后,把最后两句删去了,因为作者让他提意见,而他还要活下去呀。

不管别人怎么看、怎么说,他很喜欢自己这种有点儿寂寞也有点儿

---

① 《火炉》,《远道集》,百花文艺出版社1984年版。
② 《吃粥有感》,《晚华集》,百花文艺出版社1979年版。
③ 孔平仲:《禾熟》。

恬淡的生活方式，因为这种生活方式保证了他的时间和精力，保证了他的从容写作的心情。1979年以来，仅新写作的集子，他就出版了七本：《晚华集》、《秀露集》、《澹定集》、《尺泽集》、《远道集》、《老荒集》、《陋巷集》。他知道晚年的这些时间得来不易，而且"也很有限了"，因此，他"宁可闭门谢客，面壁南窗，展吐余丝，织补过往。毁誉荣枯，是不在意中的了。"①

为了耕耘，他只能这样生活。

三、大　院

也有人写访问记，美化他的生活环境，说他的住处，高墙大院，西式平房，墙上是名人字画，书橱里是……是什么呢？总之，他的居室好像到处都是宝贝，非凡人所住，是仙境，竟至引出一个青年来信说，要到他家来做"食客"。

其实，如前面讲过的，说到这座大院，原先倒是不错，可惜访问者没见着。经过动乱和地震，他看到的只能是断壁颓垣，满地垃圾。孙犁的住屋虽然高大，无奈门窗破败，到处通风，墙壁也有些黝暗。地上不只放着煤球和白菜，屋顶上还有蛛网，至于蚊蝇和老鼠，也在所难免。这明明是20世纪70和80年代天津一个普通大杂院的现实，访问者却故意不看，神乎其神地美化着一个作家的生活环境，孙犁对此很不满意。

至于因为苦闷和无聊，和他开开玩笑的，也不乏人。前者尚属好心，后者连这个也谈不到，他们的行为，只能当个笑话看看了：

……比如，我在一篇文章的末尾注明：降温，披棉袄作。他就来信问："你一张照片上，不是穿着大衣吗？"又如，我同记者谈话

---

① 《关于我的琐谈》，《尺泽集》，百花文艺出版社1982年版。

时说,"文化大革命"时,有人造谣说我吃的饭是透明的。他就又问:"那就是藕粉,'荷花淀'出产的很多,你还买不起吗?"①

孙犁明白,比起"棍子"来,这是"小巫",虽然他们常常有异曲同工之妙,也只好置之不理。

而且,他的房子也还漏雨呢。自从1972年让他搬回来以后,便开始了不断修房的生涯。其中1977年秋天的一次,大概算是"大修",他在这年8月3日给韩映山的信里,记下了这次修房的情景:

> 我的房昨天下午,顶棚塌了一块,夜间大雨,我通宵未眠,总结这两年的修房经验为:
>
> 不漏不修,不修不漏,越漏越修,越修越漏。
>
> 每日来四五人修房,招待烟茶糖果、西瓜,上房一小时,陪坐二小时,上下午都如此,实是苦事。所以,房顶漏雨如瀑布一般,我也觉得没有什么,今天院中积水大腿深,像乡下发了大水,所有临建都泡了……②

他在1983年写了一篇"芸斋小说",题目就叫《修房》③:每到雨季,他的住所几乎无处不漏,所有桶、盆、盂、罐……全用来接漏水,还是顾此失彼,应接不暇,天花板大片洇湿,接着是大片坠落。"一天夜里,乒乓乱响,后屋一角,水如狂瀑,我接连从窗口往外倾倒出十几桶雨水。"修吧,打电话给本区房管站,不来;亲自去请,来人只登记一下,便没有了下文。"我自己想,房管站可能是突出政治,不愿意给'走资派'修房,正如医院不愿给'走资派'看病一样。同院有一家是军属,房也

---

① 《致贾平凹》,《远道集》,百花文艺出版社1984年版。
② 《澹定集》,百花文艺出版社1981年版。
③ 《远道集》,百花文艺出版社1984年版。

漏了，请来了人。第一天，没有带家具，几位工人坐在院里小亭下，喝完茶，吸完烟，一到上午11点就下班走了。第二天，带了家具来，还推了一斗车白灰泥来，又是喝茶吸烟，到10点半钟，一个小伙子上房了，把灰泥系上去，11点又都下班走了。原来是把一小车灰泥，倒在瓦垄里，就算修好了。从此房顶走水不利，下雨时，屋里漏得更欢了。"

如此修房法，他哪里敢去再惹？何况还要送上厚礼。

但是，登记修房的人自己闯了进来。这是一个有明显的流氓习气的中年人，他好像已了解了孙犁的一切：

"你的书不少呀。"

"嗯。"孙犁只应了这一个字，表示无可奉告。他笑了：

"听说你的书都很贵重。"

"也说不上。"孙犁仍漫不经心地说，"买的时候贵重，再卖出去就不值钱了。"

他抓起一本书，翻了起来。这很使孙犁讨厌；再说，书也受了潮，稍一不慎就会撕坏。

"这也算是'四旧'吗？"他笑得越发狡猾了，"新近发还的吗？"

"是。"

"什么名字？"

《湘绮楼日记》。

"房漏吗？"

"不漏，不漏。"

他见无利可图，且又无隙可乘，只好讪讪地走开。

但这是在"文革"期间。"文革"以后，总该好了，事实上如前所说，也不尽如人意，房顶仍是每年漏雨。而且房子周围，由同院的人盖满了小屋，连放个梯子上去修理，也很困难。直到1988年夏天，天花板的一角还塌落一块，幸亏没有伤着人。

大院的风气也发生了变化。

1981年秋天，忽然来了一个人，进门就问：

"你还认得我吗？"

来人有六十多岁了，从声音和举止，孙犁一下子认出他是三十多年前的伙伴——柳荫。那时他们都在晋察冀通讯社工作，不算很亲近；三十多年后的这一面，倒非常亲近了。一般不招待客人吃饭的孙犁，想留柳荫吃顿午饭，客人婉辞了。他说，他带来了三册诗稿，怕孙犁没时间看，放在了朋友那里。孙犁说很愿意看他写的东西，第二天那位朋友就把诗稿送来了。

这是带有回忆录性质的诗，有战争年代的激情贯穿其间，有鲜明的理想悬诸诗外，婉约舒畅，章法完整，节拍和谐。显然，这不是雏凤之声，而是老凤之声。有些青年会说，这是老调重弹，但孙犁喜欢这样的"老调"。他读完后，在凌晨二时，从床上起来，开始为柳荫的诗写点儿什么了①，因为只有这个时候，大院里最安静。

终于，太阳出来了，谁家的收音机里传出了歌声，车铃声也在院子里响起来，新的一天的嘈杂，重又统治了大院。孙犁写道：

> 我也明白，时代不同了，一切都没有过去那么单一了。战歌和牧歌，都不应时了。你听窗子外面是什么声音，斧凿叮咚，青年人在婚前，制造着一米多高的衣柜；"砖来！""泥来！"是住户扩建几平米的小屋。伴奏着劳动之声的，是翻来覆去，百听不厌的"毛毛雨"和"桃花江"。
>
> 在这种环境里，在这种气氛里，老年人感到一点寂寞，也是势所难免理所当然的吧。……

他不怕寂寞，为了耕耘，他甚至追求寂寞，但这里说的寂寞，恰恰

---

① 他写了《读柳荫诗作记》一文，现收入《尺泽集》，百花文艺出版社1982年版。

是嘈杂带给他的，是"砖来！""泥来！""毛毛雨"和"桃花江"带给他的，因此，寂寞成了一种反作用力。

更坏的是，人际关系变得紧张了，"十年动乱，大地震，是人性的大呈现。小人之用心，在于势利，多起自嫉妒。卑鄙阴毒，出人意表。平时闷闷，唯恐天下不乱。一遇机会，则乘国家之危，他人之不幸，刀砍斧劫，什么事都干得出来。"① 前几年，有位老同事对他说：

"再遇大乱，还有老百姓，像根据地那样，掩护我们吗？"

孙犁笑而不答。他想：不出大门，五步之内，会遇到什么人都很难说，还谈什么根据地呢。

孙犁自从1951年迁居此院，除了"文革"三年，到1988年迁出，在这里住了三十七年，是最老的住户了。人地两熟，自然是好事，但这里常常勾起他的不愉快的回忆和对未来的恐惧。例如，1975年12月2日写的《书衣文录》里就有这样的话："近日为邻居在窗下盖小房生气，甚无谓也。然迫使余深思当前环境及将来可能遭遇。要之，应随时克制，慎之！"② 可见，这心情由来已久。大院是一个小世界，在这里，他实在不愿再看到一些人的面孔，不愿再听到一些人的声音，否则，白天会使他五内不安，夜间会使他辗转反侧。

作为三十七年院内生活的总结，他在迁出之前，写下了这样的话：

> 三十七年间，私人之事有：我之得病，母亲去世。"文革"中，白昼轮番抄家，夤夜聚众入室。限两小时，扫地出门，流放到佟楼去等等。国家之事有：反胡风，反丁陈，三年困难，"文化革命"，大地震等等。他人之事，亦变幻百端，不及详记。
>
> ············

---

① 孙犁：《转移》，1988年7月17日《光明日报》。
② 《书衣文录·曲洧旧闻》，《耕堂杂录》，河北人民出版社1981年版。

大院之变化，亦时代之缩影。在这里，静观默察，确实看到了，近似沧海桑田的自然景观；也体会到了，无数翻云覆雨的人情世态。很多是过去不能懂得的。①

以这个大院为题材和涉及这个大院的作品，他已经写了不少了。这也是时代的记录。

四、交　游

有一次，他对韩映山说："我有很多缺点，其中主要的是闇于知人，临事寡断。"韩映山回答说："是这样，你有这种缺点。"孙犁很喜欢韩的坦率直言，以为这非常可贵。他想，如果对别人这样说，那回答可能相反；但一遇风吹草动，还是率性直言的朋友可靠。因为他看到前些年，在林彪、"四人帮"的影响下，单是在文人中，那种以文艺为趋附手段，有势则附而为友，无势则去而为敌的现象，也太多了。他说，这实际上已远劣于市道之交了。

韩映山，河北省高阳县人，初中毕业后即回乡生产，坚持业余写作，作品清新、朴素，充满平原和水乡情趣，50年代以来，出版有短篇集《水乡散记》、《作画》、《紫苇集》、《红菱集》以及中篇集《串枝红》、《满淀荷花香》等。他认识孙犁，是在1952年冬季，那时他还在保定读初中，是由诗人远千里引见的。后来，他经常给《天津日报》的文艺副刊投稿，仍和孙犁保持着密切的文字交往。

远千里是孙犁十分怀念的一位朋友。他也是冀中人，家在河北省任丘县。1930年考入保定第二师范，和梁斌相善。喜欢《拓荒者》、《太阳月刊》等左翼刊物上的诗，也学着写，并于同年加入左联。关于他，还

---

① 《转移》，1988年7月17日《光明日报》。

在"文革"期间，孙犁就在自己决没有想到会发表的《书衣文录》里，一再写下披肝沥胆的文字。那是一本《三唱集》，远的遗作，孙犁题签。这一天是1975年的9月8日，孙犁为这本书包上书皮之后，拿起笔来写上："再为此册题字，不禁泫然。""我的字写得多难看！可是当时千里一定叫我写，我也竟写了。千里重友情，虽知我的字不好，还是要我写。"

为什么说"再为此册题字"呢？原来，他在1973年4月13日晚，在包书皮时题过一次字，现在重装此书，他就又题了一次字。而且，他把上次题字的摘要，也移抄在新包装的书皮上了：

此系远的诗集，他在抗日期间，还写些歌词。书面题字是我写的。今天整理残书，去其污染，粘其破裂，装以薄纸，题记数语。

余于友朋，情分甚薄。无金兰之契结，无酒食之征逐，无肝胆之言语，无密昵之过从。因之无深交，多不详其家世、学历、年龄。

他是20年代书生模样，文质彬彬，风度很好，对我关心。数十年来，相与之间，无言语之龃龉，无道义之遗憾。

他写的诗，明白畅晓，我所喜爱。

人之一生，欢乐痛苦，随身逝而消息全亡。虽父母妻子，亦只能讲述其断片。此后，或有说者，或无听者；或念者少而忘者多。或知者不言，或言者不知。其见证较久远者，其为遗书。能引起我对远的全部回忆的，就是他这本诗集了。故珍重记述如上，以备身体较好，能有较详细的关于他的记述。①

他的心愿实现了，1976年12月7日夜，即粉碎"四人帮"刚刚两个月，他就写了那篇《远的怀念》。这可以说是他重登文坛之后写的第一

---

① 《书衣文录·三唱集》，《耕堂杂录》，河北人民出版社1981年版。

篇作品，虽然发表的时间较晚①。远在1968年被迫害致死，文章写道："听到远的死耗，我正在干校的菜窖里整理白菜。这个消息，在我已经麻木的脑子里，沉重的轰击了一声。夜晚回到住处，不能入睡。"特别是结尾的几句话，据我们所知，很多喜欢他的散文的读者，差不多都能背诵了：

  现在，不知他魂飞何处，或在丛莽，或在云天，或徘徊冥途，或审视谛听，不会很快就随风流散，无处招唤吧。历史和事实都会证明：这是一个美好的，真诚的，善良的灵魂。他无负于国家民族，也无负于人民大众。

他说自己于朋友分上，"情分甚薄"，生前无酒肉征逐，无肝胆言语……但在朋友身后，他却用自己充满真情和道义力量的文字，在读者的心里悄悄筑起了一块碑。在文学史上，远本无赫赫之名，在读者的心里，他至少要生活上一个时期了。

  孙犁在下面讲的一番话，的确也是实情："我从青年时期，列身战斗的行伍，对于旧的朋友之道，是不大讲求的。后来因为身体不好，不耐烦嚣，平时不好宾客，也很少外出交游。对于同志、战友，也不作过严的要求，以为自己也不一定做得到的事，就不要责备人家。"②这一观念，一直到后来，也影响着或支配着他的交际方式。

  一般说来，对面相坐，他比较沉默寡言。之所以这样，据他说，一是因为性格，二是因为疾病，三是因为经验。性格呢，他说自己从小体弱多病，表现在性格方面，优柔寡断；加以多年习文，对周围环境和人事关系，也缺乏知识和应对的能力。疾病就不要说了。至于经验方面，他得着了许多的教训，这里举一个例子。

---

① 该文发表于《人民文学》1978年第9期，后收入《晚华集》（百花文艺出版社1979年版），以后又收入《孙犁文集》第四卷（百花文艺出版社1982年版）。

② 《谈柳宗元》，《孙犁文集》第六卷，百花文艺出版社1982年版。

第九章　晚华老不荒

有一位访问者从他这里走了以后，发表了一篇访问记。孙犁看后吃了一惊：那已经不只是报告文学，而是近似小说的东西了。其实，访问者在他家坐了不过一刻钟，谈了不多几句话，且有第三者在座，可以做证。但在访问记里，孙犁变成了一个讲演家，滔滔不绝地讲着大道理，而且还郑重地打上引号，使孙犁看了，真不禁目瞪口呆了——

  当然，他并不是恶意，引号里的那些话，也都是好话，都是非常正确的话，并对当前的形势，有积极意义。千百年后，也不会有人从中找出毛病来的，可惜我当时并没有说这种话，是作者为了他的主题，才要说的，是为了他那里的工作，才要说的。往不好处说，这叫"造作语言"，往好处说，这是代我"立言"。什么是访问记的写法，什么是小说的写法，可能他分辨不清吧。①

由于这种种原因，他在客座前面一张桌子上，压着一张纸条，上面写着：本人因年老体衰，谈话时间不宜过长（大意）。这固然是对自己身体和精力的一项保护性措施，而对于那种喜欢寻章摘句、捕风捉影的人，也不失为一种限制性手段。他是主张"慎言"的，以为写出的文章，虽经反复推敲、修改，尚且难免出错，更何况侃侃而谈、言多语失呢？即使不失，还会传错、领会错呢，那时再解释、更正，也未必来得及了。

有时也会引出小小的插曲。有一次，谌容来了，回去以后，写来一封短信：

孙犁同志：

  他们警告我说，您接待客人只限十分钟。可我不知不觉在您的

---

① 《芸斋琐谈·谈慎》，《尺泽集》，百花文艺出版社1982年版。

椅子上坐了一小时,听你谈笑。回来一想,占了你那么多时间,心里很过意不去。您那篇稿子写完了吧? 发在什么地方,我很想看看那被我打扰过的文章。

寄上我的农村题材小书一本,望你批评指正。

您一定要多走些路,在院子里也好。

祝您

逍遥自在!

信就是这么长。孙犁接到后,写了一封足有八倍于此(近两千字)的长信,热情地和她谈道论文,除了对方的作品,还谈小说的两种写法,谈鲁迅,谈莫泊桑、契诃夫,谈《红楼梦》、茅盾……夸张一点说,真是题开八面,略无拘牵,不像一个拘谨的或衰病的老人。关于那张纸条,信里说:"有些事,是越传越邪乎的。这几年,在我的方桌角上,倒是压着一张小纸条,不过是说,年老多病,亲友体谅,谈话时间,不宜过长。后来就传说,限在十五分钟,进而又说只限十分钟,其实不是那么回事。我不大轻信传言,即使别人的访问、回忆等等文字记述,有关我自己的,也常发见驴唇不对马嘴,有时颠倒事实。我看过常常叹气,认为载记之难,人言、历史之不可尽信,是有根据的。"[①]

他虽少交际,但在待人方面是非常真诚的。对于朋友,他心里的热情,绝对比表现出来的要深厚、强烈得多。特别是在青年时代、艰苦岁月建立的友情,他自己形容说是如同板上钉钉,钉虽拔去,板有裂痕,"每当我想起他们的时候,心里是充满无限伤痛的。"[②] 正因为这样,"自从1976年,我开始能表达一点真实的情感的时候,我却非常怀念这些年死去的伙伴,想写一点什么来纪念我们过去那一段难得再有的战斗生活。

---

① 《和谌容的通信》,《陋巷集》,百花文艺出版社1987年版。

② 《近作散文的后记》,《晚华集》,百花文艺出版社1979年版。

这种感情，强烈而迫切，慨叹而戚怆……"① 这些文章，除了前面说过的《远的怀念》，还有《伙伴的回忆》（记侯金镜、郭小川）、《回忆何其芳同志》、《悼画家马达》、《谈赵树理》、《夜思》（记张冠伦）、《悼念李季同志》、《悼念田间》，以及写于60年代，同样可以归于这一类文章的《回忆沙可夫同志》、《清明随笔》（记邵子南）等等。

他是一个非常富于感情的人，青年时代，每读鲁迅先生的《为了忘却的记念》，他都感动得流下热泪。到老来仍是如此。他读安徒生的《丑小鸭》，几天都不能心情平静，他给铁凝写信说：

> ……它写的只是一只小鸭，但几乎包括了宇宙间的真理，充满人生的七情六欲，多弦外之音，能旁敲侧击。尽了艺术家的能事，成为不朽的杰作。何以至此呢？不外真诚善意，明识远见，良知良能，天籁之音！
>
> 这一切都是一个艺术家应该具备的。童话如此，一切艺术无不如此。这是艺术唯一无二的灵魂，也是跻于艺术官殿的不二法门。
>
> 你年纪很小。我每逢想到这些，我的眼睛都要潮湿。我并不愿同你们多谈此中的甘苦。②

这个时期，他结识了一批中青年作家，北京来访的，尤其多。无须讳言，由于年龄、经历、学养等等的差异，他们的见解并不总是一样；但一般说来，他们相处得是很不错的。这从孙犁方面说，用得着今天人们常说的一个字眼，那就是理解。对于这些思想、风格、手法、趣味……连他们自己也往往各自迥异的中青年作家们，他总是设法去理解他们。不是迁就，是有条件的赞同和鼓励。当然，也不乏会心的击节赞赏

---

① 《谈柳宗元》，《晚华集》，百花文艺出版社1979年版。
② 《致铁凝信》，《秀露集》，百花文艺出版社1981年版。

和诚恳的直言谠论。好在他谈的是作品，是艺术，而艺术本身的路子是十分宽广的，要做的题目很多，他不一定去钻牛角尖或是死胡同。

比起见面，他更习惯于笔谈，即名副其实的文字之交。他给贾平凹写信说："我很孤独寂寞，对于朋友，也时常思念，但我怕朋友们真的来了，会说我待人冷淡。有些老朋友，他们的印象里，还是青年时代的我，一旦相见，我怕使他们失望。对于新交，他们是从我过去的作品认识我的，见面以后，我也担心他们会说是判若两人。"①

经验告诉他，和有些人见面，也确有某些不便之处。举例来说，他讨厌那种标榜自己一贯正确，实际今日宗杨，明日师墨，高兴时鹦鹉学舌，不高兴时反咬一口的人。他觉得和这种人对坐，最好闭口。

对于领导他的人，他很尊重，但不愿多去接近。有的人不一定是领导，文化修养也不见得高，但有些实权，好摆点官架，且能承上启下、汇报情况。孙犁最不会应付这种人。

他写过一篇《菜花》②，满可以形容他的为人：

> 去年冬季贮存下来的大白菜，都近于干枯了，做饭时，常常只用上面的一些嫩叶，根部一大块就放置在那里。一过清明节，有些菜头就会鼓胀起来，俗语叫做菜怀胎。慢慢把菜帮剥掉，里面就露出一株连在菜根上的嫩黄菜花，顶上已经布满像一堆小米粒的花蕊。把根部铲平，放在水盆里，安置在书案上，是我书房中的一种开春景观。
>
> 菜花，亭亭玉立，明丽自然，淡雅清净。它没有香味，因此也就没有什么异味。色彩单调，因此也就没有斑驳。平常得很，就是这种黄色。但普天之下，除去菜花，再也见不到这种黄色了。

---

① 《致贾平凹》，《远道集》，百花文艺出版社1984年版。
② 1988年6月5日《光明日报》。

没有香味，也就没有异味；色彩单调，也就没有斑驳；是黄色，但，是普天之下独一无二的这种黄色；而且那样淡雅清净，论出身，决不高贵……这一切，不是他是谁？

这种特性本身，就是怕干扰的，所以，它只能摆在书案上。

"文革"后期，有一年春节，在石家庄纱厂工作的大女儿（小苹）来了。一天中午，儿子（小达）来接大姐到佟楼自己的家里住两天。这日正赶上孙犁心里发烦，就对女儿说："去吧，让爹安静安静。"女儿三十一岁了，从十六岁进纱厂，很早就帮助父亲分挑起生活的重担，很知道体爱父母。这样的儿女往往是心重的，听到父亲这样说，心里很不高兴。孙犁察觉了，愁闷有加，但是没有再说什么。

原来，他的好静，不只对朋友，对家里人也是这样。

下面又是一件小事，仍发生在"文革"期间，见于他的《〈书衣文录〉拾补》①。这一次，却是对朋友："整日烦躁，晚尤甚，而艾文会来。告以病，不去。伺余用饭毕，此公之故态也。""文革"后，他发觉不对了，在这条《书衣文录》下面，补写了一个"附记"："此实文会对我之关心。文会已作古。求实心，热心帮人如彼者，今已难矣。余好烦，得罪好朋友，而文会不以为意，甚可念也。文会晚境寂寞，思之黯然。"

他以为，对于朋友，不能要求太严，有时要能谅（他信奉古人的交友之道：友直、友谅、友多闻）。谅是交友的重要一条。上面那件事，也说明了他对朋友的谅——自然，朋友对他也是谅的。

他在育德中学读书时，有一位非常要好的同班同学。这位同学是蠡县人，漂亮而温和，孙犁喜欢和这样的人交朋友。

他叫李之琏，中学毕业后，考入北平大学的政法学院。孙犁家境困难，没有能够升学，也没有很多闲钱买书。他知道孙犁喜欢读上海神州

---

① 《陋巷集》，百花文艺出版社1987年版。

国光社出版的一种读书杂志，其中有三期是关于中国社会史的论战专号，孙犁尤其爱读。于是，他就买了两期送给他，并写信说：虽然每篇文章都标榜唯物史观，有些人的论点是错误的。又说，刘仁静的文章比较好。孙犁很佩服这位同学的政治学识。

高中毕业后，孙犁在北平当小职员时，忽然接到李从监狱寄来的信。他当时未涉足政治，胆子小，便约了一个伴儿去看他。在一个小小的窗口，他们交谈了几句，而且几乎同时落下眼泪。

抗战爆发后，李一出狱就加入了抗日队伍。吕正操的人民自卫军驻安国县时，他就住在孙犁父亲的店铺里。因为有他，父亲对孙犁出来抗日，才减少了些疑虑。1938年，他去延安。后来孙犁也去延安，他每次去鲁艺看孙犁，总要带上一本粉连纸印的军政杂志。他知道孙犁吸烟，当时卷烟纸又很难买；这本杂志正好在看过之后，再为得主尽一次义务。

新中国成立后，李先后担任中南局干部处长和中宣部秘书长。在他快要当副部长的时候，因为替某作家说了几句话，成为右派，最后流放新疆。行前，他到天津一趟，孙犁送了他一些路费和两本书：《纪氏五种》（内有关于新疆的笔记）和《聊斋志异》。他没有收《聊斋志异》，让孙犁自己留着看。

"文革"后，李得到平反，当了中纪委的常委。孙犁感到很光荣，对人说："官儿，之琏做得够大了，这在过去，就是左都御史！"

孙犁曾引古人的话说：一生一死，乃见交情。他和李之琏，也是经过了沧桑世变的真知交。

但是，即使对这位从少年时代就建立了感情的同窗好友，孙犁也没有放弃他的某种"脾气"。他回忆起一件事：

> 最使我想起来感动，也惭愧的，是他对我的体谅。有一次，他到天津，下了火车就来看我，天已经黑了。他是想住在我这里的，

他知道我孤僻,就试探着问:

"你就一个人睡在这里吧?"

我说是。却没有留他住下。他只好又住到他哥哥那里去了。

如果是别人,遇见这样不近人情的事,一定绝交了,他并不见怪。①

李之琏也喜欢文学,从工作岗位上退下来以后,想写作,孙犁马上回信鼓励。他写了关于丁玲的回忆,孙犁读后,认为很好,大部分材料是首次披露,叙述之中也很有感情,但劝他不要急于发表。无他,主要是文艺界情形仍很复杂,不如过些时候再说。孙犁为这位老同学考虑得很周到:如发表,以什么刊物为宜,怎样做,都想到了。好事多磨,我们等着吧。

五、理解和误会

所谓"闇于知人",也是相对的。作为一个作家,他非常敏感,很会观察人,通过内心抓个性和特点。如说曾秀苍(长篇小说《太阳从东方升起》、《山鸣谷应》的作者):"他这个人,不好交际,更不会出风头。你和他说话,他从来不会和你辩论。你和他走路,他总是落在后面。""别人看来,他是一个不入时的,微弱渺小的,封闭型的人物。但是,不久就会证明,在编辑出版部门,他能做的,他已经做过的工作,其精确程度,其出色部分,后继不一定有人,或者有人,不一定能够达到。"②他说阿凤是:为人谨慎,与世无争;他的作品与此相符:不着先鞭,不触时忌。甚至对于古人,如柳宗元、翁同龢、王国维……他也能够通过他们

---

① 《小同窗》,1988年1月3日《光明日报》。

② 《悼曾秀苍》,1987年11月11日《天津日报》。

的文章或日记，细致地说出他们的性格，乃至心理活动。对于一些现代作家，他也说得非常在理，如说郁达夫："遇人不淑，离散海外……文人不能见机，取祸于无形。天才不可恃，人誉不可信。千古一辙，而郁氏特显。""单从爱情而言，郁氏可谓善于追逐，而不善于掌握；善于婚姻前之筹划，而不善于婚姻后之维持矣。此盖浪漫主义气质所致也。"①反面的例子，是对于周作人。他很讨厌周作人。他说："周作人的散文，号称闲适，其实是不尽然的。……很难想象，一个能写闲适文章的人，在实际行动上，又能一心情愿地去和入侵的敌人合作，甚至与敌人的特务们周旋。他的闲适超脱，是虚伪的。"②

作家所务，在于知人论世，从这方面说，他是不会"闇于知人"的。

方纪晚年身体很不好，1979年春，有一天早晨曾秀苍来到多伦道大院，把一包东西交给孙犁，说：

"方纪同志委托我，把他的一部散文集的清样送给你，请你给他写篇序。"

方纪的衰弱的身影，立刻浮现在他的面前，和青年时代精明强干、热情奔放的方纪，形成了鲜明的对照。1966年以后，他们一直没有见面，只是在最近两次集会上，孙犁才见到他。他看到方纪走路、签名都很吃力，忍不住流下了眼泪，并赶上前去搀扶了他。其实，方纪比他还年轻六岁。

他们过去在冀中共事期间，常常有争吵，甚至吵得面红耳赤，出言不逊，拍案而起。但是，吵归吵，总是不伤道义，不伤感情。所以，吵过后，还是朋友。孙犁的妻子当时就对他们说："你们就像兄弟一样。"

现在，眼前的兄弟却变成了这般模样。而他对自己的文字事业，又是这样眷念、热心，对从前的朋友，还是像从前一样充满信任。这一切

---

① 《书衣文录·达夫书简》，《老荒集》，百花文艺出版社1986年版。
② 《贾平凹散文集序》，《尺泽集》，百花文艺出版社1982年版。

"讯号",迅速地在孙犁的头脑里建立起联系,他觉得太理解这位已经变得十分衰弱的兄弟的感情了。于是,连他自己也非常奇怪,他竟一反常态,改变一向疏懒的性格,立刻回答曾秀苍说:

"请你回去告诉方纪同志,我很愿意做这件工作,并且很快就可以写出来,请他放心。"

序,很快写出来了。这在他,确乎是一种不常见的勇于自任的慷慨态度。而这种态度,就来自他的理解朋友,谙达人情。

1978年以来,他为熟悉的和不甚熟悉的新、老作者以及朋友们,写了不少的序。他向来看重感情,特别是早年战友,总是有求必应。

有一次,一位多年未通音信的老友,接连给他写来两封信,联络感情,随后寄去诗稿,求序。孙犁满口答应了。

他作序,常常避实就虚,或谈感情,或忆往事,使读者在不知不觉中,受到感染和启发,而不喜欢对作品的内容,多做介绍。

这位老友的诗稿,他也没有能够通读,同样就昔日共同经历、朋友交情,说了些话。对诗本身,虽无过多表扬,也无过多贬抑,只说有雕琢之病。这也是他一贯的看法,认为"鼓吹之于序文,自不可少,然当实事求是,求序者不应把作序者视为乐俑"。"老朋友如于我衰迈之年,寄希望于我的谀媚虚假之词,那就很谈不上是相互了解了。"①

序写好后,照例在末尾附了几句话:如不能用,请勿勉强。随后便寄了回去。不久,一家刊物拿走这篇序文,孙犁也写信告诉了老友。值老友外出,两个月后,才回到家中,看见序文。不看则已,一看便立即给孙犁一个加急电报:万勿发表。随后是一封长信:这序如用在书上,或在任何刊物发表,会使他处于"难堪的境地"。

那家刊物远在福州,孙犁即刻发函,追回稿件。当得知已经铸版,又连夜打电报,请编辑硬挖了下来。此外,他又写信给那位老友,做了

---

① 《序的教训》,《远道集》,百花文艺出版社1984年版。

些解释和安慰工作。不料老友又发来加急电报，要求一定撤下序文，以免影响诗集出版。孙犁久久地拿着电报，感到这真是当头棒喝、冷水浇头，热意全消了。他大惑不解："序文不合意，不用在书上就是了。而且稿件俱在，全是一片好意，其中并无不情不义之词，何至影响诗集出版呢？"他屡次说自己愚执，憨诚，好直感实言，因此吃过许多苦头，看来这次也不例外了。但是，"再一转念，老朋友晚年出一本诗集问世，我确也应该多说一些捧场的话。如觉得无话可说，也可以婉言谢绝。我答应了，而没有从多方面考虑，把序写好，致失求者之望，又伤自己之心，可算是一次经验教训吧。"①

那篇序文的最后，是这样几句话：

> 我苟延残喘，其亡也晚。故旧友朋，不弃衰朽，常常以序引之命责成。缅怀往日战斗情谊，我也常常自不量力，率意直陈。好在我说错了，老朋友是可以谅解的。因为他们也知道我的秉性，不易改变，是要带到土里去的了。

他忽然明白，这些话说得过于自信，是一厢情愿的主观想法。若说"闇于知人"，这倒有些像——倒不一定单指这次作序而言。他回想，自己过去写过许多序，别人也可能有意见，只是海涵，隐忍未发而已。

但是，"知人"本来就是一件难事，包括伟大的哲人，也常常有看错人的时候。孙中山先生说，"行易知难"，大概也包括这项内容。

不过，孙犁的心地是十分善良的，一切善良的人都容易犯一个错误：美化他的对象。在这个意义上，孙犁可能确有"闇于知人"的缺点。

这和作序已经没有多大关系，我们把话说远了。现在就拉回原来的

---

① 《序的教训》，《远道集》，百花文艺出版社1984年版。

题目:从1982年6月16日起,他声明不再为别人作序。从此,这个文体——专门谈论别人著述的文体,就在他的笔下消失了。

还有人来试。那也是一位老朋友、老同事,四十年代在河间认识的。他喜欢文学,现在老了,愿意留下一本书。一天黄昏,他带着稿子来到孙犁家里,从纸袋里取出一封未寄的信,然后慢慢地、郑重地说:

"我看,还是亲自来一趟。"

他请孙犁作序,孙犁却拒绝了。这很出他意外,脸沉了下来。

孙犁向他解释了他不得不这样做的原因,但是没有得到理解。老朋友拿起书稿,告辞了,从此没再来过。不久,便传出孙犁不近人情的话。孙犁很苦恼:给人写序,不好;不给人写序,也不好。中国古话说,将心比心。但是,世间人们的心,是有种种不同的,如果谁来把人们相互之间理解的次数和误会的次数做个统计,他大概会失望的。

不过,将心比心还是重要的:比得过,那就通了,就是没有见过面的古人,如柳宗元等等,也可以理解;比不过,那就"堵"了,纵使几十年的老朋友,也会误解,乃至产生隔膜。

这位求序不得的老朋友后来死了,而且死在散步的马路上,有好长时间,都没有人认出他。等有人认出来,送到医院抢救,已经晚了。那是一个深秋,那条马路上树木很多,有许多黄叶,乱纷纷地飘落在他的身上和脸上。

孙犁得悉他的死讯,惆怅良久。他终归觉得,对这位老友欠了点什么,因此,对于他的故去,倍觉难过。他眼前出现了那条马路,和马路两旁的飘落着黄叶的树木。他突然感到,就连树上的黄叶,也所剩无几了,于是,他在桌上铺平了稿纸,开始写悼念这位老友的文章。文章写出来了,题目就叫《黄叶》①。也不必过于寂寞,他们又回到了青年时代:

---

① 1987年10月26日《天津日报》。

他原是一个乡村教师,爱好文学,在《大公报》文艺版发表过小说。抗战后,先在冀中七分区办油印小报,负责通讯工作。敌人五一大"扫荡"以后,转入地下。白天钻进地道里,点着小油灯,给通讯员写信,夜晚,背上稿件转移。

他长得高大、白净,作风温文,谈吐谨慎。在河间,我们常到野外散步。进城后,在一家报社共事多年。

他喜欢散步。当乡村教师时,黄昏放学以后,他好到田野里散步。抗日期间,夜晚行军,也算是散步吧。……

六、文坛小风云

当孙犁能够重新拿起笔来写作的时候,他发现前些年的岁月也并非全是虚度,他显然更加坚定了某些看法。他说,"这些年来:我积累的生活经验之一,就是不语怪力乱神。"①

他很喜欢五代人作的《敬斋泛说》(清末缪荃孙辑录的丛书《藕香零拾》之一种)中的一段话,特请曾秀苍书为小幅,张之座右:

吾闻文章有不当为者五:苟作一也,循物二也,欺心三也,蛊俗四也,不可以示子孙五也。今之作者,异乎吾所闻矣,不以所不当者为患,惟无是五者之为患。

这都是刚刚粉碎"四人帮"以后的事情。他所说的"不语怪力乱神",他借古人之笔,所指摘的"苟作"、"循物"、"欺心"、"蛊俗"、"不可以示子孙"这五种不应该有的行为或现象,都在过去的年代里是非颠倒地,

---

① 《近作散文的后记》,《晚华集》,百花文艺出版社1979年版。

反常态、反理性地发生了。孙犁这样强调它们，自然是希望以后不要再出现类似事情。

结果如何呢？实事求是地说，并不总是令人满意的。

例如，他读了一些诗，他也主张"诗贵有我"。他曾说过，李白、杜甫如果没有自己的东西，就不成其为李白、杜甫了（大意）。但是，他渐渐看出，有些诗是把"我"神化，无限制地扩张"自我意识"，实际是以自我为中心，观察、判断一切，并不断神化自己的天才、灵感、胆量。结果，出现的不是诗，只能说是一种症状：

> 这种诗，以其短促，繁乱，凄厉的节拍，造成一种于时代、于国家都非常不祥的声调。读着这种貌似"革新"的诗，我常常想到：这不是那十年动乱期间一种流行音调的变奏和翻版吗？从神化他人，转而为神化自我，看来是一种新的探索，新的追求。实际上这是一个连贯的，基于自私观念的，丧失良知的，游离于现实和人民群众之外的，带有悲剧性质的幻灭过程。①

这些年来，他读了许多中、青年作家的新作，对于他们作品中的新颖独到之处，一一给予了热情的肯定。仅是他发表文章加以评论、介绍的作家，就有十余位之多，如刘绍棠、从维熙、刘心武、林斤澜、宗璞、李準、贾平凹、铁凝、谌容、张贤亮、鲍昌、邓友梅等等。其中，大部分还曾经是他的座上客。

他并不守旧，如对于弗洛伊德的学说，他还是比较早地提醒人们注意肯定其中合理的价值，只是到了后来，他看到许多人以谈论弗氏学说为时髦，并形成一股"弗洛伊德热"的时候，便不再凑这个热闹了。

关于这一点，1988年，天津市社会科学院的傅正谷，曾在报上发表

---

① 《读柳荫诗作记》，《尺泽集》，百花文艺出版社1982年版。

文章,题目就叫《孙犁与弗洛伊德》①。这位作者说:几年前他从书店购书后去看望孙犁,孙犁问他买的是什么书,他说是弗洛伊德的《精神分析引论》,于是,便引出了孙犁的下列议论:"弗洛伊德此书三十年代就曾出过,弗氏理论在西方亦早成旧论,今人不察,以为是什么新的东西,更下者,只得其皮毛而不深解其意,便大谈以充时髦。实在,弗氏理论是兼有其合理成分和谬误之处的(大意如此)。"下面是这位作者的话:"……1979、1980两年,他又连续三次论及弗氏。要知道,那时弗氏著作尚未大量翻译出版,那些认为孙犁保守论者和以新潮人物自居者,面对这一事实又将如何看待、作何感想呢?"

在文化问题上,孙犁不是一个锁国论者或保守论者。相反,差不多还在十年以前,他就批判了这种现象:"因为文化长期落后,锁国政策破灭,一旦接触外界进步文化,就不能抵御,就迷信崇拜,不能与之较量、战斗。"②这虽是就清末讲的,也仍然没有失去现实的战斗锋芒。关于学习外国文化问题,他这些年来讲得不算少了,他甚至于在给一个作家的信里提出:"要写中国式的散文,要读国外的名家之作。"③显然,他把这看成了一条经验。他说,他极喜爱泰戈尔的散文。

不过,"淤塞过久,一旦开放,泥沙俱下,百货杂陈,必然出现芜杂的局面"④,这也是人们想象得到的吧。

这是一种新的文化环境,与孙犁过去遇到的完全不同。他注意到了周围发生的变化,作为一个清醒的、从不盲从的、拥有自己的独创风格的作家,对周围的一切,他必然采取分析的态度。

因此,在这些年来,人们从他那里常常可以听到一些不同流俗的甚至是空谷足音式的议论;同时,也正因此,不免在他身旁卷起一股小

---

① 1988年11月26日《光明日报》。
② 《耕堂读书记(三)》,《秀露集》,百花文艺出版社1981年版。
③ 《致贾平凹信》,《澹定集》,百花文艺出版社1981年版。
④ 《和青年作家李贯通的通信》,《陋巷集》,百花文艺出版社1987年版。

风云——

学习外国吗？这很好，但是，"翻译文学作品，不能与引进生活资料等量齐观。文学艺术是精神、道德、美学的成品，不能说外国现在时兴什么，畅销什么，我们就介绍什么。首先要考虑的，是我们民族、社会需要什么作品，什么作品对它的健康发展有益。这才是翻译家的崇高职责。"⑤"假若冒充时代的英雄豪杰，窃取外国人的一鳞半甲，今日装程朱，明日扮娼盗，以迎合时好，猎取声名，如此为人，尚且不可，如此创作，就更不可取了。"⑥

鼓励新人新作吗？这当然应该（孙犁自己就是这么做的），但是，必须实事求是，不能一味地捧。而"有些文章，吹捧的调子越来越高，今天一个探索，明天一个突破。又是里程碑，又是时代英雄的典型。反复高歌，年复一年，仔细算算，如果每唱属实，则我们探索到的东西，突破的点，已经不计其数。但细观成果，好像又不是那么回事。这些评论家，也许早已忘记自己歌唱的遍数了。因此使我想到：最靠不住的，是有些评论家加给作家的封诰和桂冠，有时近于江湖相面，只能取个临时吉利。历史将按照它的规律，取舍作品。"⑦

当批评者不再提作家的世界观改造的时候，他把这个问题作为创作的首要问题提了出来："过去，不管作品里的鸡毛蒜皮，评论家都要联系到世界观。这二年（按：作者此文写于1980年），世界观这个词儿，忽然从评论文章中不见了，不知是怎么回事。人生观是作品的灵魂，人生观的不同，形成了文学作品不同的思想境界。最明显的如曹雪芹，托尔斯泰。作者对人生的看法，对人生得出的结论，表现在作品之中，这是如何重要的东西，怎么能避而不谈？"⑧

---

⑤ 《小说杂谈·小说的欧风东渐》，《尺泽集》，百花文艺出版社1982年版。
⑥ 《读萧红作品记》，《尺泽集》，百花文艺出版社1982年版。
⑦ 《读作品记（五）》，《澹定集》，百花文艺出版社1981年版。
⑧ 《读作品记（三）》，《澹定集》，百花文艺出版社1981年版。

当人们否定了高、大、全和假、大、空的"英雄典型"论，一般人对塑造英雄人物讳莫如深的时候，他坦然而理直气壮地说："群众是喜爱英雄的……文学艺术，应该发扬其高级，摈弃其低级，文以载道，给人以高尚的熏陶。创造英雄人物，扬励高尚情操，是文学艺术的理所当然的职责。"①

他还看到一些刊物的插图，男女相依相偎的场面多了，裸露部分多了；有些画面，"或人头倒置，或刀剑乱飞，或飞天抱月，或潜海求珠"。这时，他常常慨叹："时代到底不同了。与'四人帮'时代的假道学相比，形象场面大不一样了。但要说这都是新的东西，美的追求，心中又并不以为然。仍有不少变形的、狂态的、非现实的东西。"他指出这些标榜新潮或探索的作品，其实是早已有之，是把肉麻当有趣。"类似这些作品，出现在30年代，人皆以为下等，作者亦自知收敛，不敢登大雅之堂，今天却被认为新的探索，崛起之作，真叫人百思不得其解。"②

…………

渐渐地，终于招惹出是非来了，他不得不声明：

> 我写文章，向来对事不对人，更从来不会有意给人加上什么政治渲染，这是有言行可查的。但是近来发现，有一种人，有两大特征：一是善于忘记他自己的过去，并希望别人也忘记；二是特别注意文章里的"政治色彩"，一旦影影绰绰地看到别人写了自己一点什么，就口口声声地喊："这是政治呀！"这是他们从那边带过来的老脾气、老习惯吧？
>
> 呜呼！现在人和人的关系，真像《红楼梦》里说的："小心弄着驴皮影儿，千万别捅破这张纸儿。"捅破了一点，就有人警告你要注

---

① 《耕堂读书记（一）》，《秀露集》，百花文艺出版社1981年版。
② 《读作品记（五）》，《澹定集》，百花文艺出版社1981年版。

意生前和身后的事了。老实说，我是九死余生，对于生前也好，身后也好，很少考虑。考虑也没用……①

他所评论的或涉及的当代作家的作品，当然并不限于上面提到的那些名字。这也是一个敏感区域，他自己知道，稍不注意，是很容易得罪人的。但是，这也正像他自己说的，他写这些文章，乃是出于至诚，发自热心，而且字斟句酌，反复推敲。他从直接感受出发，谈读书感想，决不参考别的评论家定的调子。这样，他谈的纯属文章之道、个人见解，而决非成见。再则，他在文章里提到的作家，无论年齿长幼，都是他敬重的，或有好感的；他论及的作品，都是看过以后，感到喜欢的。这样，他由于心里高兴，也就随读随记，志以纪念。"反之，即使作品如何煊赫，我是不能也不肯赞一辞的。这一点，我谈到的那些作家，是会一目了然的。对于他们，我并自以为有些知己之感。"②

他的诚意和解释，没有挡住有些人散布流言蜚语。这些人说：他写的一些评论文章，是教训别人，是要别人按照他的主张去写作。对此，他置辩说："这是有意的歪曲和挑拨。无论是青年、老年，谁也没有权利要人家按照他的主张写作，我更没有那种野心。"

但是，在当今的文坛上，确有那么一些人，急于求成，匆匆忙忙，想树立一面旗帜。虽有不少的人为之呐喊，时间也有几年了，他们那面旗帜，还是没能树立起来，这又是什么道理呢？

于是，有人又想标立一些新鲜名目。半年以前吧（按：即1982年春夏之际），上海一家刊物，要我参加"问题小说"的讨论。我回信说，我不知道什么叫"问题小说"，平时没有注意过，更没有研究

---

① 《芸斋琐谈·谈师》，《远道集》，百花文艺出版社1984年版。
② 《新年杂忆》，《尺泽集》，百花文艺出版社1982年版。

过。"问题小说",难道还有"没有问题"的小说吗?

  文学的旗帜,不是那么容易就树得起来的。30年代,有一个杨邨人,他想树一面"小资产阶级革命文学"的旗帜,但费尽心机,无论如何也没有能把他的旗子,插在中国的地面上。这很简单,大地不接受他这面旗帜。①

  这些年来,老作家在文坛上比较沉默,孙犁没有沉默;这些年来,文坛上很难听到不同的声音(如果有,那也是很微小的),孙犁常常发出不同的声音。1986年,他居然开起玩笑,用"姜化"的笔名,在《羊城晚报》发表了几篇杂文,对风派和全盘西化的观点,进行了尖锐、泼辣的揭露和抨击。后来有人去看他,顺便问问是谁写的(其实,这位来访者从那犀利的笔法上,已有几分猜到是他写的),得到的回答,果然是他写的。问他何以这样署名,他说:"我一是不想得罪人,二是来点幽默,和他们开个不大不小的玩笑:他们思想新,我的思想守旧,姜化者,僵化也……"

  据这位来访者介绍说:有一次,某女作家到孙犁家里做客,讨论到当前创作问题,孙犁说自己写文章往往左顾右盼,谨小慎微。女作家脱口说道:"你老说自己胆小,写起来比谁都胆大。"孙犁听后大笑起来。

  应该说,他谨慎还是谨慎的。1983年秋,有一天出版社的编辑来他家拿《远道集》的书稿,对他说:"今年这一本,比去年那一本(按:指《尺泽集》)还要厚一些。又没有附录旧作,证明精力是不衰的。"

  他慨叹地说:

  "不然哪,不然。我确实有一些不大好的感觉了。写作起来,提笔忘字,总是守着一本小字典。写到疲倦时,则两眼昏花,激动时则手摇

---

① 《芸斋断简·裁下的半截信》,《远道集》,百花文艺出版社1984年版。

心颤。今年的文字，过错也多。有的是因为感情用事，有的是因为考虑不周，得罪了不少人。还有，过去文章，都是看两遍，现在则必须看三遍，还是出现差错……"

他向来的习惯是，一篇文章写出后，总是左看右看，不止一遍地进行修改。这是基于他的这一认识："文艺虽是小道，一旦出版发行，就也是接受天视、民视，天听民听的对象，应该严肃地从事这一工作，绝不能掉以轻心，或取快一时，以游戏的态度出之。"①

可是，文坛上的事情是这样难以预测，就是这样小心，有时还是闹出笑话。

一家出版社要印他的小说选集，他让编辑代选。选好后，编辑让他写序，他请对方摘用他和吴泰昌的一次谈话②，作为代序。清样寄来了，值他身体不好，事情又多，以为摘录旧作，问题不大，就请别人代看了一下。书印出后，才发现出了毛病：原文是他和吴泰昌的谈话，编辑摘录时，为了形成一篇文章，把吴泰昌说的话，都变成了他的话，而且进行了某种润色和加工，"什么在我的创作道路上，一开始就燃烧着人道主义的火炬呀。什么形成了一个大家公认的有影响的流派呀。什么中长篇小说，普遍受到好评呀。别人的客气话，一变而成了自我吹嘘。这不能怪编辑，如果我自己能把清样仔细看一遍，这种错误本来是可以避免的。"

七、严肃与荒诞 —— 修改文章的事情

对于自己的作品，孙犁是很爱惜的。1946年7月4日，他给康濯的信③里说："说实在的，溺爱自己的文章，是我的癖性，最近我在这边发

---

① 《自序》，《孙犁文集》卷首，百花文艺出版社1981年版。
② 《答吴泰昌问》，《孙犁文集》第六卷，百花文艺出版社1982年版。
③ 《陋巷集》，百花文艺出版社1987年版。

表了几个杂感，因为他们胡乱给我动了几个字，非常不舒服……"

这样的不舒服，新中国成立后他遇到的更多了。

1980年，江苏省铜山县一位中学教师发现徐州师院函授室编的《中国现代短篇小说选》里的《荷花淀》，与高中课本里的出入甚大，写信问他：究竟哪个版本可靠？"高中课本上的《荷花淀》，写得细腻生动，是你本人修改的，还是课本编者修改的？"显然，这位教师把前者看成了他的原作。

于是，他把前者找来一看，不觉吓了一跳。选本所载《荷花淀》，第二段全被删去，这一段是：

　　要问白洋淀有多少苇地？不知道。每年出多少苇子？不知道。只晓得，每年芦花飘飞苇叶黄的时候，全淀的芦苇收割，垛起垛来，在白洋淀周围的广场上，就成了苇子的长城。女人们，在场里院里编着席。编成了多少席？6月里，淀水涨满，有无数的船只，运输银白雪亮的席子出口，不久，各地的城市村庄，就全有了花纹又密、又精致的席子用了。大家争着买：

　　"好席子，白洋淀席！"

下面是妇女们在水生家的对话，也全被删去：

　　"听说他们还在这里没走。我不拖尾巴，可是忘下了一件衣裳。"
　　"我有句要紧的话得和他说说。"
　　水生的女人说：
　　"听他说鬼子要在同口安据点……"
　　"哪里就碰得那么巧，我们快去快回来。"
　　"我本来不想去，可是俺婆婆非叫我再去看看他，有什么看头啊！"

此外，还有十余处字、句、段被删，一共不到五千字的小说，几乎删去千字。

对于这种不加任何说明的滥删，孙犁斥之为"偷偷摸摸的行为"。他简直琢磨不透这种人的心理："你说他不喜欢这篇小说吧，他确实也把它选上了。你说他喜欢吧，确实他又觉得有美中不足之感，不甚合他的心意。写篇批判文章吧，不一定大家都赞成。于是干脆自己动手，以快一时之意，以展不世之才。"①

差不多与此同时，他的《山地回忆》也遭到了类似的命运。一位中学老师将这篇小说选做某部门的业余教材，还好，他没有采取那种偷偷摸摸的做法，而是寄来了他的修改清样。孙犁看到，仅第一段文字，他就用各种符号删来改去，勾画得像棋盘上走乱了的棋子。孙犁确实非常不愉快了，他想："我写的文章，既然如此不通，那你何必又去选它呢？"

他几乎一生都在做编辑，但从不大砍大削别人的文章。同样，他也不喜欢别人大砍大削他的文章。不能用，说明理由退给他，他会更高兴些。一次，他向北京一家大报的副刊投稿，编辑为了适应版面，削足适履，删去很多，文义都接不上了。读者去信质疑，编辑不假思索地把信转来，请作者答复。孙犁立即顶了回去，请他们自己答复。

不知是什么原因，外界忽然传言：孙犁的文章，不能改动一个字。

这当然是妄传。他实在不记得，别人对自己的稿件稍加改动，就盛气凌人或示以不满。倒是因为他对自己的作品过度贬抑，曾引起朋友们的不满。"现在年老力衰，对于文章，更是未敢自信。以为文章一事，不胫而走，印出以后，追悔甚难。自己多加修改，固是防过之一途，编辑把关，也是难得的匡助。文兴之来，物我俱忘，信笔抒怀，岂能免过？

---

① 《被删小记》，《秀露集》，百花文艺出版社 1981 年版。

有时主观不符实际，有时愤懑限于私情，都会招致失误，自陷悔尤。有识之编者，与作者能文心相印，扬其长而避其短，出于爱护之诚，加以斧正，这是应该感谢的。"①

实际情况是，作为投稿者，他是非常善于体察编辑改稿的用意或苦心的，而且也是做到了虚怀若谷、从善如流的。如《孙犁文集》的《自序》，在以《文集自叙》为题向《人民日报》投稿时，有一段文字（大约三百余字）概述他们那一代作家的生活、学习经历，并涉及时代和社会。发表时这段文字被删去了（文末有所注明）。孙犁以为编辑删得好。"因为，文章既是自叙，当以叙述个人的文学道路、文学见地为主。加一段论述同时代作家的文字，颇有横枝旁出之感。并且，那篇文章，每节文字都很简约，独有这一节文字如此繁衍，也不相称。这样一删，通篇的节奏，就更调和了。"②在编入文集时，孙犁采用了编辑的改样。

再如《玉华婶》（《乡里旧闻》之一）③，原稿中曾记述：玉华婶老了，儿媳们不听她的话，敢于和她对骂，"并声称要杀老家伙的威风。"此稿投寄《文汇月刊》，登出后，此句被删。孙犁说，乍看此句删得奇怪，细想情有可原：这些年来，"老家伙"三字，常使人联想起"老干部"，编辑将之删去，虽稍损文义，孙犁还是谅解他们的苦衷的。这就是说，他不只为文章着想，同时也为编辑、为别人着想了。

他已经交稿还没有出版的一个集子，书名是《无为集》，他在给编辑的信里说："您在编审过程中，可严格选择一下，宁缺毋滥。无内容之书信，可酌量删除，另有不合时宜的文章、段、句，可删者，亦望不要客气。"④这哪里说得上，他的文章，别人不能改动一个字呢？

至于他自己的修改，那就更不必说了。他把修改文章，视为成功的

---

①② 《改稿举例》，《老荒集》，百花文艺出版社 1986 年版。
③ 《老荒集》，百花文艺出版社 1986 年版。
④ 《芸斋短简·致季涤尘》，1988 年 2 月 24 日《天津日报》。

重要途径："多修改文章，要几遍地修改。修改文章，不是单纯文字技术问题，这样做，可以增加作品的生活幅度和思想深度。也是形成风格的重要因素。"①他知道欧阳修晚年还在修改文稿、为身后百世读者着想之后，深受感动。他以为以文字为业的人，应该学习这种榜样；但这样认真的人实在极少，所以传世之作也极少。他还认为，欧阳修并非天才作家，但他认真观察，反复思考，融会于心，然后执笔为文，又不厌其烦地推敲修改，所以成功。他的文章实得于力，非得于才。

这种精神（并非欧阳修一人）显然影响到他。他说：

我觉得我别的长处没有，在修改稿件上，可以说是下苦功的。一篇短稿改来改去，我是能够背过的。哪个地方改了个标点，改了个字，我是能记得的。长篇小说每一章，当时我是能背下来的。在发表以前，我是看若干遍的；在发表之后，我还要看，这也许有点孤芳自赏的味道。搞文字工作，不这样不行。②

像他这样从事文字工作，真是一种"重劳动"。但是，却不一定能够换取读者的谅解。1982年冬，他接连闹病，抵抗力太弱了，别无所事，以写作自娱，尤其爱写诗。于是，在《羊城晚报》发表了一首《印象》。过了些天，收到一位读者来信："为了捞取稿费，随心所欲地粗制滥造。不只浪费编辑、校对的精神，更不应该的是浪费千千万万读者的时间。"读了这封信，孙犁开玩笑地说："捧读之下，心情沉重，无地自容。他希望我回信和他交换意见，因为怕再浪费他的时间，没有答复。"

他有这样的经验："既然登上这个文坛，就要能听得各式各样的语言，看得各式各样的人物，准备遇到各式各样的事变。但不能放弃写

---

① 《勤学苦练》，《孙犁文集》第六卷，百花文艺出版社1982年版。
② 《文学和生活的路》，《秀露集》，百花文艺出版社1981年版。

作，放弃读书，放弃生活。如果是那样，你就不打自倒，不能怨天尤人了。"①

他倒不以为自己的诗无可挑剔，他认为老朋友曼晴为他的诗集写的序言，对他的诗的毛病，说得最为确切明白，只是一开头就如此，改起来很难。他说，自己的目标是：当不成诗人，弄个"诗人里行走"的头衔，也就心满意足了。

八、诱 掖

孙犁做过编辑，又做过教师，这两种职业，都有利于养成他在处理稿件或文章方面严谨、精审的工作品质。或者说，他正是以这样的品质，对待这两种职业的。

他常以编辑的眼光，发现或提出一般人不容易注意到的一些问题，例如他说，编辑要浏览百家之书，不怕成为杂家。要熟悉各行各业的生产、生活和语言，以及各种具体知识等等，以避免改稿闹出笑话。有一次，他的一篇自传性的文章中的"回到冀中"，错排为"回到北平"，编辑没有看出。当时抗战刚刚胜利，北平还是敌占区。他幽默地说：如果后人据此审查作者历史，岂不麻烦？

他甚至提出，编辑应该注意标点符号，因为就是有经验的作者，有时也不太讲究标点，一般编辑也容易犯标点错误。他举了一个例子，第一次排印的《鲁迅日记》里，有一段话是：友人惠赠图章一枚，文曰："迅翁"，不可用也。编辑标为：文曰："迅翁不可用也"。一点之差，意思大谬。

他常用当编辑的习惯，读出许多人读不出的错误。1982年9月，他在接待南开区工人文化宫主办的《南开文艺》的几位编辑的时候，谈了

---

① 《致贾平凹》，《远道集》，百花文艺出版社1984年版。

他读书的习惯和方式,同时也寄寓着对青年文学爱好者们的期待:

>　　……现在一些青年人,一个是读的太少,另一个是读的不太仔细。我看书一般看的比较慢。差不多一字一句地看,连标点符号、错字也不放过。有些青年人,甚至有些搞文学工作的人,看书看得快极了。最近有个朋友给我捎来一本旧小说,叫《续孽海花》。我每天晚上也许看上一回到两回。精力也不行。但我看的比较仔细。它的错字非常多。遇上错字,我就考虑它应该是什么字。这样,印象就加深了。……①

　　同时,他希望青年人好好写字。他常常发现:内容好的稿件,往往字也抄得工整;反之亦然。他说,字迹潦草,在考场上也是吃亏的。正好,《天津日报》《文艺》双月刊的主持人邹明(他也是从50年代起就在《天津日报》文艺版默默耕耘的一位受人尊敬的老编辑)刚从北京约来舒群的稿子,孙犁即以此为例,向来访者们说:"舒群同志都七八十岁了,可那个字就像小学五、六年级非常用功的学生,写得清楚,一笔一划,每个字都是这样……写字也能代表你是否认真地推敲了,严肃地思考了。"

　　他指导投稿者很具体,也很近人情:可以先在地方报刊投稿,这样容易选用,得到鼓励。投稿前,要经常阅读一些报刊,看看它的内容、要求。投寄时,最好按邮局规章,寄到编辑部,下面用清楚字体注明姓名、地址,以便联系。发表后,特别是再经人一捧,容易飘飘然,这是人之常情。但需要克制,人的弱点之一,就是经不起荣誉考验,要当心压沉自己。再不行,可以在自己桌上放部《鲁迅全集》,拿它一比,不就显得自己那点儿成绩过于渺小和寒碜了吗?初学写作,最好写自己

---

①　《与〈南开文艺〉编辑的谈话》,《远道集》,百花文艺出版社1984年版。

熟悉的、有亲身体会的事，要学写短篇、一两千字的文章，写好后誊清，先请老师和周围的人们看，修改满意之后再投稿。要认真，不存侥幸心理。稿件倘被退回，也不要灰心，总结一下经验教训，会做得更好。其实，稿件被采用或被退还，都是正常的事，不要大惊小怪。稿件不用，固然有质量问题，但也不一定。这可能有多种情况：有时是不适合刊物当前要求，这叫没赶上时候；有时是编辑一眼看高，一眼看低，这叫没遇见伯乐。如果自己有信心，过些时候或另投他处，终归会有出路。

他还告诉投稿者：在学校作文，可以模仿他人，也可以抄录一些平日喜爱的语句。但从事创作，千万不能犯抄袭毛病，否则，一经败露，就会一蹶不振。他举出30年代的穆时英，最初模仿日本的新流派，马上走红，拉稿者纷纷登门，他供不应求，从模仿沦为抄袭，经人在《现代》杂志上揭出（他的一篇小说抄了日本某作家的《街景》），这颗"明星"再也放不出光来了。

总之，他对青年写作者言传身教，是很花了心思的。他这样做，目的全在"培植一代正气之花、磊落之树的新苗"①，他说："文坛正如舞台，老一辈到时必然要退下去，新的一代要及时上演，要各扮角色，载歌载舞。"② 他虽然在青年作者身上花了许多心血，倾注了深厚的感情，但他编刊物的时候，从不喜欢把作者叫到自己家里来，以为干这一行，只应有文字之交。例如和刘绍棠、从维熙等，虽然文坛盛传他们是孙犁的"大弟子"（孙犁本人一直反对这样称呼），但至今见面为数寥寥。从维熙最初给《天津日报·文艺周刊》投稿，有一次到报社来，孙犁只和他（还有几个别人）在会议室里见了一面。1957年初春，孙犁在北京住院，从维熙和刘绍棠、房树民买了一束鲜花去看他，结果没能进去。80年代，孙犁重提此事，还眷念不已：

---

① 《编辑笔记（续一）》，《孙犁文集》第七卷，百花文艺出版社1982年版。
② 《〈刘绍棠小说选〉序》，《秀露集》，百花文艺出版社1981年版。

……1957年春天,他们几位,怎么没有能进到我的病房呢?如果我能见到他们那一束花,我不是会很高兴吗? 一生寂寞,我从来也没有得到过别人送给我的一束花。

　　现在可以得到了。这就是经过他们的努力,不断出现在我面前的,视野广阔,富有活力,独具风格,如花似锦的作品。①

即使在这些他亲自指点、培养过的后辈作家面前,他也总是那么平易亲切,谦虚谨慎。有一次,他给从维熙写信说:"我成就很小,悔之不及。我是低栏,我高兴地告诉你:我清楚地看到,你从我这里跳过去了。"②

现在,他以同样的热情,继续不断地注视着新的作者和新的文学幼芽。其中,最小的一位是寒青,是个名不见经传的十五岁的小姑娘,孙犁和她说话,就像和大人说话一样,但谆谆之意,又是十分地感人。他给她写了这样一封信③:

寒青同学:

　　收到你2月14日来信,我非常高兴。这并不是因为你在信中赞扬了我,是因为我看到了你对生活,你对父母,你对文学写作的一片赤诚,和你对我的一片天真之心。你的文字,也使我高兴。你才十五岁,有这样通顺,鲜明,能很好的表达情意的文字,证明你是很用功,很懂事的一位小姑娘。

　　只有严肃纯朴地对待生活,才能严肃纯朴地对待文学艺术。那些把文学艺术看作是荒诞玩闹的化身的人,最终必然导致荒诞玩闹

---

①② 《〈从维熙小说选〉序》,《秀露集》,百花文艺出版社1981年版。
③　此信为未刊稿。

地对待生活。每年都可以看到，不久以前还在玩弄魔术、哗众取宠的人，在文艺舞台上消声敛迹了。

我生活得很好，春节过得也很愉快，请你不要挂念我，好好学习，继续努力。问你父亲好！

孙犁
2月22日

他已经七十多岁了。在他几十年的编辑生涯中，贯串着一个显著的特色，那就是持久不懈的热情。前些年，他已从具体的编辑岗位上退了下来，但是，许多人都能感到，在他和青年作者的接触中，仍然葆有他当编辑时的那种一贯特色。1983年前后，山东省鱼台县一位青年作家李贯通，常常寄信寄作品给他，向他请教。孙犁的复信，直率而具体，但又充满激情。例如，在他的信里，我们能够读到这样的话："寄来信及刊物收到。当即读过你的小说。小说写得很好，很吸引人，我吃过晚饭，一口气就读完了，忘记了抽烟。可见是有它的特点了。""小说主要是写出人物来，就是写出'人情'来。故事情节都要服从这一点，不能倒置。你的小说，情节故事还可以单纯一些，例如'文化大革命'及遇到管文物的老人，均可从简。写这些东西，主要是为了'道理'，而道理本应从人情中生出，不应从编故事中生出。"[①]1984年11月14日，李贯通再次致信孙犁，说自己一篇小说发表后，收到不少赞誉的信，但终没有引起什么重视，有些朋友说他缺少"诗外功夫"。并随信寄来一期《萌芽》，上面载有他的新作《第二十一个深夜》，恳请指正。

李信约三四百字。距李写信不足一周，即同年11月20日，孙犁写了一封长达三千多字的回信[②]，告诉这位作者："看到刊物上有你的新作，

---

① 《芸斋短简·致山东鱼台李贯通》，《远道集》，百花文艺出版社1984年版。
② 《和青年作家李贯通的通信》，《陋巷集》，百花文艺出版社1987年版。

我都是感到高兴。看到你的作品被重视，发在显著地位，我尤其从心里喜欢。""说来说去，创作一途，生活积累总是根本，其次是读书。""从事创作，只能问耕耘，不能预计收获。皇天总不会负有心人就是了。也不必去做'诗外功夫'。我青年时从事此业，虽谈不上成绩，也谈不上经验，但我记得很清楚，从来也没有想过，给权威人物写信求助。因为权威人物是不肯轻易发言的，只待有利时机，方启金口。有时说上一句两句，钝根者也不易领会其要领。即使各种条件成熟，你的姓名，被列入洋洋数万言的工作报告之中，并因此一捧，使你的作品得奖，生活待遇提高，得到一连串的好处，对你的前途，也不见得就是定论。历史曾经屡次证明这一点。""给我写信，是另一回事，与上述无干。因为我说你写得好或是不好，都是秀才人情，无关实利。我们是以文会友，不是以文会权，或以文会利。"……信写得如此诚挚恳切，热情洋溢，没有对年轻作者的由衷爱护，是做不来的。但是，作者的信，正如决开了的堤防，一时还收它不住：

　　前两天，天津下了一场大雪，这是一场很好的雪。我从小就喜欢下雪，雪，不只使环境洁净，也能使人的心灵洁净。昨天晚上，我守着火炉，站在灯下，读完了你发表在《萌芽》上的小说《第二十一个深夜》。在我读小说的前半部分时，我非常喜欢，对你的艺术表现的欣赏，几乎达到了击节赞叹的程度。但自从甜妮母亲突然死亡的情节出现以后，我的情绪起了变化……

直率地说，他不喜欢这篇小说的下半部分，他认为甜妮母亲的自尽非常不自然，是作者有意制造的"悬念"。由于这一关键性的情节失当，使后面的故事乱了套。他也想到，这可能是作者追求的一种现代手法；但他明白表示，他不欣赏这种手法。小说的后半部，奶奶和甜妮的性格都变得"复杂化"了，但和她们前面的形象发生了矛盾和破裂。至于甜妮擦澡和嘲笑诗人的情节，那简直是败笔，"是当前流行的庸俗趣味，在你笔下的流露。"最后，他向作者表示：他可能说得太多了，也可能说得过火了，希望得到原谅。

该信稍后发表，没有等到作者表示原谅，他自己先惴惴不安起来。一位评论工作者看过他的信和李的小说后，委婉地告诉他："当前的青年作家，都喜欢捧……"他想：他和这位青年作家只见过一面，而且只有几分钟的时间，还说不上什么了解，结果会是怎样呢？

他本来已变得不大愿意读自己发表过的东西，这次却找出原稿，读了几遍。还好，没有发现有可能开罪对方之处，他放心了。

但他发现这信是在激动状态下写的，有些借题发挥。对李的小说，某些地方也难免说得偏激了些。青年人读到这些地方，会是不愉快的。

李来了信，没有这样看，他倒是表示要把小说改写一次。孙犁劝他不要这样做，以为这样不合艺术规律，建议他在出书时，原封不动收进去，把精力放在写新的作品上。

没有私心，不存成见，放笔直言，坐而论道。孙犁一向提倡的文字之交，他的诱掖后学的激情，在这次通信里，表现得是十分突出的。

这当然不是唯一的一次。由于他读书认真、仔细，他提的意见也往往是非常具体的。有一位作者寄来了他的散文《母亲琐记》。孙犁一直认为散文以纪实为本，可以剪裁、组织，但不能虚构。读了这篇散文，他回信说："你这篇散文，有个别处，使我感到不太真实。如'第三个对象'，有黑麻子，那是谁都可以一目了然的，为什么你看不出来，还要母亲去'暗地察访'？这种写法，即使在小说里也是漏洞，就不用说散文了。"从维熙的中篇小说《大墙下的红玉兰》，在《收获》上发表后，作者特地挂号寄来该期刊物。孙犁知道这是无声的督促，便从当天下午开始阅读，读到晚上11点钟，仍剩下两节，次日早上读完。因为他读得很慢，是逐字逐句地读，所以连文字排印上的一些技术问题也看出来了。这些问题，如非编校人员，本来是不易发现的。其中，第二十页:"看透这层窗户纸,葛翎血如潮涌……"他指出"葛翎"二字应是"路威"之误①。可见,他平常阅读作品的情景,是如何全神贯注、念兹在兹了。

他还不止一次地告诉青年作者:要勤写。生活准备尚不充分时,多写些散文;当真有体会、见闻,适于作小说时,写些短篇也很好。总之,手不能闲着,每个月要写一两篇才好。他这个方法,特别对初登文坛的青年作者说来,可能是个极其简便、有效的提高方法。

他充分估计到,写作是有干扰的,特别是某些不恰当的批评,干扰更大。他幽默地采用了契诃夫的一个比喻:有些批评家对作家的工作来说,就像正在耕作的马的肚皮上飞拢的虻蝇。有一次,他也告诉贾平凹:"从事创作,有人批评,这是正常的事。应该视若平常,不要有所负担,有所苦恼。应该冷静地听,正确地吸取,不合实际的,放过去就是。不要耽误自己写作,尤其不可影响家人……"②北京有位作家到天津来,和他谈起贾平凹。他说,青年人一时喜欢研究点什么,或有点什么思想,不要大惊小怪。过一段时间,他会有所领悟,有所改变的。那位作家也这么看。这里指的是,传说贾平凹对佛学感到兴趣。

作家受社会风气、时代思潮的影响很大,这一点他看得很清楚。因此,他对于作家个人,尤其是青年作家,常常给予体谅:"一些人对艺术的要求,既是那么低,一些评论家又在那里胡言乱语,作家的头脑,应该冷静下来。抵制住侵蚀诱惑,并不是那么容易的事,尤其是青年人。有那么多的人,给那么低级庸俗的作品鼓掌,随之而来的是名利兼收,你能无动于衷? 说句良心话,如果我正处青春年少,说不定也会来两部言情或传奇小说,以广招徕,把自己的居室陈设现代化一番。"③这话说得很近人情,但不是姑息原谅,因为当被原谅者看到他这样说,一定是

---

① 《关于〈大墙下的红玉兰〉的通信》,《秀露集》,百花文艺出版社 1981 年版。
② 《致贾平凹》,《老荒集》,上海文艺出版社 1986 年版。
③ 《谈作家素质》,《陋巷集》,百花文艺出版社 1987 年版。

更加警觉地审视周围、省察自己了。所以，归根结底，还是他心地诚恳，诱导有方。

下面是又一个谆谆善诱的例子，也是我们在本书中最后一次引述他的"芸斋小说"了。

这篇小说的题目是《春天的风》①：

那是1984年3月，春打"六九"头，而当时已经进入"九九"了。这天刮着大风，虽然搅得满院子尘土，但空气里已经带着暖意了。

孙犁正伏案写作，而且确是文思泉涌，好句子抢着跳出来，心情也很愉快——他写顺了的时候，情形正是这样。

忽然有人敲门。他最怕写作时来客，沉重的敲门声，常常引起他的反感，不得不强自克制，以免得罪客人。这次敲门声却很轻微。

进来的是一位长身玉立的女孩子。从面容和眼神上，孙犁看出她神经方面不很健康。这些年来，常有这样的青年来访。孙犁让给她一把藤椅，她说："您老年纪大了，理应坐椅子，我坐凳子。"说着自己拉过一只小凳，坐下了。

孙犁对她发生了好感，心里安定下来。只听女孩子说：

"我想拜访一位作家，我就想到了您老。"

"你找我谈些什么呀？"他和气地把眼睛眯了起来。这样可以使对方畅所欲言。

女孩子的声音变得低沉了：

"我想问问你，我还需要不需要写作？"

"你带了稿子来吗？"

"没有。我不想写东西了。因为我看到周围的人，他们的生活、思想、感情，都不是那么高尚，他们都很自私。我想，不值得我去写。"

孙犁开导她：这可能是因为身体不好，精神不好，可以先休息休息。

---

① 《老荒集》，上海文艺出版社1986年版。

等精神好的时候，就会觉得有些人还是很好的，很可爱的，那时再写，情形就会不同。

女孩子说她九岁患病，很固执，想不通。今天来，口袋里还装着很多药。

"是中药还是西药？"孙犁显然想使谈话更随便、空气更轻松些。

"什么药也有。"她掏出一包药叫他看。

"九岁……"孙犁在心里计算着一个数字。

"你今年多大了？父母做什么工作？"他问。

她说二十七岁，父母都在保定某大学教书。

"你应该到保定去，那里空气好一些，对你的身体有利。"他说着，那个数字也算出来了：她是一九六六年得的病。

她承认保定空气好。她拉着自己搭在浅花棉袄上的驼色长围巾说，在那里，这围巾一个月还很干净，在天津几天就黑了。但她对生活没信心，每天应付许多生活琐事，她受不了。"生活，并不像文学作品描写得那样可爱。"她说。

"那还是因为你有病。"孙犁深表同情，女孩子感到了这一点。孙犁继续说下去，"生活就是生活，它不像你想的那样好，可是也不像你想的那样不好。你记着我说的这句话。这不是我的创造，这是我十四岁时，刚上初中，从一本书上，得到的启示。我一生信奉它，对我有很大好处，我现在把它奉送给你。你现在，要离开这个城市，这里对你的病很不利，这里的空气污染、噪音刺激，都很严重。你应该到农村去，呼吸新鲜空气，吹新鲜的风。"

"你叫我去当农民吗？我还没有找到朋友哩！"对方忽然有些不安静了。

"不是。"他赶紧解释，"你可以请假去，碍不着城市户口，也不耽误找对象。我坦白地告诉你，我也得过你这种病，我们可以说是同病相怜。"他告诉她，这病需要大量新鲜氧气，这个城市人太多、太拥挤，只会加剧她的病。接着，他以自己的经历现身说法：

"我在1956年，得了神经衰弱症，很是严重，我可以说是被迫离开了这个城市。我先到了小汤山疗养院，在那里洗了温泉，吹了由温泉形成的湖泊的风。每天在湖边转，学习屈子的泽畔行吟，我想屈子那时也是有病。然后我到了青岛，我吹海风，洗海水澡……我又到了太湖，坐在湖边的大岩石上，像一个入定的和尚，吹着从浩淼的水面，从芦塘、稻田吹过来的风。……"

"我没有你那个条件。"女孩子说。

"是的，你没有我的条件。……你农村有亲戚吧？吹吹农村的风，对你也有利。从幼年，我就生活在农村。那里的女孩子们，身体都很好，脸都很红润。……"

"那你为什么不回到农村去呢？"

这问题不好回答，难住了他。因为出来革命早，农村已无家可归？因为老了，走不动了？好像都不成道理。但他的热心肠没有冷下来，他给她介绍了一位本市的女作家，并说她们一定可以谈得很好。女孩子很高兴，站在他身旁，看他写好信和信封（并帮助他纠正了一次笔误）。她把信收起来，脸上有了笑意：

"希望你老人家保重。你说我还应该写作吗？"

"应该，你很聪明懂事，我想你一定写得很好。"

女孩子很礼貌地向他告别。

这一天，他的写作虽然受到些干扰，但他觉得做了一件比写作更有意义的事。"人到晚年，就好像捅破了糊窗纸，洞彻了人生的奥秘。法国一位女作家说：人之一生，并不像你所想的那么好，也不像你所想的那样坏。"[①] 他又一次回味着刚才的谈话。

[①] 《小说杂谈·佳作产于盛年》，《尺泽集》，百花文艺出版社1982年版。

九、书

在从战争环境成长起来的一代作家中，孙犁是十分重视读书并且也是读书很多的一位作家。而且，他相当重视读古书，晚年尤其如此。他把自己的读书过程，大致分为这样四个阶段：从小学到初中，是启蒙阶段，接受师长教育；高中到教书，是追求探索阶段；抗日战争到解放战争，是学以致用阶段；进城以后，是广事购求、多方涉猎，想当藏书家的阶段。

1983年，他在一次答客问时，这样说过：

> 我的生平，没有什么其他爱好。不用说声色犬马，就是打扑克、下象棋，我也不会。对于衣食器用，你都看见了，我一向是随随便便，得过且过的。但进城以后，有些稿费，既对别的事物无多需求，旧习不改，就想多买书。……"文化大革命"期间，有人说我是聚浮财，有人说我是玩书。玩人丧德，玩物丧志，玩书又将如何呢？这就很难说清楚了。黄丕烈、陆心源都是藏书家，也可以说都是玩书的人。不过人家钱多，玩得大方一些，我钱少，玩得小气一些。人无他好，又无他能，有些余力，就只好爱爱书吧。①

对于他，读书是一种生活的欲望，即，只要他还具有生命力，他就具有读书的欲望。我们举个例子：1956年他得了大病，觉得天地间突然暗了一色，平日喜爱的书，再也无心问津。在北京红十字医院，医生拿来唐诗宋词，试图恢复他的爱好，他动都不动一下。后来，在小汤山疗养院住了一段时间，他又开始到附近的新华书店去买书了（他在那里买

---

① 《芸斋琐谈·谈爱书》，《老荒集》，百花文艺出版社1986年版。

了《拍案惊奇》和《唐才子传》）。他从自己的这个行动，得悉自己的生命力已开始恢复。

在晚年，读书之对他，似乎更有一些新的意义。70年代中期，他曾在《潜研堂文集》（清钱大昕作）的"书衣"上写："能安身心，其唯书乎！"到了80年代，他自觉身体精力逐年衰减，白天事情多，坐下来看书的时间很少，但晚上关门以后，总是要安静地看一会儿书。如前所说，这些年他喜欢读古书，这些书没有标点，有时读起来很吃力，他又是一个读书认真的人，往往为了几句话，在那里默默读许多遍。

他读书的方法之一，是抄书。我们知道，他从青年时代起，就用这个方法；现在，他也常劝青年人试试这个方法。1980年3月16日，他给铁凝写信说："你读着脾气相投的，无妨就多读他一些……另外，读书读到自己特别喜爱的地方，就把它抄录下来。抄一次，比读十次都有效。"① 他还说，"我读书很慢，遇到好书好文章，总是细细咀嚼品味，生怕一下读完。所以遇到一部长篇，比如说二十万字的书，学习所需的时日，说起来别人总会非常奇怪。我对于那些一个晚上能看完几十万字小说的人，也是叹为神速的。"②

对于古书，他的搜求和研读方面之广，仅看他的一些文章题目，也可略知一二。如：《买〈王国维遗书〉记》、《买〈饮冰室文集〉记》、《买〈崔东壁遗书〉记》、《买〈太平广记〉记》、《读〈伊川先生年谱〉记》、《读〈朱熹传〉记》、《读〈宋文鉴〉记》、《读〈旧唐书〉记》、《读〈沈下贤集〉》、《读〈哭庙纪略〉》、《读〈丁酉北闱大狱纪略〉》、《我的二十四史》、《我的书目书》、《我的金石美术图画书》、《我的农桑畜牧花卉书》……

别的书且不谈，他买了哪些和为什么要买农桑畜牧花卉方面的书呢？从他的文章里，我们看到他至少买了这些书：《齐民要术》、《农书》、

---

① 《澹定集》，百花文艺出版社1981年版。
② 《关于〈聊斋志异〉》，《晚华集》，百花文艺出版社1979年版。

《农桑辑要》、《蚕桑萃编》、《农政全书》、《植物名实图考》、《群芳谱》、《广群芳谱》、《花镜》、《花经》等等。他自己说:"我购买这些书,原也不是打算研究这门学问,不过是因为来自农村,习于农事,对于农书,易生感情而已。"①他买这些书,当时也不见得都认真读过,但终究是要读读的。就说他这些农桑方面的书,他读出些什么心得来呢?我们无妨抄出两段看看。

其一是讲农商矛盾,农业得不到重视,终归是社会的不安定因素:

中国历代重农,以为富国强民之本,并以农桑为兴教化、敦风俗之基础。然以农桑致富,则甚不易。余在农村,见到所谓地主富农者,实非由耕作所致,多系祖先或仕或商而得。未见只靠耕作,贫农可上升为中农,中农可上升为富农。而地主之逐渐没落者则常有。农业辛劳,技术落后,依靠天时,除去消耗,所得有限,甚难添置土地,扩大生产。故乡谚云:"人不得外财不富,马不得夜草不肥"。古人亦云:稼穑艰难,积累以致之。然积累甚不易。……然商业兴,得利者众,则土地日见分散,乃自然之趋势。

凡农书,大都贬低货殖、贸易……

历代牧民之官,皆传刻农书,无见传刻商贾之书者,而其税征所得,从商贾来者,随社会发展,逐日增多。重农之说,遂成一句空话……

农业搞不好,常常造成社会的动荡。他引《农政全书》(明徐光启著)中张国维作的序说:"今为末作奇巧者,一日作而五日食。农夫终岁之作,不足以自食也。然则民舍本事而事末作,则田荒国贫之患,谁实受之?……"孙犁以为,这都是替农民说话,也是替明王朝着想的,可

---

① 《耕堂读书记·我的农桑畜牧花卉书》,1987年8月17、19、21日《天津日报》。下面未注之引文,均出此篇。

惜所谈往往是"官话"（张国维本人就是"钦差总理粮储"），实际做的背道而驰，明王朝还是很快完了。不过，他对于徐光启的这部《农政全书》，还是给予了很高的评价："徐光启的农书，除去辑录古代典籍之切实可行者，着重输入新的农业观点，新的种植方法，新的粮食品种，以及与农业有关的水利知识，手工业技术。他出身农家，知识丰富，又得西洋技巧之传受，眼界宽，思想开放。因此，他的农学著述，与李时珍的医学著述，同为我国珍贵的文化遗产。"

他读的是古书，讲的是古人，而归纳出来的经验和思想，却是既合乎历史的实际，又适应现实的需要的。所以，常常能令人振聋发聩，耳目一新。

其二是讲意识形态，同时进一步强调重商轻农将会带来严重的社会问题：

> 中国儒家重农思想，乃封建帝王长期重农政治之反映，从而形成以农业为基础的文化意识。然政治重实际效益，儒家又不得不通变，重视贸易。过去的商业，实际是从农业基础上，生出的一个派枝，并未形成自己的文化意识，仍以农业文化意识为指针，并受其制约，不断发生矛盾。
>
> 中国士大夫，向以农村为根据地，得意时则心在庙堂之上，仕宦所得，购置土地，兼开店铺。失意时则有田园之想，退居林下，以伺再起。习以为常，不以为非。但在言论上，则是重农轻商的。陈子龙在《农政全书》的凡例中说："方今之患，在于日求金钱而不勤五谷。"……另有人叹息，商贾之兴，将形成"野与市争民，金与粟争贵"的局面。

这样看来，他从这些"农桑畜牧花卉书"里，读出了关于中国历史、中国文化和中国国情的重要信息。这些信息是如此重要，在今天也有很大的参考价值。所以，他并非泥古的书生或学究，而是把古书读活了，翻出新意来了。当笔者有一次把这个意见告诉他的时候，他开心地笑了起来。

他选好一本书，就要把它读完，极少半途而废。读到精彩处，就实行他的办法：摘录在本子上。但决不忍在书上涂写、做记号，免得把书弄"脏"。他知道这是因小失大，也没有办法。他讲过清代藏书家黄丕烈的故事，黄对书有一种特殊的感情：好像所触非书，是红颜少女。他自己呢，在读书之前，是要洗手的。这里有他作的一则"书箴"，也抄在这里：

> 淡泊晚年，无竞无争。抱残守阙，以安以宁。惟对于书，不能忘情。我之于书，爱护备至：污者净之，折者平之，阅前沐手，阅后安置。温公惜书，不过如斯。
>
> 勿作书蠹，勿为书痴。勿拘泥文，勿尽信之。天道多变，有阴有晴。登山涉水，遇雨遇风。物有聚散，时损时增。不以为累，是高水平。①

这则"书箴"，不只回答了他如何爱书的问题，连他如何读书的问题也回答了。

他爱书，实在也到了有"癖"的程度。以前，凡从市场或书摊买回之古旧书籍，他必定"曝之日中，刷之擦之，粘之连之"②，必使洁整、放心而后稍歇。殊不知如此动作，污手染肺，反易直接受害。一日，整理旧书，有细物吸入气管，不舒服了好几天，虽说当引以为戒，而事后仍乐此不疲。

---

① 《书衣文录·西游记》，《耕堂杂录》，河北人民出版社1981年版。
② 《书衣文录·棠阴比事》，《耕堂杂录》，河北人民出版社1981年版。

至于他为书包上书皮,并在上面作些题识、杂录、随感等等,这更为远近读者赞为一绝。香港有位读者写道:

> 去年去北京旅行,一位朋友似乎说起作家孙犁喜欢包书,我听了半信半疑,也许有些书比较珍贵,藏者怕弄污,利用废纸将其包着封面,也决不是奇怪的事,所以也没有详细追问起孙犁如何包书法。最近买到他的新著《耕堂杂录》,其中有一辑《书衣文录》,晚上在灯下披读之后,不忍释手,才知道孙犁果然喜欢包书,并且到了包书成癖的地步。他不但喜包书,更喜欢在书衣上题记,所以有《书衣文录》的辑存实在是很有趣的作家轶事。

接着,这位读者叙述了他读"书衣文录"的感受:"一个爱书人,饱经忧患,从失而复得的书中,固然看到不少世事的变幻,而能够宁静地把旧书一一包装修补,在上面写下他对书本、人生、生活、友情等等的感触,殊为可贵,虽三言两语,也觉真情流露,我仔细读之,掩卷沉思,深爱此老人之所作所为。"这位读者最后发问道:"世上还有这样爱书的老人吗? 我忽然觉得这位古道热肠的老人又在灯下包书写题记了……"①

"世上还有这样爱书的老人吗?"不知道。我们知道他屡次提起的藏书家黄丕烈,曾搜购宋版书百余种,藏于一室,名"百宋一廛",意思是百部宋书存放处。黄丕烈精于校勘,他为自己的藏书作注,说明版本源流、收藏传授。他每得珍本,必作题跋,后人辑成《士礼居藏书题跋》一书传世。孙犁的做法,或与这位乾隆时代的举人有某些相似之处,但是没有听说后者有包书之举,论起爱书,他要输孙犁一筹了。

有的客人发生疑问了,问孙犁:

---

① 新园:《孙犁包书成癖》,香港《新晚报》1981年9月17日。

"读书首先要知道爱书。不过，请原谅，像你这样爱书，体贴入微，一尘不染，是否也有些过火，别人不好做到呢？"

孙犁回答：

"是这样，不能强求于人，我也觉得有些好笑。（他向客人谈起年轻时妻子嘲笑他的话："轻拿轻放，拿拿放放。"）书籍是求知的工具，而且只是求知的手段之一，主在利用。清朝一部笔记里说：到有藏书的人家去，看到谁家的书崭新，插架整齐，他家的子弟，一定是不读书，没有学问的。看到谁家的书零乱破败，散放各处，这家的子弟，才是真正读书的人。这恐怕也是经验之谈。我的书，我喜爱的书，我的孩子们是不能乱动的。我有时看到别人家，床上、地下、窗台、厕所，到处堆放着书，好像主人走到哪里，坐在何处，随时随地，都可以拿起来阅读，也确实感到方便，认为是读书的一种好方法。但就是改不了自己的老习惯。我的书，看过以后，总是要归还原处，放进书柜的。中国旧医书上说有一种疾病，叫做'书痴'，我的行为，庶几近之。"

还有人说：到孙犁那里，千万不能提借书的事。对此，孙犁辨正说：传言不尽属实。

"我喜爱书，珍惜书。要用的书，即是所谓藏书，我确是不愿意借出去的。但是，对我用处不大，我也不大喜欢的书，我是宁可送给别人，不要他归还的。我有一种洁癖，看书有自己的习惯。别人借去，总是要有些污损。例如，这个书架上的杂志和书，院里院外的孩子们要看，我都是装上封套，送给他们。他们拿回去怎样看，我就管不了许多。"

有些书，他确是不轻易外借的，如《金瓶梅》。那是解放后国家影印的本子，二十四册，两布函，他用五十元买来。早有人想借来看，知道他的脾气，不便直说，于是采用迂回战术：

"我想借你部书看。"

"什么书？新出版的诗集、小说，都在这个书架上，你随便挑吧！"

"不。我想借一部旧书看看。"

"那也好。"孙犁心里已明白几分,"这里有一部新印的《聊斋》。"

对方也有些明白了,便不再说话。

他爱书,也是因时、因地而异。如抗战爆发后,大敌当前,身家性命尚且不保,何况书。那时,许多同志到他家去,打开他的书箱,挑选书籍,有的带走,有的油印流传,总之是增加知识,为抗战添一份力,他是非常愉快的。"文革"期间,是另一种情况,已如前述。"文革"后,他常送书给人,如韩映山、艾文会、李克明等,都曾从他那里得到赠书。甚至不认识的青年,也从他那里拿到过书。有一次,来了一位束鹿青年,从他的书橱里看到有《随园诗话》的复本,便欲索取石印本,孙犁很高兴地给了他。

书为聚散无常之物,他爱书,送书时也常常考虑书的命运。"文革"后期,发还他的被抄书籍后,他将所购石印笔记小说全数送人。他说,清代光绪、宣统年间,石印为新法,旧籍为之解放。那些石印书,可以代表一个时期的印刷史,书写也多是能手,有观赏价值。这些书如所遇非人,不知爱惜,反不如售之书市,以待相知。

关于藏书,他细心到为后来人着想。在《书衣文录·梅村家藏稿》条下,记有这样的话:"后得者注意:此珍贵书也。不只定价昂,且经查抄者定为珍贵二等。同时定为珍贵二等者尚有:影印明本《太平广记》,明刊有抄配《四六法海》,新影印《太平御览》、《会真记》,《流沙坠简》,《郋园读书志》,以及宣统活字《国朝书画家笔录》。"[①] 其中,影印明本《太平广记》,宣纸印,磁青面,雍容华贵,茅盾也在求访,因在书店登记时孙犁在先,故归他有。

前面说过,他的买书,是参阅《鲁迅日记》中的"书帐"的。他的线装旧书,见于"书帐"者十有七八,版本亦近似。新书则多为"书帐"不具,因鲁迅先生已去世了。这样看来,他的藏书既承续前贤,又有

---

① 《耕堂杂录》,河北人民出版社 1981 年版。

新的积累,是很具个人色彩的。

这位非常珍爱他的藏书的老人,几年前就考虑他的身后的问题了。

1985年国庆节(读者当然不会忘记,这一年他七十二岁,按照中国说法,下一年就是一个"坎儿"了),给他帮忙的人休息,儿子小达来给他做饭。饭后闲谈,他对儿子说:

"你看,近来有很多老人,都相继倒了下去。老年人,谁也不知道,会突然发生什么变故。我身体还算不错,这是意外收获。但是,也应该有个思想准备。我没有别的,就是眼前这些书,还有几张名人字画。这都是进城以后,稿费所得,现在不会有人说是剥削来的了。书,大大小小,有十个书柜,我编了一个草目。

"书,这种东西,历来的规律是:喜欢它的人不在了,后代人就把它处理掉。如果后代并不用它,它就是闲物,而且很占地方。你只有两间小房,无论如何,是装不下的。我的书,没有多少珍本,普通版本多。当时买来,是为了读,不是为了买古董,以后赚钱。现在卖出去,也不会得到多少钱。这些书,我都用过,整理过,都包有书皮,上面还有我胡乱写上的一些字迹,卖出去不好。最好是捐献给一个地方,不要糟蹋了。

"当然捐献出去,也不一定就保证不糟蹋,得到利用。一些图书馆,并不好好管理别人因珍惜而捐献给他们的书。可以问问北京的文学馆,如果他们要,可能会保存得好些。但他们是有规格的,不一定每个作家用过的书,都被收存。

"字画也是这样。不要听吴昌硕多少钱一张,齐白石又多少钱一张,那是卖给香港和外国人的价。国家收购,价钱也有限。另外,我也就只有几张,算得上文物,都放在里屋靠西墙的大玻璃柜中,画目附在书籍草目之后,连同书一块送去好了。"

小达也有四十多岁了,一言不发,默默听着。孙犁忽然感到:大节日的,这样的谈话不好再继续下去,便结束了自己的谈话。

十、晚华老不荒

　　读者一定都还记得，本书开头介绍的那个"幼年尫怯"的孩子。这个孩子究竟能长到多大、长成什么样子，连孩子的父母都未必能说清楚。

　　现在，他早已阅历了人生的许多阶段，回首往事，确如他自己所说，是"九死余生"——有时为敌人驱赶；有时为自己人驱赶；有时为病魔驱赶；有时是心灰意冷——自我驱赶……总之，他曾多次跌入死神的怀抱，而每一次又都被它推开了。

　　单说他那身体，这一生也不能说是十分健康的。我们注意到，近十几年来，光有文字可查的，他就多次说到自己的病或健康状况：

　　1975年4月14日记："晨起扫除李家冲刷下之煤灰，不断弯腰，直立时忽觉晕眩，脚下绵软。上班后，小路劝到医务室。心脏主动脉第二音亢进，为血管硬化之征。吴大夫给药。"①

　　1980年8月29日致铁凝信②："我的病，是严重晕眩，已查过，心脏及血压正常，尚需查脑血流及骨质增生两项，因天热，我尚未去查。现已不大晕，但时有不稳定之感，写作已完全停止……"

　　1983年8月17日记："去年秋天，北京来信，要我为一家报纸，写一篇介绍中国农村妇女的文章。我坐公共汽车到了北郊区。采访完毕，下了大雨，汽车不通了。我一打听，那里距离市区，不过三十里，背上书包就走了。过去，每天走上八九十里，对我是平常的事。谁知走了不到二十里，腿就不好使起来，像要跳舞。我以为是饿了，坐在路旁，吃了两口郊区老乡送给我的新玉米面饼子，还是不顶事。勉强走到市区，雇了一辆三轮，才回到了家。"③

---

　　① 《书衣文录·营造法式》，《耕堂杂录》，河北人民出版社1981年版。
　　② 《澹定集》，百花文艺出版社1981年版。
　　③ 《一九五六年的旅行》，《老荒集》，上海文艺出版社1986年版。

1986年12月17日致关国栋信①："弟年老多病，脑血管疾病严重，不能出门，近些年囿于庭院，哪里也没有去过……"

另外，他还多次说到自己好做梦，而且经常是噩梦，"行将已矣"，"大限之期"将要来临，等等。

老年人的话，自然不是说着玩的；但我们看到，就在这十多年的时间里（从1976年12月算起吧），却迎来了他创作上的又一个高峰。他出版了我们前面列举的那么多集子，这本身就证明，他仍是文学园地上的一个强有力的耕耘者。说起来多么有意思：谁会想到，这个至今仍是那么强有力的耕耘者，会是那个"幼年尪怯"的孩子呢？还是苏轼说得好："世有尪羸而寿考，亦有壮盛而暴亡。"② 天道不测，宜乎慎哉。古语说："人之有生，唯精与神；精神不蔽，身体常春。""自静其心延寿命，无求于物长精神。""老而寡欲，闲心劳形，养生之方也。"这几条说的，孙犁全占了。再则，他是作家，他的生命，是与写作共存的。对他来说，写作本身，就是一剂振奋精神的良药。他说他不会养生之道，也不相信单凭养而获长生。那么，他信什么呢？除了修补旧书、擦摩小玩意（诗人张志民送给他自己家乡深山出产的两枚野胡桃，他非常喜欢，常拿在手心里把玩）和养养花之外，那就是写作了吧？

> 其实，写作本身，对我来说，就是最大的最有效的消遣。我常常在感到寂寞、痛苦、空虚的时刻进行创作。我的很多作品，是在春节、假日、深夜写出来的。新写出来的文字，对我是一种安慰、同情和补偿。每当我诵读一篇稿件时，常常流出感激之情的热泪。确实是这样，在创作中，我倾诉了心中的郁积，倾注了真诚的感情，

---

① 1987年11月25日《天津日报》。

② 《上皇帝书》。

说出了真心的话。在过去的漫长岁月中,烽火遍地,严寒酷暑,缺吃少穿,跋涉攀登之时,创作都曾给我以帮助、鼓励、信心和动力。只有动乱的十年,我才彻底失去了这一消遣的可能,所以我多次轻生欲死。①

从1976年年底以来,他一直顽强而有效地耕耘着,按产量和收获计算,他应该被评为"壮劳力"。他把自己复出后的第一个集子定名为《晚华集》,后来,他又把自己的另一个集子定名为《老荒集》。实际情况呢,他是"无间寒暑,不计阴晴"②,在他耕耘的土地上,逐年都是花掩垄野,老而不荒。

但是,人们到底记起他已经是七十六岁的高龄老人了。前些年,在张同志走了以后,他还想找个老伴,当时,住在多伦道大院附近的一位中年同志,常到他那里走动,孙犁把自己的一些想法和他谈过。他的要求并不高,主要的一点,是理解。也许正是"理解"这两个字太难了吧,事情终于没有成。不过,说到理解,我们还可以提提过去的一个小插曲。那是在老伴去世之后,别人介绍了一个对象,他去见面。女方很隆重,连母亲也来了。

"听说你住的房子很小,是吧?"那位母亲问。

"也很低,"他答,"有个臭虫、蚊子什么的,一伸手就摸着了。"

这件事就这样过去了。

在张走后,他强调理解,这也是十分自然的。

那是1988年10月,我们在天津开会,很随便地谈起孙犁的生活来。

"这两年,他不再提找对象的事情了。"那位中年同志说。

这就是说,孙犁自己也感觉到,年龄的确是不饶人了。

---

① 《答吴泰昌问》,《澹定集》,百花文艺出版社1981年版。
② 《〈文艺增刊〉更名、缩短刊期启事》,《孙犁文集》第七卷,百花文艺出版社1982年版。

何况，这些年来，找他录音、录像的人也一再登门，这也加强了他的某种预感。

本来，他是连照相也不肯的。自1956年患病后，他很少照相，每逢照相，他总感到紧张，头也有些摆动。

"你乐一乐！"摄影师说。

但他乐不上来（本书所收他笑得很好的一张近照，实在是很难得的），有时是一脸苦笑，使摄影师更为难了：

"你这样，我没法给你照！"

"那就不要照了。"他高兴地离开座位，摄影师不高兴地走开了。

有的摄影师能体谅他，不强求他笑，也不摆弄他拿姿势，只拿着机子在一边等，看到他从容的时候，就按一下。所以，他记忆中还是照了一些连他自己也觉满意的照片，其中，有的还是名家的作品。

他还记得1952年中国作家协会开会时照相的情形。闭幕那天，通知到中南海照相。他虽然不愿在人多的场合照相，这一次是不能不去的。

穿过几个过道，到了现场，凳子已经摆好。他照例往后面跑，忽听有人喊："理事坐前面！"

> 我是个理事，只好回到前面坐下，旁边是田间同志。这时，有几位中央首长，已经说笑着来到面前，和一些作家打招呼。我因为谁也不认识，就低头坐在那里。忽然听到鼓起掌来，毛主席穿着黄色大衣，单独出来，却不奔我们这里，一直缓步向前走。走到一定的地方，一转身，正面对我们。人们鼓掌更热烈了。
>
> 我也没看清毛主席怎样落座，距离多远。只听田间小声说：
>
> "你怎么一动也不动？"
>
> 我那时，真是紧张到了屏息呼吸，不敢仰视的地步。
>
> 人们安静下来，能转动的大照相机也摆布好了。天不作美，忽然飘起雪花来，相虽然照了，第二天却未能见报，大概没有照

好吧。①

1952年,他是三十九岁,不用特别夸张,那也是风华正茂的时候。而现在录音的找上门来了,那意义就非同寻常。

来录音的,是北京一个文学团体派出的两个姑娘。这天早晨8点,她们来到了多伦道大院。时值隆冬,外面很冷,朴素的冬装把她们包了个严严实实。进屋后,宽去头巾外衣,孙犁发现,是两个异常美丽的姑娘。霎时间,孙犁感到,青春的光彩使他那空荡、清冷和老旧的房间,平添了许多温暖和活气,甚至连室内光线都提高了一度。

"留下你的声音!"身材较高的那个,把小录音机朝孙犁的桌子上随手一丢,轻声地说。

孙犁本来不喜欢见客,尤其是生客。人传一言不合,他会中止和客人的谈话。此外,他从来也没有想过,要"留下"什么。

这句不祥的刺激性的话没有惹恼他。他看见那位俊俏的姑娘已经退回远处的座位,脸上露出诚挚而天真的微笑。显然,她只是认真地完成着自己的任务,并没有考虑"留下"二字意味着什么。

孙犁高兴地把自己的声音留在了那个小盒子里。我们都会记得,他在抗战学院上课,面对几百人,不用扩音器,一喊就是几个小时。他练出了一副好嗓子,他"留下"的声音一定是洪亮的。

较矮的那个姑娘,带着一只照相机,给他照了许多相,然后两人又轮流同他合影。这位姑娘很是文静端庄,她同孙犁合影时,用双手抹抹头发,又平平前襟,青春的风度和魅力,使孙犁至今不忘——不过,这也说明,孙犁毕竟还不算十分衰老的。

1988年秋,他迁出了和平区多伦道大院,搬进了南开区鞍山西道西湖村的新楼。孩子们给他买了新灯、新窗帘,电视也换成了彩色的,较

---

① 《芸斋琐谈·谈照相》,《陋巷集》,百花文艺出版社1987年版。

之多伦道的居室陈设，可以说是焕然一新了。

"我的现代化建设起步很晚，但进展很快。"他对来道贺乔迁之喜的客人们说。

但他搬家时，除了二十一箱书籍、一箱书画、五箱衣被、五筐瓷器、一筐文具等等之外，没有忘记带回那一筐破鞋烂袜。这些孩子们要扔掉的东西，他到底还是一一收拾在一起，带回来了。

这到底是新居，四周也都是拔地而起的新建楼群。在这里，他将要进入90年代了。

这本传记结束了，他的下一个里程的人生，正在开始……

附录

和郭志刚的一次谈话

孙 犁

郭志刚：以前，我写的关于您的那些东西，多是研究性的，对象就是您的作品；现在为了写传，我想对您的作品以外的生平和生活方面的情况，就是道路吧，希望有个比较系统的了解。因为写传，生活是血肉，很重要。这部分写好了，可以更好地显示一个作家的品格和素质。所以，这回就希望您谈得深一点，生活方面的、经历方面的。

孙犁：今天，咱们上午谈一会儿下午再谈一会儿，因为你那儿也比较忙，我这儿谈时间太多了也不行。以后有什么问题，你再给我来信。我先把我的意见跟你说一说，我觉得，关于写这个书，我不知道你是不是全部地看了我发表的那些东西，特别是，"文集"你那儿有，是吧？

郭志刚："文集"我有，我全部读过。

孙犁："文集"收到哪一本了？

郭志刚："文集"收到《晚华集》……

孙犁：《秀露集》也收了？

郭志刚：还有《澹定集》。

孙犁：剩下的就是《远道集》、《老荒集》、《陋巷集》，还有一个交到人民文学出版社去的《无为集》，就这四本，这四本就是四十来万字。所以，你还有很多材料。当然，你从报纸上看到一些，有的好像还没有看。

郭志刚：那几个集子我都看了，就是《陋巷集》和《无为集》，这两集我没有看。您近来的文章，我能收集到的很少。

孙犁：第一，就是把这些你没有看到的材料，都能想法看到；另外，在这些文章里面，有一篇最重要的，叫《〈善闇室纪年〉摘抄》，不知这文章你看过没有？

郭志刚：《〈善闇室纪年〉摘抄》我读过一部分，有些还在文章中引用过。我觉得，它对了解您非常重要，可惜我没读全。

孙犁：可以给你弄全。

郭志刚：那太好了。

孙犁：它是一个系统的东西，里边包括我个人的主要经历和时代的主要变化。它就是写到我入城那一年，入城以后，在天津这一段，变化不是像前边几十年那样大。后边我没有写。从文章里边找材料，对写我来说，还是很重要的。因为我主要的经历，时代的主要面貌，凡是在我心里印象深刻的东西，我差不多都写到文章里去了。有的是散文，有的是回忆，有的是小说，都有我个人的传记材料。我觉得，读我的作品，对你写这个书，是最重要的。假若让我谈呢，我这两天也考虑，我还是得给你谈《善闇室纪年》那些，可能谈得比较仔细一些，但主要的，恐怕还是那些。我无非还是回忆，七岁上学，十二岁在安国县上学，十四岁在保定上学。进城以后就是两件大事：一个是我得病；五六年得病，在外面养了几年病；一个是"文化大革命"。这两样大事，在粉碎"四人帮"以后，我写的散文，或者是小说里边，都写到了。譬如说，芸斋小说，就带有很大的自传性质。里边有很多地方写到我，都是第一人称。那里边，虚构的不太多，主要都是事实。还有一些散文，那就更明显了，譬如交游方面，回忆朋友的那几篇，就是我进城以后所接触的一些人。我在一些什么地方待过，譬如，在青岛啊，在太湖啊，在北京医院啊，在小汤山疗养院啊，在颐和园啊，在北戴河啊，都有专门题目谈到，它叫《病期经历》。这些你都看过吗？

郭志刚：看过《黄鹂》、《石子》。

孙犁：那个不是。这个叫《病期经历》，那个是"琐事"，那是另外两篇。

郭志刚：《病期经历》我没见到，这是不是您后来发表的文章？

孙犁：大概有一部分已经收到集子里面去了，《陋巷集》里还有好几篇。所以，现在主要的要找一本《陋巷集》。晓明，回头你问问，看能不能再找一本。我这儿实在没有了，我原来是剩着两本的，不是答应你了吗？宗武急着要，因为宗武也送过我一些书，我说，要不先给了你吧。想法叫晓明给你找一本。

郭志刚：好，这对我太需要了。

孙犁：《无为集》里边的东西，回头有些剪报提供给你吧。《善闇室纪年》要搞个全份的，把头儿接上。其次就是，譬如我写的《乡里旧闻》，也都是关于我的历史方面的。另外，就是还可以找一些同志谈一谈，你觉得收获大吗？譬如说，跟邹明他们，跟韩映山他们，有收获吗？

郭志刚：昨天去白洋淀的时候随便聊了一下，聊的不算太多。我从韩映山同志一些介绍里边，是受到了益处的。例如，他说："从前孙犁同志帮我们改稿非常认真，我有篇《鸭子》，那条小河是朝西流的，孙犁同志一看，一般的河都是往东流呵，怎么会是冲西流呢？就想改过来。后来又想，也许有特殊情况，他那儿水是朝西流的。"他说，您亲自把他找到报社里去，一问，是朝西流的，就没有改。这件事很说明问题。

孙犁：类似的文章，我写过一篇《改稿举例》，不知这篇文章，你看过没有？里边是谈改稿，实际上也是我个人的经历，是别人给我改稿。这个对你写传大概也有用处。

郭志刚：很有用处。

孙犁：所以，我写的东西，在目前来说，是最重要的取得材料的来源。我说这话，好像和以前咱们谈的有些矛盾，实际上也不矛盾，你可以试一试，去找一些朋友，找我的孩子们，跟他们谈一谈，你从那儿收获不会太大。譬如，你跟我的女儿小森谈，谈不出什么来，绝对不是我不愿意叫她跟你谈，是因为我离开家里的时间比较长，跟她们在一块儿的时间很短；另外，我也很少跟她们说点这个那个的，我不大跟孩子们在一块待着，也很少跟她们说话，所以，她们都谈不出什么东西来。

郭志刚：我相信。我对访问别人也没敢抱很多希望。

孙犁：朋友们也是这样，因为有一些写传的，他们也找过一些朋友，我看他们写的那些东西收获也不太大。

郭志刚：是的。所以对于访问别人，我也就犹豫了。孙犁同志，尽管您说的很少，但我每次来天津，在和您短暂的接触当中，老实说，倒给我不少感性的东西。

孙犁：因为是直觉。

郭志刚：这我倒是有些体会。有一位傅正谷同志，他说，原来住在您的多伦道寓所附近。

孙犁：我跟正谷见面比较多。

郭志刚：他说，您对他帮助很大。比如写文章，您提出来就是要钻些空子，意思是研究一些别人不曾研究过的东西，即空白点，他认为这对他启发很大。我听了也受启发。

孙犁：正谷到我那儿去的比较多。

郭志刚：您的文章里说，您小的时候患过惊风疾，这是种什么病？

孙犁：就是抽风。

郭志刚：我第一次见您的时候，那是在1979年，我一个人找到多伦道那个院子里去，第一面印象非常深刻，很难用三言两语表达清楚。但是，我还能够把见到您的那个印象和读您的作品联系起来，我觉得它们是一致的，都可以用"凝重"、"含蓄"这样的字眼来表达——我说不好，那是初次见面的印象。您当时说话，下巴有些抖动，是不是从小就这样？

孙犁：从小不这样。但是，和那个病根儿有关系。我小的时候，我们家里还是比较贫穷，从小我没有奶吃，很弱，弱了大概就很容易得这种病；另外，乡下不大讲卫生，脐带剪的时候，或者是营养不良，都可以引起小孩的抽风。这个病对我以后的神经系统可能留下一些毛病，所以，1956年就得过一次很严重的神经衰弱，在这以前，我就经常失眠，经常有一些神经方面的症状，那年突然就重了。1956年，我算算多少岁呀，1913，那是四十三岁，岁数到了中年，有些病就要爆发了。得这个病以前，我这头有时就摆动，也不是老摆动，遇见情绪上激动的时候，它就动得厉害，你们大概也能看得出来，要是心情很平稳，它也不动，动的时候，自己也不大觉得。直到现在，我感觉，我神经方面不太健康，有时失眠，容易激动，容易恼怒，这都是神经系统的毛病。它可能对写作也有些影响。生理上的这种病态，它也可能反映在我的写作上，反映在写作上，好的方面它就是一种敏感，联想比较丰富，情绪容易激动。这是一些病理学家经常谈到的问题。关于生活方面，我这个人，你看文章就可以看得出来，比较简单，我这个经历，当然说起来也算复杂，但实际上也很简单。复杂的是时代，时代不平常。譬如，赶上了北伐，赶上了北伐失败，赶上了"九一八"事变以后日本的侵略，和对日本的反抗，以至于后来的抗日战争和解放战争。经历的时代变化比较大，我个人的生活，说起来还是比较单纯的：从上学，到教书，到参加抗日工作。抗日工作也不过就是教书、编报、写文章，比较简单。个人私生活方面，我觉着也比较简单，也没什么很离奇的恋爱故事，有一些也是浅尝辄止，随随便便就完了。但是，也留下一些印象，这些印象我也不大掩饰它，有时就在一些作品里边写出来了，如实地，不是加以夸大。实际情况是这样，我这个人也不善于此道。这方面我不行。张同志走了以后，马上找一个老伴，那时倒有这种想法，但是拖下来了，到现在呢，就不能再找了，因为年岁太大了；另外，我也很怕找那个。我这个人对于家庭里的那些事，也不善于处理，不善于处理这种关系。到这个岁数找一个，假如不好，反倒增加很多麻烦。我觉得一个人安安静静地能够读点书，写点文章，就可以啦。现在我考虑，找那个是弊多利少，也造成各方面的矛盾，弄得心情不大愉快。我觉得，只有我那个天作之合并主张从一而终的老伴，才能坚忍不拔，勉勉强强地跟我度过了一生，换个别人，是一定早就拜拜了。

希望你千万不要在这方面，虚构情节。所有感情的纠缠，我都写进作品里去了。

郭志刚：孙犁同志，我不会。我能理解您的心情。

孙犁：关于文学这方面的事，我年轻的时候，也是很好名的，好利不好利，那时候无利可图，也谈不上，一直到进城以前，写文章也没什么利。我年轻的时候很好名，譬如说，上中学的时候，我们有个国文教员，每回发作文本的时候，好的作文都夹上点稿纸，准备在《育德月刊》上发表，老师发作文本的时候，我很注意我那里边是不是夹着稿纸。夹着，我就很高兴；不夹着，心里就很别扭，很失望。现在到这个年岁，走向世界，不走向世界，我从来没有想过。我也不以为走向世界就是光荣，或者不走向世界就是不光荣。过去，在抗日战争中，是有所为而写作的，是为了工作。现在，我写文章，说真的，是消遣。有时闷得慌，写惯了，就写一点，没什么目的，甚至"为艺术而艺术"都谈不上，就是随随便便地写一点，真正是随笔。至于写到别人的事，我当时也没有恶意，有些坏效果，得罪一些朋友，扪心自问，无愧于心。我也吸收一些经验教训，还是休息休息吧。现在我感觉，说话也没用，写文章也没什么用处。我从来也没有想过赶时髦，追求新奇，我不善经营，生活上无能，安于随随便便的简易生活，因此也不羡慕外国人，做梦也不想出国居住，如果在国外，我会吃不上饭的。我在银行里存了一些钱，我从来也不去管它，吃了很大的亏，可是，叫我买一个彩电，两千七，我还觉得它贵。

开这个学术讨论会，我兴趣也不大，刚一弄的时候，我坚决不干，我说，你们要开，朋友们来了我不去。那回是昌定他们，昌定当文学研究所所长。这次，我老了，也不跟他们争这个了，我说，你们头到我死，不弄一回，好像是个遗憾。昨天，学正来，跟我谈这个会的经过，谈完了以后，我说，学正，你这回没有遗憾了吧？究竟有什么意义，回头看文章，看有没有成果。对于文坛，对于写作，说真的，我有点不大关心，刚才，市里的那个负责同志说，无论如何，你还挂着作家协会的名。我是辞过好几次了，头到他们来，我还说，我坚决不干这个了，名誉的事也不干了。我说，我身体不好，我不能去开会；另外，对于一些青年同志，我也不大了解，他们对我也不大了解。今天又来谈，好像是说，你还得挂这么个名。我说，假如考虑这样对党有好处，那你们就看着办，按我个人说，我是不愿再干这种事了。

有些同志对我很热心，很热忱，对我很有感情，我是看得出来的，我对他们的心意，也很感激。但是，我不把我自己看得那么重，我从来也没有把我自己看得那么重，我也不觉得我有什么大的成绩。古今中外的一些作家，写的东西那么多，我才写了一点点东西。过去，干这行的人少，这叫什么"没有朱砂，红土为贵"，是吧？大家研究呀，讨论呀，评论呀，做了很多文章，我自己有时也很惭愧。譬如说流派，我发表过好几次意见了，一位教授叫吴奔星，知道这个人，是吧？

郭志刚：知道。现在在南京。

孙犁：他说，孙犁前边是不承认这个流派的，后边又说不违众议，好像也承认这个流派了。关于流派，本来我就不大懂。有人说有，有人说无；有人说限于河北，有人说别的省市也有。有人说要发展，不能一成不变。我想，发展当然好，也要有个限度。比如，有的同志，在商品经济面前，要改变创作机制，千篇一律的，谈情说爱的小说，还嫌不应时，不过瘾，开始描写乱伦的情节，把这种小说也算作荷花淀流派，不大妥当吧？

郭志刚：与会的同志们，既然都是来参加这个会议，多半还是志趣相同。也有人提出别的看法，那也是很自然的。我还听说——那倒不一定是在这次会上，别处也有这样的议论——说赵树理的出现是文学上的倒退。我不赞成这种看法。

孙犁：这也是很时髦的，前几年是超越，现在是否定。现在我总感觉到，有人极力地否定解放区的文学。解放区文学有它的一些缺点和所谓的局限性。但是，必须和时代联系起来，把那个时代抛开，只从作品上，拿今天的眼光来看，当然就发现它有很多不合时宜的地方。譬如说赵树理，你拿今天的一些理论来判断他的作品，当然可以看出，这个那个，都不对。在抗日战争的时候，假如按今天这个理论去写东西，起到的作用，能够像赵树理起的作用那么大吗？不会，也不可能的。离开时代，来谈学术问题，那就失之千里。赵树理选择的创作方法，在当时，可能是他的最佳选择。如果他那时不是这样写作，而是按照今天一些人的主张，脱离政治、淡化主题、强调自我，那是不堪设想的。那时的主题，就是抗日。这个主题是只能强化，不能淡化的。

批判一如创作，也并不是一件容易的事，必须有理有据，如果所据失实，那道理也就讲不通了。

作家总是带有时代的烙印，作品总是带有时代的特征。另外，文学与政治的关系，我过去总提离政治远一点，老给人家抓小辫儿。所谓远一点，就是不要图解，不要政治口号化。现在，有些人说解放区的文学，都是为政治服务，好像就是一钱不值了。我觉得，不是那么回事。当时为政治服务，也不是有人强迫，都是出自本心的。参加抗日战争，那是谁逼迫的？离着延安好几千里，跑到那里去，挺苦的，那是日本人逼迫的，那是大势所趋。不管怎么说，不能和政治一点关系都没有。现在一些新的文学作品和政治没有关系？都脱离尽了？我不相信。我看和政治更近了，功利性更强了。不是那么清高。有些人很时髦，过去强调政治对文学的作用，现在又强调文学什么都要脱离。现在又提什么"现实主义回归"，我觉得，谈不到什么"回归"，现实主义是个存在，它也没有到哪儿去。新把戏玩腻了，好像这又是一条路。现实主义是文学创作领域的土著，它不会轻易离开，更不会像一个棋子，随便被人移动。我也不认为暴露社会黑暗或渲染民族的落后愚昧，就是现实主义的新的深化。这种手法，古已有之，巧拙不同。目前有的，既谈不上新，也谈不上深。

现实主义的最大功能，是能在深刻广阔地反映社会现实之外，常常透露一种明智的政治预见。《红楼梦》创作于乾隆年代，并非创作于同光时期，但它预示了清朝统治的败亡前景。"好了"这一主题，出现于清朝盛世，而不是清朝末世，这就是曹雪芹的现实主义。现在，我也很少看小说，偶尔看个一篇半篇的。一是老了，眼不行；二是那内容和我的目前生活距离很大。当然，也有很多好的作品，不可否认。我觉得，乱七八糟的东西太多了。出书，出版社没有心思去印正经的书，《陋巷集》印得还不如旧社会一折八扣的货。我赠出去的书，不少人来信说缺斤少两（短页）。现在，有"以文养文"的说法，说穿了，就是以坏书养好书，以坑害人的书，养有益于人的书。坏书一印几十万，好书只印两千本。从社会效益看，这究竟是谁养谁，是多么颠倒的事！前些日子，"百花"要出《我与百花》一书，叫题个词儿，我不爱干那个，考虑和他们的关系，我写了点，和别人写的不大一样，也给我印上了。

郭志刚： 孙犁同志，您就随便跟我们聊天得啦。

孙犁： 一会儿，我去拿照片去，拿照片你挑一挑。

郭志刚： 印书的时候，还是希望有一些比较珍贵的照片，我拿走的话，用完之后再还回来。

孙犁： 因为动乱，青少年时期的照片，已经很难找到。看到一些人能把婴孩的照片也公之于世，真是羡慕不已。晚年送往迎来，照了一些相。选用时，最好不用和名流的合影，以免借重他人之嫌。可只用我个人的。家属的照片也最好少用。至于你在文章中，如何写我的交游，不在此限；咱们再谈一点儿，也不一定有用。

郭志刚： 有用，就这么说吧，您讲话的声音，将来都会帮助我理解、回忆和想象，当然内容更有用了。写传，必须更贴近一点，因为我们又在两个地方,我如果住在天津,住在您的附近,还好办一点,录音呢,我回去可以放一放,听一听。

孙犁: 我弄过两次了,有一次是《文艺报》,跟吴泰昌谈的时间比较长,你这是第二次,我从来也不弄录音机的,也没谈过那么长时间。现在老了,的确谈不出新东西来了,我现在很少思考新的问题,就是一些旧的,恐怕都是重复的。

郭志刚: 我懂。

孙犁: 我们常提"灵魂深处"这个词儿。只有真正看到作家灵魂深处的东西,才能写好作家的传记。就说文学,我经常思考的就是这个。小的时候就好这个,从上小学就好作文,老师在这方面也鼓励一些,中学也是这样。自己好看书,我们家里都说我是个书呆子,而且说我有点傻。我干这个,一是个人爱好,一是因为我干不了别的,没有能力去从事别的工作。按我这个家庭说,本来我可以去学徒,因为我父亲是从小学徒,是搞商业的,我父亲看我不行,说我伺候不了人,我小的时候比较娇惯,是独生子,好多弟兄就剩我一个人。所以,才叫我念书,家境也稍微好一点了。后来,我父亲愿意叫我考邮政局,就是考个邮务生。譬如说,县里的邮政局,有个局长,有一个邮务生,邮务生就是拣信。我正在北平流浪,我父亲一听到北平总局招考,就把我那中学毕业的文凭,用个小铁桶装上,给我挂号寄到北平,写信督促我去考。头一场我就没考上,一进屋子,就是英语会话。在中学里,我学英文还是很用功的,而且受到老师的好评,英文作文也能作好几页,念了好几本英文书。但是会话就不行。同时,邮政局里面,也是先用他们的子弟,就是顶替的意思,外人很难考上。没考上,我父亲当然就很失望了,也没有责备我,后来又给我找点职业,有两次职业,都是我父亲托人给找的。我都写过文章了,题目叫:在北平。我没有能力去一步一步地当个领导啊,或者是下边有一拨儿人呀,没有这个想法,也没有这个机会。所以,在抗日期间也好,在解放战争期间也好,我都是穿得破破烂烂的,生活很艰苦,搞了那么多年，连匹马都没有骑上，连个自行车都没有。我常有一种自卑感，就是说，我这个人不行。

郭志刚：孙犁同志，就做官这方面来讲，也许您有这种感觉，至于搞文学，我觉得您不会有这种感觉。

孙犁：这一生的经历，我不知道别人对我是怎么看法，自己心里觉得，假如不是抗日战争，可能我也成不了一个什么作家，也就是在家里继承我父亲那点财产，那么过下去，过成什么样子那也不知道。所以，对于参加抗日战争，参加共产党领导的工作，直到现在，我也不后悔。我总觉得，这是给了我一个机会，至少是在文学上给了我一个机会。至于今天，社会上的一些变化，国家的一些困难，我还是关心的，有时候想起来，心里也不是很平静。

郭志刚：您的文章早就流露出来了。

孙犁：不是那么平静。我感到，我们的问题很多，遇见的困难也很多。至于个人，"文化大革命"，或者是以前，在革命过程里遇到的一些事情，或者说一些不好的遭遇吧，当然也不是在心里没留下什么痕迹。但是，究竟我们这个国家怎么治理，怎么朝前走，脑子里想得比较多一点。爱国之心，是一种天性。遇有机会，还总想为国家出一点力，但常常是力不从心，或者是事与愿违。"文化大革命"，你看到了，一些人的人性，或者说是灵魂，堕落到了什么程度，卑污到了什么程度！致使一些洁身自好之士，纷纷自裁。当前，在引导人民致富之时，应积极引导人民向善。为富不仁，必引起很多麻烦。这本来也是文学的职责，现在有些作品，却反其道而行之。我越来越感到什么作家也离不开这个时代，他也得受当前政治的影响，很难在这方面，完全逍遥，那么孑然独立，那是不可能的。

郭志刚：我在《孙犁创作散论》里边曾谈到，您在内心深处还是关心政治的。因为政治和人民的命运休戚相关，我在书里说，像您这样的作家，不可能不关心人生，因而也不可能不关心政治。有篇文章说，作家之从事文学事业，就好像"飞蛾扑火"，有一种力量吸引他，他专注于文学是可以理解的。夸张点说，他将整个的生活和生命都投入了文学，大概他也不去考虑别的了。

孙犁：白乐天"兼济天下"时，能写诗，"独善其身"时，也能写诗。我们不能和他相比，能做到独善其身，就算不错了。过去，我是很少用"小人"、"君子"这种词儿，现在写文章有时候也用了，你说这是儒家的什么也可以。古人有所谓鸿鹄之志，我们也不能高攀的。但出处的选择，还是应该有的，鸿鹄如果长期与鸡鹜为伍，终日与之争食、争宿，那它的高志也就降低为鸡鹜之志了。对于人生，对于社会，不像过去想得那么天真了。这种感情，在抗日战争期间，没有发生，在解放战争期间，也没有发生，就是从"文化大革命"以后，这种感情强烈了一些。有时候写文章就控制不住。人家说我现在变了，或者是笔法变了，我自己也克制这些。主要是我感觉到，现在写文章没有什么用处。

郭志刚：还是有用处的。

孙犁：社会风气的形成，谁都很难说，究竟是怎么形成的，究竟向哪方面发展，究竟怎么才能收拾、改变。这是很复杂的问题，也不是一天两天能够解决的。我在青年时期，我父亲开始也是净找那些老先生，给我讲一点什么东西。后来，到了学校里，也有一些老先生，引导着我们读一些旧书。但那个时候，我主要的是读新书，那个时候，革命的书，革命的小说，最能吸引青年学生。我在中学里，写的文言文也还可以，我们有个老师叫孙念希，是华北有名的古文家。这个人是做官的，给一些要人当秘书长。他在我们学校里教过一个时期国文。

郭志刚：育德？

孙犁：嗯，育德。他是蠡县人，那是高中，他教了我们大概有两年，我都是写文言文，他还说是写得不错的。但是，那个时候，我主要是读新书，你大概从文章里都能看到。从我病了以后，新书就读得少了，从病了以后，我就开始买旧书，你看，在我吃饭的那屋里，两个大柜子里边,全部是这个。有几柜子线装书。我买来呢,就得翻一翻,买以前,得查一查这书是什么内容,我也增加了一些版本的知识,关于那些作者,他的传记,书的提要,也得读几篇。弄了好多年,把时间消耗在这上面,从读新书到读旧书,这也不是我一个人,我看历史上,特别是从"五四"以后,走这个路的人很多。这也可能是一种倒退,也可以说是复古,也可以说是一种没落,也可以说是什么别的,但是,我觉得不是那么回事。我没有上过大学,对中国文化有这么一个学习的机会,还是有好处的。"文化大革命"以前,有人就说,孙犁已经埋在故纸堆里了。

郭志刚:您写了这么多文章,把古书翻出新意来啦。

孙犁:现在大家又在那里批儒,"文化大革命"时叫什么?

郭志刚:叫做"批儒评法"。

孙犁:对,现在我看又在那批儒,要建立什么新的儒学。

郭志刚:有这个说法。

孙犁:我说,你不管是新儒学吧,旧儒学吧,中国这些旧的文化,作为一个中国的作家,一点都不懂,会闹笑话的。现在,笑话已经不少。我也是极力避免闹笑话,我老了,写"读书记"的时候,我是查了又查,翻了又翻,年代呀、姓名呀,有时候容易记错。所以,我对人说,你看我写"读书记"好像省劲,创作,我坐在那儿,脑子里有什么我就在那儿写了,"读书记"我得一个劲儿翻书,不定翻几遍,我才能写成一篇。我没上过大学,没受过科班训练,有时也出个别的差错。现在我写了这种文章,都是在《天津日报》发表,我可以自己校对,可以纠正一些东西。这几年写的"读书记"很不少。新书是读得少了,也很少看这几年介绍的文艺思想。弗洛伊德,在30年代我就读过一些。那天,我看胡适给董康日记写的序,那是民国十九年,里边就提到弗洛伊德。弗洛伊德不是什么新的东西,早就介绍到中国来了。胡秋原编的《读书杂志》,也介绍过。为什么在过去吹不起来呢?那和时代有关系。在20年代、30年代,你吹这个,是吹不起来的,不是没人想吹,这个风刮不起来,青年人不接受这个，正像现在青年人不接受我们当年接受的那些东西一样。现在它就可以成为一个思潮，成为大家认为是了不起的东西。我那次跟吴泰昌的谈话，也谈到过弗洛伊德。我说，弗洛伊德就一点用处也没有吗？现在我不愿意谈这个问题，什么东西谈得太过头了，就没什么意思。你在会场上认识一个傅正谷，是吧？

郭志刚： 对。

孙犁： 他经常买这些书。有时我说，正谷，你最近买什么书啦？你到书店里去了吗？有什么新书啊？他有时跟我念叨念叨，我才知道，现在又翻译过来一些什么书。翻译一些书比不翻译好，大家读一读。现在强调这些东西，说句老话，有社会根源。

郭志刚： 傅正谷同志在会上发言，好像讲到这个意思，他说，他准备写一篇文章，叫做《孙犁同志和梦》呢，还是《孙犁同志和弗洛伊德》？

孙犁： 因为他正在写关于梦的东西，他也想给我来一篇。日本厨川白村的《出了象牙之塔》、《苦闷的象征》，就完全是弗洛伊德，也可以说是发挥，早就介绍过来了，这两本书，我还很爱读，我在中学里就读了。鲁迅翻译过来了，丰子恺也译了一本。但是，鲁迅先生翻译了，他也不强调弗洛伊德，因为那个时候，整个的读书界、知识界、文化界都不是这个气候。那时候都是马克思主义，别的吹不起来。所以，哪一个时期，读什么书，是一种思潮，青年人的一种心理，一种要求，都和政治思想有关系。一个时代，知识分子，他的思想，他的遭遇，他的喜剧和悲剧，都和政治有关系。

郭志刚： 孙犁同志，刚才您说，您是从读新书到旧书，1956年生病以后，就读旧书，当时具体的想法是什么？当然，可能是读旧书适于养病，带有一些消遣、解闷儿的性质。我想，不会完全是这个吧，您是不是有些别的想法呢？

孙犁： 我养病回来，已经是1960年了，回来才大批地买书。当时，有点稿费，我又不好买别的东西，我从小就好买书，过去没有钱，现在钱比较方便了，我没别的用途，不买房子，不买地。田间劝我在北京买一所宅子，他们都买了，很便宜。那个时候，北京啊，几千块钱就可以买个四合院，我跟老伴商量，老伴说，无论如何不买房。因为家里的房，土改时分给贫农团了，盖了多年都给拆了，她伤心啦。我就各地方去邮购书，除了在天津逛旧书摊儿，南京啊，上海啊，苏州啊，北京啊，各地方去要目录，要了我就圈上圈，寄回去，它就给我寄书来。我那个台阶上，每天邮政局给我送一大包一大包的旧书。当时的想法，我在文章里说是要想当藏书家，想当藏书家，好像是当时的一种兴趣，不是对于新的文学失望，或者是对什么有一种幻灭感。

郭志刚：不会。

孙犁：不会是这个。当时情况，也不像"文化大革命"以后这样，可能就是要藏书，钻进去了，就出不来了。鲁迅说过，古书这个东西能把你陷进去。因为它那里浩如烟海，今天买了这个，明天又想买那个，买了很多没用的书。因为有用的书，人家早买去了，目录上剩下的没人要。我在那上边选择，也买不到什么珍贵的版本，花的钱也很不少。所以，关于历史的，关于哲学的，甚至于关于农业的、关于书法的，都有很多。也没有很好地看，弄了好多年这个。"文化大革命"就停止了。我也出不去了，现在古旧书店里也没有货了，也没有好书了，有一点都非常贵，一般的线装书，现在一本就是好几块钱，都是影印的，拿线一穿，就是好几块钱，买不起，也不想买了。除非我写什么文章，我才找出书来，不然，我也很少看了。

郭志刚：藏书家往往是这样。买了书，他就在那预备着，用的时候方便。您的读书记，我看精力占了很多，也是非常有价值的。这可能是跟人生的经验、阅历有关系。您的看法往往是非常新颖的，跟现实联系也很紧。您这些年写的，我没有都读，您前些年写的，我倒是都读了，"文集"里的我都读了。

孙犁：在日常生活方面，我好像也多少写过。我这个人，现在显得很琐碎，很固执，有点吝啬。我的确是什么东西都不愿意糟踏。这回搬家，孩子们说，破破烂烂的，就不要搬到新房间里了。结果，整个又过来了，破衣服、破鞋、破袜子，全部带过来了，到这边也没有扔，又收起来了。我有很多稿纸，有一回，我还叫晓明拿回去好多，我说，我用不了那么多稿纸。我老是裁废纸条子，写东西、写信都是用那个。看见白纸就弄下来，放在写字台上边了。

郭志刚：这不是吝啬。

孙犁：我跟家里人说，我是个穷学生出身，我过的那生活，从学生，到当个小职员，到当个小学教员，我那收入，是微不足道的，我还要买书，还要给家里一部分。我从小养成这个生活习惯。在战争期间，困难就更多了。我说，这很难改。我看见别人糟踏东西呀，心里就很别扭。直到现在，我铺的一个褥子，是我母亲铺过的，小孩们不要，给我扔过来了。我也不说这是一种好的品德，我觉得就是琐碎、固执、不开拓，啊？

郭志刚：您自己这样说。

孙犁：人家都那么说，孙犁这个人很难处，谁跟他在一块儿，也待不长，造成这么一个印象，是因为"文化大革命"时有些传言。我觉得，有别扭之处，也不完全是那样子。譬如，晓明，他要是不经常往我这儿跑呢，他对我也不了解，可能听见人们传说，就认为我是那么一个人。实际接触多了，也不完全是那样子。我倒是孤僻，这一点，我自己承认。现在，我的确是不愿意多接触人，朋友们来了，我也比较冷淡，就是不那么热情。我们也算熟了，你也会有这种感觉。不愿意接触人，不愿意追逐。康濯的爱人来了，她叫王勉思，她要在我这儿吃饭，我说，勉思，咱们买两毛钱的肉，吃饺子吧。那是前几年的事，现在两毛钱根本不卖给你，勉思回去说，老孙叫我吃两毛钱的肉饺子。康濯也是，我们算是最熟了，有一回，他跟我老伴说："今天好了，留我吃饭了。"我很少留人吃饭。

郭志刚：可以理解。这些跟您的文章、为人，倒是蛮一致的，无可厚非。人有各种各样。假如换一种方式呢，可能我们读到的就不是现在的孙犁的文章了。

孙犁：天津有个叫克明的，有一回，我留他吃碗面条儿。他说，相交这么些年，孙犁同志就请我吃过一顿面条儿。生活上，我现在的确是很少想，也没有什么欲望，可能是老了，不想再弄点什么名堂，或留些什么身后的名。年轻的时候，人家写一篇评论文章，里边有些不适宜的话，我心里还不大高兴。现在你把我写成什么样子都没关系。我都不会责怪你。可能是人到了无可奈何的时候，就是这么一种状态。

张同志在这儿待了那么几年，走了以后，我的确也写了有关她的故事，但是我对于她，并没有恶意。我觉得，她走那也是应该的，我并不责怪她，你看了我写的那个《幻觉》，是吧？ 在当时，人家有人家的想法。我还有一篇文章没有发表，在《人民日报》放着，题目叫《续弦》，回头你看一看，那篇小说可能还有点意思。我对她没有恶感，想起来，也是各有好处，各有缺点吧。有些人认为，孙犁很重感情，这样大的打击，好像受不了。也不是那么回事，这都是人生可能遇到的事情，我也不把它看得那么重。一生吧，我们不能比拟什么伟大的人物，就是我这个平凡的人，也遇到过洪水，差点把我冲到河里去，遭到灭顶之灾。几次炸弹没有炸死，枪子儿在身边跑的那就更多，"文化大革命"，几次想自杀都没有死成。这也不是什么悲剧。作为一个人，一个时代，在这个时代里走过来，他要遇见激流，遇见旋涡，遇见礁石。总而言之是走过来了，这就算命大。所以，一切事情，我都看得很淡，对于儿女们呢，我也不看得那么重，就像司马迁对朋友说的。总而言之，我目前的状态，在别人看来，是孤独寂寞，我自己还没有什么太寂寞的感觉。我只要写起文章来，我觉得很有意思。我说无论如何不能放弃写文章。你不叫我干别的可以，写文章好像对我很有用处。但我和我的文章，毕竟是像一片经过严霜的秋叶，它正在空中盘旋。人们或许仍在欣赏它的什么，飘落大地，化为泥土，才是它的归宿。

郭志刚：这是您的修养。孙犁同志，您跟那些老朋友，现在还来往吗？来往还多吗？

孙犁：也没有多少人了，天津的老人们，有来往的就三五个人了，那天参加会的两个老头陈洁民、孙五川，都是老朋友。这几年陆续地死了一些，外地的这几年联系也少。写信也少了。我认识人并不少，文艺界老一代的，年轻时，曾整天在一块儿。

郭志刚：跟舒群同志有来往吧？

孙犁：有时候，捎个信儿什么的。我这个人是这样，多么要好的朋友，也不是经常地、热烈地去接近。就是老领导，我也很少给他们写信，我也很少给他们赠书。周扬同志看到我的"文集"，说，你写了这么多辅导文章，过去我都不知道。

郭志刚：从您跟丁玲同志的通信看，您对丁玲同志是比较敬仰的。

孙犁：丁玲这个人，好交朋友，她好联系人。

郭志刚：舒群同志，我是从您写的文章里面看到的。还有朱寨同志，他说，他听过您讲《红楼梦》，到现在印象还很深刻，还说您比同时代作家，受社会科学，受文艺理论的影响更深。您对朱寨同志有印象吗？

孙犁：有印象，他是文学系的，那时候，一块儿在"鲁艺"，因为就那么几个人，我都记得。

郭志刚：跟何其芳……

孙犁：都在一排山上，但我很少到人家去；人家也不常跟我说话。我对人都是很尊重的，直到现在，提起过去的一些老同志，譬如，我写的《关于丁玲》那篇文章里，我说，严文井同志曾经带着我和邵子南，去听周恩来同志的报告。严文井同志看到那篇文章，马上给舒群同志打电话，他很高兴。我对于过去的一些同志，一些战友，或者稍微年岁大一些的，我都是很尊重的。我觉得，不管别人对我怎么看，我在文艺界，没有对不起朋友。我一生作文，像个散兵。我从来没有依附过什么人，也没有拉拢过什么人。我觉得，我没有必要那样去做。

  我从小就有些孤僻，我在老家的时候，我那老伴就说，来了人呢，他要不就洗手绢呀，要不就是找什么东西呀，总是不能很好地坐在那儿，和人对着面地说话。我不好凑热闹，好往背静的地方走。当年，举国若狂，争先恐后往大寨、小靳庄参观，我一次也没有去过，也不想去。我现在的身体，也还可以，比上不足，比下有余。我一说话，声音特别大，是教书练出来的。我那时教书，是在大席棚里，五六百人坐着小板凳，我要喊到后边那一排也能听见。还有就是走路，直到现在，人们都说我走得很快，是抗日战争走出来的。一切还算是不错的。

  郭志刚：您谈的这些，对我非常宝贵，如果能多有几次这样的谈话就好了。

  孙犁：我还是希望你多读我的作品。

一九八八年十月十七日

岁月之恋
—— 我的怀念

郭志刚

1979年4、5月间，我第一次到天津多伦道216号大院访问孙犁同志。孙老站在寓所门前的台阶上招呼我进去，谈了一会儿。我问他的身体，他说他锻炼的方式是慢跑，所谓跑，就是让身体"颤"起来。这个"颤"字给我留下了很深的印象，我常常想象着这位瘦长的老人"颤"起来的样子，想象着一个"颤"字如何为他提供着生命之源。那之后不常见，多在书信往还间沾濡他的教泽。他的信一般不长，吐属间如春风化物，使人在不知不觉间受到浸润，一如他的作品。有时他还随信寄来墨宝，这些墨宝虽抄古人名句，但经孙老手润，对我就如醍醐灌顶，别有境界。1983年5月，他寄来这样一幅字，内云："渔钓于一壑，则万物不奸其志；栖迟于一丘，则天下不易其乐。不诖圣人之罔，不嗅骄君之饵，荡然肆志，谈者不得而名焉，故可贵也。"（原墨无标点）这话原是赞扬后汉严光（子陵）的，经他点化，竟是妙手回春了。先一年，还收到过他一幅手抄的《红楼梦》曲子，这张字尺幅更大，有几百字，当我读到"若说没奇缘，今生偏又遇着他；若说有奇缘，如何心事终虚化"、"一帆风雨路三千，把骨肉家园齐来抛闪……自古穷通皆有定，离合岂无缘？从今分两地，各自保平安"（原墨无标点）等处时，竟望着原稿，异想天开，谬托知己起来。无论如何，在我的感觉上，眼前这幅字依然纸新墨香，余温犹在，充满了孙老对一个晚辈的厚爱与关怀，那是肯定的。

我1983年8月恢复写日记，下面差不多是关于孙老日记的全部。这是埋在岁月里的纪念，在我，它是永久的。虽然它无花、无实，形容简陋，但自觉还有一点朴素与真诚。逢孙老周年忌日，谨掬此一瓣心香，告慰他老人家在天之灵。

1983 10 1 晴

上午10时左右和学正、宗武同到孙老家中。老人健康状况比我想象的好，几和1979年初见时无异。略谈片刻，他领我们看了卧室和书房。宗武照相留念后，老人送了我们每人一本新出的精装本《孙犁文论集》，题字落款"9月"，实际今天已是国庆节了。不知不觉间已过了约一小时，于是连忙告辞。他桌上有张字条，大意为：本人年老体衰，来客谈话请勿过长。

1984 7 30 晴间阴

乘311次车赴津，9时10分开车，11时半到北站，过地道至北宁公园温泉招待所住下。

下午去多伦道216号访孙老，5时左右到。老人比去年见时稍瘦了些，情绪很好。蒙送《孙犁散文选》、《书林秋草》、《白洋淀之曲》各一册。5时半辞。

1985 8 9 晴

上午乘4路汽车至多伦道下，往访孙老。刚坐定，邹明同志亦至。谈及"评传"，孙老谈："有次和韩映山说起，要写我，可以写写缺点，包括性格上的，这可以不与人雷同。当然，所写必须是我的缺点，否则，我也不高兴。我与韩映山接触较多，他有此方便条件。"

1987 3 21 阴转多云，夜起风

下午接孙老18日来信并墨宝一幅，上书：罗縠单衣，可掣而绝。八尺屏风，可超而越。鹿卢之剑，可负而拔。小说燕丹子秦王曰：今日之事从子计耳，乏听琴声，琴声如此。一九八六年十一月廿四日孙犁。

（按：此前我曾应某君之请，向孙老求字，后来就收到了这幅字。）

1988 7 23 阴有小雨 下午转多云

上午8点半往访孙老，值主人如厕，稍候。既出，看上去较前瘦了，但精神不减，谈锋亦健。多谈写"传"事，老人鼓励快写出，不要拖。且说熟人（如××、××诸位）不一定就能写好，即儿女有些事也不了解，或不理解。要紧的还是学识、见识、文字等。又说，"传"虽注重真实，但要讲没有想象、加工，也很难说。关键还是看法、见识。他举了司马迁写《史记》的例子，并以手头发表于《天津日报》的《耕堂读书记》（读《旧唐书》）做说明，念了上面的几句。声音很洪亮，是一个健康老人的声音。后令保姆买来西瓜，我吃西瓜，他吃早饭（大约近十时了）。看他吃了两个烧饼，两根油条，还有一碗稀的，略呈红色，像是豆粥或糊，他向我夸奖了自己的饭量。他正在预备搬家，室内四壁已空。他说书是自己整理，装了二十来个纸箱。

约10时半离开。走在街上，下起了小雨，经过中美合资经营的敖奇快餐厅，要了一份炸春卷，4元2角。因沿途躲雨，回至天津师专，已近1时。

10 14 晴

上午抵津，至南大谊园报到，值开会。上午未与会，下午到会后，主席请发言，我讲"孙犁作品如何走向世界"。记得前曾就此向孙老请教，但他对此不甚关心，随口说了句："爱走向世界不走向世界。"

晚饭后由宗武带往鞍山道16号楼新居，与孙老合影，并约17日上、下午访谈各一个半小时，共3小时。此系孙老主动提出，我自然非常高兴。

10 17 晴

上午10时前抵孙老住处，值市委宣传部领导与孙老谈工作。旋客辞，孙老说，我这里轻易没有领导来，今天赶上了。随即进入正题。孙老让我提问，我却没有准备，但谈话也就开始了。天津《文艺》双月刊田晓明负责录音。11时多结束，下午3时半再度开始，谈话较上午系统。近5时结束，然后孙老拿出两本相册，让我选照片，准备《孙犁传》用。

（按：此次孙老和我的谈话，由晓明整理后在《文艺》双月刊发表，现收入百花文艺出版社1992年版《孙犁文集》。）

1989 2 24 晴

上午9时半访孙老，他认为"传"写得很好。订正一处错误：青岛那位病友不是小学生，是抗战学院的学生。

1990 5 31 小雨转多云

下午3时多由南开谊园往访孙老，值一人在。承赠《无为集》、《芸斋小说》。

6 1 晴

上午10时，与阎、魏二位在北师大进修的老师访问孙老，合影数帧。事后魏老师谈观感，操着湘音大声说："孙犁高高的身材，不胖不瘦，眼睛很亮，好美哟！"

1992 10 2 雨转晴

上午全家三口乘游1次车赴津，近午乘出租车抵孙老住处。老人精神很好，声音依旧洪亮，疑所传之病，过甚其词。越照相留念。

1993 10 2 晴

上午与越赴津，11时半到孙老家，值小女儿做饭，通报后见到孙老。精神尚好。在我给学新同志打电话时，孙老给越说，医生讲，如果其他脏器不好，也就不一定动手术了。

1994 1 2 阴间晴

上午与越赴津，11时半左右到孙寓，值小森与一阿姨（孙老呼玉珍）在。越摄影多张。孙老身体、精神均较上次见面时佳。孙老谈：自己作品就那么多，不愿再让出版社重复印，也不愿往一些人里搀和。对出版质量差、错字多也不满意。《××集》错那么多，简直无法容忍（他也不推卸自己的责任)。我说，这次"评传"稿因您身体欠安，未请您看。他说，你写的东西我可以不看，等印出来再看吧。对上海要出的"诗意小说"，他同意我选，但希望书出得好些。

10 9 阴间多云 夜有雨

上午与越赴津，11时半至孙老住处。孙老矍铄如往。说台湾《中央日报》发表了一篇关于他的文章，其中说，孙犁是名家，不是大家。赵树理是大家。孙老不在乎家不家，只说文章写得不错。还说日本也有一篇关于他的文章，从那汉字还能看懂意思，也写得不错。还说自己写了几篇回答×××的文章，并略说起因。又说近来不大写文章，写了也没用。书也读得少，"混"日子。每早下楼活动。墙上挂了越为他照的全身坐姿照片，并特意指给我们看，似觉满意。

进门刚坐，说我胖了些。他的观察向来少错，即使寒暄也说得很准，怕是真胖了些。

1995 12 23 晴 有风

上午8时45分越开车带我去津看望孙老。首次乘汽车穿京津高速公路，不足两小时就到了。大女儿、小女儿和阿姨在家，说老人已数月不见客，这是我来了才见。老人正如厕，良久，乃被延入另一室，孙老已在门厅迎候，握手后坐下。一眼看去，人明显地瘦了，情绪也不佳。谈话间，他对病情表示悲观，说每个小时都可能出现问题。此时他示意站在一旁的家人退去。

他患的是神经衰弱和前列腺炎，病非不治，出语竟如此沉痛，殊难解。但世上尽多难解之事，何况病累已身，自是"冷暖自知"。辞后心情不宁者良久。

1996 9 22 晴

晨7时15分，随越车赴津探孙老病。高速公路段用了50分钟，9时到。此次未获接见（不全意外），接待我们的是玉珍和孙老的妻妹。第一次见到这位妻妹，说起来是62岁（估计她说的是虚岁），是那年孙老回乡带出来的，一望而知为劳动妇女。以下为她们介绍的情况：吃饭尚好（一天5次），但心态和生活方式全变了，不理发，不刮胡子，不换衣服，不让人到他屋里去（他有事按铃），很少讲话。以前早晨下去转一圈，回来还在晾台上坐一会儿，现在不让开晾台的门，有早期老年痴呆状。但心里又什么都明白，屋外有点什么事都知道。听晓达说，小脑有萎缩现象。

原给学正打电话，说好在孙老家见面。既不能见孙老，便辞别主人，按约定时间到楼下候，此时值小玲送菜来（玉珍她们已介绍，小玲每日按时送菜）。不一会儿学正来，将《孙犁评传》等交他，站着略谈几句，便告辞了。到家是11时45分。

下午读杜诗，至"少壮能几时，鬓发各已苍。访旧半为鬼，惊呼热中肠……"不免感慨伤怀。

1997 8 30 晴间多云

早饭后与忌乘越车去天津总医院南楼病房看望孙老，7时50分开车，10时20分到。侄子和一自称"雇来"的中年妇女在旁照顾，说吃饭还好（家里送饭），但不肯遵医嘱进行检查（B超）。中年妇女说，"老人家心眼儿可好了，知道疼人。一到晚上，就叫我们早些支床睡觉。"孙老正打吊针，精神还好，问我怎样，忙吧，还和越说了话。经孙老示意，10时35分辞。中年妇女要求给家里人留条，我给晓达留了一个条。出房门时，他在病床上半举起了没有打针的胳膊，示意告别。

1998 6 26 晴间云

下午与刘勇、杨联芬赴津开孙犁创作学术研讨会。抵后从宗武处闻映山噩耗，为之震惊。映山12日去世。

6 27 晴间云

上午8时由宗武带路去晓达家看望孙老。同去有汪稼明、章芳、段华诸位。孙老卧床上，从众人中认出了我："是郭志刚吗？是志刚吗？"我即趋前，握住他的手说，是我，是志刚。他却也无语。

9时多在天津日报会议室开会，河北文联送的"春兰气韵，秋水文章"一幅字联，觉得格外娱目。

下午会上我发言说，人在感到寂寞和孤独的时候，读读鲁迅先生的书，会有助于消除这种感觉。现在读孙老的书，也是这样。他们都用智者的目光注视和关怀着我们的命运，读他们的书，就像始终有人陪伴和保护我们一样。

此后再没见到孙老。有一年春节前后给晓达寄去一张贺年片，特意附上我发表过的一首词，存望晓达或能就他耳边念上几句，驱除病中老人的寂寞：安平乡里，被枪声入梦，战云骤起。抗日军兴青纱帐，长了平原志气。一介书生，投营报国，举起如椽笔。八方风雨，化成如火诗句。大淀百顷荷花，雁翎队内，谁见斯人迹？数与死神交臂过，往事都留梦里。向晚笔耕，凭窗对月，无愧天和地。登高一唱，天涯自有知己。

2003.6.9
刊于2003年7月13日《天津日报》

曲终奏雅，大道低回

—— 孙犁的最后十四年

杨联芬

乔迁新居，病不辍笔

1988年10月17日，孙犁破例花一整天时间，接受北京师范大学中文系教授、孙犁研究专家郭志刚访谈。时郭志刚正在为北京十月文艺出版社"中国现代作家传记丛书"撰写《孙犁传》，孙犁与他进行了系统而深入的对谈。这篇长谈，涉及其生平、思想、生活、创作和理论各方面，是孙犁自1980年3月接受《文艺报》记者吴泰昌访谈以后（孙对吴的谈话，以《文学和生活的路——同〈文艺报〉记者谈话》发表）的又一次系统自我阐释。这篇访谈初以《郭志刚和孙犁的一次谈话》发表于《天津日报》"文艺"双月刊，后以《和郭志刚的一次谈话》为题，收入《如云集》，是孙犁研究的又一份十分重要的文献。

彼时，孙犁刚从居住多年的多伦道大院，迁到南开区学湖里16号楼三层一套四居室。这是一片新开发的楼盘，毗邻天津大学，离南开大学也近，在当时算是较为高尚的住宅小区，有不少官员和老干部入住。孙犁写于1991年的"芸斋小说"《无题》，描写过新居的环境：

> 去年，他还分到一套比较高级的住宅，脱离了旧居的冬季寒冷、

夏季漏雨，以及周围卑劣小人的干扰之苦。新居住宅，除去现任官吏外，还有不少和他年纪相当的老人。其中有些面孔较熟，并常听到乡音。

他从去年8月份搬来，每天见到，有一群农民模样的民工，平整土地，换土栽树栽花，他的楼前空地，设计了一处庭院公园，有树木、山石，有花廊、石桌、石凳、花砖铺地，所费不赀。

因是楼群，当然也谈不上安静。楼外施工，室内装修，每天电钻、电焊、斧锯之声不断。每天接送官员的汽车，一辆接一辆，楼群中路又窄，他总是错过上下班时间，再下楼散步。①

孙犁一般在清晨下楼散步。漫步在楼宇间，他常会想起年轻时在山间辗转行军的情形。然而时移世易，人与人之间早已没有亲近的欲望，哪怕听到乡音，也引不起他攀谈的兴致。而新增加的锁门防盗，则使习惯于不锁门的他颇为不惯，有两次不小心带上门，发现钥匙不在身上，着了两次大急，后来听从友人建议，将一串钥匙用绳子系在腰带上，"像传说中的齐白石一样"，才免于锁门的困扰。② 不过，看着腰上拖下来的绳子，孙犁感到有些荒谬："我的家里，到底有什么宝贵的东西，值得如此戒备森严呢？不就是那些破旧衣服，破旧家具，破旧书画吗？"别人跟他说，环境不同了，时代不同了，不过孙犁觉得自己和过去也不同了，"心理上有些变化了"。他自嘲"我曾经打断身上的桎梏，现在又给自己系上了绳索"③。

新居是新建的，不再有漏雨之忧，然而持续不断的装修噪音，持续了好几年，令孙犁烦恼不已。1994年，他在致老同学邢海潮的信中还在这样抱怨："家家户户，装修居室，每日电锯电钻之声，不绝于耳，亦无

---

① 《无题》，《曲终集》第11页，人民文学出版社2012年版。
②③ 《新居琐记·锁门》，《如云集》第53页，人民文学出版社2012年版。

处躲藏"①。楼居的鹤唳风声,也是孙犁从未体验过的:"我们的楼房,处在五条小马路的交叉点,风无论从哪个方向来,它总要迎战两个或三个风口的风力。加上楼房又高,距离又近,类似高山峡谷,大大增加了风的威力。其吼鸣之声,如惊涛骇浪,实在可怕,尤其在夜晚。"搬到新居后,"我很少有安眠的夜晚,幸福的夜晚"。由此慨叹,"在风雨飘摇中,我度过了半个世纪。风吹草动,草木皆兵。这种体验,不只在抗日,防御残暴的敌人时有,在'文革',担心小人的暗算时也有。"②

孙犁新居楼前小庭院,有一个精心设计的廊形藤萝架。他搬来时,这个藤萝架尚在搭建,他看着它在民工手中架起来,又看着小树苗被运来栽种,并大部分成活。然而冬天一到,民工走了,藤萝苗散落在地上,任人践踏。他想起过去住过的多伦道大院子,那里也曾有两架藤萝,方形圆形各一,非常讲究,每年春天都开很多花,然后结很多果。后来院子变成了大杂院,到处私搭乱建,花园被毁,藤萝也被作践死了。以此经验,孙犁对新居庭院的藤萝也不敢太抱期待,因为他看到,"养苗的不管移栽,移栽的又不管死活,即便活了,又没有人认真地管理。公家之物,还是没有主儿的东西。"③

1989年3月,孙犁发生眩晕,睡起时症状较重,需在床试探很久,方能扶墙而行。3月11日《书衣文录》记载:"昨日下午请报社大夫,不顺利,颇激动。今晨晓达(按:孙犁儿子孙晓达)请电台大夫,给药。报社另一名大夫来,同车数人,余烦甚,避入小室。病在脑血管,似颇不轻。"④

1990年至1993年,在孙犁致友人的信件中,不时提及自己受腹泻困扰,以及心脏不适等情况。"文革"中期即七十年代初,他曾由张保真女

---

① 《致邢海潮》,《芸斋书简》(下),第569页,山东画报出版社1998年版。
② 《楼居随笔》,《如云集》第69—70页,人民文学出版社2012年版。
③ 《楼居随笔》,《如云集》第67页,人民文学出版社2012年版。
④ 《胡适红楼梦研究论全编》,《如云集》第234—235页,人民文学出版社2012年版。

士陪同到医院做检查,因受了护士的气,导致近二十年时间不再去医院,并将看病视为畏途。但现在身体状况似乎一直在暗示他,该上医院了。1991年1至2月,他发生了几次心脏不适,这个过程,被详细记录在"芸斋小说"《心脏病》中。

1990年9月27日,孙犁曾写过一则"本室小启":

一、不接受采访
二、不接受摄影、录像
三、不谈小说改编
皆因身体关系,敬希谅察①

这则小启是否曾张贴,不得而知,但在坊间流传甚广。

1991年1月28日,"下午3时,午睡后,脉有间歇,起床颇觉心慌不适,走动时亦感心率甚乱。后吃饼干十片,芝麻糖两片,觉稍好。盖腹泻已两月,吃饭又少,营养不良所致。"②《天津日报》社医生闻讯来诊,见他心电图无异样,"显示心脏很好",便嘱他继续吃治疗腹泻的药,并多吃一些补品。③2月4日,他再次感觉"心脏发病,坐卧不安,浑身无力,不能持重,不能扫地、搬书,甚至不能看书阅报"。报社医生再次赶来,"给了一些治心脏病的药,并特别照顾,给买了西洋参、蜂王精等补品"④。从此,他每天按时服药,太阳升起时,他坐在窗下,一边慢慢咀嚼西洋参,一边缅怀往事。病情稍缓,便又开始写作。

1992年入冬以后,孙犁身体呈下滑状态,消化系统紊乱,胃肠不适,腹泻加剧。1993年春节后,病情急转直下,《天津日报》社向天津市委及市委宣传部报告孙犁病情,市委常委批示要抓紧诊治,精心治疗。报

---

① 孙晓玲《逝不去的彩云:我与父亲孙犁》,第236—237页,百花文艺出版社2013年版。
② 《心脏病》,《曲终集》第3页,人民文学出版社2012年版。
③④ 《心脏病》,《曲终集》第4页,人民文学出版社2012年版。

社高度重视，但孙犁拒绝住院。24日晚，孙犁一人在屋，休克。25日上午被送进天津市第一中心医院。次日农历四月初六，他在医院度过了80岁生日。①

经检查，孙犁患的是胃癌，且已转移，②一般情况下，这样的案例会被认为没有手术必要。但天津市委非常重视，指示市卫生局组织专家会诊，讨论治疗方案。6月22日，市委领导到医院听取治疗工作汇报，并到病房看望孙犁。下午3点，天津市卫生局主持第四次专家会诊会议，确定手术方案，成立抢救小组。24日，在天津市第一中心医院，由中西医急腹症专家、中科院院士吴咸中教授领衔，南开医院院长、急腹症专家鲁焕章主刀，为孙犁做胃部切除手术。8点半手术，11:05手术顺利结束。③术后护理很成功，困扰孙犁两三年的腹泻终于根除。吴咸中院士赠诗慰问："年逢八旬动刀兵，心腹顽疾一朝清。养精漫步跨世纪，蓄锐争当百岁翁。"④孙犁也庆幸自己"又遇良医，手术成功，得转危为安"⑤。8月3日出院，体重只有96斤。9月，体重增加到106斤。⑥

雪中送炭，同窗情义

孙犁曾自责，"余于友朋，情分甚薄"⑦，但实际上，他只是性情疏淡，加上体弱迟惰，不好结交而已，但内心深处，孙犁是一个重感情、讲义气的人。他与老同学邢海潮在晚年的交往，就凸显了这方面的性情。

《芸斋书简》中，孙犁晚年通信最多的，是一位名不见经传的叫邢

---

① 参见段华《孙犁年谱》第479页，人民出版社2022年版。
② 李夫《孙犁同志，您走好》，《百年孙犁》第81页，百花文艺出版社2013年版。
③ 段华《孙犁年谱》，第479—481页，人民出版社2022年版。
④ 孙晓玲《逝不去的彩云：我与父亲孙犁》，第133页，百花文艺出版社2013年版。
⑤ 《致鲁承宗》，《芸斋书简》（下），第633页，山东画报出版社1998年版。
⑥ 《致邢海潮》，《曲终集》第323—324页，人民文学出版社2012年版。
⑦ 《书衣文录·三唱集》，《孙犁全集》（修订版）第2卷第401页，人民文学出版社2004年版。

海潮的人。从1989年3月开始,到1995年6月,孙犁致邢海潮信达83封①。1988年春夏,孙犁接到失联五十多年的高中同学邢海潮来信(那时,邢刚得知孙犁就是他同学孙树勋),二人遂开始了书信往还。他俩曾于1931至1933年在保定私立学校育德高中同班两年。据孙犁回忆:"当时,他是从外地中学考入,我是从本校初中毕业后,直接升入的。他的字写得工整,古文底子很好,为人和善。高中二年同窗,我们感情不错。"②邢是河北赵县人,读书时家境较好,故高中毕业便考入北京大学中文系,而孙犁家境虽属小康,但育德中学六年的昂贵学费,已使其父亲不堪重负,所以高中毕业后,没再考大学,而是去考邮政局,但在英语口语环节失利,没有取得铁饭碗。孙犁在北平市政局短暂职位上失业后,邢海潮曾陪他找过中学国文老师孙念希想办法,还借给他五元钱。但这五元钱孙犁一直还不起,有一次海潮写信给已回家的孙犁,说二胡弦断了,手头没钱买新的,委婉暗示老同学还钱,而孙犁那时实在没钱——《报纸的故事》中曾写到,他那时想订份《大公报》,都得鼓起勇气向父亲请求——回信叫海潮去北京图书馆查报纸,看看有没有他新近的投稿发表。为此,邢海潮花了整整半天时间在北京图书馆翻看近一个月的京津报纸,结果没有孙犁的东西,孙犁这五元钱也就欠了下来。忆及三十年代初这段往事,孙犁说,"我们那时都是青年人,有热情,但不经事,有一些天真的想法和做法"③。邢海潮大学毕业后曾在政府部门任职,建国后曾任复旦大学新闻系副教授,"文革"受迫害,晚年妻、儿离世,他孤身一人回到河北乡下投靠弟弟,以其学识为该县编县志,但生活拮据,意气消沉。孙犁曾叫家人给邢寄去二百元,既是接济,也有还债的意思。

---

① 山东画报出版社1998年版《芸斋书简》中,孙犁致邢海潮的信有83封。有文章披露,孙犁致邢海潮信84封,邢海潮致孙犁信90余封。参见赵长青《同窗佳话:孙犁与邢海潮》,《当代人》2013年第7期。
② 《老同学》,《如云集》第73页,人民文学出版社2012年版。
③ 《老同学》,《如云集》第74页,人民文学出版社2012年版。

自此，他处处为这位落魄而孤独的老同学着想，为他介绍给出版社审稿的差事，又建议和敦促他写文章投稿。在孙犁的悉心关照和帮助下，邢海潮发挥所长，为报纸撰写历史和文学掌故方面的文章受到欢迎，成为《今晚报》经常的撰稿人。在孙犁致邢海潮的八十多封信中，最多的内容是他为老同学出点子、介绍出版社和报刊编辑、寄书寄文、敦促打气，即便自己在病中也如此。1993年他大病初愈，就给《天津日报》和百花文艺出版社编辑写信，为邢海潮介绍投稿或校稿工作，还想办法在《长城》发表其给邢的书简，稿酬分了一半给邢。① 当邢海潮终于逐渐走出生活困境，老有所为、精神也有所寄托时，孙犁打心眼里欣慰。二人通信频繁，一方面也是因他记挂和担忧老同学的生活处境，一直主动嘘寒问暖。通信中那些琐细的日常关切，充分体现了孙犁善良和细心的一面。如1994年10月10日他给邢海潮的信说，"收到来信，知兄冬季取暖，已准备就绪，甚慰"②。邢海潮说，孙犁"数年以来"不以庸樗见弃。多方诱掖慰勉，奖饰荐拔，并惠寄书册现金，抬爱优渥"，多次在信中发自肺腑表达感激之情，说"兄实乃弟晚年之最大支柱也"③。对于赵县有关人士托邢向孙犁求书求字，孙犁总是有求必应，毫不犹豫，慷慨满足，给这位晚景凄凉的老同学以切实的帮助。他对邢很尊重，写信始终称"海潮学兄"，落款则署"弟犁"，字里行间，全是真诚和热忱。看到邢海潮信纸粗劣，孙犁还经常给他寄一些好稿纸。邢那些"来自一个县城粗糙简易的信封信纸"，孙犁都"将所有来信平平整整按时间顺序捆扎有序仔细保存"，与之对照的是，"许多名气甚大的作家、编辑约稿信，他并不

---

① 邢海潮1993年4月25日致孙犁信说，因事外出十五天，4月23日返回邢村，其弟江潮告诉，"天津孙犁汇来人民币一百六十元，从汇款单附言中知悉乃孙兄在《长城》杂志发表书简稿费之半数。"孙晓玲《逝不去的彩云：我与父亲孙犁》，第161页，百花文艺出版社2013年版。

② 1994年10月10日，孙犁致邢海潮信："收到来信，知兄冬季取暖，已准备就绪，甚慰。"《芸斋书简》（下），第568页，山东画报出版社1998年版。

③ 孙晓玲《逝不去的彩云：我与父亲孙犁》，第159页，百花文艺出版社2013版。

保存。冬天点炉火用了，一捆捆的"①。孙犁自谓生平只愿雪中送炭，不喜锦上添花，与邢海潮的交往，便是一例。

帮助邢海潮投稿的经历，验证了几十年来孙犁为报纸副刊写稿的经验，他由此想到应将报纸副刊写作的意义及报章文字的写作特点分享给更多的人，"以供有志于进军副刊者参考"，遂在《老同学》一文末"芸斋曰"写下经验之谈，至今仍富启发性："余之大部作品，最早均发表在报纸副刊。晚年尤甚……向报纸投稿，其利有三：一为发表快；二为读者面广；三为防止文章拉长。"他指出投稿需注意的问题："一、了解编辑之立场、趣味；二、不触时忌而能稍砭时弊；三、文字要短小精悍略具幽默感。"②

在一封致邢海潮的信中，孙犁谈到中学老同学时说："育德同学，弟亦难得联系，盖变乱多年，各自东西，今已年老，音问遂绝。故得到兄之消息，弟曾大为兴奋也。"③不久，当另一位育德中学同学鲁承宗来信联络时，孙犁兴奋不已。鲁承宗是河北安平人，与孙犁既是同学又是同乡，两人的家相隔只有十几里，当时，每年春节，承宗都要骑车到孙犁家拜年，一见孙犁母亲便彬彬有礼地鞠躬问候"伯母好！"。这句文质彬彬的问候语，在那时的乡村，显得特别文明和洋气，孙犁妻子一直记得，有时还模仿承宗鞠躬的动作。当时，孙犁曾向鲁家要了一对大白鹅，承宗特意叫人送到孙家。鲁家深宅大院，养鹅不碍事，孙家农舍小院，鹅昂首一叫，声震四邻，所以并不相宜。抗战开始，根据地打狗，孙家怕惹事，就把鹅宰了。那时，孙犁已离家参加抗战。孙犁长承宗三岁，高年级，故承宗一直把他看作兄长，孙犁毕业时把自己的英文书全部留给了这位小弟。"七七事变"后，承宗随做官的伯父南下，自此与孙犁失去联系，孙犁一直以为他去了台湾。鲁承宗的人生也充满波折和传奇，

---

① 孙晓玲《逝不去的彩云：我与父亲孙犁》，第159页，百花文艺出版社2013年版。
② 《老同学》，《如云集》第75页，人民文学出版社2012年版。
③ 《致邢海潮》，《芸斋书简》（下），第523页，山东画报出版社1998年版。

他治土木工程，先后在川北大学、重庆建筑工学院做教授，1957年被划为右派，改革开放后获得平反。1983年他受民盟中央委托，前往大凉山考察教育，创办了民办公助的凉山大学。联系孙犁时，他已退休①。1990年孙犁收到鲁承宗第一封信，惊喜万分，回信说："出版社昨天傍晚送来你的信，这真像天外飞来的好消息，几十年来我一直怀念你，就是得不到你的音讯……"②孙犁文字一向节制，这样热情洋溢的感情表达，并不多见。自此，孙犁与这位"贤弟"书信不断，而承宗像当初一样，对孙犁这位兄长敬爱有加。"听说我心脏不好，他给我寄红参，又寄人参。去年（按：1991年）到北京开会，又专门来看我一次，住了一夜。"两位老同学之间那种惺惺相惜、心有灵犀的感情，我们可以在孙犁致鲁承宗信的简约文字中真切感受到。孙犁一向不喜祝寿之类繁文缛节，但每年生日前夕他接到承宗拍来的祝福电报，都十分高兴。他看到这位老同学"性格还没有变，还是那样乐观"，一向不愿会见旧友、极少留客吃饭的孙犁，破例在家中与这位老同学包饺子、吃饭。③1991年春节前夕，孙犁在给鲁承宗的信中，抄了一首自己刚写不久而并未公开的诗：

不自修饰不自哀，不信人间有蓬莱。
冷暖阴晴随日过，此生只待化尘埃。④

孙犁与邢海潮和鲁承宗两位老同学的交往和通信，透露了不少日常

---

① 《同乡鲁君》，《曲终集》第32—33页，人民文学出版社2012年版。
② 《致鲁承宗》，《芸斋书简》（下），第625页，山东画报出版社1998年版。
③ 《同乡鲁君》，《曲终集》第34页，人民文学出版社2012年版。
④ 《致鲁承宗》，《芸斋书简》（下），第626页，山东画报出版社1998年版。据现有资料，此诗作于1990年初冬，11月友人见到该诗字幅装在画框挂在孙犁家墙上，后送了段华。1991年1月，孙犁在致韩映山和鲁承宗的信中，分别抄录该诗，只是给承宗时将"阴晴冷暖"略作改订。参见卫建民《耕堂闻见集》第124页，天津人民出版社2022年版；段华《孙犁年谱》第436—437页，人民出版社2022年版；孙犁《致韩映山》，《芸斋书简》（上），第200页，山东画报出版社1998年版。

生活的细节，以及坦率的交流。1990年9月底，孙犁给邢海潮的信，也抄过一首意绪沉郁的旧体诗，说"弟近抒发胸怀，胡诌旧诗一首，兹抄奉，望兄代我修改修改"。

一生多颠沛／忧患无已时／沉迷雕虫技／至老意迟迟／实是无能为／藉此谋衣食／大难竟不死／上天赐耄耋①

1989年5月18日，孙犁曾在包装友人所赠《古今伪书考补正》时，在包书纸上写下"国家形势堪忧，心绪不宁"字样。②8月26日，他找出涵芬楼影印线装《史记》，包装书皮并记："今年入夏以来，国家多事，久已无心读书。近思应有以自勉，以防光阴之继续浪费，今晨找出此书，拟认真通读一遍，未知结果如何也。"③

1990年春节，除夕之夜，孙犁8点就上床躺下了。"十二点前后，鞭炮声大作，醒了一阵。欢情已尽，生意全消"。他不禁又想起了童年。"如果说我也有欢乐的时候，那就是童年。而童年最欢乐的时候，则莫过于春节。"那时，他家每年都贴春联，其文字他记忆犹新："荆树有花兄弟乐，砚田无税子孙耕。"这是父亲认为合乎我家情况的"④。孙家地处偏僻乡村，贴春联的人家本不多，树天灯的就更稀少。"据说，我家树天灯，是为父亲许的愿。是一棵大杉木，上面有一个三角架，插着柏树枝，架上一个小木轮，系着长绳。树起以后，用绳子把一个纸灯笼拉上去。天灯就树在北屋台阶旁，村外很远的地方，也可以望见。母亲说，这样行人就不迷路了。"⑤追昔抚今，他感慨道："前几年，每逢春节，我还买一挂小鞭炮，叫孙儿或外孙儿，拿到院里放放，我在屋里听听。自迁入

---

① 《致邢海潮》，《芸斋书简》（下），第532页，山东画报出版社1998年版。
② 《书衣文录·古今伪书考补正》，《如云集》第235页，人民文学出版社2012年版。
③ 《书衣文录·史记》，《如云集》第236页，人民文学出版社2012年版。
④⑤ 《记春节》，《如云集》第45页，人民文学出版社2012年版。

楼房，连这一点高兴，也没有了。每年春节，我不只感到饭菜、水果的味道，不似童年，连鞭炮的声音也不像童年可爱了。"他自忖"确实应该振作一下了"①。此后，继续写作，完成了两部脍炙人口的散文集《如云集》（1992）和《曲终集》（1995）。

自1979年8月《晚华集》出版，孙犁笔耕不辍，出版了十部散文集，除上面三部，还有《秀露集》（1981）、《澹定集》（1981）、《尺泽集》（1982）、《远道集》（1984）、《老荒集》（1986）、《陋巷集》（1987）、《无为集》（1989），创造了中国现代散文的高峰。1995年《曲终集》完成，曾镇南曾作五言古诗称颂，将孙犁十本散文集名嵌在诗中：

　　　　晚华凝秀露，劫后见霜容。
　　　　澹定就远道，铿然抚焦桐。
　　　　尺泽连沧海，陋巷接飞鸿。
　　　　文气如云舒，直声盈苍穹。
　　　　虮虱何足道，战士文自雄。
　　　　虽曰老荒矣，凌云志更宏。
　　　　无为思有为，芸斋岂茕茕。
　　　　曲终能再奏，大雅贯长虹。
　　　　十集成一帙，功如岱宗崇。②

孙犁认为此诗"有魏晋风神，声音清越"，故"喜而录之"，并将字幅送给小女儿孙晓玲。③

---

① 《记春节》，《如云集》第46—47页，人民文学出版社2012年版。
②③ 孙晓玲《布衣：我的父亲孙犁》，第54页，生活·读书·新知三联书店2011年版。

忆旧怀人，秉笔直书

1989年10月14日，孙犁在《史记》包书皮上记下："邹明脑中取出肿瘤二，手术顺利良好，系脑系科王主任所做，老鲁所托也。手术时，老于一直在场，照顾周到。现邹明语言清晰，可慰也。"随后又补一行："疾病无常，邹明发病前一日，尚在和面做饭。"①邹明是孙犁《天津日报》社的老部下和老搭档。

"进城"以后，孙犁一直在《天津日报》副刊《文艺周刊》任编辑，级别为副科，手下只有一个兵，就是邹明。1956年以后孙犁外出养病，1958年邹明被打成"反党分子"，送农村劳改，这对搭档，在"文革"结束后，才又重新一起工作。邹明是福建人，与当时许多热血青年一样，"因为爱好文艺，从而走上了革命征途"，"为此，不少人曾付出各式各样的代价，有些人也因此在不同程度上误了自身。幸运者少，悲剧者多。"②孙犁认为邹明属于后者。在单位，孙犁和邹明是一对奇特的组合。他们性情本不相同，邹明喜欢洋玩意，爱看毁禁书，脾气不好。他们也有一些相通之处，如处事淡泊，尊重作者，无野心，不投机，"官运也不亨通"③等，因此在他们的合力开垦下，《天津日报》副刊《文艺周刊》，在五六十年代成为青年作家成长的摇篮，刘绍棠、从维熙、房树民、韩映山等，都从这里起步和成名。邹明被人们视为孙犁的"嫡系"，其实二人很少交心，关系也淡。但两个素心人，有着相同的敬业精神和职业道德，长期相处，由相熟而亲近，孙犁对邹明产生了一种自然而然的信任和依赖，他的私人印章、样稿等，都交邹明保管④，很多事务，也请邹明

---

① 《书衣文录·史记》，《如云集》第236页。
② 《记邹明》，《如云集》第43页，人民文学出版社2012年版。
③ 《记邹明》，《如云集》第42页，人民文学出版社2012年版。
④ 李牧歌《秋天的回忆——记孙犁》，《百年孙犁》第86页，百花文艺出版社2013年版。

代劳。孙犁写了东西爱拿给邹明看，而邹明"总是说好，没有提过反对的意见"，孙犁晚年自省："他对文、对事、对人，意见并不和我完全相同。他所以不提反对意见，是在他的印象里，我可能是个听不进批评的人。这怨自己道德修养不够，不能怪他。"①邹明1958年获罪，原因是《文艺周刊》发表右派分子从维熙、刘绍棠及胡风分子鲁藜等的作品②，这多少有些代孙犁受过。孙犁妻子曾看见邹明拿着刨子从工作间出来（劳动改造），心疼得要流泪。"文化大革命"开始后，孙犁被抄家，孙妻在公共汽车上遇到邹明，像见到亲人似的"流着泪向他诉说家里的遭遇，邹明却大笑起来"。孙犁后来向妻子解释道，"你在汽车上，向他谈论这些事，他不笑，还能跟着你哭吗？我也有这个经验。1953年，我去安国下乡，看望了胡家干娘。她向我诉说生活的不易，我当时也是大笑。后来觉得在老人面前，这样笑不好，可当时也没有别的方式来表示。"③1989年秋当邹明被诊断出癌症后，孙犁忧心忡忡，十分挂念。1989年12月11日，他写《记邹明》，次日，邹明去世。在这篇孙犁文章中属篇幅较长的散文中，他回顾了与邹明之间的君子之交，说："回顾四十年的交往，虽说不上深交，也算是互相了解的了。他是我最接近的朋友，最亲近的同事。我们之间，初交以淡，后来也没有大起大落的波折变异。他不顺利时，我不在家。'文革'期间，他已不在报社。没有机会面对面地相互进行批判。也没有发现他在别的地方，用别的方式对我进行侮辱攻击。这就是很不容易，值得纪念的了。"④

邹明病重前，曾邀孙犁为《文艺》双月刊创刊十周年写几句话。孙犁当时对邹明说，"我没有新的想法，只有旧的想法"，而这些想法，也是他几十年任报纸文艺编辑所践行的原则，与他共事多年的邹明是熟

---

① 《记邹明》，《如云集》第39—40页，人民文学出版社2012年版。
② 李牧歌《秋天的回忆——记孙犁》，《百年孙犁》第86—87页，百花文艺出版社2013年版。
③ 《记邹明》，《如云集》第37页，人民文学出版社2012年版。
④ 《记邹明》，《如云集》第41页，人民文学出版社2012年版。

悉的——

> 作为园地,双月刊应继续以选登初学写作者,虽非初学、但尚不很出名的作者,已经有名、但在目前并不走红的作者——这些人的作品为主。
>
> 不强向时代明星或时装模特儿那样的作家拉稿。
>
> 不追求时髦;不追求轰动;不以甚嚣尘上之辞为真理;不以招摇过市之徒为偶像。
>
> 作为内容,这片园地里,种植的仍是五谷杂粮,瓜果蔬菜;作为形式,这个刊物仍然是披蓑戴笠,荆钗布裙。①

他又想到编辑队伍的培养,叮嘱邹明,"编辑部的青年同志,要叫他们进修文化,多读一些文学作品的选本。读一些文法、修辞、标点符号方面的书。"②面对被孙犁归纳为日渐"商贾化、政客化、青皮化"的文坛,他自知这番话不合时宜③,因此在《记邹明》中感叹,写邹明,"与其说是记朋友,不如说是记我本人。是哀邹明,也是哀我自己。我们的一生,这样短暂,却充满了风雨、冰雹、雷电,经历了哀伤、凄楚、挣扎,看到了那么多的卑鄙、无耻和丑恶,这是一场无可奈何的人生大梦……"④邹明去世后,孙犁曾于梦中见到他,失声痛哭。⑤

诗人曼晴是孙犁的老战友,1978年孙犁《吃粥的故事》中,写过二人晋察冀时期的艰苦生活。1989年,曼晴因病去世,孙犁写《悼曼晴》,

---

① 《致邹明》,《如云集》第 261—262 页,人民文学出版社 2012 年版。
② 《致邹明》,《如云集》第 262 页,人民文学出版社 2012 年版。
③ 《记邹明》,《如云集》第 43 页,人民文学出版社 2012 年版。
④ 《记邹明》,《如云集》第 41 页,人民文学出版社 2012 年版。
⑤ 段华《孙犁年谱》,第 428 页,人民出版社 2022 年版。

忆及1940年冬季反扫荡时二人结伴辗转的日子：在荒凉而恐怖的山沟里，"我们没有携带任何武器，游而不击，'流窜'在这一带的山头、山谷"，在危险的饥饿和寒冷中，两人竟写了两篇通讯，和一些"浪漫蒂克情调的诗和小说"①。孙犁写曼晴性情像农民，"文革"后在石家庄文联，埋头兢兢业业编一份"土里土气的刊物《滹沱河畔》"。孙犁曾把自己的诗作寄给曼晴，他不喜欢，在给《孙犁诗选》作序时，也直言不讳批评。然而曼晴作诗一直没有走红，"晚年才出版了一本诗集，约几个老朋友座谈了一下，他已经很是兴奋"，退休时他的头衔只是地区文联主席、党组书记，"比起显赫的战友，是显得寒酸了一些。但人们都知道，曼晴是从来不计较这些的。他为之奋斗的是诗，不是官位。"②孙犁交友，"向如萍水相逢，自然相结"；"对显贵者，有意稍逊避之，对失意者，亦不轻易加惠于人。遵淡如水之义，以求两无伤损。"③

　　孙犁晚年随笔，好用"君子"一词。他念兹在兹、保持终身友谊并撰文纪念的旧友，大都有君子人格。1990年11月7日，他另一位在晋察冀通讯社朝夕相处、患难与共的老战友陈肇去世。他不顾病体，写《记陈肇》一文，详述陈肇正直的品性与宽容的性格。陈在建国后任故宫博物院副院长，"家徒四壁"，"就连公家的信纸、信封都不用，每次来信，都是自己用旧纸糊的信封"。孙犁评价陈肇"从不伸手，更不邀功。知命知足，与世无争。身处繁华，如一老农。辛勤从政，默默一生"。陈肇原本多才多艺，诗文、书画、音乐兼通，却"从不自炫，不大为人知道"。孙犁说，"有一次，我想托他在故宫裱张画，又有一次，想摘故宫一个石榴做种子。一想到他的为人，是一尘不染，都未敢张口。"④

---

①《悼曼晴》，《如云集》31页，人民文学出版社2012年版。
②《悼曼晴》，《如云集》32页，人民文学出版社2012年版。
③《悼曼晴》，《如云集》34页，人民文学出版社2012年版。
④《记陈肇》，《曲终集》13—16页，人民文学出版社2012年版。

80年代末至90年代初,孙犁写了不少悼念文章。所写人物,一类是感情深厚的旧友,他们往往克己奉公,品德高尚,孙犁敬之爱之;另一类是感情并不亲密但共事久、彼此熟悉的同事,其性格往往独特,个人命运紧系于政治,往往体现历史风云。《悼曼晴》《记陈肇》属前者,《记老邵》属后者,而《记邹明》《悼康濯》,则介于两者之间。

《记老邵》一文,写报社总编辑老邵,颇有《史记》之风。孙犁年轻时写作,顾虑较多,比较谨慎,晚年文章,则有率性直言、秉笔直书的意味。老邵是孙犁进城后的同事,直率而有些刚愎,"想做官,能做官,会做官",既有行政能力和业务能力,也喜欢享受官威,升任总编辑后派头很大,步行五分钟的路程,也要坐轿车。然而他工作雷厉风行,培养了一批专业骨干。孙犁寥寥几笔,就把老邵性格的丰富性栩栩如生勾勒出来。在孙犁看来,老邵人生的升降沉浮,并非源自其能力,而与上面有没有人关系更大。50年代中后期,老邵被革职下放,"文革"中惨遭批斗。"有一天晚上,报社又开批斗会,我和一些人,低头弯腰在前面站着,忽然听到了老邵回答问题的声音。那声音,还是那么响亮、干脆,并带有一些上海滩的韵味。最令人惊异的是,他的回答,完全不像批斗会上的那种单方认输的样子,而是像在自由讲坛上,那么理直气壮。"这个态度,招来拳打脚踢,"会场烟尘腾起,噼啪之声不断","老邵一直紧闭着嘴,一言不发"。"文革"后,老邵曾患半身不遂,康复不久,想再回报社做点事情,并责备孙犁软弱,不敢批评社会现实。1990年老邵去世,留下的遗嘱是不开追悼会、不留骨灰。孙犁在文末点评道:"老邵为人,心直口快,恃才傲物,一生人缘不太好。但工作负责严谨,在新闻界颇有名望,其所培养,不少报界英才。我谈不上对他有所了解。但近年他多次枉顾,相对以坦诚。他的逝世,使我黯然神伤,并愿意写点印象云。"①

1991年1月15日,与孙犁相识半个世纪、曾经十分亲密的老友康濯

---

① 《记老邵》,《如云集》第59—64页,人民文学出版社2012年版。

在北京病逝。

从感情上说，康濯一度与孙犁"情同手足"。孙犁说，"从1939年春季和康濯认识，到1944年春季，我离开晋察冀边区，五年时间，我们差不多是朝夕相处的。"二人切磋写作，有许多共同语言。康濯对孙犁的作品非常珍惜，孙犁回忆说，"我的很多作品，发表后就不管了，自己贪轻省，不记得书包里保存过。他都替我保存着，不管是单行本，还是登有我作品的刊物。例如油印的《区村和连队的文学写作课本》、《晋察冀文艺》等，'文革'以后，他都交给了我，我却不拿着值重，又都糟蹋了。"①1956年，孙犁晕倒，病情一度严重，康濯怕他从此不起，特意将其作品编选为《白洋淀纪事》付梓。二人的通信，孙犁写给康濯的，都被康濯完好保存；而康濯给孙犁的，却在"文革"抄家时被孙家为避祸而烧毁，孙犁"总觉得，在这件事情上，对不住他"②。

1950年代初，康濯政治地位擢升，1954年任中国作协书记处书记、党组成员。1955年8月，作协党组在北京召开扩大会议，批判"丁陈反党集团"。孙犁作为天津代表出席，"大家都很紧张。小组会上确定谁去大会发言时，有人推我，我想，你对他们更熟悉，更了解，为什么不上？"最后，孙犁称病推辞，中宣部一位负责人（林默涵）说："他身体不好，就算了吧。"③孙犁如蒙大赦。而彼时，康濯正处于"两条路线斗争"的抉择中。孙犁虽一直珍视与康濯的友情，但自康濯当官以后，他便与之疏远起来。"我们来往少了，也很少通信，有时康濯对天津去的人说：回去告诉孙犁给我写信，明信片也好。但我很少给他写信，总觉得没话可说，乏善可述。"《芸斋书简》中孙犁1946至1954年间致康濯信有七十多封，1954年后戛然而止。晚年孙犁文集中偶见致康濯的零星短简，也属礼节性答问。对孙犁而言，他和康濯之间的"相濡相忘"，

---

①② 《悼康濯》，《曲终集》第18页，人民文学出版社2012年版。

③ 《关于丁玲》，《陋巷集》第62页，人民文学出版社2012年版。

皆"时势使然"①。他自言"自幼腼腆,怕见官长。参加革命工作以后,见了官长,总是躲着。如果是在会场里,就离得远些,散会就赶紧走开"②,这与王林所说相符,据说是受其父亲影响。③不过,康濯逝世的消息传来后,孙犁尘封心底的感情汹涌起来,很少流泪的他,眼里含满了泪水,当即写下《悼康濯》一文。康濯腾达时他疏远,康濯倒霉后他不投石。在这篇悼念文章中,他客观写道:"康濯很聪明,很活跃,有办事能力,也能团结人,那时就受到沙可夫、田间同志等领导人的重视,他在组织工作上的才能,以后也为周扬、丁玲等同志所赏识。"④"他在晋察冀边区,做了很多工作,写了不少作品。那时的创作,现在,我可以毫不含糊地说,是像李延寿说的:潜思于战争之间,挥翰于锋镝之下。是不寻常的。它是当国家危亡之际,一代青年志士的献身之作,将与民族解放斗争史光辉永存"。⑤没有通常悼文的虚矫和夸张,且不回避谈康濯后来的过失:

> 至于全国解放之后,他在工作上,容有失误;在写作上,或有浮夸;待人处事,或有进退失据。这些都应该放在时代和环境中考虑。要知人论世,论世知人。⑥

识时达变,参透人生

孙犁曾在不同文章提到他延安时期一段无疾而终的浪漫感情。1991

---

① 《悼康濯》,《曲终集》第19页。
② 《庸庐闲话·与官场》,《曲终集》57页。
③ 王端阳辑录《王林的交代:关于梁斌、孙犁》,《新文学史料》2009年第2期,132页。
④ 《悼康濯》,《曲终集》第17页,人民文学出版社2012年版。
⑤ 《悼康濯》,《曲终集》第18页,人民文学出版社2012年版。
⑥ 《悼康濯》,《曲终集》第19页,人民文学出版社2012年版。

年大病初愈，他写了"芸斋小说"《忆梅读〈易〉》，以老年读《易经》的体验说起，完整回顾和反省了这段情缘，该篇也成为晚年孙犁极为重要的自叙作品。文中那位叫梅的女性，是孙犁的学生，1944年，他们一起从晋察冀走到延安。那时，"大家都已离家七八年，战事还不知何日结束，自己和家人的生死存亡，也难以断定。"孙犁约她在延河边见面，"和她谈将来，谈文学，谈英语（她学的是英语），她只简单地回答：我不想那么多，我只想结婚！"孙犁主动约她，可当她已"答应和我缔结同心"后，孙犁却临阵退却了。"她虽恨我多变，但不会怀疑我是成心戏弄她"，因此"丝毫没有表示怨恨"。孙犁悟到，"原谅是由于信任"①。后来，她有一个幸福的婚姻，孙犁想到《易经》，自我解嘲道："也可能是因为我的变卦，才促成了她目前的幸福生活——这也是易经。"②梅经常随丈夫去孙犁所住大院看望友人，因而时常见到，她对孙犁一直很关心。得知孙犁独居，她曾想把自己的妹妹介绍给他。后来她也失去了爱人，她的弟弟曾有心促成，说"如果找老伴，最好找一个有过一段感情的人"，而孙犁经历了与张女士的失败婚姻，此时已变得"识时达变"，心如止水了，他说："我太老了，脾气又太怪，过去有过感情的人，现在恐怕也相处不来了。爱情和青春同在，尚且有时靠不住。老了，就什么也谈不上了。"③他反省说："我一生中，做过很多错事、鲁莽事、荒唐事，特别是轻举妄动的事，删不胜删。中国有一部经书——《易》。我晚年想读一下，但终于不能读懂。我只能如此解释它：易，就是变易之易，就是轻易之易。再说得浅近一些：既然是卦，就是世事和人事，都容易变卦之意。"④他以"易"解释无常人生，对《易经》所说"乐则行之，忧则违之"，似有切身感悟。

---

① 《忆梅读〈易〉》，《曲终集》第8、9页，人民文学出版社2012年版。
② 《忆梅读〈易〉》，《曲终集》第9页，人民文学出版社2012年版。
③ 《忆梅读〈易〉》，《曲终集》第9—10页，人民文学出版社2012年版。
④ 《忆梅读〈易〉》，《曲终集》第8页，人民文学出版社2012年版。

1991年7月,他还写了小说《无题》,这也是其最后一篇"芸斋小说",意境有点像鲁迅《野草》中的《死后》。"他逝世了。紧锁的双眉,额上的皱纹,并没有因为死,而得到舒展。""他终于进入了木盒",却害怕进入"那种更密集的住宅区"(指坟场),"尤其害怕""遇到在二十年前,先他赴冥的老伴"①。孙犁在致姜德明的信中说,这篇是他的自悼文。

1990年后,孙犁身体多病,文章多有怀旧和自省意味,表达也更率直。他说,"我的文学的开始,是为人生的,也是为生活的。想有一技之长,帮助家用。并不像现代人,把创作看得那么神圣,那么清高。"又说他"不写伟人",也"不写小人";"伟人近于神,圣人不语",小人"如写得过于真实,尤易结怨",故"宁得罪君子,不得罪小人"②。他说,按道理什么事都应雪中送炭而非锦上添花,"但雪中送炭,鲜为人知,是寂寞事,而锦上添花,则是热闹场中事,易为人知,便于宣传。"早年在根据地,文艺创作处于初创阶段,他为训练写作人才,写过许多辅导文章,但不为人知。他批评现实中"文艺界变为官场"的现象,说一个文艺刊物,编委"今天是一批,明天又换一批","编委成了'五日京兆'……我是在和什么人争编委吗?仔细一想,真有点受侮辱的感觉"。③他认为"文艺界,也有山头";他批评河北文坛的排外和官本位。他回忆自己40年代和50年代两次仗义执言,为被污为"王实味"和"胡风集团"的人鸣不平,检讨自己如何被现实消磨而变成今天的"不仗义",等等。④他一方面说,因为写真话容易得罪人,故谨小慎微。⑤另一方面又认为,不写真话,创作就失去意义,而作家的真话应以真理为依据,"真理就是公理,也可以说是天理。有了公理,说真话就容易了。"⑥

---

① 《芸斋小说·无题》,《曲终集》第10—12页,人民文学出版社2012年版。
② 《庸庐闲话》,《曲终集》第54、55页,人民文学出版社2012年版。
③ 《庸庐闲话》,《曲终集》第55、58页,人民文学出版社2012年版。
④ 《庸庐闲话》,《曲终集》第59、60页,人民文学出版社2012年版。
⑤ 《文过——文事琐谈之一》,《曲终集》第62、63页,人民文学出版社2012年版。
⑥ 《文过——文事琐谈之一》,《曲终集》第64、65页,人民文学出版社2012年版。

1992年，贾平凹创办散文杂志《美文》。4月25日孙犁在给贾回信中，热忱赞许。他说，"所谓美，在于朴素自然。以文章而论，则当重视真情实感，修辞语法。"① 他批评文学写作不注意行文规范，甚至名家亦如此。重视语言，追求语言之美，是作家的本分，也是孙犁的职业习惯。1992年11月他给铁凝的信，再次提到语言，说作家应像爱护眼睛一样爱护自己的语言，而"有些名家，并不注意语言之美，有的名家还公开声言：写几个错字，文法不通，没什么了不起。这是骇人听闻的"②。"中国文学史上，有很多例证，同行朋友间，互相指责、攻错，成为佳话。叶圣陶先生在刊物上还办过'文章病院'，专挑有毛病的字句。"但在今天，仅仅"偶尔举个不通的例子，便会招来无休止的攻击"。这使孙犁困扰不已："我一生遇到过各种大批判，挨过各式各样的棍子，但还没遇见过这样不讲明事情原委，就胡乱加人种种罪名，有时使人看不懂他到底说的什么……"③

　　1994年8至9月，孙犁大病初愈，陆续写了《病句的纠缠》《文场亲历记摘抄》《我与文艺团体》《我和青年作家》《反嘲笑》等，这一系列文章，语言犀利幽默，颇有鲁迅风。他说："任何文学，都是作家人格的反映，装出来的伟大、渊博、宽宏大量，都无济于事。"④

　　孙犁通过这一系列文章，重申自己的思想，语言呈现出前所未有的锋芒。他说，"我写文章，只考虑话应如何说，从不考虑人家如何听，即不考虑效果是拉拢一个朋友，还是增加一个敌对。""我从来不希望，身边能有一帮人，即使是很少的几个人，自己当一名首领。"⑤ 长期以来，孙犁对文学批评界发明的"荷花淀派"避之犹恐不及，甚至否认有这样

---

① 《致贾平凹》，《曲终集》第344页，人民文学出版社2012年版。
② 《致铁凝》，《曲终集》第342页，人民文学出版社2012年版。
③ 《"病句"的纠缠》，《曲终集》第87、89页，人民文学出版社2012年版。
④ 《我和青年作家》，《曲终集》第100页，人民文学出版社2012年版。
⑤ 《我和青年作家》，《曲终集》第99页，人民文学出版社2012年版。

一个流派。他认为，文学创作是个人的事，故"文人宜散不宜聚，聚则易生派别，有派别必起纷争，纷争必树立旗帜，有旗帜必有代表人物。因此，人物之争，实为文艺界纷争之关键。"① 他总结道：

> 我的一生，虽然一直在这个队伍中，但我的心情，并不太爱好这个集体，身在其中，内心若即若离……

> 我的一生，曾提出过两次"离得远些"。一次是离政治远一点，有人批这是小资产阶级的论点。但我的作品，赖此，得存活至今。这一次是说离文坛远一点。②

曲终奏雅，余音不绝

1995年初，孙犁身体逐渐康复。旧历新年后，他又开始读书、写作。1月30日，《曲终集》后记写毕。时值春节，天津两位学者刘宗武、张学正，结伴前去拜年。孙犁愉快地对他们说："你们来得正好。我刚写完《曲终集》后记，给你们俩读一段听听。"③ 遂从桌上拿起稿子，声音洪亮读道：

> 人生舞台，曲不终，而人已不见；或曲已终，而仍见人。此非人事所能，乃天命也。孔子曰：天厌之。天如不厌，虽千人所指，万人诅咒，其曲终能再奏，其人则仍能舞文弄墨，指点江山。细菌之传染，虮虱之痒痛，固无碍于战士之生存也。

孙犁每有满意的文字，或读到喜欢的文章，有大声朗读的习惯。《曲

---

① 《我与文艺团体》，《曲终集》第102页，人民文学出版社2012年版。
② 《我与文艺团体》，《曲终集》第104页，人民文学出版社2012年版。
③ 张学正《晚年孙犁研究的争论与思考》，《文学自由谈》2023年第1期。

终集》是"文革"结束后孙犁所写第十本,也是最后一本随笔散文集。"曲终"一词,似有不祥,徐光耀、段华都劝他给集子改名①,孙犁不为所动。也许他要表达的,正是达天知命,等待生命的自然终结。

自1956年大病以后,孙犁的读书趣味就转向了古典。1972年发还"文革"初期被抄书籍后,他一边整理、包装书籍,一边在包书皮上记下所思所感,或即时事件,辑为《书衣文录》,可当随笔散文,也可当日记来读。1994年11月开始,他一边整理古书,一边随手写下读书感受,1995年1月29日,辑为《甲戌理书记》。2月至5月,他继续读古书,谈古人,写《理书续记》、《理书三记》、《理书四记》。段华《孙犁年谱》写到这段,注释道:这是孙犁病后第一次大规模整理、写作文章。②然而,孙犁的孤独感似乎也日益加重起来。他在故宫博物院出的《宋贤遗翰》上,抄录了自己的一段感伤的文字——

> 故园消失,朋友凋零。还乡无日,就墓有期。哀身世之多艰,痛遭逢之匪易。隐身人海,徘徊方丈。凭窗远望,白云悠悠。伊人早逝,谁可告语。③

11月,《曲终集》由百花文艺出版社出版。这是孙犁生前出版的最后一本集子。

1995年12月23日,郭志刚赴天津看望孙犁,孙犁迎于门厅。"人明显地瘦了,情绪也不佳",对身体悲观,说每个小时都可能出现问题。家人则告诉郭,老人已数月不见客,这是因他来了才见。④

---

① 段华《孙犁年谱》第529页,人民出版社2022年版。
② 段华《孙犁年谱》第516页,人民出版社2022年版。
③ 《甲戌理书记》,《曲终集》第189页,人民文学出版社2012年版。
④ 郭志刚《岁月之恋》,刘宗武、白贵、王彦博编《孙犁百年诞辰纪念集》,第230页,河北大学出版社2013年版。

1996年5月15日,卫建民赴天津看望孙犁,见他"蓄长发,留胡须,手指甲很长","大吃一惊"。①此时,孙犁已不再读书,不再写作,不再会客,甚至不拆来信,不理发,不刮脸,不换衣,"每天对着天花板枯坐"②。有时在碎纸片上凭记忆写一些人名。

1998年6月27日,郭志刚由刘宗武带领,与汪稼明(汪家明)等去看望孙犁。孙卧床上,从众人中认出郭志刚:"是郭志刚吗? 是志刚吗?"③10月,孙犁被送进天津医科大学附属总医院住院。

1999年4月9日,从维熙、房树民赴天津看望。

2001年8月,医院向孙犁宣布其医疗"按副市级待遇","孙犁对这事儿没有什么反应"④。10月16日,铁凝去医院看望。

至2002年2月,孙犁"头脑清楚",能与儿女和孙辈简单问答。⑤

2002年7月11日,早上6点多,孙犁与世长辞。新华社发表讣告:《中国当代文学大师孙犁今晨病逝》。

---

① 卫建民《耕堂闻见集》,第131页,天津人民出版社2022年版。
② 张学正《晚年孙犁研究的争论与思考》,《文学自由谈》2023年第1期。
③ 郭志刚《岁月之恋》,刘宗武、白贵、王彦博编《孙犁百年诞辰纪念集》,第231页,河北大学出版社2013年版。
④ 段华《孙犁年谱》第553页,人民出版社2022年版。
⑤ 参见孙晓玲《逝不去的彩云:我与父亲孙犁》,第77—85页,百花文艺出版社2013版。

孙犁